Das Image im Aushandlungsprozess

Nazim Diehl

Das Image im Aushandlungsprozess

Werbung von Versicherungsunternehmen im Kontext der Riester-Renten-Debatte

 Springer VS

Nazim Diehl
Justus-Liebig-Universität Gießen
Gießen, Deutschland

Gießener Dissertation im Fachbereich Sozial- und Kulturwissenschaften

ISBN 978-3-658-27233-3   ISBN 978-3-658-27234-0   (eBook)
https://doi.org/10.1007/978-3-658-27234-0

Die Deutsche Nationalbibliothek verzeichnet diese Publikation in der Deutschen National-
bibliografie; detaillierte bibliografische Daten sind im Internet über http://dnb.d-nb.de abrufbar.

Springer VS
© Springer Fachmedien Wiesbaden GmbH, ein Teil von Springer Nature 2019

Springer VS ist ein Imprint der eingetragenen Gesellschaft Springer Fachmedien Wiesbaden
GmbH und ist ein Teil von Springer Nature
Die Anschrift der Gesellschaft ist: Abraham-Lincoln-Str. 46, 65189 Wiesbaden, Germany

Für meinen Vater (†),
der mir stets Vorbild, Freund
und Seelenverwandter sein wird.

Inhalt

1 Einleitung

1.1 Thematik

Werbeplakate, Flyer und die Bekanntmachung von Sonderaktionen buhlen um die Aufmerksamkeit der Gegenwartsgesellschaft. Die Innenstädte samt ihren gut gefüllten Schaufenstern bilden den Raum, den tagtäglich zahlreiche Besucher aufsuchen, um Waren zu kaufen, vor Ort in einem Restaurant oder in einem Café Speisen und Getränke zu konsumieren oder um sich auf öffentlichen Plätzen die Zeit zu vertreiben. Die Massenproduktion verdrängt nicht nur leere Ladentheken aus den zeitgenössischen Lebenswelten, sondern führt ebenso zur flächendeckenden Befriedigung der Grundbedürfnisse (Reichertz 2010, S. 187).[1] So sind in der Gegenwart Kaufentscheidungen nicht mehr primär von der Notwendigkeit des Konsums oder von der Erleichterung des Lebensalltags durch neue Produkte geprägt, sondern stattdessen avanciert der Wunsch nach spezifischen (Konsum-)Gütern zum zentralen Kaufkriterium (Schulze 2005, S. 59). Für wirtschaftlich tätige Organisationen ergeben sich daraus Sättigungstendenzen der Nachfrage, die aus einem Produkt- einen Kommunikationswettbewerb entstehen lassen. Innerhalb dieses Wettbewerbs zielen die Organisationen vermehrt darauf ab, Bedürfnisse und somit Nachfrage durch ein spezifisches (Organisations-)Image[2] zu wecken (Etter/ Hoffmann 2011, S. 109-111; Schwarz 2016, S. 530). Die Versuche sich von den (Produkt-)Konkurrenten durch verstärkte Werbemaßnahmen sowie durch (Image-)Kommunikation in Form einer

---

[1] Diese Aussage bezieht sich primär auf Industrienationen, obgleich dadurch die vorherrschende soziale Ungleichheit keineswegs übergangen werden soll.

[2] Die Erläuterung der Begriffsverwendung von „Image" erfolgt an späterer Stelle in der Einleitung.

© Springer Fachmedien Wiesbaden GmbH, ein Teil von Springer Nature 2019
N. Diehl, *Das Image im Aushandlungsprozess*,
https://doi.org/10.1007/978-3-658-27234-0_1

individuellen „Identität" abzugrenzen, sind Ausdruck dieses Kommunikationswett-
bewerbes. [3] *Der Anfangspunkt der Nachfrage basiert also nicht nur auf allgemeiner Aufmerksamkeit für (Produkt-)Eigenschaften, sondern vor allem in der Erweckung von Bedürfnissen durch
positive Images* (Kautt 2012, S. 411-413). [4]
Materielle Charakteristika wie der Gebrauchswert und die Produkteigen-
schaft(en) einer Ware treten aus diesem Grund gegenüber immateriellen Werten wie
Glaubwürdigkeit und Vertrauenswürdigkeit oder dem immateriellen Gesamteindruck
einer Person oder einer Organisation – dem Image – in den Hintergrund (Franck
2014, S. 196; Kastens 2016, S. 242; Gans/ Voith 2009, S. 67; Schoenborn/ Wehmeier
2014, S. 421). Das Image stellt einen vereinfachten Gesamteindruck eines individuellen oder institutionellen Akteurs[5] dar (Brachfeld 1976, S. 215), das von (zeitgenössischen) Beobachtern subjektiv konstruiert wird und welches in positiv oder negativ
kodiert ist. Daher ist die Funktionsweise von Images als temporäres und zugleich
jederzeit veränderbares (Zwischen-)Produkt von Aushandlungsprozessen grundsätzlich mit der von Stereotypen[6] vergleichbar, da beide Phänomene das schnelle Abrufen von Gesamteindrücken ermöglichen. Mitunter durch Stereotype und Images ist
es Zeitgenossen möglich, trotz der enormen Komplexität der Gegenwartsgesellschaft
routinierte wie erfahrungsbasierte Entscheidungen zu treffen (Kautt 2008, S. 169). So
bieten sie einem Zeitgenossen eine Entscheidungsgrundlage sowie es sich bei ihnen
um – für jeden Alltag notwendige – komplexitätsreduzierende Phänomene handelt.
Auf ihrer Grundlage können zeitgenössische Organisationen beurteilt werden. Organisationen in der Gegenwart sind oftmals komplexe Gebilde, die sich nicht selten aus
der Beteiligung hunderter Mitarbeiter, öffentlicher Repräsentanten und gegebenenfalls ihrem Vorstand zusammensetzen. Nahezu jede öffentliche Äußerung erfolgt auf
Grundlage strategischer Überlegungen, die in der Regel von speziell dafür angestell-
ten Mitarbeitern formuliert und ausgeführt wird (ähnlich bei Bruhn 2008, S. 517).
Solche Organisationen agieren ab einer bestimmten Größe international und machen
es dem Kunden in einer zunehmend globalisierten und komplexer werdenden Welt
schwer, sie kompetent kritisch zu beurteilen (Diehl 2016, S. 87). Dies hängt damit
zusammen, dass zwischen den beiden Parteien, Organisation und Kunde, in der Gegenwart eine enorme Informations- und Machtasymmetrie besteht (Leinert 2012, S.

---

3   In der vorliegenden Arbeit werden die Images von institutionellen Akteuren, d.h. von Organisati-
     onen, untersucht. So beziehen sich die folgenden Ausführungen stets auf ein (Organisations-
)Image, ohne die Organisation im weiteren Verlauf immer explizit zu nennen. Nichtsdestoweniger
     lassen sich die folgenden Ausführungen ebenso auf individuelle Akteure, d.h. auf Personen, bezie-
     hen, da diesbezüglich kein struktureller Unterschied in Bezug zur Image-Konstruktion und dem
     diesbezüglichen Aushandlungsprozess zwischen Organisationen und einzelnen Personen besteht.
4   Auf die erwähnten Sachverhalte wird im Laufe der Arbeit noch ausführlich eingegangen.
5   Der Terminus „institutioneller Akteur" bezeichnet Organisationen. Diese Begriffsverwendung
     wird im Folgenden ausführlich erläutert.
6   Die Begrifflichkeiten „Stereotyp" und „Image" werden im Laufe der Arbeit definiert und vonei-
     nander abgegrenzt (siehe hierfür Kapitel 4).

56). Gerade wegen dieser Heterogenität und der organisatorischen Komplexität von Organisationen ist diese stets bestrebt, durch strategische (Unternehmens-)Kommunikation beim Beobachter ein positives Image entstehen zu lassen (Bruhn 2008, S. 517).

Der Image-Begriff wird von Goffman in die Soziologie eingeführt und z.b. von Kautt und von Willems (2003, S. 30) weitergedacht. Der Begriffsverwendung von „Image" in der vorliegenden Arbeit liegt ein interaktionstheoretisches Konzept zugrunde (Kautt/ Willems 2003, S. 30), wovon die Bemühung, ein positives Image zu generieren, als „Image-Kommunikation" bezeichnet wird. Somit wird der Begriff in die Nähe von Konzepten persuasiver Kommunikationsbestrebungen wie z.b. „Impression management" und „Identitätsarbeit" gerückt, die in vielen Werken der PR-Forschung und Managementtheorie gängig sind (Bentele 2008; Einwiller 2014; Emmerling 2008; Piwinger/ Bazil 2014; Siegert 2001). Dennoch wird Image-Kommunikation in der vorliegenden Arbeit als nicht auf den Teilbereich Werbung und somit auf persuasive Kommunikation beschränkt (ähnlich bei Kautt/ Willems 2007, S. 126), sondern ebenfalls als in (massen-)medialen Diskursen verankert verstanden. Gerade in (massen-)medialen Diskursen sehen sich Organisationen nicht selten mit Kritik konfrontiert (Burkhardt 2006, S. 139; Eisenegger/ Imhof 2009, S. 256), was wiederum bei einer entsprechenden Aufmerksamkeit das Image einer Branche oder einer Organisation beeinflussen kann. Das Image stellt sodann den temporären Gesamteindruck als Produkt des diesbezüglichen (Image-)Aushandlungsprozesses dar (dazu später ausführlich). Dieses weite Begriffsverständnis erlaubt es, mehrere Werbekommunikate bzw. Produkte der Image-Kommunikation (z.B. Pressemitteilungen, Imagebroschüren, Werbekampagnen und Werbespots) im Zusammenhang mit öffentlichen Diskursen auf ihre Wechselwirkungen und gegenseitige Durchdringung zu untersuchen. Gleichzeitig bedeutet dies jedoch auch, dass der Image-Begriff weniger stark theoretisiert wird wie es in anderen soziologischen Arbeiten der Fall ist (Ahrens/ Hieber/ Kautt 2015a; Ahrens/ Hieber/ Kautt 2015b; Kautt 2008), um eine stärkere Anschlussfähigkeit an Fragen der strategischen Unternehmenskommunikation inklusive der Beurteilung ihres Wirkungskreises zu haben. Aus diesem Grund knüpft die vorliegende Arbeit näher an der von Unternehmen wahrgenommenen Wirklichkeit von „Image" an. So werden Images als temporäre Gesamteindrücke verstanden, die von (zeitgenössischen) Beobachtern in Abhängigkeit von wahrgenommenen Reizen – z.B. öffentlicher Debatten und Werbekommunikaten – subjektiv konstruiert werden. Die „Intersubjektivität" von Images spielt – aufgrund ihres in massenmedialer Kommunikation, die hier im Mittelpunkt steht, nur schwer empirisch nachzuweisenden Charakters – eine untergeordnete Rolle.[7] Infolgedessen wird die

---

[7] Kautt erarbeitet beispielsweise die Genealogie des Begriffes Image, indem er insbesondere die Verbreitung bildhafter Massenmedien in Rückkoppelung zum Aufkommen sowie der schnellen Verbreitung des Image-Begriffs untersucht und dies stärker als in der vorliegenden Arbeit theoretisiert (Kautt 2008). Darüber hinaus theoretisiert Kautt beispielsweise insbesondere die Intersubjektivität,

Intersubjektivität von Images jedoch weder negiert noch marginalisiert, sondern zugunsten der Praxisorientierung der Arbeit unter Sammelbegriffe wie „Rahmenentwicklungen" und „Kontext" subsummiert, die im Image-Aushandlungsprozess eine bedeutende Rolle spielen. Diese Vorgehensweise ist der konzeptuell-programmatischen Natur des theoretischen Teils geschuldet, die primär auf die Erarbeitung, Anwendung und Erprobung eines Modells zur Analyse von öffentlichen bzw. massenmedialen Image-Aushandlungsprozessen abzielt. Mittels des im Rahmen der vorliegenden Arbeit entwickelten Image-Aushandlungsprozess-Modells können sodann die Wirkung von strategischer Unternehmenskommunikation inklusive ihrer Grenzen analysiert werden. Dementsprechend wird der Image-Begriff letztlich als Analysekategorie eines temporären öffentlichen Gesamteindrucks gesehen, dessen Aushandlungsprozess es vertiefend zu ergründen gilt.

Images sind jedoch keineswegs ausschließlich theoretische Konstrukte, sondern lassen sich bereits durch Fragen wie „Was halten Sie von der Versicherungsbranche als Ganzes?" oder „Was halten Sie von dem Versicherer 'Allianz'?" oberflächlich abfragen. Dies ist möglich, da der Rezipient aufgrund von (Unternehmens-)Kommunikation – wie auch in zwischenmenschlicher Kommunikation – sein Bezugsobjekt bewertet und ihm Charakteristika zuschreibt (Aaker 1996, S. 68).[8] Die (Unternehmens-)Kommunikation[9] sowie die darauffolgende Selektion und die Bewertung des Beobachters beeinflussen – basierend auf der Wiedererkennung von Unternehmensnamen und Firmenlogo – den subjektiven Gesamteindruck über den jeweiligen Akteur (Esch/ Langner/ Rempel 2005, S. 115). Dieser Gesamteindruck bzw. dieses Image wird kognitiv abgespeichert und kann durch Wiedererkennungs-Reize (z.B. Firmenlogo oder Firmenname) evoziert werden.

Das Image einer Organisation hängt jedoch nicht nur von den eigenen Handlungen und Äußerungen ab, sondern stellt vielmehr das Produkt von gesellschaftlichen Aushandlungsprozessen dar, die jeweils in einem weitaus größeren diskursiven Kontext situiert sind (Hüllemann 2007, S. 110-111; Humphreys/ Brown 2002, S. 423; Kirchner 2015, S. 75; Schmid/ Lyczek 2008, S. 30): So entsteht die Bewertung bzw. das Image beispielsweise eines Versicherers nicht in einem luftleeren Raum, sondern ist auch stets durch die zeitgenössische Einschätzung der Versicherungsbranche und gegebenenfalls der Finanzbranche als Ganzes beeinflusst (ähnlich bei Breitschopf

---

d.h. die soziale Vermittlung und kollektive Formung, von Images (Kautt 2008), während in der vorliegenden Arbeit ein eindeutig individuell-kognitiver Schwerpunkt gesetzt wird, der der Entwicklung und Erprobung eines Modells zur empirischen Analyse des Image-Aushandlungsprozess geschuldet ist.

8   Aaker (1996) schreibt der Marke anthropologische Charakteristika zu, um ihre Beschaffenheit ausführlich beschreiben zu können.

9   Hier wie im weiteren Textverlauf wird zwar über die Kommunikation von Organisationen bzw. primär von Unternehmen als wirtschaftlich tätige Akteure gesprochen, jedoch gelten die Ausführungen ebenso für individuelle Akteure, weshalb „Unternehmen" hier in Klammern steht. Im weiteren Verlauf wird darauf verzichtet.

2016, S. 51-52). An dieser Stelle ist jedoch gleichfalls wichtig anzumerken, dass eine Organisation kein hilfloses Objekt externer Einflüsse zuzüglich des gesellschaftlichen Aushandlungsprozesses ist. Schließlich handelt es sich bei der Unternehmens- bzw. Image-Kommunikation – wie auch bei der im Leitbild strategisch formulierten Selbstpräsentation – um jederzeit veränderbare Kommunikate. Auf diese Weise bilden die Diskursäußerungen einer Organisation ein Bestandteil des gesellschaftlichen (Image-)Aushandlungsprozesses (Herbst 2005, S. 114; Siegert 2007, S. 109). So nimmt die Image-Kommunikation in der Gegenwart eine Schlüsselrolle ein, da das Image einer Organisation losgelöst von biologischen Grundbedürfnissen das Bedürfnis nach den (Organisations-)Produkten beeinflusst. Infolgedessen entsteht eine Nachfrage, die in einer rein Gebrauchswert-orientierten Gesellschaft so nicht zustande kommen würde (Reichertz 2010, S. 187). *In einer anhand der Grundbedürfnisse großteils materiell gesättigten Gegenwart steigt das Image also zur zentralen Entscheidungsgrundlage auf, während dieser Entwicklungsprozess um die Begrifflichkeiten „Konsum", „Unternehmenskommunikation" bzw. „Werbung" und „Image" kreist. Sie bilden das analytische Fundament, um den gesellschaftlichen Image-Aushandlungsprozess zu beschreiben.* Diese Aspekte samt ihren Wechselwirkungen umfassend zu belegen, ist Gegenstand der vorliegenden Arbeit.

Wirtschaftliche Akteure investieren Zeit und Geld in die Ausarbeitung von (Unternehmens-)Leitbildern und in den Versuch der Etablierung von positiven Images[10] (Gans/ Voith 2009, S. 78). Deshalb stellen wirtschaftlich tätige Organisationen das geeignete Untersuchungsobjekt dar, um die Image-Konstruktion bzw. den Image-Aushandlungsprozess zu analysieren. Aus diesem Grund werden die Image-Aushandlungsprozesse von Organisationen gegenüber individuellen Akteuren wie beispielsweise Politikern oder Alltagspersonen bevorzugt – obgleich sich die Inszenierungslogiken und Aushandlungsprozesse beider nicht strukturell voneinander unterscheiden (Kautt 2008, S. 9).

In Anbetracht der Tatsache, dass Finanzdienstleister immaterielle Produkte wie beispielsweise langfristige, komplexe und abstrakte Versicherungspolicen anbieten, nehmen die Images der Versicherer einen höheren Stellenwert bei Kaufentscheidungen ein als in anderen Branchen (Leinert 2012, S. 56). Schließlich werden Versicherte bei Vertragsabschluss wohl kaum hoffen, dass sich der vereinbarte Schadenfall tatsächlich ereignet, damit der Schadensausgleich seitens des Versicherers eintritt (Alter/ Wilde 2009, S. 39). Gleichzeitig ist die Erfahrung eines vergleichbaren Schadenfalls und des diesbezüglichen Schadensausgleich unwahrscheinlich oder zumindest nicht die Regel. So handelt es sich beispielsweise bei Lebensversicherungen oder Renten-Versicherungen um langfristige Versicherungsprodukte, die im Leben eines einzelnen nur in einer begrenzten Anzahl abgefragt und abgeschlossen werden.

---

10 Das Ziel bildet die Evokation eines positiven Images, während Image-Kommunikation das Mittel hierfür darstellt.

So bleibt dem Finanz-Laien kaum eine andere Möglichkeit als aufgrund der abstrakten Produktbeschaffenheit und der vorgefundenen Komplexität von Finanzprodukten eine oftmals primär (imagebasierte) Entscheidung über die Wahl des geeigneten Produkts oder des geeigneten Anbieters zu treffen. Diese Entscheidung fällt sodann in der Regel ohne die Qualität des Finanzprodukts – wie beispielsweise bei einem Konsumgut erfahrungsbasiert – adäquat einordnen zu können (Zimmermann/ Richter 2015, S. 15-16; Oletzky/ Staud/ Boltz 2015, S. 259-260). Aufgrund der immateriellen, oftmals langfristigen sowie kostspieligen Produktbeschaffenheit und des verhältnismäßig abstrakten und komplexen Leistungsspektrums von Versicherern bedarf der Vertragsabschluss einer Versicherungspolice also mehr immaterieller Ressourcen, wie beispielsweise Vertrauenswürdigkeits- und Glaubwürdigkeits-Zuschreibungen, die sich mitunter in einem positiven Image ausdrücken können (ausführlich dazu Diehl 2016, S. 87-90). Dementsprechend ist die Bedeutung von Image für Versicherer – wie auch für Banken – kaum zu überschätzen. Folglich bietet sich die Analyse der Finanzbranche und insbesondere der Assekuranz im Zuge der Untersuchung des Image-Aushandlungsprozesses an: Schließlich handelt es sich gerade bei dem Thema „Altersvorsorge" um einen (Diskussions-)Gegenstand, dem sich der einzelne aufgrund des Bedarfs nach versicherungstechnischer Absicherung nur begrenzt entziehen kann. Mitunter deshalb stößt die Thematik „Altersvorsorge" auch in öffentlichen Debatten auf große Aufmerksamkeit (Sommer/ Wehlau 2012, S. 421). Ferner unterliegt die gesetzliche Rentenversicherung durch die sogenannten Riester-Reformen einem strukturellen Wandlungsprozess, der die Grundlage anhaltender Debatten bietet.

Für die Riester-Rente, als ein geeignetes Produkt privater Altersvorsorge, wird seit ihrer Einführung seitens Politiker wie auch seitens Versicherer intensiv geworben (Hoyer/ Gerth 2009, S. 76-82), sodass mittlerweile nicht nur zahlreiche Bürger eine Riester-Rente abgeschlossen haben und somit direkt von der Thematik und ihren Implikationen betroffen sind[11], sondern auch die Begriffe „Riester" oder „riestern" bereits Eingang in die Alltagskommunikation und in den Duden gefunden haben (Dudenredaktion 2014). Die öffentliche Debatte genießt außerdem große Aufmerksamkeit, da letztlich nichts weniger als die Privatisierung des in Deutschland traditionell sozialstaatlichen Aufgabenbereichs der kapitalgesicherten Rente ausgehandelt wird. Es handelt sich also um einen öffentlichen Teil-Rückzug des Staates im Bereich der Altersvorsorge vor den Augen eines Millionenpublikums, der Aufmerksamkeit verdichtet und Emotionalität entfaltet (Bönker 2005, S. 341; Wehlau 2009, S. 310-311). Selbstverständlich wirkt sich diese kontextuelle Veränderung der bisherigen Rentenpolitik sowie die diesbezügliche Berichterstattung über die Assekuranz auf das Image der Branche im Allgemeinen aus. Darüber hinaus kann dies Einfluss auf die

---

11   Die exakten Zahlen sind in der „Statistik zur privaten Altersvorsorge" des Bundesministeriums für Arbeit und Soziales zu finden (BMAS 2017).

Image-Kommunikation von Versicherern nehmen, was ebenso im Positiven wie im Negativen auf das Image anderer Versicherer oder die ganze Branche überschlagen kann. Es existieren also Dynamiken bzw. Wechselwirkungen zwischen der Image-Kommunikation der Versicherungsbranche und der öffentlichen Debatte, die es anhand der Riester-Renten-Debatte zu untersuchen gilt. So stellt die Riester-Renten-Debatte für die vorliegende Arbeit den Zugang zum diskursiven Aushandlungsprozess hinsichtlich der Rolle der Versicherer und der Konstruktion ihres Images in einem gesellschaftlich diskursiven wie aufmerksamkeitsträchtigen Themenkomplex dar.

　　　Zusammenfassend geht es in der vorliegenden Arbeit also um nichts Geringes als um die exemplarische Beschreibung der Gegenwartsgesellschaft auf Grundlage eines zentralen zeitgenössischen Strukturmerkmals: Weshalb erlangt das Image in der Gegenwart den Status eines gesellschaftlichen Strukturmerkmals und an welchen Entwicklungen und Erscheinungen ist dies zu erkennen. Dies wird ausführlich erläutert, bevor sich speziell mit dem Image-Aushandlungsprozess in einem wirtschaftlichen Teilbereich, der Finanzbranche, näher auseinandergesetzt wird. Die Organisationsperspektive ist dafür geeignet, da sie aufgrund ihrer öffentlichen (Werbe-)Kommunikation sowie ihrer für die Öffentlichkeit bestimmten Image-Kommunikation (Selbstdarstellung) einen geeigneten gesellschaftlichen Bezugspunkt bildet (Piwinger/ Bazil 2014, S. 488; Raupp 2011, S. 101; Theis-Berglmaier 2014, S. 156); während die Assekuranz aufgrund der Immaterialität ihrer Produkte und ihrer Abhängigkeit von Vertrauenswürdigkeits-Zuschreibungen sowie die Riester-Renten-Debatte (Diehl 2016, S. 87-88) aufgrund der verdichteten Aufmerksamkeit auf die Versicherungswirtschaft und auf ihre Geschäftsmethoden (Sommer/ Wehlau 2012, S. 421) einen passenden Zugang zum gesellschaftlichen Image-Aushandlungsprozess der Versicherer bildet. Vor der ausführlichen Problematisierung der Fragestellung wird zunächst der Forschungsstand abgebildet, um die zahlreichen Anknüpfungspunkte an bisherige Forschungsarbeiten aufzuarbeiten, ohne die eine derartig ambitioniertes Unterfangen wohl kaum denkbar wäre.

1.2 Forschungsstand

Die Themenbereiche rund um Image bzw. „Marke" und Werbung werden von mehreren Disziplinen untersucht, die nicht immer den Blick über Fächergrenzen hinweg wagen. Daher geht es in der vorliegenden Arbeit darum, den Austausch mit anderen Disziplinen anzuregen, indem eine Fragestellung formuliert wird, die über keinen eindeutig abgrenzbaren disziplinären Forschungsstand verfügt. Infolgedessen könnte der Forschungsstand stets an der einen oder anderen Stelle ausgeweitet werden. Um der Tragweite bisheriger Arbeiten jedoch gerecht zu werden, ohne den inhaltlichen Rahmen der Einleitung wie auch die einführende Notwendigkeit der Thematisierung zu sprengen, werden zahlreiche Verweise und Belege auf vorherige Forschungsarbeiten in die jeweiligen Kapitel integriert.

Neben der traditionell verstrickten betriebswirtschaftlichen Marken- und der teilweise interdisziplinären PR-Forschung[12] (Bruhn 2001; Bruhn 2004; Esch 2001; Esch/ Langner/ Rempel 2005; Kroeber-Riel 2013; Meffert/ Burmann 2002; Aaker 1996) existieren ebenso zahlreiche sprachwissenschaftliche Untersuchungen (Janich 2009; Kastens 2009; Kastens/ Lux 2014; Reinhardt/ Gradinger 2007; Ronneberger-Sibold 2015; Samland 2009), die sich ebenfalls primär mit (Unternehmens-)Kommunikation bzw. Image-Kommunikation auseinandersetzen.[13] Einzelne Soziologen (Deichsel 1998; 2006; Hellmann 2003; 2007; 2008; Hüllemann 2007) beschäftigen sich ausführlich mit dem Phänomen der „Marke"[14], während sich andere Soziologen (Schierl 2002; Bentele 1992; Bentele/ Seidenglanz 2005; Einwiller 2014; Kautt 2008; 2012; Ahrens/ Hieber; Ahrens/ Hieber/ Kautt 2015a; 2015b; Willems 1998; 2000; 2002; 2003) auf die Erforschung von Werbern, Werbung oder Image bzw. Image-Kommunikation konzentrieren.[15] Bei solchen Forschungsbestrebungen wird insbesondere der Konsum – das strategische Ziel jeglicher Werbe- und Image-Kommunikation – in den Fokus gerückt. So untersuchen beispielsweise Zygmunt Baumann (2009), Kai-Uwe Hellmann (2008; 2010; 2013) und Dominik Schrage (Hellmann/ Schrage 2004; 2005) Konsum soziologisch.[16] Bereits an dieser Stelle wird also ersichtlich, dass die Forschung im Bereich von Image bzw. „Marke" und Werbung eine unüberschaubare Menge an Veröffentlichungen hervorgebracht hat, sodass der Forschungsstand nur eine Auswahl zentraler Werke abbilden und nur die für die Fragestellung wegweisenden Ergebnisse wiedergeben kann.

---

12   Werner Kroeber-Riel spricht 1982 von der „Steuerung des Konsumentenverhaltens" (Krober-Riel 1982) durch Werbemaßnahmen und überschätzt somit ihre Wirkungsweisen wie im Zuge dieser Arbeit noch ausführlich erläutert wird (siehe hierfür Kapitel 4).

13   Nina Janich (2012) vereint in ihrem Sammelband zahlreiche Artikel zur Werbe-Forschung unterschiedlicher Disziplinen und legt damit ein Standardwerk vor.

14   Einen komprimierten Überblick über die sich mit „Marken" beschäftigenden Soziologie ist bei Arnd Zschiesche (2015) zu finden. Eugen Buß (1998) beschreibt „Marken" noch vor der Jahrtausendwende als soziales Symbol und erklärt das Phänomen „Marke" somit zu einem soziologischen Untersuchungsgegenstand.

15   Auch Niklas Luhmann (2009), Erving Goffman (1981) und Gerhard Schulze (2005) verstehen Werbung als eine zentrale soziologische Untersuchungsgröße, die in ihre Arbeiten Eingang findet. Den Forschungsstand einer vermeintlichen „Soziologie der Werbung" arbeitet Thomas Schnierer (2002) heraus.

16   Speziell den Konsum in der „Postmoderne" untersucht Mike Featherstone (2000), Jean Baudrilland (2015) beschreibt die Gegenwartsgesellschaft als „Konsumgesellschaft", während Ingo Schoenheit (2007) sich auf politischen Konsum konzentriert und Krober-Riel und Andrea Gröppel-Klein (2013) den Konsum aus wirtschaftlicher Perspektive betrachten.

Die soziologische Werbe- und Image-Forschung[17] ist insbesondere von Herbert Willems und York Kautt geprägt, die Werben stets als soziale Handlung verstehen und ihnen eine Gesellschafts-beeinflussende Relevanz zusprechen (Willems 2002).[18] Schließlich ist Werbung ein Bestandteil eines weitaus größeren gesellschaftlichen Diskurses bzw. Aushandlungsprozesses, der bis in die Alltagslogiken und die individuellen wie zeitgenössischen Lebenswelten wirkt (Willems/ Kautt 2003, S. 10).[19] So prägt Werbung als eine für Zeitgenossen fast unumgängliche und allgegenwärtige Bezugsgröße den Diskurskontext, indem sie Alltagslogiken verarbeitet, verzerrt reproduziert und somit in einem zyklischen Prozess den Diskurskontext beeinflusst (Bohn/ Willems 2001; Kautt/ Willems 2006).[20] In Anlehnung an die Theorien von Erving Goffman und Niklas Luhmann untersuchen Kautt (2008) und Willems (1998) die Konstruktion von sinnhaften Bildern und die jeweiligen (Werbe-)Inszenierungsstrategien in der Werbung (Willems/ Kautt 2003). Die Theatralität, die Verbreitung von Inszenierungs- bzw. Werbelogiken, die soziologische Verortung von Konsum, Werbung und Image (Kautt/ Willems 2007) sowie teilweise der werbetechnisch verarbeitete Erlebnischarakter (Schulze 2005) werden auf diese Weise von Kautt (2008) und Willems (1999) herausgearbeitet.[21] Speziell die Erläuterung der Beschaffenheit, die soziologische Verortung und die historische Entwicklungsbeschreibung von Image legt Kautt (2008) vor, ohne die die grundlegenden theoretischen Überlegungen der vorliegenden Arbeit nicht denkbar gewesen wären. Kautt legt seinen Untersuchungsschwerpunkt auf die „Bildhaftigkeit" (2008) von Werbung sowie Image und analysiert aus diesem Grund primär Bildquellen auf ihre Image-Kommunikation, wohingegen die vorliegende Arbeit Image(-Kommunikation) auch losgelöst von ihrer „Bildhaftigkeit" untersucht und sogar primär auf Textquellen zurückgreift.[22] Die vorliegende Arbeit knüpft an die bereits ausführliche soziologische Erforschung der Phänomene Werbung und Image zuzüglich ihrer Rahmenbedingungen

---

17 Es existiert zwar streng genommen keine „Soziologie der Werbung" (Kautt 2012, S. 411), dennoch lassen sich zentrale Forschungsergebnisse durch diese Terminologie subsumieren.

18 Der von Willems (2002) herausgegebene Sammelband, die Monografie von Willems und Kautt (2003) sowie die Monografie von Kautt (2008) stellen Standardwerke dar, die in keiner interdisziplinären Arbeit über Werbung oder Image fehlen dürfen.

19 Kautt (2008) argumentiert in Anlehnung an systemtheoretische Grundgedanken Luhmanns, dass Werbung einen Teilbestandteil der Massenmedien bildet, während Willems und Kautt (2003, S. 10) Werbung auch als Bestandteil (massen-)medialer Debatten und des Diskurses beziehnen.

20 Die hier erwähnten Aspekte werden im Kapitel 2 und im Kapitel 4 ausführlich erörtert.

21 Ein Überblick über die Geschichte und Entwicklung der Werbung und der Werbebranche ist bei Siegert und Brecheis (2017, S. 71-97) zu finden. Den Forschungsstand der kommunikationswissenschaftlichen Werbe-Forschung stellt Borchers (2014) dar.

22 Die an späterer Stelle erfolgende Analyse von Werbemotiven in exemplarisch ausgewählten Werbespots verhält sich komplementär zur primär textlichen Diskursanalyse dieser Arbeit, sodass ein anderer Untersuchungsschwerpunkt als beispielsweise von Kautt (2008) gesetzt wird.

und Entwicklungskontexte an, um die soziologischen Ursachen des Bedeutungszuwachses von Images in der Gegenwart systematisch gesellschaftsdiagnostisch zu beleuchten.[23]
Gabriele Siegert hat bereits 2001 eine inhaltlich ähnliche Problemstellung untersucht, indem sie sich intensiv mit der Entwicklung von Medien-Marken, Markenstrategien und ihren Entstehungshintergründen beschäftigt hat (Siegert 2001). In diesem Untersuchungskontext stützt sie sich insbesondere auf PR- und Marketing-Literatur, um so die Beschaffenheit von „Marken"-Konstruktionen[24] nachzuverfolgen. Auf diese Weise erweitert sie die bisherige Vorstellung der „Marken"-Konstruktion zu einem beidseitigen Aushandlungsprozess, der die Grundlage des zu entwickelnden Image-Aushandlungsprozesses in dieser Arbeit darstellt (Siegert 2007; Siegert/ Brecheis 2017, S. 59). Im Gegensatz zu Siegert (2001) verfolgt die vorliegende Arbeit nicht nur das Interesse, die großflächigen Entstehungshintergründe im Allgemeinen zu beschreiben, die zum Bedeutungszuwachs von Images oder „Marken" geführt haben, sondern diese zuzüglich ihrer gesellschaftlichen Ursachen und Funktionen systematisch zu erörtern. Dementsprechend nehmen gesellschaftliche Entwicklungen wie beispielsweise der Siegeszug des Neoliberalismus[25], die Globalisierung, gesellschaftliche Entwicklungen hin zur Erlebnisorientierung (Schulze 2005, S. 427), Digitalisierung sowie vorherige öffentlichkeitswirksame Diskurse über die Assekuranz oder Finanzbranche im Allgemeinen einen großen Stellenwert ein. Dies hängt damit zusammen, dass sich die Image-Konstruktion wie jeder andere kommunikative Akt nicht aus einem gesamtgesellschaftlichen Kontext lösen lässt (Angermüller 2011, S. 25; Keller 2010, S. 243-244).[26] So bilden beispielsweise die Bewertung von (Werbe-)Kommunikaten oder das Handeln einer Organisation sowie auch die Werte und die Normen einer Gesellschaft keine starren Konstrukte, sondern es handelt sich um wandelbare Entitäten (Kautt 2008, S. 23). Daher erscheint eine umfängliche soziologische Kontextualisierung in Bezug auf die Image-Konstruktion bzw. Image-

---

23   Kautt und Willems betonen ebenfalls, dass das Image und die Image-Kommunikation gegenwärtig „mehr denn je" an gesellschaftlicher Relevanz gewinnen (Kautt/ Willems 2003, S. 31).

24   An dieser Stelle ist das Resultat (Image) von Image-Kommunikation gemeint, dass Siegert jedoch als „Marke" bezeichnet. Zur Differenzierung von „Marke" und Image siehe Kapitel 4.

25   Der Siegeszug des Neoliberalismus bezeichnet hier die Abkehr staatlichen interventionistischen Handels, welches der Überzeugung folgt, dass der freie Markt über Marktdynamiken (z.B. Profitmaximierungsstreben, freien Wettbewerb und das Zusammenspiel von Angebot und Nachfrage) zu einer effizienteren und dadurch zu einer gerechteren Situation für alle Beteiligten führe. Es handelt sich also beim Neoliberalismus primär um die Forderung der Beschränkung staatlicher Eingriffe in wirtschaftliche Tätigkeitsfelder auf ein zwingend notwendiges Mindestmaß (ausführlich dazu Young 2014, S. 33-48). Die Folge sind beispielsweise weitreichende Deregulierungen und Privatisierungen.

26   Willems ordnet die Entwicklung der Werbung ebenfalls in größere gesamtgesellschaftliche Zusammenhänge wie die Globalisierung ein, jedoch bleibt beispielsweise die Verbreitung neoliberalen Gedankenguts sowie die Auswirkungen der Digitalisierung großteils unberücksichtigt (Willems 2002, S. 91-95).

Kommunikation und die systematische gesellschaftsdiagnostische Beschreibung des Bedeutungszuwachses von Image als notwendig.[27]

Die mediale Rollenkonstruktion der Bankenbranche und der Rolle der Banker im Rahmen der Finanzkrisen-Debatte sowie ihre Auswirkungen auf das seit 2008 anhaltende Vertrauenstief der Finanzbranche im Allgemeinen[28] untersucht Nazim Diehl (2017).[29] Die moralische Schuldkonstruktion und Kritik an den Bankern und Banken während des Krisenzustandes führt dazu, dass die Banker und Banken (massen-)medial[30] als vermeintlich einseitige Verursacher und Schuldige der Finanzkrise identifiziert werden (Diehl 2017, S. 87-88).[31] Die Schuld an der Krise liege eindeutig bei ihnen, obgleich die unschuldigen Steuerzahler nun für den verursachten Schaden aufkommen müssten. Diese populäre (Krisen-)Deutung beeinflusst aufgrund gängiger Moralvorstellungen und Gerechtigkeitssemantiken die Empfindung von moralischer Entrüstung und Ungerechtigkeit und letztlich auch das Vertrauenstief der Finanzbranche im Allgemeinen. Die bereits zuvor eher unbeliebten Banker und Banken werden dadurch zum Gefahrenherd für jedermann erklärt und kanalisieren auf

---

27   Aus einer sprachwissenschaftlichen Perspektive haben sich Inga-Ellen Kastens und Peter G. C. Lux mit der „Marken"-Konstruktion beschäftigt, die sie ebenfalls als diskursive Entität beschreiben und als „Aushandlungsprozess" (Kastens/ Lux 2014) bezeichnen. Sie betonen ebenfalls, dass dieser Prozess keineswegs einseitig von einem Akteur gesteuert werden kann, sondern sich stets in einem (gesamtgesellschaftlichen) Kontext situiert.

28   Mehrere Studien (Ernst & Young 2016; Gfk 2017) berichten übereinstimmend von einem anhaltenden Vertrauenstief und erklären die Finanzkrise 2008 zu ihrer zentralen Ursache (Heitmeyer 2010; Köcher 2010).

29   Im Gegensatz zu dem Fokus auf die massenmediale Berichterstattung haben sich beispielsweise Ann-Kristin Achleitner, Alexander Bassen und Christian Fieseler (2008) sowie Andreas Langenohl (2009) und Dietmar J. Wetzel (Langenohl/ Wetzel 2009) mit der Finanzkommunikation, also einem Expertendiskurs mit beschränkter Zielgruppe, beschäftigt. Mit dem Finanzmarkt aus soziologischer Perspektive beschäftigen sich folgende Autoren (Beyer/ Wolf 2014; Hahn 2011; Langenohl 2007; Langenohl 2014; Heires/ Nölke 2014; Kessler/ Wilhelm 2014; Windolf 2005). Langenohl erklärt in Bezug auf Finanzmarkt-Diskurse, dass „Diskurse über Finanzmärkte [...] leisten, was Preise nicht können, nämlich Handeln, das auf Erwartungserwartungen gründet, zu orientieren" (Langenohl 2009, S. 297). Images nehmen ebenfalls die Funktion der Orientierung ein und stellen wie Preise ein temporäreres Produkt des Aushandlungsprozesses dar.

30   Das Wort „massenmedial" wird im Folgenden so in Klammern gesetzt, dass sowohl massenmedial wie auch ausschließlich mediale Formate gemeint sind. So sind beispielsweise nicht nur massenmediale Medien diskursprägend, sondern jedes mediale Format kann eine Diskurs beeinflussende Wirkung entfalten – obgleich es primär die Massenmedien sind, die die Alltagslogiken und -vorstellungen zahlreicher Zeitgenossen durch ihre große Popularität und ihren große Reichweite prägen.

31   Zentrale Diskursanalysen der Finanzkrisen-Debatte sind die Folgenden (Knappertsbusch 2010; Krasni 2017; Kuhn 2014; Langenohl 2009; Peltzer/ Lämmle/ Wagenknecht 2012). Der ausführliche Forschungsstand zur Finanzkrisen-Debatte sowie die Thematisierung der inhaltlichen Parallelen und Anknüpfungspunkte zur vorherigen Heuschrecken-Debatte 2005 sind bei Diehl (2017, S. 10-14) zu finden.

diese Weise die Sorge und Wut im Zuge der Finanzkrise auf eine adressierbare Personengruppe (Diehl 2017, S. 88-89).[32] An diese Ergebnisse knüpft die vorliegende Arbeit an und bettet die inhaltlichen Ergebnisse nicht nur in die eigenen Überlegungen ein, sondern analysiert davon ausgehend ebenfalls den Presse-Diskurs der Riester-Renten-Debatte. Auf diese Weise wird versucht den gesamtheitlichen (Image-)Aushandlungsprozess einschließlich der (Werbe-)Kommunikate der Versicherer in die Analyse miteinzubeziehen. [33]

Im Vergleich zum Bankensektor herrscht eine Unterrepräsentation sozialwissenschaftlicher Forschung zur Versicherungswirtschaft vor, was erstaunlich ist, sofern die enorme gesellschaftliche Bedeutung der Branche sowie ihre Alltagsrelevanz bedacht wird.[34] So werden beispielsweise in Arbeiten über die Finanzkrise 2008 die Rolle und Berichterstattung der Banken von den verschiedensten Blickwinkeln betrachtet, jedoch schafft es die Thematisierung der Rolle der Assekuranz nicht aus Nebensätzen heraus, obgleich ihre Verstrickung und die Auswirkungen der Krise auf die Branche auch in den Presseartikeln problematisiert wird (Diehl 2016, S. 87-88). Francois Ewald jedenfalls erkennt die gesellschaftliche Relevanz der Assekuranz und spricht sogar gesellschaftstheoretisch von der „Versicherungs-Gesellschaft" (Ewald 1989) und dem „Vorsorgestaat" (Ewald 1993). So versteht Ewald Versicherungen als Antwort auf das anthropologische Bedürfnis nach Sicherheit (ebd., S. 385). Diese soziologischen Grundgedanken zur Funktion der Versicherungswirtschaft werden im Laufe der Arbeit mit aktuellen Forschungsergebnissen verknüpft.[35]

---

32   Paul Langley (2015) analysiert die Zuschreibungsprozesse der Finanzkrise in den USA und Groß-
     britannien in Anbetracht des Krisenmanagements der jeweiligen Regierung. Auf diese Weise arbei-
     tet er heraus, dass insbesondere ökonomische Erklärungs- und Beschreibungsmuster in diesen
     englischsprachigen Diskursen während der Hochphase der Finanzkrise herangezogen werden, um
     das Phänomen „Finanzkrise" zu beschreiben und zu begegnen.

33   Gegenwärtig liegt noch keine dezidierte Diskursanalyse der Riester-Renten-Debatte vor, weshalb
     im ersten Analyseschritt der (massen-)mediale Diskurs über die Riester-Rente ausführlich unter-
     sucht wird, um diese Forschungslücke zu füllen und um somit die Grundlage für die Analyse des
     Image-Aushandlungsprozesses zu legen: Mit der Riester-Renten-Debatte beschäftigen sich mitun-
     ter folgende Autoren und beschreiben entweder den Diskursverlauf, die vermeintliche (Un-)Luk-
     rativität von Riester-Rentenversicherungspolicen oder dessen parlamentarische Verabschiedung
     oder dessen rechtliche Entwicklungen (Blank 2011; Braun/ Pfeiffer 2011; Donnermuth 2012; Lei-
     nert 2012; Rürup 2012; Schwark 2012; Hagen/ Schäfer 2012).

34   Die Historie von Versicherungen beschreiben neben Francois Ewald (1989) auch Karin Nehlsen
     von Stryk (1998) und Peter Borscheid (1989; 1993; 1998), während sich der Sammelband von Gab-
     riele Zimmermann (2015) sowie der von Marcus Reinmuth, Inga Ellen Kastens und Patrick Voß-
     kamp (2016) mit der Werbekommunikation der Versicherungswirtschaft auseinandersetzen. Die
     Werbung und Images des Bankensektors werden abseits der Finanzkrise 2008 wiederum von Wolf-
     gang Jacob und Frank Schubert (2001), Klaus Leusmann (2013), Dieter Lindenlaub, Carsten
     Burhop und Joachim Scholtyseck (2013), Reinmuth, Kastens und Voßkamp (2016), Borscheid
     (1995) sowie Franziska Eberlein und Franziska Ülkümen (2009) untersucht.

35   Die Markenbildung im Bereich des Bankensektors untersuchen Bernhard Eggli (2004) sowie Jacob
     und Schubert (2001), während Diehl (2016), Michael Maskus (2004) und Torsten Oletzky, Natalie

1.3 Fragestellung

Die zahlreichen Arbeiten zu Image und Werbung ändern nichts daran, dass es sich bei der systematischen Erforschung der Ursachen des Bedeutungszuwachses von Image um ein Forschungsdesiderat handelt. So werden regelmäßig die Einflüsse der Globalisierung, Digitalisierung und anderer Rahmenbedingungen auf das Image angesprochen, jedoch nur selten samt ihren Wechselwirkungen systematisch herausgearbeitet (eine Ausnahme sind Siegert 2001; Siegert/ Brecheis 2017). Daher stellt sich zunächst die grundsätzliche Frage: *Was führt zum Bedeutungszuwachs des Images in der Gegenwart?* Das ein enormer Bedeutungszuwachs stattgefunden hat, ist bereits damit zu belegen, dass das Wort mittlerweile fast schon auf täglicher Basis in den Medien, der Forschung, aber auch in Alltagsgesprächen Verwendung findet (ähnlich bei Kautt 2008, S. 9). Empirisch ist dies daran nachzuweisen, dass die Literatur, die sich mit Image oder „Marke" beschäftigt, in den letzten Jahren eine unüberschaubare Menge an Neuerscheinungen hervorgebracht hat. Das Untersuchungsziel besteht daher darin, die bisherige interdisziplinäre Forschung in Bezug zu Werbung, Image bzw. „Marke" und in Bezug zu historischen Untersuchungen sowie zu primär soziologischer Gesellschaftsbeschreibungen auf den Bedeutungszuwachs des Images zu fokussieren. Auf diese Weise wird die gesellschaftliche Funktion von Images ausführlich erläutert, zeitgenössisch verankert und die Gründe für die Verbreitung des Images in die Lebenswelten der Zeitgenossen nachgezeichnet.[36]

An die Frage nach dem Bedeutungszuwachs des Images schließt sich die Frage nach der Operationalisierung dieser Ergebnisse an, denn schließlich handelt es sich bei Image-Aushandlungsprozessen um jederzeit beobachtbare Erscheinungen, die sich in Form von Alltagslogiken äußern und daher keine rein abstrakte Analysekategorie bilden (Kautt 2008). Diese Aushandlungsprozesse spielen sich jedoch nicht oberflächlich, sondern in Form von subjektiven Konstruktionsprozessen und somit in den Köpfen der Zeitgenossen ab (Kovács 2016, S. 259), denen gerade in Dis-

---

Staud und Jonas Boltz (2015) die Unternehmenskommunikation oder Markenbildung von einzelnen Versicherern beleuchten.

[36] In Grundzügen mit der Fragestellung der vorliegenden Arbeit vergleichbar versucht bereits Daniel J. Boorstin (1992) eine Gegenwartsanalyse durchzuführen und den Bedeutungszuwachs des Images zu beschreiben. Boorstin versteht Image jedoch nicht als gängiges Alltagsphänomen, sondern als realitätsverzerrendes Phänomen, das ein insbesondere visuell geprägtes Resultat (massen-)medialer Berichterstattung seit dem 19. Jahrhundert darstellt und von ihm auch als „Pseudoereignis" bezeichnet wird (ausführlich Boorstin 1992). Ferner argumentiert er, dass die Lockerung von festen Normen und Werten zum Aufstieg temporärer (massen-)medial gelenkter Leitbilder (Images) führe (Kautt 2008, S. 23), die ständigem Wandel unterliegen, und identifiziert das Image nicht als Strukturelement der Gegenwartsgesellschaft, das weitaus mehr Einflüssen als der Erosion bestehender Norm- und Wertsysteme unterliegt wie beispielsweise der Digitalisierung und der sukzessiven Globalisierung.

kursanalysen große Beachtung geschenkt wird (Wengeler 2003, S. 296). Diskursanalysen stützen sich in der Regel auf ein breites wie beidseitiges Diskursverständnis, das
Diskurse im Allgemeinen und jegliche Diskursäußerungen in einem Aushandlungsprozess verstehen, von denen einzelne Deutungen Diskurshoheit gewinnen und so
die subjektiven Konstruktionsprozesse vieler Personen als ein zentrales wie öffentliches Bezugsobjekt beeinflussen können (Angermüller 2011, S. 19-20). Die Zusammenführung diskurstheoretischer Grundannahmen und die von anderen Autoren wie
beispielsweise Kautt (2008) herausgearbeiteten Merkmale von Image(-Kommunika-
tion) sowie der von Siegert (2001) entworfene Image-Konstruktionsprozess bilden
daher die Anknüpfungspunkte, um die Frage nach der Operationalisierung des
Image-Aushandlungsprozesses zu beantworten.

Die Entwicklung eines (Image-Aushandlungs-)Modells legt die Frage nach dessen Anwendbarkeit und nach dessen realtypischer Erscheinungsform nahe. Daher
werden die zwei theoretisch-abstrahierenden Fragestellungen durch zwei anwen-
dungsbezogene bzw. realtypische Fragen ergänzt. Die Umformulierung der vorherigen Fragen führt in Bezug zur Versicherungswirtschaft als Untersuchungsgegenstand
zu folgenden Fragen: *Wie konstituiert und konstruiert sich das Image der Assekuranz im Allgemeinen und wie verläuft der Image-Aushandlungsprozess der ERGO im Rahmen der Skandal-
Berichterstattung über den „Sex-Skandal"* (Saal 2011)? Zur Beantwortung dieser Fragen
wird zunächst der Pressediskurs der Riester-Renten-Debatte analysiert, da dieser die
Aufmerksamkeit der Zeitgenossen auf ein öffentlichkeitswirksames wie alltagsnahes
Versicherungsprodukt verdichtet. Ferner werden im Zuge der Berichterstattung über
die Riester-Rente die Rolle der Assekuranz problematisiert, ihre Charakteristika werden beschrieben und es wird vor den Augen eines (massen-)medialen Millionenpublikums über vermeintliche Geschäftsmethoden der Versicherer berichtet. Die
Berichterstattung ist auf diese Weise direkt an der subjektiven Image-Konstruktion
beteiligt und ist ein zentraler Bestandteil des Image-Aushandlungsprozesses. Nach
der Herausarbeitung der (massen-)medialen Rollenkonstruktion bzw. Stereotypen- o-
der Image-Konstruktion stellt sich die Frage nach den Reaktionen bzw. den Diskursäußerungen der Versicherer abseits des (massen-)medialen Diskurses: Diese Frage
wird durch die Analyse von Werbespots untersucht. Der Image-Aushandlungsprozess eines spezifischen Versicherers wird abschließend durch die ERGO-Skandal-
Berichterstattung nachverfolgt, um die Ergebnisse exemplarisch anzuwenden und um
den Aushandlungsprozess eines Versicherers – die vorherigen Ergebnisse komple-
mentierend – nachzuzeichnen.[37]

---

37 Die primäre Beschäftigung mit (Massen-)Medien basiert auf ihrer unbestrittenen Rolle, als eine
    zentrale gesamtgesellschaftliche Aushandlungsarena zu fungieren, in der gesellschaftliche (Image-
)Aushandlungsprozesse stattfinden (siehe hierfür Kapitel 3). Dieser Fokus auf (massen-)mediale
    Aushandlungsprozesse bedeutet jedoch keineswegs, dass die Rolle von Online- und Offline-Image-
    Kommunikation bestritten wird. Nichtsdestoweniger wird die Auffassung vertreten, dass insbeson-

Mit der Analyse von Images sowie von Image-Aushandlungsprozessen und aufgrund der forschungstheoretischen Annäherung an zentrale Forschungsergebnisse der Organisationssoziologie steht stets die Organisation als Akteur im Analysezentrum, die versucht, mithilfe strategischer (Werbe-)Kommunikation ein (positives) Image bei den Rezipienten zu erwecken. Die Protagonisten dieser Untersuchung sind also Organisationen, obgleich sich diese Arbeit nicht mit organisationsinternen Strukturen beschäftigt, sondern die Außenperspektive der Aushandlungsprozesse beschreibt. So fehlt streng genommen auch in dieser Arbeit die „Auseinandersetzung mit der Organisation in der Organisationssoziologie" (Kirchner 2015, S. 69-70). Die Außenperspektive eröffnet jedoch die Möglichkeit, die kommunikative Konstruktion und die Aushandlung von (Organisations-)Images zu beschreiben, die ihrerseits wiederum Einfluss auf organisationsinterne Strukturen und (werbe-)inszenatorische Planungen nehmen. Letztlich sind eben die externen Beobachter bewusste oder unbewusste Konstrukteure ihrer individuellen Images, obgleich die Organisation den zentralen Bezugspunkt der Image-Konstruktion bildet. Einerseits beeinflusst sie die Image-Konstruktion und andererseits wird sie als Akteur im Image stets adressiert. Die diskuranalytische Grundierung der Arbeit dient als Vehikel, um die Außenperspektive auf Organisationen zu beleuchten, die sowohl externe wie interne Meinungen und Einstellungen zur Organisation beeinflussen können. Der Markt als theoretisches Ganzes sowie die Marktposition einzelner Akteure wird also nicht nur von organisationsinternen Prozessen, sondern ebenso maßgeblich von externen Aushandlungsprozessen beeinflusst, welche hier im Analysezentrum stehen. So beobachten wirtschaftliche Akteure nicht nur ihre Konkurrenz, sondern auch den Diskurs, um Marktlücken zu finden und um ihr eigenes Selbstbild in Abgrenzung zu Konkurrenten und unter Berücksichtigung herrschender Erwartungen werbeinszinatorisch zu formulieren (Mützel Jahr, S. 263-267). Infolgedessen versteht sich die vorliegende Arbeit zwar als interdisziplinäres Unterfangen, jedoch verfügt sie über einen eindeutig organisationssoziologischen Schwerpunkt[38] innerhalb dessen die Entstehung von

---

dere im Zuge der Riester-Renten-Debatte – einem gesellschaftspolitischem Projekt der Teil-Umstellung bisheriger Altersvorsorge – die Rolle des (massen-)medialen Image-Aushandlungsprozesses sowie der damit zusammenhängenden Verortung des jeweiligen (Marken-)Images oder des jeweiligen (Marken-)Produkts in einen gesellschaftlichen Kontext kaum zu überschätzen ist (siehe hierfür Kapitel 9.1).

38   Für einen Überblick über den organisationssoziologischen Forschungsstand (Kirchner 2015; Rometsch 2008; Kieser/ Walgenbach 2010; Kirchner 2012; Besio 2015; Preisendörfer 2015; Preisendörfer 2016; Schimank 2001; Tacke 2008; Tacke 2015; Walgenbach/ Meyer 2008). Die kommunikative Konstruktion von Organisationen untersuchen insbesondere Dennis Schoeneborg und Stefan Wehmeier (2014) sowie Stefan Kirchner (2015), Maya Apelt und Konstanze Senge (2015) analysieren die Verstrickung zwischen Unsicherheit in und außerhalb von Organisationen. David A. Whetten und Alison Mackey (2002) beschreiben die Organisation als Akteur, was anschließend Eingang in den Forschungsstand findet und sich auch in zahlreichen englisch- sowie deutschsprachigen organisationssoziologischen Arbeiten wiederfindet. Cornelissen et al. (2007) versuchen eine einheitliche Definition von Organisation und Identität zu entwickeln und haben in

Images bzw. der Image-Aushandlungsprozess exemplarischer Organisationen (Versicherer) analysiert wird.[39] Auf einen Punkt gebracht besteht das Ziel des Analyseteils also darin: Die Grundlage der Image-Konstruktion in den Köpfen der Rezipienten durch die Analyse der öffentlichen Debatte (Gesellschaft) und der Image-Kommunikation ausgewählter Versicherer (Wirtschaft) theoretisch wie empirisch einschließlich diesbezüglicher Wechselwirkungen (Image-Aushandlungsprozess zuzüglich einschlägiger Image-Transfers) zwischen beiden Parteien zu erforschen.[40] *Daher steht der Konstruktionsprozess „der Versicherungswirtschaft" bzw. des Versicherer-Images im Allgemeinen und eines Versicherers (ERGO) zuzüglich der Verwurzelung des Images und der Beschaffenheit des Image-Aushandlungsprozesses stets im Analysezentrum.* Die Verortung von Images in den Köpfen der Zeitgenossen führt dazu (Kovács 2016, S. 259), dass schließlich mithilfe der Diskursanalyse nicht die Images einzelner Personen oder Zielgruppen zu untersuchen versucht werden, sondern ein zentraler Bezugspunkt zeitgenössischer und individueller Image-Konstruktion betrachtet wird – der Image-Aushandlungsprozess. Dies bedeutet jedoch auch, dass vorherrschende Images beispielsweise durch Einstellungserhebungen nicht untersucht werden, stattdessen aber solche Ergebnisse als Resultat des zu analysierenden Image-Aushandlungsprozesses verstanden werden können.

Forschungsfragen lassen sich oftmals in drei zentrale Frageteile unterteilen: Das „Was", „Wie" und „Warum". In der vorliegenden Untersuchung befindet sich stets das „Was" – die Inhaltsebene des (Image-)Aushandlungsprozesses – im Vordergrund, während ergänzend das „Wie" des Aushandlungsprozesses analysiert wird und das „Warum" die Antwort auf die soziologische Frage nach den Ursachen des Aufstiegs des Images in der Gegenwart umfasst.

---

diesem Rahmen den englischsprachigen Forschungsstand ausführlich herausgearbeitet. Zentrale Arbeiten zur englischsprachigen organisationssoziologischen Forschung sind beispielsweise Andrew D. Brown (2001), Shelley L. Brickson (2005), Dennis A. Gioia, Majken Schultz sowie Kevin G. Corley (2000), Michael Humphreys und Brown (2002), Davide Ravasi und Schultz (2006) sowie Lynn B. Upshaw (1995). Weitere Verweise lassen sich bei Cornelissen et al. (2007) finden.

39   Ein Überblick zur Wirtschaftssoziologie, darunter ebenfalls die Organisationssoziologie, lässt sich bei Jörn Lamla (2008) finden.

40   Es handelt sich dabei um eine genuin soziologische Fragestellung, da nicht nur der Image-Aushandlungsprozess realer Akteure und die Konstruktion rein kognitiver Branchenbeschreibungen, die ein exemplarisches Resultat gesamtgesellschaftlicher Entwicklungen darstellen, sondern auch die sozialen Rahmenbedingungen (Globalisierung, Neoliberalismus, Digitalisierung), Folgeerscheinungen für Organisationen und Privatpersonen (erhöhte Selbstbeobachtung), ihre unternehmerischen Auswirkungen auf die Akteure (Finanzmarkt-Logiken) und ihre jeweilige gesellschaftliche Funktion untersucht werden, während der Image-Aushandlungsprozess im Allgemeinen wie der der Versicherer als exemplarisches Resultat gesamtgesellschaftlicher Entwicklungen verstanden wird.

1.4 Vorgehen

Die Untersuchung eines immateriellen Phänomens wie dem des Images sowie die Analyse eines analytisch entwickelten Image-Aushandlungsprozesses benötigt zunächst die Erörterung der ihr zugrundeliegenden sozialtheoretischen Grundprämissen sowie die definitorische Begriffsklärung des Untersuchungsfeldes – sie stellen den analytischen Hintergrund dar, der den Aufstieg des Images umgibt. Daher erfolgt gleich zu Beginn der vorliegenden Arbeit die ausführliche Erörterung der verwendeten Begrifflichkeiten, ihrer Definitionen und den damit zusammenhängenden Konzepten. So werden das diskurstheoretische Grundverständnis dieser Arbeit, die Beschaffenheit und die Rahmenbedingungen von Diskursen im Allgemeinen, Organisationen sowie ihre Wechselwirkungen abstrahierend sozialtheoretisch erläutert, um durch diesen Ausgangspunkt das Phänomen des Images zuzüglich dessen Komponenten umfassend zu beschreiben. [41]

Im darauffolgenden gesellschaftsdiagnostischen Untersuchungsschritt werden die historischen Ursachen und die Hintergründe erläutert, die unmittelbar zum Bedeutungszuwachs vom Image in der Gegenwart führen. Die diesbezüglichen Auswirkungen des Siegeszugs des Neoliberalismus, der Globalisierung, des Finanzmarkt-Kapitalismus, der Digitalisierung und die Durchdringung von Werbelogiken in die Alltagslogiken der Zeitgenossen sind nur einige von zahlreichen Aspekten, die zum Aufstieg des Images zu einem zeitgenössischen Strukturmerkmal als Mittel der Reduktion sozialer Komplexität führen. Am Ende des Kapitels wird das Modell des Image-Aushandlungsprozesses bzw. des Image-Konstruktionsprozesses entwickelt, um dieses an späterer Stelle anhand der Riester-Renten-Debatte und auf Versicherer-Werbung empirisch anzuwenden.

Im Rahmen der Untersuchung historischer Entwicklungen, die zum Bedeutungszuwachs des Images führen, wird die Wirkung des Wertewandels in der zweiten Hälfte des 20. Jahrhunderts in Bezug zum Siegeszug des Neoliberalismus sowie eine damit einhergehenden verstärkten öffentlichen Skandalisierung und Moralisierung

---

41 An dieser Stelle soll angemerkt werden, dass sich die vorliegende Arbeit zwar als wirtschaftssoziologisch versteht, sie sich jedoch ausdrücklich auch an andere Disziplinen richtet, um somit einen fächerübergreifenden Diskurs zu intendieren. Dies ist bereits dem Fach-unspezifischen Untersuchungsgegenstand „Image" sowie der diskursanalytischen Analysemethode geschuldet, die traditionell auf einem interdisziplinären Forschungsfeld interagiert. Den theoretischen Ausführungen innerhalb dieser Arbeit wird ein streng analysebezogener Fokus vorgeschaltet, sodass nicht alle angesprochenen theoretischen Konzepte auf allen Ebenen vollumfänglich ausgearbeitet werden, was bei der Fülle an angrenzenden Themenbereichen und Konzepten auch schlichtweg kaum möglich gewesen wäre, ohne den Umfang dieser Arbeit zu sprengen. Daher erfolgen an zahlreichen Stellen ausführliche Verweise auf theoriereiche Werke, die neben den Ausführungen zu Image und Image-Aushandlungsprozesse auch auf weiterführende Konzepte und Forschungsliteratur verweisen.

wirtschaftlicher Tätigkeit problematisiert, die letztlich ihren Teil zum Bedeutungszuwachs des Images beiträgt. So bildet dies die Grundlage für die verstärkte Forderung
der Orientierung wirtschaftlicher Tätigkeit an den Eigenschaften des „ehrbaren Kaufmanns", die im sich im diametralen Gegensatz zum neoliberalen Profitmaximierungsstreben befinden.

Im nächsten Kapitel wird dann analysiert, inwiefern Wechselwirkungen zwischen verschiedenen Images bestehen (Image-Transfer-Prozesse) und inwiefern sie
sich gegenseitig beeinflussen. Deshalb wird das Image der Finanzbranche anhand der
Finanzkrisen-Debatte erörtert, da diese Debatte nicht nur einen Anknüpfungspunkt
verschiedener Diskursäußerungen im Rahmen der Riester-Renten-Debatte darstellt,
sondern sich auch beispielsweise in Form von Image-Transfer-Prozessen auf Versicherer-Images auswirken. Daran anschließend stellt sich die Frage nach der Entwicklung des modernen Versicherungswesens sowie den Riester-Reformen, die den
Diskurs über die Riester-Rente sowie die Beschreibung, die Wahrnehmung und die
Rolle der Versicherungswirtschaft im Diskurs beeinflussen.

Die vorherigen Ergebnisse und die Ausarbeitung des Image-Aushandlungsprozesses werden sodann im Analyseteil zunächst systematisch auf die Riester-Renten-
Debatte angewendet, indem die Rollenkonstruktion bzw. die medialen Deutungsangebote der Rolle von Versicherern im Rahmen der Debatte analysiert werden.[42] In
Bezug auf die Riester-Renten-Debatte bedeuten die bisherigen Ausführungen, dass
untersucht wird, *was und wie* über Versicherer im Rahmen des Diskurses kommuniziert wird, da das „Was" und das „Wie" zentrale Bestandteile des Aushandlungsprozesses der Versicherer-Images sind. Der Analysefokus richtet sich also auf
semantische Zeichen, die die Versicherungsbranche oder die Berufsgruppe der Versicherungsvertreter bezeichnen (ähnlich bei Schaff 1979, S. 162), während bei dessen
Vorkommnis folgende Frage untersucht wird: Wieso wird in dem hier zugrundeliegenden Kontext „ein so und nicht anderslautendes Stereotyp mit welcher Funktion
für die Äußerung insgesamt" verwendet (Imhof 2002, S. 65)? Das Ziel besteht darin,
den Verlauf und die Grenzen des Pressediskurses durch die Herausarbeitung von
konnotativen Markern und prototypischen Argumentationsmustern zu eruieren und
komprimiert abzubilden. An dieser Stelle muss betont werden, dass das Vorgehen
keineswegs einen Vollständigkeitsanspruch erhebt, dem in einer digitalisierten Welt
mit tagtäglich unzählig neuen Diskursfragmenten ohnehin nicht gerecht werden
könnte. Nichtsdestoweniger vermag dieses Vorgehen den (Presse-)Diskurs zu skiz-

---

42   Den Quellenkorpus der (massen-)medialen Diskursanalyse bilden die Leitmedien *Der Spiegel*, *Wirt-
      schaftsWoche* und *Frankfurter Allgemeine Sonntagszeitung*, da sie ein breites Spektrum des öffentlichen
      Diskurses exemplarisch abstecken. Diese werden diskursanalytisch auf verwendete konnotative
      Marker und verwendete Argumentationsmuster untersucht. Ferner werden ein exemplarischer Po-
      lit-Talk, ausgewählte Werbespots der Versicherer sowie die Berichterstattung über den „ERGO-
      Sex-Skandal" analysiert.

zieren, während die eruierten Ergebnisse durch den Abgleich mit den Diskursäußerungen innerhalb eines Polit-Talks auf ihre realtypische Anwendung hin überprüft werden. Im Anschluss komplementiert die Analyse von Werbespots der Finanzbranche die Untersuchung des Image-Aushandlungsprozesses, da diese ebenfalls einen Bestandteil des Aushandlungsprozesses bilden. Abschließend wird dann der Image-Aushandlungsprozess in Bezug auf einen Versicherer, der *ERGO*, im Zuge des „Sex-Skandals" 2011 untersucht, in den die bisherigen Ergebnisse einfließen. Der letzte Analyseschritt stellt also die Analyse eines Image-Aushandlungsprozesses eines Versicherers dar, während die vorherigen Analyseschritte sich auf die Branche im Allgemeinen konzentrieren, was sich jedoch wiederum auf das Branchen-Image, den Diskurskontext und somit auf den einzelnen Versicherer auswirkt.

2 Organisationen

Innerhalb der Riester-Renten-Debatte wird nur vereinzelt die Rolle von einzelnen Personen thematisiert, während in der Regel primär die Handlungen und Äußerungen von Organisationen wie Versicherungsunternehmen und beispielsweise Verbraucherschutzverbänden im Vordergrund stehen. Äußerungen verschiedener Diskursakteure werden wiederum öffentlichkeitswirksam von Medieninstituten an ein teilweise weitreichendes Publikum herangetragen, weshalb es sich bei Medieninstituten um Organisationen mit enormer gesellschaftlicher Relevanz handelt. Durch ihre selbstbeobachtende Tätigkeit finden Diskurse ein Forum. Organisationen sind also sowohl ein zentraler Bestandteil von öffentlichen Debatten im Allgemeinen wie auch die zentrale Plattform innerhalb derer die Riester-Renten-Debatte stattfindet.[43] Deshalb soll zunächst die grundlegende Frage nach der soziologischen Verortung von Organisationen im Allgemeinen beantwortet werden, um die diskurstheoretische Rolle von Organisationen im Diskurs zu beleuchten. Sie wiederum stellt die Grundlage für die Entwicklung des Image-Aushandlungsprozesses dar, um an späterer Stelle die Riester-Renten-Debatte sowie komplementär dazu die Image-Kommunikation ausgewählter Versicherer zu analysieren.

Organisationen im Allgemeinen prägen einen Großteil des Lebens eines jeden einzelnen: Bereits unsere Geburt erfolgt in einer medizinischen Einrichtung, der Schulunterricht wird von Bildungsinstituten vorgenommen, unsere Arbeit wird von Betrieben organisiert und selbst ein jeder Tod wird schließlich zu einer Angelegenheit des Bestattungsinstituts (ähnlich bei Preisendörfer 2016). Der Untersuchungsgegenstand der Soziologie – „die Gesellschaft" – ist an sich ein abstraktes und nicht direkt erfahrbares Konstrukt: Es bezeichnet nichts weniger als die abstrakte Summe seiner Teile. Organisationen hingegen stehen in direktem Kontakt zu uns, indem sie uns Briefe schreiben und uns durch Werbemaßnahmen indirekt adressieren bzw. sich uns durch Image-Kommunikation regelmäßig vorstellen (Preisendörfer 2016, S. 153-154).[44] Infolgedessen zeichnen sich Organisationen im Gegensatz zur abstrakten „Gesellschaft" durch direkten oder indirekten Kontakt mit den Individuen aus. So

---

43 Die einzelnen angeführten Aspekte werden im Verlauf des Kapitels ausführlich erläutert.

44 Bereits Emile Durkheim beschäftigt sich mit den Auswirkungen der Verbreitung von Organisation in modernen Gesellschaften (Durkheim 1984).

© Springer Fachmedien Wiesbaden GmbH, ein Teil von Springer Nature 2019
N. Diehl, *Das Image im Aushandlungsprozess*,
https://doi.org/10.1007/978-3-658-27234-0_2

sind erstere maßgeblich an der subjektiven Vorstellung von „der Gesellschaft" beteiligt sowie der Kontakt mit einzelnen Unternehmen die subjektive Vorstellung von „der Wirtschaft" prägt (Schimnak 2001, S. 282).

Organisationen lassen sich als eigenständige soziale Akteure klassifizieren, da sie etwas Neues als ein Produkt konstruieren, welches sich aus internen Aushandlungsprozessen ergibt – und nicht etwa, weil sie die Summe der Interessen ihrer Mitglieder unverfälscht abbilden. So ist die Gewerkschaft auch nicht der direkte Ausdruck des Arbeiterwillens, sondern ihre jeweiligen Handlungen sind das Produkt interner Aushandlungsprozesse, die mal mehr und mal weniger den unverfälschten Arbeiterwillen verkörpern (Geser 1990, S. 402). So finden Aushandlungsprozesse also nicht nur außerhalb von Organisationen, sondern ebenso innerhalb letzterer statt. Das Produkt aus internen Aushandlungsprozessen bildet sodann die Grundlage der Kommunikation nach außen. [45] Deshalb können Organisationen als sekundäre Akteure bezeichnet werden, da sie sich von dem Menschen als primäre Akteure, die sich biologisch-physisch konstituieren, unterscheiden.[46]

Organisationen konstituieren sich im Gegensatz zum Menschen durch Kommunikation und Interaktion (Geser 1990, S. 402-403; Humphreys 2002, S. 422). Dass Organisationen als Akteure Entscheidungen, Handlungen und daher auch Verantwortungen zugeschrieben werden, stellt keine abstrakt-theoretische Überlegung dar, sondern lässt sich im Alltag z.b. in Presseartikeln oder in (Werbe-)Kommunikaten wiederfinden: So thematisieren und adressieren Journalisten, Juristen und Wissenschaftler oder auch Unternehmen selbst fast schon auf täglicher Basis die Rolle und die Verantwortung von Organisationen als soziale Akteure in der Gesellschaft (ebd., S. 414-415).[47] Dementsprechend werden Abrechnungsfehler bei Riester-Renten während der Riester-Renten-Debatte nicht einzelnen Verantwortlichen, sondern den jeweiligen Organisationen als Ganzes vorgeworfen (siehe hierfür Kapitel 9.3). Nichtsdestoweniger bleibt die Bezeichnung von Organisationen als soziale Akteure ein fiktives Gedankenkonstrukt, da autonome Sprechakte nur durch die Vermittlung der Konstruktionsprozesse menschlicher Agenten möglich sind (Preisdörfer 2015, S. 145). Die Menschen als primäre Akteure werden hinter Organisationen als sekundäre

---

45   Eine Ausnahme stellen solche Organisationen dar, die derart hierarchisch geführt werden, dass die intentionale Handlung der Organisation unmittelbar auf einzelne Mitglieder zurückgeführt werden kann. Ein oft zitiertes Beispiel hierfür ist die Mafia, da ihre Tätigkeiten aufgrund ihrer horizontalen Netzwerkstruktur auf die Urheberschaft führender Persönlichkeiten reduziert werden kann (Putnam 1993, S. 171-175).

46   Genau genommen konstruieren sich ökonomische Akteure wie Unternehmen durch Sichtbarkeit in ökonomischen (Diskurs-)Prozessen, die sich durch Zahlung und Nicht-Zahlung strukturieren (Hüllemann 2007, S. 91).

47   Für Juristen handelt es sich bei Organisationen sogar um juristisch verantwortliche Akteure, die für ihre Handlungen gesetzlich zur Rechenschaft gezogen werden können (Schmid/ Lyczek 2008, S. 15).

Akteure unsichtbar (Siegert 2007, S. 121), obgleich stets sie es sind, die die Handlungsstricke in den Händen halten. Beim Untersuchungsgegenstand der Arbeit handelt es sich also primär um Organisationen, die einerseits das Forum des diskursiven Aushandlungsprozesses bilden (Medieninstitute) sowie Akteure (z.b. Versicherer), die mittels Image-Kommunikation versuchen, den Diskursverlauf zu beeinflussen. Zu keinem Zeitpunkt wird jedoch die Autorschaft menschlicher Agenten im Namen der Organisation übergangen, indem sie dementsprechend in Diskurs beeinflussenden Fällen[48] problematisiert wird.

2.1 Umwelteinflüsse

So wie die Soziologie seit ihrer Gründungsphase über den Menschen und seine Prägung durch das soziale Umfeld wie auch über die Folgen sozialer Zwänge auf sein Handeln berichtet, wirken ebenfalls vergleichbare Erwartungs- und Prägungsstrukturen auf Organisationen ein. Organisationen sind also offene bzw. veränderbare Akteure, für welche Umweltbeziehungen eine wichtige Rolle einnehmen (Senge 2011, S. 16). Diese Beziehungsstrukturen umfassend zu erläutern, um sie später bei der Entwicklung des Image-Aushandlungsprozesses zu berücksichtigen, ist das Ziel der folgenden Ausführungen.

Eine Organisation kann als ein System interner Ordnung und Strukturierung beschrieben werden, aus dessen Blickwinkel eine ungeordnete Umwelt als Summe aller Nicht-Organisations-Teile besteht (Baecker/ Luhmann 2009, S. 80-81; ähnlich bei Ahrne/ Brunsson 2011, S. 84). In anderen Worten lässt sich die Umwelt als „Summe aller individuellen wie korporativen Akteure" bezeichnen, die in einem wie auch immer gearteten Kommunikations- oder Interaktionsverhältnis zur beobachteten Organisation stehen (Abraham/ Büschges 2009, S. 242). In Anlehnung an Colemans (1974) Organisationsverständnis leitet Preisdörfer (2015, S. 145-146) drei unterschiedliche Arten sozialer Beziehungen von Organisationen zu ihrer Umwelt ab: (1.) Die Beziehung zwischen individuellen und institutionellen Akteuren (Business to Costumer – B2C) sowie (2.) die Beziehung zwischen mehreren institutionellen Akteuren (Business to Business – B2B). Des Weiteren kann ebenfalls (3.) die Kommunikation zweier individueller Akteure (Costumer to Costumer – C2C) ihre Einstellung oder das Verhältnis zur Organisation beeinflussen (Preisendörfer 2015, S. 145). Organisationen stehen also mit ihrer Umwelt in einem „Austausch- und Beeinflussungsverhältnis" (Preisdörfer 2016, S. 153), indem ihre Kommunikation mit der Umwelt

---

48 Torsten Oletzky stellt im Zuge der ERGO-Skandal-Berichterstattung einen hier gemeinten „beeinflussenden Fall" dar, weil seine Person neben dem Skandal und der ERGO als Ganzes im Diskurs regelmäßig problematisiert wird (siehe hierfür Kapitel 11).

oder die Umwelt untereinander in der Kommunikation über die Organisation wiederum Einfluss auf diese Organisation selbst nimmt.[49] Infolgedessen werden diese drei unterschiedlichen Beziehungsarten bei der Analyse des Image-Aushandlungsprozesses berücksichtigt.

Jede Kommunikation und jede Handlung ist stets in einem sozialen Kontext situiert; also auch die Äußerungen und Handlungen der Organisationen, die sich von ihrer Umwelt mit spezifischen Erwartungen konfrontiert sehen (Abraham/ Büschges 2009, S. 241). Bestimmte Teile der Gesellschaft sind für die verschiedenen Organisationen relevanter als andere (Vollbrecht 2002, S. 777). So haben Anspruchsgruppen eines Unternehmens wie – beispielsweise Versicherte – Erwartungen gegenüber der Kommunikation, dem Verhalten und den Produkten; falls diese Erwartungen nicht erfüllt werden, kann dies bei Kunden vom Nicht-Einkauf bis zum Boykott, bei Kapitalgebern bis zum Abzug des Fremdkapitals und bei Mitarbeitern bis zur Kündigung reichen (Schmid/ Lyczek 2008, S. 68). Das Problem, mit dem sich Organisationen konfrontiert sehen, ist, dass die Erwartungen verschiedener Anspruchsgruppen keineswegs gleich lauten oder innerhalb einer Gruppe widerspruchsfrei sein müssen (Hsu/ Hannan 2005, S. 476). So kann der Vorstand höheren Profit erwarten, während Kunden zeitgleich höhere Renditen und mehr soziale Verantwortung von einer Organisation fordern (ebd., S. 17). Auf diese Weise wirken soziale Zwänge auf das Unternehmen, die ähnlich wie Normen und Werte fungieren und sich so auf das Verhalten einzelner Personen oder Organisationen auswirken können (ähnlich bei Walgenbach 2008, S. 17).

Eine Organisation ist sich der Möglichkeit der Repressalien aufgrund von enttäuschter Erwartungshaltung jedoch bewusst und ist daher in der Regel bestrebt, die eigene Gewinnmaximierung nicht derart auf die Spitze zu treiben, dass ihre Anspruchsgruppen aufgrund von mangelhafter sozialen Verantwortung zur jeweiligen Konkurrenz wechseln (Schmid/ Lyczek 2008, S. 41-42).[50] Es existiert jedoch keine deterministische (Erwartungs-)Struktur, die Bezugsobjekten ihren Willen aufdrückt. Strukturen können nur als Erwartungen und Einschätzung der Erwartungen anderer (Erwartungserwartungen) gedacht werden, die zwar Druck und soziale Zwänge auslösen, eine Entscheidung jedoch niemals einseitig determinieren können (Baecker/ Luhmann 2009, S. 103-104).[51] Im Übrigen sind Organisationen sozialen Erwartungen

---

49   Dessen ungeachtet, dass dieser Sachverhalt regelmäßig in organisationssoziologischen Arbeiten erwähnt wird, wird er nur selten systematisch untersucht (Besio 2015, S. 157; Preisdörfer 2016, S. 153; Tacke 2008, S. 355-356).

50   Organisationen erfüllen Erwartungen jedoch nicht ausschließlich aus einem Nutzen-Kosten-Kalkül heraus, sondern auch, weil sich die Vertreter einer Organisation z.B. zu bestimmten Grundsätzen wie einer Professions-Ethik verpflichtet fühlen (Walgenbach 2008, S. 59).

51   Cristina Besio (2015, S. 165) empfiehlt das luhmannsche Konzept der strukturellen Kopplung auf Organisationen und Umwelt anzuwenden, sodass die Umwelt durch die Kopplung Irritationen in der Eigenlogik der Organisation auslösen kann. An späterer Stelle wird das Konzept der strukturellen Kopplung zwischen Geld und Organisation erläutert (siehe Kapitel 4.4).

zwar ausgesetzt, jedoch formen sie diese zugleich auch, durch ihr eigenes Verhalten (Besio 2015. S. 162). So führt das Verhalten von beispielsweise großen deutschen Versicherern dazu, dass ähnliche Erwartungen an die (Image-)Kommunikation, die Handlungen und die Produkte kleinerer Versicherer herangetragen werden können und umgekehrt.

Zusammenfassend lässt sich sagen, dass sich Organisationen durch Kommunikation konstituieren, während Kommunikation gleichzeitig das Beobachtungselement darstellt, durch das die Individuen Organisationen wahrnehmen. Die Interaktion zwischen Organisation und Gesellschaft (Umwelt) trägt also rekursiv zur sozialen Konstruktion jedes dieser Elemente bei. Deshalb kann dieser Prozess als wechselseitiger Aushandlungsprozess bezeichnet werden, der an späterer Stelle noch ausführlich mit Hinblick auf die Analyse der Riester-Renten-Debatte herausgearbeitet wird (siehe Kapitel 9). Doch was genau zeichnet das (soziologische) Kommunikationsverständnis gegenüber dem Alltagsverständnis aus, sodass die Begrifflichkeit „Kommunikation" als ein organisationales Reproduktionsmerkmal bezeichnet werden kann?

2.2 Kommunikation

Die Interaktion unterscheidet sich in einem charakteristischen Punkt von der Kommunikation: Erstere bezeichnet die gegenseitige Wahrnehmung zweier Akteure, wohingegen dies bei der Kommunikation nicht erforderlich ist.[52] Dennoch werden bei jedweder Kommunikation stets Informationen über den Akteur kommuniziert (ähnlich bei Keller 2009, S. 20). So kommuniziert auch eine Person, die regungslos in der Ecke sitzt, ihren (System-)Zustand[53], der dann von Beobachtern gedeutet werden kann. Paul Watzlawick bringt dieses Charakteristikum von Kommunikation in nur fünf Worten auf den Punkt: „Man kann nicht kommunizieren" (Watzlawick 1967, S. 53). In Bezug auf die Riester-Renten-Debatte bedeutet dies, dass auch eine unterlassene Stellungnahme oder eine unterlassene Entschuldigung zu einer Handlung von Diskursakteuren als Informationsquelle gedeutet wird und in die Debatte Eingang finden kann.

---

52   Die Kommunikation zwischen zwei Organisationen (B2B) oder zwischen einer Organisation und ihrer Anspruchsgruppe (B2C) lässt sich trotz aller begrifflichen Unschärfe als „Interaktion" beschreiben, wobei die Kommunikation zweier Personen über eine Organisation keine Interaktion mit letzterer Bedarf, sondern ausschließlich die Kommunikation über die Organisation bezeichnet.

53   Luhmann spricht anstatt von Akteuren von „Systemen", die interagieren und kommunizieren (Luhmann 1997). Laut Baecker und Luhmann transportiert jedwede Kommunikation zeitgleich zwangsläufig Informationen über den Zustand des Sprechers, weshalb hier von „(System-)Zustand" die Rede ist (Baecker/ Luhmann 2009, S. 64-65).

Eine Äußerung bzw. die Kommunikation steht nie für sich selbst, sondern bedarf stets den Prozess des Verstehens. Das Verstehen, verstanden als passgenaue Übernahme des gemeinten Sinns durch die Vermittlung von Worten bzw. als Nachvollzug von Denkprozessen, ist jedoch generell unwahrscheinlich (ausführlich dazu Hahn 1989, S. 347-352). Dies hängt insbesondere damit zusammen, dass eine äußere Beeinflussung interner Konstruktionsprozesse nicht unmittelbar, sondern nur über interne Irritationen durch die Wahrnehmung und Deutung von Umwelteinflüssen erfolgen kann (Luhmann 1997, S. 597-598). Es erfolgen also eigenständig individuelle Konstruktionen, die einen vollständigen Nachvollzug von Denkprozessen aufgrund verschiedenster Ausgangspunkte zweier Akteure nicht ermöglichen (Baecker/ Luhmann 2009, S. 301).[54] So wie der Mensch sich Inhalte nur durch eigene Konstruktion erschließen kann, gilt das gleiche für institutionelle Akteure (ebd., S. 80-81). Ferner kann eine beliebige Schlussfolgerung oder (Be-)Deutung in einzelne Fakten oder Aussagen hineinprojiziert werden, die nicht gesellschaftlich determiniert werden kann (Hahn 1989, S. 350-351). Aus diesem Grund widersprechen sich zahlreiche Deutungen geschichtlicher Ereignisse, da allein durch die unterschiedliche Aneinanderreihung und Akzentuierung verschiedener Vorkommnisse zu anderen Schlussfolgerungen gelangt werden kann, die keineswegs den Ereignissen und Fakten inhärent sind (ähnlich bei Schmid/ Lyczek 2008, S. 9). So erfolgen die Konstruktion und die (Be-)Deutung letztlich stets durch die Wahrnehmung der individuellen oder institutionellen Akteure (ebd., S. 10). Auf einen Satz komprimiert bedeutet dies, dass Konstruktionsprozesse eines Akteurs jederzeit eigenen Selektionsprozessen unterworfen sind und diese Kommunikationsinhalte deshalb nur nach eigenen Möglichkeiten gedeutet werden können (Baecker/ Luhmann 2009, S. 301). Demnach kann der Sinn von Gesagtem dennoch von Rezipienten nachvollzogen werden (Reichertz 2010, S. 293). Die Anwendung der gleichen Logik auf Sprache führt zur folgenden Betrachtungsweise: Sprache ist schließlich nicht mehr als ein Zeichensystem, das Menschen ermöglicht, Empfindungen, Gedanken und Wahrnehmungen durch die Transformation in ein etabliertes Zeichensystem zu kommunizieren. Da jedoch jeder dieser Transformationen durch die Begrenzung bekannter Zeichen limitiert ist, ergeben sich „Übersetzungsfehler" auf dem Weg vom intern gemeinten Sinn zur veräußerlichter Kommunikation (ähnlich bei Schmid/ Lyczek 2008, S. 7).[55] Kommunikation ist also keineswegs ein Transport von unveränderten Inhalten, sondern diese stellt einen hochgradig interpretativen und kontextuellen Vorgang dar, der sich ebenfalls auf alle Diskurse und somit auch auf die Riester-Renten-Debatte auswirkt. Kurzum kann festgehalten werden, dass das Gesagte nicht das Gemeinte und das Verstandene nicht

---

54 Jede Aussage impliziert Gemeinsamkeiten, ohne die die sinnhafte Kommunikation wohl kaum möglich wäre (Hahn 2000, S. 36).

55 Beat F. Schmid bezeichnet Kommunikation als „symbolische Interaktion" und erklärt: „Wir tauschen Symbole, d.h. jegliche für Bedeutung und Sinn stellvertretende Zeichen, vor allem aber Elemente der Sprache mit dem Ziel aus, Verständigung herzustellen (Schmid 2008, S. 7).

das Kommunizierte ist. Ähnlich verhält es sich mit zwei Rezipienten, die beide aus identischen Texten keine identischen Schlussfolgerungen ziehen müssen. Ferner findet Verstehen in der Regel nicht intentional-gesteuert, sondern schlagartig statt: Ohne dass wir uns ausführlich darüber bewusst sind, wieso wir das, was wir verstanden haben, verstehen, meinen wir etwas verstanden zu haben (ausführlich dazu Reichertz 2010). Die Schlussfolgerung entsteht also nicht aus dem Text heraus, sondern fügt sich im Kopf des Rezipienten zusammen.

Zusammenfassend lässt sich konstatieren, dass eine Organisation erst durch Kommunikation entsteht, sich durch diese reproduziert und infolgedessen ihre (System-)Zustände als Organisation durch jedweden Kommunikationsakt mitteilt (Baecker/ Luhmann 2009, S. 64-65). Das zentrale Charakteristikum von Gesellschaft und Organisation, um das sich sämtliche bisherigen Überlegungen drehen, ist also die Kommunikation, die letztlich auch das Image von Bezugsobjekten individuell im Kopf jedes einzelnen konstruiert. Auf eine Formel gebracht, bedeutet dies: Institutionelle Akteure kommunizieren und markieren ihre (Image-)Kommunikation durch eigene Symbole wie beispielsweise einem Organisationsnamen, um die Wiedererkennung durch Beobachter zu ermöglichen; da ihnen nun die Autorschaft als Akteur zugeschrieben wird, können sie auch analytisch als Akteure bezeichnet werden (Besio 2015, S. 161. Die Kommunikation bildet sodann nicht nur die Grundlage für Diskurse sowie immaterielle Kapitale wie Image, Vertrauen und Legitimität, sondern auch für die Organisationen – extern wie intern.[56]

2.3 (Image-)Kommunikation

Die (Image-)Kommunikation zeichnet sich dadurch aus, dass ihr Ziel stets die intentionale Beeinflussung von Einstellungen und Handlungen beinhaltet (Reichertz 2010, S. 304; Siegert 2001, S. 70). Damit lautet das angestrebte Ziel für beispielsweise wirtschaftlich tätige Organisationen Nachfragegenerierung, während die strategische (Image-)Kommunikation das Mittel dafür darstellt. Die Nennung der Organisationen in den unterschiedlichsten Unterhaltungen, die von Gesprächen an der Kaffeemaschine bis hin zu Planungssitzungen des Top-Managements reichen, bilden den kommunikativen Konstruktionsprozess der Organisation (ähnlich bei Schoeneborn 2014, S. 415). Das Organisationsmitglied, das von einem „wir" oder „unserer Aufgabe als Organisation" spricht, ist an der Konstruktion des institutionellen Akteurs ebenso beteiligt wie das Top-Management, das eine neue „Corporate Identity" zur Stärkung

---

56 Ein Unternehmer, der ein Produkt zu verkaufen versucht, dessen Existenz er nicht kommuniziert, um so Nachfrage zu erschaffen, kann nicht als Unternehmer gelten, da er über keine Unternehmung, sondern nur über Eigentum verfügt (ähnlich Priddat 2008, S. 48).

der (Marken-)Bekanntheit entwickelt (Einwiller 2014, S. 378). So beteiligen sich sämtliche Organisationsmitglieder an einem internen Aushandlungsprozess, welcher erst die Organisation konstruiert. Hierbei ist allerdings der Einfluss der jeweiligen Äußerungen – ähnlich wie auch in öffentlichen Debatten – von Machtasymmetrien geprägt. So ist die Wirkung einer Äußerung an der Kaffeemaschine anders einzuschätzen, als diejenige im Strategiemeeting. Die Erwähnung und Adressierung der Organisation – interne wie auch externe – bewirkt also ihre Konstruktion und ermöglicht es, überhaupt von einem institutionellen Akteur zu sprechen, dem Handlungen und ein spezifisches Vorstellungsbild bzw. Image zugesprochen werden können; oder wie es Schoeneborn formuliert: „In Sprachhandlungen tritt die Organisation kommunikativ in Erscheinung" (Schoeneborn 2014, S. 412), während sie beispielsweise in Form von Werbung bzw. Image-Kommunikation mit den Menschen in Kontakt tritt (Blackstone 1993, S. 124).[57] Die externe wie die interne (Image-)Kommunikation unterliegen also der gleichen Logik von wechselseitigen Aushandlungsprozessen, wobei möglichst gleichgerichtete interne Aushandlungsprozesse die Grundlage für eine homogene externe Image-Kommunikation darstellen. Infolgedessen sind die (Image-)Kommunikation und insbesondere die Gattung „Werbung" ein Instrument der Organisation, um die Evokation homogen positiver Images zu forcieren.

2.4 Werbung soziologisch

Seit mehreren Jahrzehnten begegnet die mittlerweile omnipräsente Werbung Zeitgenossen an Litfaßsäulen, im Radio oder im Fernsehen. In Briefkästen liegt sie in Form von Flyern, Broschüren und Katalogen, die zum Kauf überreden sollen, und in der Kneipe trifft man sie auf Bierdeckeln an (ähnlich bei Willems 2002, S. 65). Erst die Entwicklung und die Verbreitung von Massenmedien ermöglicht die Durchdringung der Werbung in fast alle Lebensbereiche, weil sie die dafür notwendigen Werbeplattformen schafft. Der Kapitalismus hingegen befeuert die Geschwindigkeit dieses Prozesses, da er durch freie Märkte einen verschärften Wettbewerb zwischen verschiedenen Unternehmern produziert. Das Werben gewinnt dadurch erheblich an Relevanz, obgleich sich an der werbetechnischen Handlung im Vergleich zu vorkapitalistischen Gesellschaften nichts strukturell verändert (Willems 2003, S. 128): So war und ist Werben eine zwischenmenschliche, also eine genuin soziale Handlung, die

---

57   Der Soziologie Niko Hüllemann konstatiert Vergleichbares in Bezug auf „Marken", indem er „Marken" als ein Zeichen versteht, die durch Kommunikation entstehen und sich mittels Kommunikation reproduzieren (Hüllemann 2007, S. 240).

sich bereits in Form von Marktschreiern in der Antike finden lässt und bis zu gegenwärtigen Werbeplakaten reicht, die zum Abschluss privater Rentenversicherungen auffordern (Willems 2002, S. 55-56).[58]

Ein grundlegendes Problem für die Werbung ist jedoch, dass sie im Gegensatz zu öffentlich-bindenden Anordnungen von den Adressaten schlichtweg ignoriert werden kann (Ronneberger-Sibold 2015, S. 345). So kann der Passant das Werbeplakat übersehen oder sogar versuchen, es bewusst auszublenden. Daher steht am Anfang jeder geplanten Werbehandlung die Schlüsselfrage nach der Erweckung von gesellschaftlicher bzw. zielgruppenspezifischer Aufmerksamkeit (ebd., S. 59).[59] So verfehlt eine Werbung ohne Beobachter auf die gleiche Weise ihren Zweck wie eine Theateraufführung ohne Publikum (Willems 2003, S. 116).

Der Alltag, die Alltagsvorstellungen sowie die Alltagsbilder sind zwar direkte Bezugs- und Referenzpunkte von Werbung, werden von ihr aber nicht originalgetreu kopiert. Grundsätzlich stellt Werbung also keine spiegelbildliche Abbildung der Gesellschaft dar, sondern kann höchstens als Zerrbild verstanden und analysiert werden, da sie beispielsweise ausschließlich Positives berichtet (Willems 1999, S. 117). Der Versuch, Realität (verzerrt) abzubilden, führt jedoch dazu, dass Werbung soziale Realität mitbeeinflusst sowie zur „Generierung und Regenerierung einer kollektiven Identität beiträgt" (Willems 1999, S. 97), indem stereotype Wissensbestände durch sie reproduziert werden. So stochern Werber bei ihrer Tätigkeit nicht im Dunkeln, sondern können sich auf Alltagssemantiken sowie zeitgenössische Leitbilder (Images) stützen. Gleichzeitig versuchen sie oftmals eine spezifische Zielgruppe zu adressieren, mit derer Charakteristika sie durch Marktforschungsergebnisse und durch eigene parasoziologische[60] Beobachtungen vertraut sind (Willems 2002, S. 58; ausführlich dazu Kautt 2006, S. 3156). Diese Vorgehensweise kann ein geeigneter Blickwinkel auf die Analyse von Werbung sein: Obwohl jeder Mensch individuell ist und menschliches Verhalten zu keinem Zeitpunkt umfassend determiniert werden kann, existieren Codes gesellschaftlicher Kommunikation sowie Skriptwissen[61] spezifischer Kontexte, die erwartete Routine konstituieren. So ist dem Restaurantbesucher bekannt, welche Rahmenbedingungen gegeben sein werden: Vom Stuhl bis zur Speisekarte und vom Kellner bis zum Koch sind die auffindbaren Requisiten und Akteure im Restaurant bekannt, ohne in jedem Restaurant der Welt Gast gewesen zu sein. Ferner

---

58   Die Entwicklung gesetzlicher Regelungen, Ursprünge und der Werbung im Allgemeinen im
      Deutschland des 20. Jahrhunderts können bei Clemens Wischermann (1995) nachgelesen werden.
59   Für eine konzeptuelle Verortung von Werbung als soziale Handlung sowie der historischen Ent-
      wicklung von Werbung siehe Willems (2002).
60   Es handelt sich um eine „parasoziologische" Tätigkeit, da das Werben und die Beobachtung einer
      Anspruchsgruppe teilweise intuitiv und teilweise durch intentionale Beobachtung erfolgt (Willems
      2002, S. 75).
61   Bei Skripts handelt es sich um Sprech- und Verhaltensmuster (Kruse 1986, S. 137). So repräsentiert
      ein Skript „eine prädeterminierte, stereotype Handlungssequenz, durch die eine allseits bekannte
      Situation definiert wird" (ebd., S. 143).

ist dem Besucher bekannt, welche prototypische Handlungskette in etwa ablaufen wird, da er dieses Skriptwissen durch Teilhabe und Beobachtung erlernt hat (Kruse 1986, S. 142). Die Werber bedienen sich nun solchen (Alltags-)Skripten, um beispielsweise mit spezifischen Bildern, Aussagen und ausgewählter Musik eine spezifische Zielgruppe anzusprechen oder gezielt eine ihrer Meinung nach strategisch sinnvolle Emotion beim Adressaten zu evozieren versuchen. Das Wissen des jedermanns ist also das Repertoire, derer sich Werber bei ihrer strategischen Kommunikation bedienen, ohne dass dieses von den Werbern zuvor empirisch erhoben werden würde, sondern in der Regel vielmehr intuitiv auf Grundlage von Alltagssemantiken und Alltagsvorstellungen eingeschätzt wird (Willems 2003, S. 63). Ziel ist in der Regel die schnelle wie unmissverständliche Kommunikation von Inhalten, die auch bei nur begrenzter Aufmerksamkeit möglich sein soll (Willems 1999, S. 115). Werbung entsteht also innerhalb eines temporären Diskurskontextes, der sich letztlich ebenfalls beispielsweise durch aktuelle Moden und Musikpräferenzen auszeichnet wie auch diese den Kontext gleichzeitig durch die Darstellung vor dem Publikum prägen oder gar beeinflussen können. So bedienen sich Werber in der Regel kultureller Grundmuster sowie verankerter Symbole und knüpfen somit unmittelbar an die zeitgenössische (Alltags-)Kultur an, um eine schnelle und erfolgreiche Übermittlung der Werbeinhalte aufgrund geteilter Grundmuster wahrscheinlicher werden zu lassen (Kautt 2008, S. 162-163).[62] Dadurch inszenieren sie sich auf eine Art und Weise, die ihrer Meinung nach vielversprechend ist. Das Ziel besteht stets in der Evokation folgenreicher Aufmerksamkeit, d.h. in der Erweckung positiver Images, die sich in dem Verkauf von Produkten oder Dienstleistungen niederschlagen.

Die Begrifflichkeit der Inszenierung ist für den Image-Aushandlungsprozess von zentraler Bedeutung und wurde 1977 von Goffman prominent in die Soziologie eingeführt (Goffman 1977). Das Grundgerüst dieser Terminologie basiert auf der Konstellation im Theater, die geregelte Handlungsverläufe (Skripte), Rollen und Handlungen sowie (kritische) Beobachter (Zuschauer) umfassen. Der Unterschied zwischen Theater und Alltag besteht jedoch darin, dass keine strikte Trennung zwischen Schauspielern und Zuschauern existiert – stattdessen inszeniert sich jede Person, während sie gleichzeitig ihr Gegenüber beobachtet (Goffman 1977, S. 172-173).[63] Während dem Theaterstück wie auch dem Werbespot tatsächliche Drehbücher vorgeschaltet sind, existieren diese im Alltag nur aufgrund von Rollenerwartungen und routinierter Erfahrung (ähnlich bei Willems 2003, S. 23). Ferner besteht ein struktureller Unterschied in der Intention des jedermanns und der professionellen Werber, da im Alltag fraglich ist, ob die Beobachter intentional beeinflusst werden

---

62   Die werblichen Symbole und Grundmuster wirken wiederum in einem zyklischen Verhältnis auf die (Altags-)Kultur ein (Kautt 2008, S. 322).

63   Hubert Knoblauch fasst dies folgendermaßen zusammen: "Mit jeder sozialen Handlung betreten wir sozusagen die Bühne einer Öffentlichkeit, in der andere nicht nur Zuschauer, sondern Mitspieler sind" (Knoblauch 1999, S. 305).

sollen oder ob sich der Darsteller so zu inszenieren versucht, wie es seinem eigenen Selbstbild entspricht (Goffman 1973, S. 99-100; Willems 1998, S. 194). Bei der intentionalen Inszenierung und der Selbstdarstellung handelt es sich also um „Impression Management" bzw. Identitätsarbeit (Piwinger/ Bazil 2014, S. 472), das sich von zahlreichen unbewussten Alltagsinteraktionen unterscheidet – nichtsdestoweniger handelt es sich bei beidem um Inszenierungen (Piwinger 2014, 488). Das Ziel der Inszenierung ist letztlich die persuasive Wirkung über den Umweg der Glaubwürdigkeitszusprechung der eigenen Darstellung durch einen Beobachter (Goffman 2013, S. 230-232). Die strategische Inszenierung bzw. Identitätsarbeit ist daher insbesondere für Unternehmens- bzw. Image-Kommunikation von großer Bedeutung, da sie den Versuch darstellt, ein zuvor festgelegtes Selbstbild bei den Beobachtern zu konstruieren (Ontrup/ Schicha 1999, S. 10). Jeder Akteur will also intern oder extern einen seiner Meinung nach positiven Eindruck seiner selbst hinterlassen, während Organisationen jedoch im Gegensatz zu Individuen fast ausschließlich intentional bzw. werbestrategisch operieren und somit ständig Identitätsarbeit betreiben (Kautt/ Willems 2003, S. 31). Dementsprechend werden die Äußerungen und die Handlungen von Versicherungsunternehmen im Zuge der Riester-Renten-Debatte im Folgenden stets als strategische Inszenierungen verstanden, die auf die Evokation eines positiven Images abzielen.

Zusammenfassend lässt sich also sagen, dass Werben eine „Form dramaturgischen Handelns mit strategischem Charakter" ist (Willems 2002, S. 55). Ziel strategischer Überlegungen ist stets „folgenreiche Aufmerksamkeit" (Willems/ Jurga 1998, S. 210) zu generieren. Diese äußert sich beispielsweise bei Versicherern durch den Vertragsabschluss einer Versicherung sowie beispielsweise in der Politik durch die Wahl einer spezifischen Partei. Die Beschreibung omnipräsenter Inszenierung bedeutet, dass sich auch Medienakteure und Medienorganisationen im Diskurs inszenieren, um ein intentional beabsichtigtes Image von sich zu entwerfen oder zu bestätigen. Letztlich kann mitunter deshalb in (massen-)medialen Diskursen keineswegs von der spiegelbildlichen Abbildung von „Realität" gesprochen werden. So handelt es sich bei (massen-)medialen Diskursen um meist professionelle Akteure wie Journalisten, Schriftsteller, Werber, Politiker und verschiedene Organisations-Repräsentanten, die sich untereinander umkämpften Sinngeneratoren bedienen sowie um deren öffentliche wie gesellschaftliche Anerkennung mittels Inszenierung ringen (ähnlich bei Willems 2003, S. 39). Daher ist bei der Analyse öffentlicher Debatten stets die Position beteiligter Diskursakteure in Bezug zu ihrer (inszinatorischen) Rolle innerhalb der Debatte zu bedenken.

3 Diskurs

Im Folgenden werden die Charakteristika eines Diskurses erläutert, um die Rahmenbedingungen eines jeden Aushandlungsprozesses abzubilden, die manchmal sogar vor die Inhalte der Debatte rücken. Dadurch wird an dieser Stelle der methodische Grundstein für die im Analyseteil folgende Untersuchung der Riester-Renten-Debatte gelegt.

„Die Medien"[64] bezeichnen die Gesamtheit aller Medienorganisationen und „der Diskurs"[65] umfasst den gesamten Verlauf des gesellschaftlichen Aushandlungsprozesses. Zusätzlich ist anzumerken, dass Diskurse und Handlungen – wie auch jegliche (Alltags-)Kommunikation – grundsätzlich in einem gesellschaftlichen Kontext situiert sind, ohne den die Äußerung eines Akteurs von einem anderen Akteur nicht nachvollzogen werden könnte (Goffman 1973, S. 162; Keller 2010, S. 243-244). Dieser (gesellschaftliche) Kontext[66] ist wiederum diskursiv ausgehandelt, sodass eine unmittelbare Verknüpfung sowie ein zyklisches Beeinflussungsverhältnis zwischen Diskurs und Kontext besteht wie er zuvor ebenfalls für Organisation und Gesellschaft erläutert wurde (Angermüller 2011, S. 19).

Jedes Individuum verfügt bereits aus zeitbedingten und mobilitätsbedingten Begrenzungen nur über limitierte persönliche Kontaktpunkte zu spezifischen Akteuren und über begrenzte Erfahrungen mit ihnen. Infolgedessen nehmen die Massenmedien seit ihrer gesellschaftlichen Verbreitung eine zentrale Rolle bei der

---

64 In dieser Dissertation wird ein enges Medien-Verständnis vertreten: Medien sind Institutionen, die zur „Verbreitung von Aussagen an ein potentiell unbegrenztes Publikum geeignet sind" (Bösch 2010).

65 Foucault bezeichnet einen Diskurs als „eine Menge von Aussagen, die einem gleichen Formationssystem zugehören" (Foucault 1997, S. 156).

66 In Anlehnung an Johannes Angermüller wird Kontext hier als „die sozial definierte Situation, das materiale Setting oder auch den weiteren soziohistorischen Zusammenhang" (2011, S. 25) verstanden. Eine erhebliche Größe für verschiedene Kontexte ist die zeitgenössische Semantik, die Luhmann und Dirk Baecker (2009, S. 24) als gesellschaftlichen Sinnvorrat bezeichnen. Dieser Sinnvorrat bzw. alltagstypisch als „der Zeitgeist" ausgedrückt, prägt gegenwärtige Denkschemata, indem er spezifische (diskursiv ausgehandelte) Selektions- und Interpretationsschemata nahelegt. Aus diesem Grund ist ebenfalls jede Äußerung mit dem Zeitgeist verbunden und verfügt über eine zeitliche Limitierung, in deren Rahmen sie Sinn ergibt (Goffman 1975, S. 9).

© Springer Fachmedien Wiesbaden GmbH, ein Teil von Springer Nature 2019
N. Diehl, *Das Image im Aushandlungsprozess*,
https://doi.org/10.1007/978-3-658-27234-0_3

zeitgenössischen Wissensvermittlung und der Meinungsbildung ein.[67] Luhmann fasst dies mit folgenden Worten treffsicher zusammen: „Was wir über unsere Gesellschaft, ja über die Welt, in der wir leben, wissen, wissen wir durch die Massenmedien" (Luhmann 2009, S. 9). Die persönlichen Kontaktpunkte und die Erfahrungen einer Person sind also begrenzt, nichtsdestoweniger berichten die Massenmedien über Ereignisse und Vorkommnisse[68], die außerhalb persönlicher Kontaktpunkte liegen, weshalb dadurch solche Ereignisse und Vorkommnisse einschließlich der Berichterstattung inhärenten Erzählstrukturen[69] Eingang in die individuelle Lebenswelt der Rezipienten erlangen können (Luhmann 2009, S. 9). In Bezug auf die Riester-Renten-Debatte bedeutet dies, dass der Großteil der deutschen Bevölkerung von einem „skandalösen" Vorkommnis innerhalb der Assekuranz in der Regel dadurch mitbekommt, dass darüber (massen-)medial berichtet wird. Fehlt es an (massen-)medialer Berichterstattung, so ändert dies nichts am eigentlichen Vorkommnis – jedoch wirkt es sich nicht auf den Diskurs und somit auch nicht auf das Image des betreffenden Versicherers aus.

Die Art und Weise der Berichterstattung sowie die dabei gewählte Sprache sind grundsätzlich durch ihre vorselektierten und vorinterpretierten (Re-)Präsentationen automatisch an der Konstitution sozialer Realität beteiligt (Angermüller 2011, S. 18-19). Daher stellen die Berichterstattung sowie die verwendete Sprache keine Mittel dar, um die Welt spiegelbildlich abzubilden (ebd., S. 18-19). So fokussiert der Autor einer Aussage[70] zunächst seine Gedanken auf einen Sachverhalt und selektiert dann die verwendeten Begriffe, um beim Rezipienten die intendierte Vorstellung oder die Schlussfolgerungen einer logischen Aussage zu evozieren. In anderen Worten bedeutet dies, dass die Art und Weise der Verwendung von Sprache Denken beeinflusst und Denken beeinflusst wiederum die Art über Vorkommnisse zu sprechen wie es bereits der Psychologe Adam Schaff (1979, S. 157) konstatiert. So wird die Finanzkrise 2008 im deutschen Pressediskurs regelmäßig sprachlich in die Nähe von Naturkatastrophen wie beispielsweise einem Erdbeben gerückt (Krasni 2017, S. 46). Dies impliziert, dass es sich bei der Finanzkrise um ein naturwüchsiges wie unvermeidbares

---

67   Claudia Mast differenziert zwischen drei verschiedenen Kontaktpunkt-Ebenen: die aktuelle Berichterstattung, individuelle wie subjektive Erfahrungen sowie die allgemeine Bewertung der Problematik, die beispielsweise im sozialen Umfeld diskutiert wird (Mast 2016, S. 11).

68   Die Geschichtswissenschaft unterteilt trennscharf in „Vorkommnis" und „Ereignis" (ausführlich dazu Brunner/Conze/Koselleck 1984). So erklärt der Medienhistoriker Frank Bösch, dass die Begriffsverwendung „genuine Ereignisse" im Zuge der Verbreitung von Massenmedien ein zentrales Problem aufweist, da sich Ereignisse spätestens seit der Moderne durch ihre mediale (Re-)Präsentation konstituieren (Bösch 2010, S. 11).

69   Erzählstrukturen bezeichnen die erzähltheoretische Hinleitung zu einer Diskursäußerung (siehe hierfür Kapitel 3.2).

70   Laut Foucault handelt es sich nicht bei jeder Wortäußerung um eine Aussage, sondern eine Äußerung wird erst zur Aussage, wenn sie Eingang in den Diskurs findet und somit eine diskursive Sprecherposition bildet (Foucault 1997, S. 154-160).

und nicht menschengemachtes Ereignis handelt – einer unumgänglichen Naturkatastrophe. Tatsächlich transportiert also jede (sinnhafte) Erzählung oder Berichterstattung Ordnungsmuster oder Sinnangebote, die eine bestimmte Art und Weise der Ereignisdeutung nahelegen (Keller 2010, S. 69; Wimmer 2005, S. 9-10); es gilt diese Regelhaftigkeit, nach dem die Riester-Renten-Debatte funktioniert, zu eruieren. So kann die Art und Weise der Berichterstattung beispielsweise nahelegen, dass ein Versicherungsunternehmen zwar falsch gehandelt habe, aber in einer schwierigen Situation keine andere Wahl hatte, oder es kann dem Akteur egoistische Motive auf Kosten anderer zuschreiben – das Vorkommnis bleibt unverändert, die intendierte Bedeutung der Erzählstruktur ist jedoch vollkommen unterschiedlich.

Diskurse zeichnen sich durch die Konstruktion diskursiver Regelmäßigkeiten aus, ohne die der Beobachter dem auszuhandelnden Gegenstand wohl kaum folgenden könnten (Foucault 1997, S. 152). So wäre eine Berichterstattung, die die Hintergründe eines Vorkommnisses nicht wiederholt, um aktuelle Geschehnisse zu kontextualisieren nur von solchen Rezipienten zu verstehen, denen die Hintergründe umfassend bekannt sind und sie somit neue Aussagen einordnen können. Das Strukturelement jedes Diskurses ist also die Wiederholung, da sich dadurch Erzählstrukturen aufbauen und Wissensbestände festigen können (Foucault 2007, S. 22). An dieser Stelle ist wichtig zu betonen, dass sich ein (Teil-)Diskurs[71] wie z.B. die Riester-Renten-Debatte jedoch nicht auf die wiederholte Ansammlung sprachlicher Zeichen reduzieren lässt, sondern selbst stets in einem größeren Kontext situiert ist (ähnlich bei Landwehr 2010, S. 14-16) wie beispielsweise in der zeitgenössischen Bewertung der Finanzbranche.

Der Diskurs als Ganzes ist eine abstrakt-theoretische Bezeichnung für die Gesamtheit aller Diskursinhalte, die nichts Geringeres als die „kommunikative Konstruktion sozialer Wirklichkeit" umfasst (Angermüller 2011, S. 20). Sodann versuchen Forscher durch Diskursanalysen entweder eine Momentaufnahme des Diskurses zu entwerfen oder die temporäre Wandlung diskursiver Wissensbestände nachzuzeichnen.[72] Es existiert kein den Texten inhärenter Sinn, der ausschließlich lexikalisch eruiert werden könnte: Sinn ist vielmehr als Konglomerat von „Sprache", „Praxis"[73] und „Kontext" zu verstehen (Angermüller 2011, S. 25). Dieses Konglomerat ist wiederum von den drei zentralen Elementen eines jeden Diskurses gerahmt: Macht, Wissen und Subjektivität (ebd., S. 23). Aus diskurstheoretischer Perspektive zählt ein Akteur erst

---

71 Der gesamtgesellschaftliche Diskurs stellt den „Diskurs" dar, deshalb wird hier von (Teil-)Diskursen gesprochen. Genauso verhält es sich mit Medien, deren Publikum niemals „die Öffentlichkeit" darstellt, sondern immer nur als Teil-Öffentlichkeit verstanden werden kann (Volkmann 2004, S. 298).

72 Beispielsweise der Ethnologe Andreas Wimmer (2005) untersucht Kultur als diskursiven Aushandlungsprozess.

73 Soziale Praxis wird hier als (Re-)Präsentation gesellschaftlicher Wissensordnung verstanden (Keller 2010, S. 243).

durch die Teilnahme am Diskurs als diskursives Subjekt (ebd., S. 19).[74] Erst der Eingang einer Äußerung einer Person in die öffentliche Debatte führt zur Sichtbarkeit des Sprechers und somit zu seiner Konstitution als Diskursteilnehmer. So existieren zahlreiche Versicherer, deren Versicherungspolicen durch eine Pauschalkritik der Riester-Rente adressiert werden, wobei nur solche Versicherer als Diskursakteure wahrgenommen werden, die Eingang in die öffentliche Debatte finden oder die über ihre eigenen Kommunikationskanäle (z.B. soziale Netzwerke und Newsletter) eine große Anzahl an Menschen erreichen.

Die Krux einer Diskursanalyse besteht jedoch darin, dass die Diskurs-Komplexität aufgrund der gewaltigen Menge an allein täglich produzierten Diskursfragmenten in beispielsweise sozialen Netzwerken nahezu unendlich ist. Jeden Tag wird eine unüberschaubare Menge an Kommentaren verfasst und es werden Videos in sozialen Netzwerken geteilt, die in Form eines „Shitstorms" oder eines „viralen Hits" Eingang in die öffentliche Debatte finden können. Letztlich kann also die Handlung jedes Bürgers die öffentliche Debatte bestimmen, obgleich die Beeinflussungschancen des diskursiven Aushandlungsprozesses ungleich verteilt sind: Während der Privatmensch sein soziales Umfeld mit Äußerungen beeinflussen kann, kann die einzeilige Äußerung einer Person des öffentlichen Lebens auf die Meinungsbildung von Millionen Bürgern einwirken. Aus diesem Grund ist der Zugang zum Diskurs durch Machtasymmetrien reglementiert, die sich (massen-)medial durch Aufmerksamkeitsasymmeterien äußern, während das Wissen über die Diskurs-Sachverhalte primär von den Diskursteilnehmern geprägt wie auch ausgehandelt werden (ebd., S. 19-23).

Der Diskurs endet nicht mit der öffentlichen Debatte, sondern stellt nur eine sowie die zentrale Arena des diskursiven Aushandlungsprozesses dar. Abseits der öffentlichen Debatte können die Äußerungen und die Handlungen einer oder mehrerer Personen dazu führen, dass sich der (Diskurs-)Kontext verändert, indem beispielsweise das soziale Umfeld erfolgreich überzeugt bzw. beeinflusst wird.[75] Die Komplexität eines Diskurses ist also enorm und seine vollständige Erforschung ist unmöglich, weshalb sich Forscher in der Regel auf die Erforschung der öffentlichen Debatte als zentrale Aushandlungs-Arena konzentrieren. Aufgrund der quantitativen Unerreichbarkeit einer umfassenden Analyse sämtlicher Diskursfragmente ist der Forscher dazu gezwungen, Material zu selektieren, um so möglichst nah an die Asymptote der umfassenden Diskurs-Beschreibung heranzukommen. Jedoch selektiert jeder Autor eines Diskursfragments wie beispielsweise ein Journalist seine Quellen, Bezüge und

---

74   Die Foucaultsche Diskursanalyse sowie die Luhmannsche Systemtheorie haben gemeinsam, dass sie den Menschen nicht als Akteur in das Zentrum ihrer Überlegungen stellen, sondern dass Akteure demnach durch (Sprach-)Äußerungen oder Grenzen geformt werden (Kautt/ Willems 2003, S. 12).

75   Esch betont die Wirkung von „Word of Mouth" (Esch 2014, S. 296) auf das Image eines Akteurs oder eines Produktes.

Belege ebenfalls vor einer Äußerung bzw. einer Veröffentlichung eines Artikels, weshalb mithilfe der Analyse der Zitierhäufigkeit vergleichsweise schnell zentrale Bezugsgrößen des Diskurses eruiert werden können. So ist es kein Zufall, dass zwar theoretisch unendlich viele Äußerungen die öffentliche Meinungsbildung beeinflussen können, Diskurse aber letztlich regelmäßig durch einzelne Äußerungen oder Handlungen einzelner Personen, Gruppen oder Organisationen angestoßen werden (Wilke 1999, S. 303).

Jürgen Wilke (1999) hat herausgearbeitet, dass der Einfluss verschiedener Medieninstitute nicht gleich verteilt ist und dass öffentliche Debatten wie auch Diskurse von akteurabhängigen und kontextbezogenen Machtasymmetrien gezeichnet sind. Daher stellt sich bei jeder Diskursanalyse ebenfalls die grundsätzliche Frage danach, welche Akteure in welchem Maße überhaupt zu Wort kommen. Diese diskursive Wirkmächtigkeit einflussreicher Medienorganisationen beruht erstens auf ihrem hohen gesellschaftlichen Verbreitungsgrad gemessen an der quantitativen Größe ihres Publikums[76] und zweitens auf ihrer ausgeprägten Zitierhäufigkeit von anderen Medienorganisationen (ebd., S. 303). Trotz des Rückgangs der Auflagenhöhe zentraler deutscher Presseorgane gegenüber dem Fernsehen und dem Internet reicht ihr gesellschaftlicher Einfluss bis in die Gegenwart, da sie weiterhin eine federführende Rolle beim Anstoßen neuer Diskussionen und neuartiger Themen einnehmen (Pressrelation 2017; Wilke 1999, S. 302-303).[77] Sie sind also mehr als nur reine Impulsgeber[78], sondern fungieren in öffentlichen Debatte durch ihre Zitierhäufigkeit im (massen-)medialen Diskurs auch als zentrale Einflussgrößen.[79] So besitzen beispielsweise Leitmedien (d.h. wirkmächtige Medienorganisationen) in der Regel einen größeren Einfluss auf den weiteren Diskursverlauf als kleinere Medienorganisationen. Berichtet also eine regionale Zeitung mit geringer Auflage über Vorkommnisse in

---

76   Nicht jedes Medium muss eine hohe Auflage erreichen, um als Leitmedium zu gelten. Neben dem Verbreitungsgrad geht es auch um die soziale Gruppe, in der diese Verbreitung vorherrscht (Wilke 1999, S. 302-303). So hat beispielsweise die WirtschaftsWoche eine geringere Auflage als der Spiegel, doch verfügt erstere über ausgeprägte Verkaufszahlen unter wirtschaftlich Tätigen, sodass sie in diesem Personenkreis durchaus eine Leitfunktion einnimmt.

77   Für eine mediengeschichtliche Erörterung der Entwicklungslinie der Massenmedien und ihrer Auswirkungen auf gesellschaftliches Kommunikations- und Diskursverhalten siehe Anne Linke (2015).

78   Die Beteiligung der Medien an der Meinungsbildung der Bevölkerung ist explizit in Artikel 20 Absatz 2 im Grundgesetzbuch festgehalten (Art. 20 Abs. 2 GG).

79   Tatsächlich werden sich die Medieninstitute und einzelne Medienakteure ihrer diskursiven Schnittstellen-Funktion gegenwärtig zunehmend bewusst und erlangen damit mehr Einfluss, weil solche institutionellen wie individuellen Akteure fortan intentional in ihrer Bestrebung der Meinungsbeeinflussung vorgehen können (Kuhn 2012, S. 174). An dieser Stelle soll jedoch betont werden, dass sich ebenfalls der Journalist von sozialen Zwängen umgeben sehen muss, da auch er in professions- sowie organisationsbedingte Regel- und Normensysteme eingebunden ist, die sich insbesondere im 21. Jahrhundert vermehrt auch im Medienbereich an ökonomischen Kriterien messen lassen müssen (Bonfadelli 2005, S. 139).

einer Versicherungsfiliale, kann dies zwar den Diskurs beeinflussen, aber die Wahrscheinlichkeit der Beeinflussung erhöht sich ungemein, sobald überregionale Zeitungen mit hohem Verbreitungsgrad über den gleichen Sachverhalt berichten. Dies ist insofern von zentraler Bedeutung, da sich dies auf die Auswahl diskursbestimmender Quellen auswirkt (Diehl 2017, S. 17-20). Der gleichen Logik entsprechend könnte zwar jede Pressemitteilung eines beliebigen Versicherers Eingang in die Riester-Renten-Debatte finden, jedoch besteht höhere Wahrscheinlichkeit, dass einer der größten deutschen Versicherer oder die *Gesellschaft Deutscher Versicherer (GDV)* zitiert oder sogar explizit zur Stellungnahme aufgefordert wird. Dies basiert einerseits darauf, dass größere Versicherer und Verbände in der Regel über größere Verbreitungsmöglichkeiten verfügen, und andererseits, dass die Journalisten zunächst nach den Äußerungen großer Versicherer Ausschau halten und allein aus zeitlichen Gründen nicht jede Aussage aller Versicherer eruieren.

Grundsätzlich ist es zwar jedem möglich, Zugang zum Diskurs zu erhalten und somit ein diskursiver Bestandteil bzw. ein Diskursteilnehmer zu werden, doch sind die Möglichkeiten der Anhörung sowie die Reichweite des Gesagten stark durch den Einfluss des Sprechers beschränkt (Foucault 2007, S. 29-30). So ist der Diskurs zwar nicht durch einzelne Akteure einseitig steuerbar, da er immer mit weitreichenden Aushandlungsprozessen einhergeht, jedoch können sich bestimmte Sprecher aufgrund ihrer sozialen Stellung oder zugesprochenen Diskursrelevanz leichter Zugang zum Diskurs verschaffen als andere (Keller 2010, S. 243-244). Diskurse produzieren also einerseits Wissensbestände und Deutungen, andererseits wirken sie jedoch auch gleichfalls restriktiv, indem sie das „Ergebnis von Strukturierungen sind und ihrerseits Strukturen hervorbringen" (Landwehr 2010, S. 15).

Zusammenfassend lässt sich konstatieren, dass soziale Realität als ein Resultat von „Deutungs- und Aushandlungsprozessen" (Angermüller 2005, S. 29) entsteht , welche wiederum insbesondere durch Massenmedien vorstrukturiert werden. Diese mediale Strukturierung ist auch zwingend notwendig, da eine Berichterstattung, die aktuelle Vorkommnisse nur wie Tagesordnungspunkte auflistet, das Publikum (1.) aufgrund der schieren Menge an Ereignissen überfordern würde und sich (2.) die Komplexität der Berichterstattung dadurch enorm steigern würde, weil die Reportage-typische Einbettung in einen Kontext fehlen würde (Bösch 2010). Um also überhaupt sinnvoll berichten zu können, müssen Medien und Sprecher Inhalte öffentlichen Interessens auswählen und in einen spezifischen Kontext rücken, um somit sinnhafte wie nachvollziehbare Erzählungen zu ermöglichen (Nünning 2010, S. 195). Letztlich geht das hier vertretene Diskursverständnis so weit, dass auch die Ökonomie diskursiv konstruiert ist, da es ohne Diskurse keine wirtschaftlichen Akteure und somit keine Ökonomie geben würde (Diaz-Bone 2009, S. 11). Oder kurzum: Was soll ein wirtschaftlicher Tauschakt sonst sein, als ein (diskursiver) Aushandlungsprozess von Interessen, der in einen bestimmten Kontext situiert ist und durch Macht- bzw. Informationsasymmetrien gekennzeichnet ist?[80]

3.1 Diskursive Realitäten

Es wurde bereits zuvor erwähnt, dass Diskurse soziale Realität konstruieren – doch auf welches Theoriegerüst referiert diese Aussage und welche Implikationen erweckt sie für die ausstehende Analyse der Riester-Renten-Debatte? Tatsächlich ist die „Rolle von Sprache und Kommunikation für die Herstellung von Ordnung, Realität und Struktur im sozialen Raum" (Angermüller 2011, S. 22) kaum zu überschätzen, da die Beschreibung eines Objekts oder eines Vorkommnisses – wie bereits erläutert – an dessen sozialer Konstruktion und Bewertung maßgeblich beteiligt ist.

Sinn konstituiert und konstruiert sich subjektiv und ist nicht objektiv mess- oder erfassbar. So wie Deutungen diskursiv ausgehandelt werden, existiert keine objektive Realität, an deren „objektiven" Kriterien sinnhaftes Verhalten gemessen werden könnte (Geideck 2003/ Liebert, S. 3). Der Mensch ist dementsprechend eigenständiger Konstrukteur seiner subjektiven Lebenswelt, was wiederum nicht bedeutet, dass diese Konstruktion nicht maßgeblich von seinem Umfeld beeinflusst wird (Von Glasersfeld 1981, 17). Immerhin besteht die Grundlage subjektiver Lebenswelten aus der Umwelt bzw. der Umweltdeutung des beobachtenden Akteurs. Im Zentrum einer konstruktivistischen Diskursanalyse steht also keineswegs die Eruierung einer vermeintlich „objektiven Wirklichkeit", sondern ausschließlich die Erforschung der „Ordnung und Organisation von Erfahrungen" (ebd., S. 19; ähnlich bei Goffman 1977, S. 22). Letztlich ist die Wirklichkeit nichts weiteres als eine wandelbare soziale Konstruktion von Deutungsprozessen: Ein knurrender Bauch existiert zweifelsfrei auch losgelöst von sozialer Konstruktion; die daraufhin erfolgende Reaktion des Menschen oder die Interpretation der biologischen Reaktion jedoch nicht (Berger/ Luckmann 1976).[81] So haben Objekte selbstverständlich auch eine von sozialer Konstruktion unabhängige physische Beschaffenheit, doch ist diese außerhalb materialistischer Forschungsbestrebungen unerheblich, da sie ohnehin nur durch soziale Deutungs- und Konstruktionsprozesse vom Menschen wahrgenommen werden kann. Schmid und Lyczek bringen dies mit folgendem Beispiel auf den

---

80 Diesbezüglich konstatiert Birger P. Priddat auf eine Formel komprimiert: „Je nachdem, wie wir über Ökonomie sprechen, entscheiden wir anders, vollziehen wir andere Transaktionen, ändert sich die aktuelle Auslegung des ökonomischen Systems" (Priddat 2008, S. 22). Ebenfalls Luhmann bezeichnet wirtschaftliches Handeln als soziales Handeln, da "alle Wirtschaft immer auch Vollzug von Gesellschaft" ist (Luhmann 1988, S. 8).

81 Rudi Keller (2009) argumentiert mit sprachwissenschaftlichen Bezug auf eine vergleichbare Art und Weise.

Punkt: „Das Geldstück bleibt physikalisch dasselbe, wenn es ungültig wird – seine Bedeutung jedoch verändert sich fundamental" (Schmid/ Lyczek 2008, S. 10) und damit auch seine Behandlung durch den Menschen. Diese Aussage auf die Versicherungswirtschaft angewandt könnte folgendermaßen lauten: Der reale gesellschaftliche Nutzen der Assekuranz bleibt vor, während und nach einer Krisensituation der gleiche, doch der empfundene bzw. zugesprochene Wert kann sich mitunter dramatisch ändern, was sich beispielsweise in sinkenden Vertragsabschlüssen ausdrückt.

3.2 Argumentationsmuster-Analyse

Medien offerieren ihrem Publikum vorstrukturierte Sinnangebote und beeinflussen so die individuelle Meinungsbildung, indem sie dazu einladen, ihre Darstellungsweise gedanklich nachzuvollziehen und anzunehmen. Dies bewerkstelligen sie – wie übrigens auch jeder andere Kommunikationspartner – teils explizit und teils subtil, indem sie narrative und rhetorische Erzählstrukturen gebrauchen, um scheinbar kausale Zusammenhänge aufzubauen und mögliche (Be-)Deutungen spezifischen Vorkommnissen aufzudrücken. So ist die (Be-)Deutung einem Vorkommnis nicht eigen, sondern wird auch diese sozial konstruiert und diskursiv ausgehandelt (Bösch 2010; Nünning 2010, S. 18-19; ähnlich bei Hahn 1989, S. 350-351). Schließlich zeichnen sich verschiedene Epochen durch unterschiedliche Grundvorstellungen, Terminologien und dadurch beeinflusste Schlussfolgerungen aus, die sich gerade in gesellschaftlichen Diskursen widerspiegeln. Ferner kann der diskursive Aushandlungsprozess auch zur Etablierung kollektiver Deutungsmuster[82] bzw. Narrative führen, die spezifische Aussagen legitimieren und andere grundsätzlich infrage stellen oder gar unvernünftig erscheinen lassen (Nünning 2010, S. 193).

Eine vielversprechende Methode zur Untersuchung der inhaltlichen Ebene eines Diskurses hat Wengeler mit seinen Ausführungen zur Topoi-Analyse vorgelegt. Der von Martin Wengeler verwendete Topoi-Begriff reicht von Aristoteles bis in die Gegenwart, wobei er sich insbesondere auf zentrale Gedanken Manfred Kienpointers (1992) einer *formalen* Argumentationsmusteranalyse stützt und von diesem Ausgangspunkt weiterentwickelt. *Formale* Argumentationsmuster bezeichnen verwendete rhetorische Figuren und somit „das abstrakte Strukturprinzip einer Argumentation" (Ottmers 1996, S. 90); während *besondere* (materielle) Argumentationsmuster inhaltlich

---

82   Dies wird an späterer Stelle in Bezug auf den Siegeszug neoliberalen Gedankenguts weiter ausgeführt (siehe hierfür Kapitel 5.2).

spezifiziert sind und somit keine formalen Strukturen, sondern inhaltliche (Diskurs-)Logiken durch Abstraktion umfassen (Wengeler 2003, S. 183).[83] Argumentationsmuster können also entweder als eine formale Analyse- und Klassifizierungskategorie oder als eine kontextabhängige sowie inhaltlich aufgeladene Kategorien genutzt und definiert werden (Wengeler 2003, S. 62). Die folgende Analyse dreht sich also um „realisierte Strukturzusammenhänge von bestimmten Aussageverkettungen" (Ziem 2005, S. 323), die die Inhalte des Diskurses und seinen Verlauf durch prototypische Kategorien repräsentieren und komprimieren. Zusammenfassend lässt sich konstatieren, dass die Analyse besonderer Argumentationsmuster es ermöglicht, die (argumentative) Inhaltsebene eines Diskurses zu beleuchten und im Forschungsprozess verschiedene prototypische Kategorien bzw. abstrakte Argumentationsmuster zu entwickeln, die verschiedene Realisierungen einer strukturell gleichen Äußerung subsumieren (Wengeler 2003, S. 185). Die formalen Argumentationsmuster des Diskurses sind für das primär inhaltliche Forschungsinteresse hingegen vergleichsweise uninteressant und werden daher aus dem Analyseprozess ausgeklammert.[84]

Wengeler beschreibt Topoi[85] prototypisch als „Argumentationsverfahren mit einem Dreischritt aus Argument, Schlussregel und Konklusion" (Wengeler 2003, S. 179). Diese können nicht nur in öffentlichen Debatten eruiert werden, sondern lassen sich ebenso beispielsweise in Talkshows und am Arbeitsplatz verzeichnen (Diehl 2017, S. 19). Es werden jedoch regelmäßig auch Topoi verwendet, die keine ausformulierten Argumente, Schlussregel(n) oder Konklusion(en) aufweisen, sondern stattdessen auf kontextabhängigen Grundannahmen basieren, die keiner weiteren Argumentation bedürfen oder auf eine Konklusion verzichten, sodass die eigene Abwägung der vorherigen Argumentation dennoch in eine eindeutige Richtung gelenkt wird (Wengeler 2003, S. 60-61). Die Schlussregel wird tatsächlich nur selten explizit veräußert, obwohl sie das logische bzw. sinnhafte Bindeglied zwischen Argument und Konklusion bildet (Wengeler 2003, S. 180-181). So ist eine nahezu unbegrenzte Anzahl von Argumenten denkbar, die zu jeweils unterschiedlichen jeweils subjektiven Schlussfolgerungen führen können. Die argumentative Herleitung – die Schlussregel – vermag es jedoch, das Argument und die Schlussfolgerung durch Abstraktion auf einer übergeordneten Ebene zusammenzuführen und in Form von diskursiven Topoi

---

83   So bezeichnet die „materielle Seite eines Topos […] die inhaltliche Ausgestaltung einzelner Argumentationsmuster, die formale Seite die Logik des zugrundeliegenden Schlussprozesses" (Ziem 2005, S. 322).

84   Bei Kienpointer (1992, S. 240-416) ist eine Typologie formaler Argumentationsmuster und -schemata zu finden.

85   Hier sind besondere bzw. inhaltlich spezifizierte Argumentationsmuster gemeint. Im Folgenden wird nicht mehr in formale und besondere Argumentationsmuster unterschieden, da fortan stets besondere Argumentationsmuster bzw. Topoi untersucht werden.

herauszuarbeiten (ebd.). Die Topoi bilden sodann die Inhaltsebene geäußerter Aussagen ab. Die materialgesättigte (interpretative) Herausarbeitung der Schlussregeln stellt das Hauptanliegen der inhaltlichen Diskurs- bzw. Argumentationsmuster-Analyse der Riester-Renten-Debatte in Bezug zum Versicherer-Image dar.

Im Gegensatz zu Wengeler (2003a; 2003b; 2005; 2012; 2013; Wengeler/ Ziem 2013) versucht die Analyse der Riester-Renten-Debatte nicht diskursgeschichtliche Veränderungen über einen längeren Zeitraum hinweg nachzuzeichnen, sondern eine diskursive Entität – die Versicherer – zu fokussieren, um den Image-Aushandlungsprozess möglichst umfänglich beleuchten zu können. Die im Diskurs verwendeten und regelmäßigen sprachlichen Muster werden jedoch nicht als kollektiv geteiltes Wissen definiert (Busse 1997, S. 17; Kassner 2003, 37; Wengeler 2003; Ziem 2005) – stattdessen wird der Subjektivität der Deutung jeglicher Aussagen Rechnung getragen, indem nicht behauptet wird, diese gesamtgesellschaftlich eruieren zu können (ausführlich dazu Diehl 2017, S. 20). Bei dieser Methode handelt es sich also um keine „objektive Hermeneutik" (Oevermann 1993, S. 115), der durch die Aussagen evozierten Schlussfolgerungen in den Köpfen der Rezipienten (Busse 2000, S. 46). Ferner wird hier angezweifelt, dass aufgrund des Aushandlungscharakters jedes Diskurses, außerhalb der subjektiven Konstruktion der Rezipienten, situierte identisch-geteilte Wissensbestände existieren (Kassner 2003, S. 37). Stattdessen verfügt jeder Zeitgenosse, gemäß seinen individuellen subjektiven Konstruktionen und seines persönlichen „Wissensstands", über ganz persönliches „Wissen" (Kastens/ Lux 2014, S. 19). Infolgedessen bezeichnen die zu herausarbeitenden Topoi[86] der Riester-Renten-Debatte nicht die Analyse geteilter Deutungen, sondern bilden vielmehr prototypische Argumentationsmuster, die die inhaltlich-argumentative Logik und Regelhaftigkeit der Debatte und ihren diskursiven Aushandlungsprozess abbilden (ähnlich bei Diehl 2017, S. 20).

Wie bereits zuvor erwähnt, erfolgt der Aushandlungsprozess von Diskursäußerungen (z.B. verwendete Argumentationsmuster) stets vor dem diskursiven Hintergrund von „Sprache", „Praxis" und „Kontext" (Angermüller 2011, S. 25), weshalb die Analyse nicht nach quantitativ ermittelbaren Okkurrenzen vollzogen werden kann, sondern stattdessen die argumentative Funktion einer Äußerung in ihrem jeweiligen kontextuellen Hintergrund (qualitativ) analysiert wird (Wengeler 2003, S. 277).[87] Die latente Frage einer Analyse der sprachlichen Wendungen lautet also konkret: *Wieso wird diese und keine andere Wortwahl zur Beschreibung der Versicherer und zur Erklärung spezifischer Vorkommnisse verwendet – sowie: Welche argumentativen Muster lassen*

---

86   Wengeler (2003, S. 179) bezeichnet prototypische Topoi als "Enthymem", die sich durch die Ausformulierung des Arguments, der Schlussregel und der Konklusion auszeichnen.

87   Felix Knappertsbusch (2016) untersucht ebenfalls Funktionskontexte innerhalb eines Diskurses, um somit die Konstruktion anti-amerikanischer Stereotype im Rahmen der Finanzkrisen-Debatte 2008 zu analysieren.

sich darin ausfindig machen? Es geht also ausdrücklich nicht um die alleinige Wiederholung sprachlich-identischer Muster wie Metaphern und Analogien, die durch ihre ständige Thematisierung zu festen Diskursbegriffen gerinnen und sich bei zahlreichen Diskursrezipienten als feste Wissensbestände etablieren können – wie es beispielsweise Ziem in Bezug auf die Metapher „Heuschrecke" analysiert (ausführlich dazu Ziem 2008a; Ziem 2008b).[88]

---

88 Argumentationsmuster konstituieren jedoch keineswegs einseitig einen Diskurs (Ziem 2005, S. 318), sondern letzterer ist ebenfalls ein Produkt subjektivierter Äußerungen (Warnke 2002, S. 15), die als konnotative Marker analysiert werden können (Diehl 2017, S. 19). Die Subjektivierung bezeichnet die „individuelle Perspektivierung" (Warnke 2002, S. 15) innerhalb eines Textes, die die Position bzw. den Bewertungshintergrund eines Sprechers bereits lexikalisch markiert (Oevermann 1993, S. 183-184) und dies durch Aussagen kommuniziert.

4 „Marke" und Image

Die Rezeption der vorhandenen Literatur über wirtschaftlich tätige Organisationen (Unternehmen) lässt den Leser auf eine insbesondere im Bereich der Kommunikationswissenschaft und Betriebswirtschaftslehre wiederkehrende Begrifflichkeit stoßen, die im Folgenden kritisch reflektiert werden soll – die „Marke". So ist die Begrifflichkeit nicht nur in verschiedenen wissenschaftlichen Disziplinen, sondern auch im Alltag omnipräsent (Siegert 2001, S. 11), obwohl diese Begriffsverwendung aus verschiedenen Gründen irreführend ist. Daher werden die Kritikpunkte anhand der Definition von „Image" und dem dazugehörigen Kontext ausführlich erörtert, wobei dies keineswegs bedeutet, dass die fruchtbaren Ergebnisse bisheriger Marken-Forschung abgelehnt werden, sondern dass bloß ihre begriffliche Unschärfe kritisiert wird. Vielmehr knüpft diese Arbeit unmittelbar an zentrale Ergebnisse der interdisziplinären „Marken-Forschung" an und versucht, diese durch diskurstheoretische Grundgedanken über Aushandlungsprozesse zu komplementieren. Deshalb wird im Folgenden der gegenwärtige Forschungsstand zum Phänomen „Marke" erörtert, um diese Forschungsergebnisse in treffendere Begrifflichkeiten zu kanalisieren.

Alltagstypisch bezeichnet „Marke" ein Produkt mit einer großen Bekanntheit (ebd., S. 53). So sprechen Zeitgenossen davon, „Markenprodukte" zu kaufen sowie auf „Markenqualität" zu vertrauen, und der Wirtschaftssoziologe Hellmann bezeichnet „Marken" sogar als „soziale Tatsache" (Hellmann 2007, S. 19). Zweifelsohne ist das, was als „Marke" verstanden wird, ein soziales Phänomen, da es – wie auch die Deutung eines Vorkommnisses als Ereignis oder als Krise – nicht naturwüchsig existiert, sondern subjektiv konstruiert wird (Buß 1998, S. 97). So wird aus einem Produkt- oder einem Firmennamen keine „Marke", nur weil der Firmenname oder das Firmenlogo einer Vielzahl von Menschen bekannt ist. Erst die Beschreibung und die Bewertung als „Marke" sowie die Anerkennung dieser Selbst- oder Fremdbeschreibung lässt eine „Marke"[89] performativ entstehen (Siegert 2001, S. 82). So steht am

---

[89] Die Grundlage für die Etablierung der „Marke" in Deutschland wurde 1894 durch das „Gesetz zum Schutz der Warenbezeichnungen" gelegt (Hellmann 2003, S. 11). Die „Marke" ist von der Mitte des 19. Jahrhunderts an primär ein „Eigentumszeichen" sowie ein „Herkunftsnachweis", am Anfang des 20. Jahrhunderts etabliert sich ein Fokus auf die Ware, sodass „Marke" eine Beschreibung bzw. ein „Merkmalskatalog" bezeichnet, von der Mitte der 60er- bis zu den 70er-Jahren wird „Marke" primär als eine Vermarktungsform genutzt, die dann schließlich spätestens seit den 90er-

© Springer Fachmedien Wiesbaden GmbH, ein Teil von Springer Nature 2019
N. Diehl, *Das Image im Aushandlungsprozess*,
https://doi.org/10.1007/978-3-658-27234-0_4

Anfang jeder (Marken-)Konstruktion ein Akteur, der durch Markierung der eigenen Person oder der eigenen Erzeugnisse ein positives oder negatives Vorstellungsbild in den Köpfen der Rezipienten entwirft (Hellmann 2007, S. 67-68; Nolte 2005, S. 285; Siegert 2007, S. 111). Diese Kommunikation umfasst sämtliche „Inszenierungsformen, Inszenierungsregeln, Inszenierungspraktiken eines Unternehmens [oder eines anderen Akteurs], die in die Öffentlichkeit wirken" (Buß 1998, S. 96). „Marke" bezeichnet also ein „Interaktionsresultat" (Kastens/ Lux 2014, S. 5), das niemals organisationsintern, sondern stets extern in den Köpfen der Anspruchsgruppen zu verorten ist, weshalb es sich dabei um einen beidseitigen Aushandlungsprozess handelt (Kastens/ Lux 2014, S. 5). Durch strategische (Image-)Kommunikation versucht beispielsweise eine Organisation[90], ein stimmiges Bild von sich oder von einem Produkt beim Adressaten zu entwickeln, dessen Resultat – das Image – im Alltag wie in manchen wissenschaftlichen Ausarbeitungen vereinfacht als „Marke" bezeichnet wird (Buß 1998, S. 96). Bei der Begrifflichkeit „Marke" handelt es sich also um ein theoretisches Konstrukt eines immateriellen Kapitals (Arvidsson 2006, S. 7). Kapferer bringt den subjektiven Charakter des geläufigen Markenverständnisses folgendermaßen auf den Punkt: „Das Produkt ist das, was das Unternehmen herstellt, die Marke das, was der Kunde kauft" (Kapferer 1992, S. 10). Infolgedessen handelt es sich bei einer „Marke" um das Produkt subjektiver Wahrnehmung eines Akteurs, d.h. primär um eine auf Beobachtung basierende Fremdbeschreibung. Daher definiert Alexander Deichsel[91] „Marke" als „positives Vorurteil" (Deichsel 2006, S. 12).[92] „Marke" bezeichnet schließlich eine „kondensierte und konfirmierte Sinnformel" (Hüllemann 2007, S. 143), indem sie als ein Symbol Erfahrungen und Einstellungen bündeln kann.[93]

Die zentralen Funktionen einer „Marke" bestehen darin, dass sie schnell und leicht zu identifizieren bzw. wiederzuerkennen ist (Identifizierungsfunktion), somit automatisch von ihrem Herkunftskontext berichtet (Zuordnungsfunktion) und sich

---

Jahren als ein Produkt bestehend aus (Marken-)Identität und (Marken-)Image avancierte (Meffert 2002, S. 20-21). Ein Überblick über den Forschungsstand ist bei Sabine Einwiller (2014) zu finden.

90   An dieser Stelle soll wie bereits im vorherigen Kapitel betont werden, dass nicht nur institutionelle Akteure strategische Kommunikation betreiben und sich dementsprechend inszenieren, sondern dass dies ein zentraler Bestandteil gesellschaftlicher Interaktion darstellt.

91   Deichsel ergänzt, dass „Marken" ein „willentliches Bündnis zwischen Menschen [bilden], die sich durch Leistungen das Leben erleichtern, sich fördern und positiv aufeinander beziehen wollen" (Deichsel 2006, S. 42).

92   Stereotype, Vorurteile und auch Images können sowohl positiv wie auch negativ sein und steuern die subjektive Wahrnehmung, indem sie Komplexität durch routinierte Ordnungs- und Deutungsmuster reduzieren (Kastens 2014, S. 390; ausführlich zu Stereotypen Hahn 2007, S. 15-24).

93   Für eine ausführliche Zusammenfassung bestehender Marketing-Theorien in Bezug zur Marke siehe Siegert (2001). Den Forschungsstand der Public Relations-Forschung arbeitet Günter Bentele (2008) heraus.

damit von Konkurrenzprodukten unterscheidet (Differenzierungsfunktion).[94] Infolge der Sichtbarkeit und der Wiedererkennung ist sie ein soziales Symbol, das erfahrungsbasierte Assoziationen und Vorstellungsbilder lenkt und zu einem späteren Zeitpunkt evozieren kann. Dementsprechend basiert solch eine „Markenbildung" – wie ebenfalls Diskurse – auf Wiederholung, da ohne eine beispielsweise einheitliche Kennzeichnung der Autorschaft (Firmenlogo und Firmenname sowie Werbebotschaften), die Wiedererkennung maßgeblich erschwert ist. So können spezifische (Marken-)Bezeichnungen durch Wiederholung sowie eine entsprechende konnotative Verknüpfung im Gedächtnis des Rezipienten in Form eines „Signalcodes" (Siegert 2007, S. 111) von einem Kunden als zum Beispiel ein Qualitätssiegel gedeutet werden. Auf diese Weise wirken "Marken" komplexitätsreduzierend, weil sie die schiere Menge an möglichen Produkten auf ein bekanntes Maß herunterbrechen und somit Orientierung in einem von Komplexität gezeichnetem Alltag schaffen (Buß 1998, S. 98-99; ähnlich bei Esch 2014, S. 30): Auf einmal erscheint die (Kauf-)Entscheidung zwischen äußerlich qualitativ gleichwertigen Produkten leichter, da ein an die Wiedererkennung gebundenes Vorstellungsbild im Abgleich zur Konkurrenz den Kauf eines spezifischen (Marken-)Produktes nahelegt.

Zusammengefasst bedeuten die vorherigen Überlegungen, dass die Forschung „Marke" als immaterielles sowie soziales Phänomen definiert, das sich – wie auch Organisationen – durch Kommunikation konstituiert und primär durch eben diese gesellschaftlich ausgehandelt[95] wird (Kastens 2016, S. 242).[96] So kann der strategische Versuch einer Organisation, ein möglichst positives Vorstellungsbild (Image) von sich bei ihren Anspruchsgruppen zu evozieren, als intentionale Identitätsarbeit bzw. Image-Kommunikation bezeichnet werden, da erst die Selbstthematisierung gepaart mit der (Nicht-)Anerkennung der „Marke" bzw. dem Image Leben einhaucht (Kirchner 2012, S. 81; Whetten/ Mackey 2002, S. 395). Bei „Marken" handelt es sich also um subjektive Produkte sozialer Aushandlungs- und Beobachtungsprozesse, die wiederum in eine Bewertung münden (ähnlich bei Brandt 2009, S. 203). Die „Marke" eines Akteurs ist also eine abstrakte Kategorie, die die Summe ihrer Teile beschreibt, jedoch aufgrund ihrer Beschaffenheit nicht umfänglich eruiert werden kann. Aus diesem Grund liegt die Zerlegung ihrer Bestandteile in evaluierbare Unterkategorien nahe, die im Folgenden vollzogen wird.

---

94 In der Literatur wird häufig zwischen den verschiedenen Funktionen für die einzelnen Anspruchsgruppen unterschieden. Für eine ausführliche Thematisierung der Funktionen von Marken siehe Siegert (2001, S. 34-37). Weitere Funktionen lassen sich bei Buß (1998) finden.

95 Die Aushandlungsprozesse beziehen sich auf die Anerkennung bzw. Nicht-Anerkennung der Selbst- bzw. Fremdbeschreibung als „Marke" (Humphreys/ Brown 2002, S. 423).

96 Für eine linguistische Perspektive auf das Phänomen „Marke" siehe Lázló Kovács (2016). In der Marketingtheorie wird „Marke" in der Regel als Produktbezeichnung verstanden (Hüllemann 2007, S. 83-86), die – so ergänzt Zschiesche – auch immer gleich ein positives Vorstellungsbild von dem Bezugsobjekt haben muss, um als Marke gelten zu können (Zschiesche 2015, S. 16). Einen weiteren Versuch, den Begriff der „Marke" definitorisch einzugrenzen, unternimmt Bruhn (2001).

4.1 (Marken-)Identität

Organisationen wie beispielsweise Versicherungsunternehmen wenden gegenwärtig mehr Zeit denn je dafür auf, eine (Marken-)Identität zu formulieren oder diese in ihren (Werbe-)Kommunikaten bzw. in ihrer (Image-)Kommunikation explizit zu betonen (Reichertz 2010, S. 194). Die Identitätsarbeit[97] (Selbstbeschreibung) stellt den ersten Schritt der (Marken-)Konstruktion dar, die nun im Folgenden ausführlich erläutert wird, bevor der bisher verwendete Markenbegriff durch die Einführung der Begrifflichkeit „Image" vollständig ausgetauscht wird – um somit den Grundstein für die Problematisierung des Image-Aushandlungsprozesses zu legen.

Die Frage nach „Identität"[98] bezeichnet stets eine Sinnproduktion, die sich durch „Sinnzwang, Selektionszwang und Selbstveränderungszwang" auszeichnet und somit genuin soziologischer Natur ist (Bohn/ Willems 2001, S. 9). Assmann spricht von „Identität" als dem Prozess „des Reflexivwerdens eines unbewußten Selbstbildes" (Assmann 1992, S. 130). Diese These basiert jedoch auf der Grundannahme, dass *eine spezifische* „Identität" in jedem Akteur verborgen sei und diese durch Selbstbeobachtung ans Tageslicht gebracht werden könne. Das Kernproblem dieser Überlegung besteht darin, dass übergangen wird, dass auch Charakterzüge sowie die „Identität" einer Person – wie ebenfalls einer Organisation – im ständigen Aushandlungsprozess mit der Umwelt stehen, sodass eine wie auch immer definierte „Identität" stets veränderbar ist und keineswegs ein festes Selbstbild oder ein verborgenes Phänomen darstellt. So ist das gegenwärtige Selbstbild immer eine Momentaufnahme gegenwärtiger Abgrenzung eines Akteurs zu seiner Umwelt sowie externer Anerkennung seines Selbstbildes: Schließlich stellt „Identität" ohne (externe) Anerkennung nichts weiter als ein Selbstbild dar.[99] So wie Kommunikation und Handlung – wie in jedem Diskurs – immer in einem sozialen Kontext situiert sind und diesen dementsprechend beeinflussen – erfolgt die eigene Beschreibung immer in Abgrenzung zu anderen (Hahn 2000, S. 15). Die „Identität" konstruiert sich also demnach immer

---

97 Für eine wissenschaftliche Verortung der Begrifflichkeit „Identitätsarbeit" siehe Emmerling (2008). Manche Autoren bezeichnen dies auch als „Impression Management" (Piwinger/ Bazil 2014, S. 472), jedoch ist auch diese Begriffsnutzung irreführend, da der Eindruck des Konsumenten bzw. das Image von einem Sender nicht einseitig gesteuert werden kann, weshalb die selbstreferenzielle Terminologie „Identitätsarbeit" bevorzugt wird.

98 Der Begriff „Identität" ist an dieser Stelle in Anführungszeichen gesetzt, weil das Identitätsverständnis der folgenden Autoren nicht geteilt wird, sondern dieser Arbeit ein anderes Verständnis unterliegt, das den Begriff kritisch beurteilt und nur auf ein begrenztes Phänomen anwendet (siehe hierfür Kapitel 4.2). Auch Siegert (2001) attestiert der Forschung "Begriffsverwirrung" im Bereich der Unterscheidung zwischen (Marken-)Image und (Marken-)Identität.

99 Auch Herbst (2005) untersucht die Gemeinsamkeiten zwischen Unternehmen und Menschen, während Aaker versucht, die emotional gefärbten Attribute herauszuarbeiten, die einer „Marke" zugeschrieben werden. Diese bilden sich durch den Kontakt mit der Marke (Aaker 1997, S. 348).

wieder aufs Neue und stellt keine dem Handeln zwingend mittel- oder langfristig zugrundeliegende Ursache dar.[100] So kann sich der Akteur zu jedem Zeitpunkt entscheiden, anders als bisher zu handeln oder sein bisheriges Selbstbild vollständig auf den Kopf zu stellen. Schließlich wird kein Akteur wie z.b. die Versicherungswirtschaft deterministisch von extern daran gehindert, auf die Erwartungen und die Wünsche einer ihrer Anspruchsgruppen vollumfänglich einzugehen.

In Bezug zur „Identität" von Organisationen geht es nicht wie von Stuart Albert und Whetten (1985) beschrieben, um Handlungen vorgelagerte Attribute, die sich mit der Zeit herauskristallisiert haben, oder um eine vermeintliche „Identität", die in einem Akteur ruht (Assmann 1992, S. 130); „Identität" bezeichnet vielmehr eine temporäre Selbstbeschreibung einer Organisation als Einheit (Seidl 2005). Das Selbstbild der Organisation kann durch eine prototypische Frage illustrativ abgefragt werden: So bildet sich die zentrale Frage der Organisationsmitglieder „who are we as an organization?" (Brown/ Dacin/ Pratt/ Whetten 2006 S. 100) als Umweltbezug, indem durch Markierung des Eigenen der Anschein erweckt wird, dass „Identität" als ein stabiles den Handlungen vorgelagertes Konstrukt entstehe. Dies ist aber eben nicht der Fall, da jede Selbstbeschreibung temporär ist sowie in unmittelbarer Abgrenzung zur gegenwärtigen Umwelt erfolgt – die Umwelt kann sich schließlich verändern, sodass aufgrund externer Einflüsse eine neuartige Selbstbeschreibung (Anpassung) aus Sicht der Organisationsmitglieder notwendig erscheint (Seidl 2005, S. 24). Im Zuge dieser „Identitätsfindung" oder „Identitätsjustierung" wird die Selbstbeschreibung (Wer sind wir?), durch die retrospektive Frage nach der Vergangenheit (Wer waren wir früher?) ergänzt (Kirchner 2012, S. 18). (Marken-)Identität kann also als die aus Selbstbeobachtung geschlussfolgerte sowie intern kommunizierte Selbstbeschreibung einer Organisation durch die Organisationsmitglieder definiert werden. Diese Selbstbeschreibung bzw. (Organisations-)Identität wird in einem Aushandlungsprozess samt allen dazugehörigen Machtasymmetrien ausgehandelt (Humphreys 2002, S. 423). Es handelt sich also um eine organisationsinterne Eigenlogik, die zwar auf Umweltveränderungen reagiert, auf diese allerdings nur in ihren veränderbaren systeminternen Logiken und Prozessen reagieren kann.[101] Tatsächlich erfüllt (Marken-)Identität die Funktion, Entscheidungen von Organisationsrepräsentanten und -mitgliedern im Namen der Organisation zu ermöglichen, indem sie als geteiltes Deutungsschema funktioniert, das Handlungen und Aussagen als sinnvoll oder weniger sinnvoll einzustufen vermag und somit eine Leitlinie strategischer Handlungen darstellt (ähnlich bei Kirchner 2015, S. 79). So entsteht Orientierung

---

100 So wie Personen jeweils eine „Identität" zugeschrieben wird, hat Hans Domizlaff (2005) bereits in den 1930er-Jahren diese Überlegungen auf Organisationen bezogen und ihnen eine individuelle Persönlichkeit zugeschrieben.

101 Für eine zusätzliche Unterscheidung in Markenidentität und Unternehmensidentität siehe Siegert (2001, S. 78).

trotz hoher Komplexität, welche wiederum die Grundlage für Verhalten, Kommunikation und Entscheidungen im Namen einer Organisation ist (Kirchner 2012, S. 25-26). Die grundlegenden Inhalte und Positionen einer Organisation müssen bei einer Pressemitteilung also nicht immer wieder aufs Neue von den Autoren eruiert und abgefragt werden, sondern ergeben sich aus der wahrgenommenen oder schriftlich festgelegten (Marken-)Identität, die in der Regel in Form eines (Marken-)Leitbilds für alle Interessierten zugänglich ist. Schließlich wird durch solche Standards intern Orientierung geschaffen, was strategisches Handeln erst ermöglicht. Dementsprechend werden Pressemitteilungen von beispielsweise Versicherern im Hinblick auf strategische Kommunikationsziele und unter Rückgriff auf zentraler (Marken-)Leitbilder formuliert. Die zuvor ausgehandelte Selbstbeschreibung bzw. (Marken-)Identität bildet also die Grundlage für Handlungen und ihre Kontrolle, indem durch die Frage „who are we as an organization?" (Brown et al. 2006, S. 100) die Frage nach Stabilität und Wandel im internen wie externen Aushandlungsprozess beantwortet wird (Kirchner 2012, S. 14). (Marken-)Identität beschreibt hierbei „eine Form kollektiver Realität, die abgelöst vom einzelnen Mitglied existiert" (Kirchner 2012, S. 15), was mitunter an alltäglichen Thematisierungen der Organisationen verdeutlicht werden kann: So sprechen Organisationsmitglieder regelmäßig von einem „wir" (als Unternehmen), ohne dass dieses „wir" die Summe aller Mitglieder bedeutet, sondern vielmehr eine intersubjektive Identität der jeweiligen Organisation bezeichnet (ähnlich bei Einwiller 2014, S. 378).[102]

Bisher wurde viel über (Marken-)Identität gesprochen, jedoch nur wenig darüber, aus welchen Bestandteilen sie sich prototypisch zusammensetzt. Das Selbstbild einer Organisation wird in der Regel durch (Marken-)Positionierung im Hinblick auf die lukrativsten Absatzmöglichkeiten strategisch herausgearbeitet (Siegert 2007, S. 111). Ab einer bestimmten Organisationsgröße verfügt eine Organisation in der Regel über ein strategisch ausformuliertes (Marken-)Leitbild, das entweder von den oberen Führungskräften, in einem Expertengremium oder innerhalb von Projektgruppen ausgearbeitet wird (Nazarkiewicsz 2003, S. 177);[103]in solchen Leitbildern oder Strategiepapieren wird die Organisation meistens mithilfe zentraler Schlagworte und Attribute beschrieben, die die (Marken-)Identität umfassen und den Anspruchsgruppen einen ersten sowie einen einheitlichen Einblick in die (inszenierte) Organisations- bzw. Unternehmenskultur geben sollen (Siegert 2001, S. 136). Das Produkt aus den einzelnen Markenwerten bzw. „Markenkern-Merkmalen" (Kastens/ Lux 2014) wird

---

102 Auf eine ausführliche Beschreibung und Kontextualisierung der (Marken-)Identität innerhalb der Organisationssoziologie wurde verzichtet, da sich damit bereits zahlreiche andere Autoren beschäftigt haben (Albert/ Whetten 1985; Hsu/ Hannan 2005; Kirchner 2015; ansonsten Kirchner 2012; Ravasi 2006; Rometsch 2008; Seidl 2005; Whetten/ Mackey 2002; für einen Überblick über den Forschungsstand bis zur Jahrtausendwende Gioia 2000).

103 Für einen Überblick über die Entwicklung verschiedener Markenansätze siehe Meffert und Burmann (2002) sowie Herbst (2005).

analytisch als die (Marken-)Identität bezeichnet (ebd., S. 45). Es lässt sich also konstatieren, dass (Marken-)Identität die abstrakte Gesamtheit der kommunizierten Selbstbeschreibung bezeichnet, während Markenkern-Merkmale die empirisch beobachtbaren einzelnen Bestandteile der (Marken-)Identität bilden. Es handelt sich also hierbei ausdrücklich um keine These, die von einer real existierenden „Identität" ausgeht, sondern um die Beschreibung der sozialen Konstruktion durch die kommunizierte Selbstbeschreibung bzw. das Selbstkonzept (Hsu/ Hannan 2005, S. 476), die der analytischen Begriffsverwendung von (Marken-)Identität zugrunde liegt. Doch in welchem Verhältnis steht die (Marken-)Identität zum diskursiven Aushandlungsprozess?

Die alleinstehende (Marken-)Identität kann noch so gut ausgearbeitet sein, letztlich ist für den gesellschaftlichen Aushandlungsprozess und die Bewertung einer Organisation nicht die Identität (Selbstbeschreibung) relevant, sondern ihre Anerkennung durch die Anspruchsgruppen (Humphreys/ Brown 2002, S. 423). Daher ist das Vorstellungsbild (Image) einer Organisation oder eines Produktes nicht das, was von einer Organisation in Strategiesitzungen herausgearbeitet wird, sondern das auf Wahrnehmung und Interpretation der (Image-)Kommunikation basierende Resultat in den Köpfen der Rezipienten (Siegert 2001, S. 82). Es handelt sich also wie in jedweder Interaktion stets um einen beidseitigen Aushandlungsprozess, der trotz Macht- und Informationsasymmetrien nicht einseitig von einer Organisation gesteuert werden kann (Kastens/ Lux 2014, S. 38; Schmid/ Lyczek 2008, S. 105-106). Dies ist den Verantwortlichen in den Organisationen in der Regel bekannt, sodass die Meinungen und die Einstellungen von Anspruchsgruppen in der Entwicklung der strategischen Positionierung zumindest in eigene Überlegungen einbezogen werden (ähnlich bei Giesen 2001, S. 101). Die bisher erläuterten Aspekte beschreiben die (Marken-)Identität also als Selbstbild einer Organisation – doch dort, wo über Selbstbeschreibung und -beobachtung gesprochen wird, liegt die Frage nach Fremdbeschreibung und -beobachtung nahe. Deshalb wird an dieser Stelle betont, dass die (Marken-)Identität nur einen Bestandteil des gesellschaftlichen (Image-)Aushandlungsprozesses bildet.[104]

4.2 (Marken-)Image

Jean-Noel Kapferer veröffentlicht 1992 ein wirkmächtiges sowie grundlegendes Werk zu konzeptionellen Hintergründen moderner Markenführung, das seither in kaum einer Ausarbeitung zum Thema „Marke" fehlt (Kapferer 1992). An seinen

---

[104] Ein auf der luhmannschen Systemtheorie basierendes Identitätskonzept, das von einer systeminternen Identität ausgeht und diese Überlegungen auf die Massenmedien anwendet ist bei Jan D. Reinhardt (2006) zu finden.

Überlegungen ist grundsätzlich neu, dass er in (Marken-)Identität und in (Marken-)Image als Vorstellung „in den Köpfen der potentiellen Käufer" (ebd., S. 9) unterscheidet und somit den weiteren Forschungsverlauf prägt. Zuvor tritt der Image-Begriff bereits am Anfang des 20. Jahrhunderts in der Psychologie auf, in der „Image" als Vorstellungsbilder definiert werden (Kautt 2008, S. 13). Die Begrifflichkeit findet eine immer weitere Verbreitung bis sie ab der Hälfte des 21. Jahrhunderts ebenfalls vermehrt in (massen-)medialen Diskursen auftaucht. Bei gegenwärtigem Stand lässt sich von einer Omnipräsenz des Begriffs berichten, der nicht nur für einzelne Phänomene, sondern auch für Politiker bis hin zu Unternehmen verwendet wird (ebd., S. 9). Die sprachliche Nähe zum Bild (Image) ist technisch durch die Erfindung und Verbreitung der Fotografie beeinflusst, da sie zur steigenden Bildhaftigkeiten der (Massen-)Medien führt (ebd., S. 11). Die Psychologie spricht also verhältnismäßig früh vom Image und von Vorstellungsbildern, während vor der Jahrtausendwende das gleiche Phänomen sowohl innerhalb als auch außerhalb der Psychologie unter einem anderen Namen untersucht wird – dem Stereotyp (ausführlich dazu Kautt 2008).[105] So wird der Image-Begriff erstmals von Gerhard Kleining (1961) systematisch eingeführt, während sich bei Schaff (1979) die Grundlage der Stereotypen-Forschung und wenige Jahre später die synonyme Wortverwendung von Image und Stereotyp bei Lippmann (1992) finden lässt.

Das Image bezeichnet genauso wenig wie das Stereotyp das spiegelbildliche Abbild eines Bezugsobjekts, sondern beschreibt eine systeminterne konstruierte Bewertung des Bezugsobjekts, d.h. eine Art kollektive bzw. ganzheitliche Vorstellung (Kleining 1961, S. 146).[106] So lässt sich das Image als eine soziale Konstruktion beschreiben, welche die „Gesamtheit der an einen Gegenstand geknüpften Vorstellungen, Emotionen und Wertungen" (Brachfeld 1976, S. 215) umfasst. Diese Konstruktion basiert auf selektiven wie subjektiven „Wahrnehmungs- und Kognitionsprozesse[n]" (Selkälä 2005, S. 221) und bezeichnet die stereotype wie auch die subjektive Vorstellung „der Wirklichkeit" (Faulstich 1992, S. 7-8). Infolgedessen sind alle Berührungspunkte eines Akteurs mit einem Bezugsobjekt in Bezug auf Imagebildung relevant und entsprechen keineswegs nur der (Image-)Kommunikation (Esch 2014, S. 242). Das bedeutet jedoch auch, dass sich Images nicht nur intentional, sondern fast schon automatisch generieren können, wobei strategische (Image-)Kommunikation diesen Prozess als zentraler Bezugspunkt durch strategische Sinnange-

---

105   Kautt hat den Image-Begriff bereits fundiert in die Soziologie eingeführt und insbesondere die visuelle Komponente (Bildhaftigkeit) des Phänomens betont sowie untersucht, während sich Schnierer (1999) intensiv mit dem Forschungsstand der werbetechnischen Implikationen befasst hat, sodass hier nur die für die (Diskurs-)Analyse relevanten Aspekte aufgegriffen werden. Kautt bindet sein Begriffsverständnis an theoretische Überlegungen von Goffman sowie insbesondere von Luhmann und analysiert „exemplarische Ressourcen der Image-Programmierung" (Kautt 2008).

106   Für eine kommunikationswissenschaftliche Begriffsentwicklung von Image siehe Einwiller (2014, S. 372).

bote maßgeblich beeinflussen kann (Bentele/ Seidenglanz 2005, S. 203). Die Beeinflussung durch Aushandlungsprozesse bleibt dennoch streng limitiert, weil Images stets auch im sozialen Umfeld mündlich ausgetauscht und so sozial kopiert oder verformt werden (Kleining 1961, S. 146-147). So besteht die Möglichkeit, dass grundsätzlich verschiedene Images desselben Bezugsobjektes in den Köpfen unterschiedlicher Zeitgenossen bestehen, wobei sich gleichzeitig gesamtgesellschaftliche Gemeinsamkeiten ergeben können, da das Bezugsobjekt die eigene Kommunikation prägen und somit auf die Informationsgrundlage anderer Einfluss nehmen kann.

Bentele geht sogar so weit, das weitverbreitete Postulat von Watzlawick in Bezug zu Image folgendermaßen umzudeuten: „Es ist nicht möglich, kein Image zu haben" (Bentele 1992, S. 153; ähnlich bei Bentele/ Seidenglanz 2005, S. 201). Dies hängt damit zusammen, dass sich jede Aussage zwangsläufig in einen bereits vorhandenen Kontext situiert. So reicht bereits das bestehende Wissen über die Versicherungsbranche gepaart mit dem ersten Kontakt mit einem bisher unbekannten Versicherer aus, um das Image eines neuen Marktteilnehmers im Kontext der Branchen- oder Organisationszugehörigkeit sowie der subjektiven Deutungen des Firmennamens zu evozieren (Gioia et al. 2000, S. 63; Schmid/ Lyczek 2008, S. 83; ähnlich bei Bentele 1992, S. 153). Einwiller ergänzt auf ein psychologisches Schema-Verständnis anlehnend, dass Image „eine individuelle Gedächtnisstruktur [bezeichnet], in der das Wissen einer Person über ein Unternehmen in Form von Attributen, die dem Unternehmen zugeschrieben werden, repräsentiert ist" (Einwiller 2014, S. 376). So versucht eine Organisation durch strategische (Image-)Kommunikation ein der (Marken-)Identität (Selbstbeschreibung) entsprechendes Image zu entwickeln; da es sich bei letzterem jedoch stets um eine subjektive Konstruktion handelt, muss das Image jedoch keineswegs zwangsläufig der (Marken-)Identität entsprechen (Esch/ Langner/ Rempel, S. 110). Nichtsdestoweniger handelt es sich bei einem Image nicht nur um eine Fremdzuschreibung, sondern auch gleichfalls um eine Selbstbeschreibung, da jeder Akteur – beispielsweise jedes einzelne Organisationsmitglied – auch gleichzeitig ein Image von sich selbst hat. Das eigene Image bildet also sogar die notwendige Grundlage, um beispielsweise eigene Charakterzüge oder die (Marken-)Identität zu formulieren (Willems/ Kautt 2003, S. 31). Dementsprechend lässt sich Image auch gleichzeitig als Akzeptanzmodell definieren, da eine spezifische Selbstbeschreibung kommuniziert wird und diese als Reaktion darauf entweder akzeptiert, toleriert oder abgelehnt wird (Kapferer 1992, S. 45; Siegert 2007, S. 111). Diese Kommunikation benötigt jedoch in den meisten Fällen einen Vermittler, der über die notwendige Aufmerksamkeit verfügt, solche (Werbe-)Kommunikate an ein Publikum heranzutragen. Die Rolle der Vermittler von Aufmerksamkeit nehmen (Massen-)Medien ein, deren Kerngeschäft sich mit der Zeit immer mehr in Richtung Aufmerksamkeitsgenerierung verschiebt (Kirchner 2012, S. 73). So besteht das Ziel der (massenmedialen) Werbung darin, die Aufmerksamkeit ihrer Rezipienten (Werbezeit) an Werbende zu verkaufen, die sich ihrerseits erhoffen, dadurch ein positives Image zu konstruieren und „soziale Objekte über Bildoberflächen so zu identifizieren, daß die Wahrscheinlichkeit der Positivbewertung der jeweiligen Objekte unter anonymisierten Kommunikationsverhältnissen gesteigert werden kann" (Kautt 2008, S. 169). Das Resultat der (Image-)Kommunikation bzw. Identitätsarbeit im Rahmen des diskursiven Aushandlungsprozesses lässt sich sodann binär in positives und negatives Image – wie es ebenfalls innerhalb der Stereotypen-Forschung gängig ist – kodieren (ebd., S. 172). An dieser Stelle soll abschließend nochmals betont werden, dass die Bedeutung der Massenmedien für die Analyse der zentralen Aushandlungsprozesse kaum zu überschätzen ist. So kann die „Marken-" bzw. Image-Konstruktionen innerhalb der Assekuranz maßgeblich von Debatten über die Versicherer im Allgemeinen (z.b. Riester-Renten-Debatte) oder über spezifische Versicherer (z.b. ERGO-Skandal-Berichterstattung) geprägt sein, auch wenn das einzelne Versicherungsunternehmen im Diskurs noch nicht einmal thematisiert wurde, sondern dieses vielmehr die Abgrenzung von der Konkurrenz als strategische (Image-)Kommunikation nutzt.

Wie zuvor erwähnt, werden „Marken" in der Forschungsliteratur regelmäßig als Vorstellungsbilder definiert. Das Problem dieser Begriffsbestimmung unter Anbetracht der Definition von Image liegt nun darin, dass ebenso auch diese als (soziale) Vorstellungsbilder verstanden werden und somit verschiedene Begrifflichkeiten um die gleiche Bedeutung konkurrieren, vor allem deshalb, weil eine synonyme Wortverwendung wenig sinnvoll erscheint: Die große Schwäche des Markenbegriffes liegt in der grundlegenden Frage danach, wann ein Symbol bzw. ein Firmenname oder ein Produkt zur „Marke" wird. Der Marken-Begriff bezeichnet letztlich die Beschreibung als „Marke" und dessen Anerkennung – kurzum ein soziales Vorstellungsbild. Die Bezeichnung als „Image" ist für dieses Phänomen jedoch treffender, weil jegliche Marken-Bezeichnung Schwierigkeiten damit hat, zu argumentieren, was alles als „Marke" zählt und was nicht: Gelten nur Konsumgüter und unternehmerische Anbieter als „Marke" oder benötigt es eine Organisation? Falls dem so ist, wie steht es dann um das Image einer Person? Der Vorteil des Image-Begriffs ist, dass er sich nicht durch eine Fokussierung auf wirtschaftliche Tätigkeiten beschränkt, sondern problemlos auch auf Individuen und auf sämtliche Kognitionsprozesse angewandt werden kann. Nichtsdestoweniger soll an dieser Stelle nochmals betont werden, dass die beschriebene begriffliche Unschärfe im Umgang mit der Begrifflichkeit „Marke" jedoch nicht dazu führt, dass bisherige Forschungsergebnisse in diesem Bereich negiert werden, sondern stattdessen schlichtweg vorgeschlagen wird, den Marken-Begriff durch das Image-Konzept auszutauschen und dessen Implikationen stärker zu bedenken, um diese systematisch in die Entwicklung eines Image-Aushandlungsprozesses einfließen zu lassen. Das zentrale Anliegen dieses Kapitels kann abschließend auf eine knappe wie plakative Formel reduziert werden: *Die Marke ist tot, es lebe das Image!*

4.2.1 Glaubwürdigkeit und Vertrauenswürdigkeit

Glaubwürdigkeit, Vertrauenswürdigkeit, Reputation, Identität und Image stehen in einem unmittelbaren Beziehungsverhältnis zueinander, doch trotz der unüberschaubaren Menge an Literatur über jedes dieser Phänomene steht deren wechselseitige theoretische Thematisierung noch aus.[107] Ferner wird jedes dieser Begrifflichkeiten nicht nur in wissenschaftlichen Ausarbeitungen, sondern ebenso in alltäglichen Konversationen verwendet, sodass sich die theoretische Konzeptualisierung gleich auf mehreren Ebenen als notwendig erweist – zumal jedes dieser Begrifflichkeiten regelmäßig von Forschern in Bezug zu „Marke" und „Image" gesetzt wird (Gans/ Voith 2009, S. 79; Siegert 2001). Die folgenden Begriffsklärungen schärfen also den Blick für diese Phänomene und ihre Verflechtungen, die in der Gegenwart eklatant an Relevanz gewinnen – wie im nächsten Großkapitel noch zu klären sein wird.

Glaubwürdigkeit bezeichnet die Haltung eines Beobachters, eine spezifische (inhaltliche) Äußerung eines Sprechers als wahr einzuschätzen (Reinmuth 2006, S. 29-30). Dabei ist grundsätzlich zu beachten, dass Glaubwürdigkeit ein subjektives wie individuelles Resultat aus Kommunikation darstellt (Bentele/ Nothhaft 2011, S. 50) und keine dem Bezugsobjekt inhärente Eigenschaft bildet: Glaubwürdigkeit bezeichnet also eine "Eigenschaft, die Menschen, Organisationen oder deren kommunikativen Produkte von jemandem in Bezug auf etwas zugeschrieben wird" (Bentele 1988, S. 408). Der Beobachter zieht für diesen Beurteilungsprozess sämtliche ihm verfügbaren Erfahrungen und gegenwärtigen Signale heran, die alle gleichermaßen seinen subjektiven Konstruktionsprozessen unterliegen. Dies führt anschließend zu einer (subjektiven) Einschätzung als glaubwürdige oder nicht-glaubwürdige Äußerung (Reinmuth 2006, S. 29-32). Die Summe einzelner Glaubwürdigkeitseinschätzungen und die Erfahrung von erfüllten Versprechen oder belegten Aussagen führen zu der subjektiven wie individuellen Fremdzuschreibung der charakteristischen Glaubwürdigkeit oder Unglaubwürdigkeit eines Sprechers (Reinmuth 2006, S. 112-113).

Ein Sprecher, der als unglaubwürdig befunden wird, verfügt in der Regel nur über begrenzte Möglichkeiten, den Wahrheitsgehalt seiner Aussagen zu belegen, da es aufgrund der negativen Voreinstellung des Beobachters oftmals zu weniger Testmöglichkeiten bzw. geringerer Testbereitschaft kommen kann. So führt die vorgeschaltete Einstufung als unglaubwürdig dazu, dass Aussagen gegebenenfalls nicht

---

107   Der Begriff „Vertrauen" wird mittlerweile in vielen Disziplinen herangezogen. So in der Kommunikationswissenschaft (Siegert 2007), Soziologie (Beckert 2009, S. 37), Geschichtswissenschaft (Berghoff 2008) und vereinzelt in der Betriebswirtschaft (ausführlich dazu Hubig 2014, S. 353). Da diese Arbeit sich als organisationssoziologisch versteht, nachfolgend eine Auflistung soziologischer Vertrauensdiskussionen (Giddens 1995; Luhmann 1973; Hartmann/ Offe 2001, Misztal 1996). Für eine Sammlung glaubwürdigkeitsgenerierender Inszenierungstechniken siehe Willems (1998). Im Sammelband von Bentele (2015) werden Vertrauen, Akzeptanz und Glaubwürdigkeit in den Mittelpunkt der Analysen gestellt.

mehr geprüft, sondern Äußerungen eines Sprechers allgemein und kategorisch als unglaubwürdig eingeschätzt werden können (Kastens/ Lux 2014, S. 180). Die Klassifizierung eines Bezugsobjekts als unglaubwürdig kann also eine wirkungsvolle Wissensblockade bilden, die zu einem sich selbst bestätigendem Kreislauf führen kann (ebd., S. 180). In Bezug auf einen als glaubwürdig befundenen Sprecher gilt, dass er zwar zum Zeitpunkt einer Kommunikation aufgrund der vorherigen Erfahrungen des Beobachters als glaubwürdig eingestuft wird, jedoch die gegenwärtig stattfindende Kommunikation dazu führen kann, dass dieses Urteil aufgrund neuer Informationen revidiert und dem Bezugsobjekt das Attribut der Glaubwürdigkeit generell oder in Bezug zu einer spezifischen Äußerung entzogen wird. Dementsprechend stellt Glaubwürdigkeit das erfahrungsbasierte Resultat sämtlicher bisherigen Beobachtungen dar und kann infolgedessen nicht ad hoc, sondern nur langfristig hergestellt werden (Alter/ Wilde 2009, S. 45). So wird eine Äußerung als glaubwürdig bzw. wahr oder unwahr eingestuft, während einem Akteur das Attribut (Un-)Glaubwürdigkeit als Image-Bestandteil zugesprochen werden kann. Infolge dieser Wechselwirkungen stehen Glaubwürdigkeits-Beurteilungen eines Akteurs und die Einschätzung seiner einzelnen Äußerung als wahr oder unwahr in einem zyklischen Verhältnis zueinander. Auf diese Weise bildet Glaubwürdigkeit die Grundlage für persuasive (Image-)Kommunikation, obgleich es sich bei der Glaubwürdigkeits-Beurteilung unmittelbar um das Resultat überzeugender Kommunikation handelt (Mahlbacher/ Schön 2009, S. 26).

Der subjektive Charakter des Zuschreibungsprozesses von (Un-)Glaubwürdigkeit, ihr Ursprung in der selektiven Interpretation von Kommunikation und ihr erwartungs- und erfahrungsbasiertes Fundament führen regelmäßig zu unterschiedlichen Glaubwürdigkeits-Beurteilungen verschiedener Beobachter (Oestereich/ Zug 2009, S. 94). So handelt es sich bei Glaubwürdigkeit um keine „objektiv" messbare Kategorie, sondern um eine in der Regel heterogene Klassifizierung eines Bezugsobjekts von verschiedenen Beobachtern. Die Einschätzung eines Bezugsobjekts als glaubwürdig bedeutet jedoch keineswegs, ihm auch vertrauen zu müssen: So kann eine Drohung als glaubwürdig eingeschätzt werden, ohne dass dem Drohenden deshalb vertraut werden muss (Grünberg 2015, S. 28). Infolgedessen stehen Glaubwürdigkeit und Vertrauenswürdigkeit in einem symbiotischen und nicht in einem Ursachen-Wirkungs-Verhältnis zueinander (Boltres-Streeck/ Femers 2012, S. 43; Reinmuth 2006, S. 197-198). Glaubwürdigkeit stellt also eine notwendige Bedingung für Vertrauenswürdigkeit dar (Oestereich/ Zug 2009, S. 91), da es sehr unwahrscheinlich ist, einem Bezugsobjekt zu vertrauen, dessen Aussagen kein Glauben geschenkt wird (Oestereich/ Zug 2009, S. 91).

Grundsätzlich bildet Vertrauen eine erfahrungsbasierte Prognose, die eine Einschätzung darüber beinhaltet, wie sich das Bezugsobjekt zukünftig verhalten wird (Reinmuth 2006, S. 30). Die Wahrscheinlichkeit steigt, dass ein Beobachter einem Bezugsobjekt Vertrauen schenkt, wenn positive Erfahrungen selbst erlebt oder sozial kommuniziert worden sind (Grünberg 2015, S. 30). Vertrauen bildet also das Produkt aus Erfahrung und benötigt (erfahrungsbasierte) Vertrautheit mit einem Bezugsobjekt, die primär durch Wiederholung erwartungsgemäßer Interaktion entsteht. So liegt beispielsweise die wiederholte Transaktion im natürlichen Interesse eines Unternehmens, weil diese es schafft, aus einem einmaligen Kunden mittels Vertrauen, einen loyalen Kunden werden zu lassen (Fiedler 2001, S. 584-585). Die Interaktion des Kunden bzw. die Kaufentscheidung stellt sodann einen von ihm erteilten Vertrauensvorschuss dar, weil ungewiss ist, ob durch den Kauf auch die versprochene Leistung erfüllt und die bisherigen (positiven) Erfahrungen wiederholt werden (Deichsel 2007, S. 172). So ist jede Kommunikation für sich selbst wieder eine Vertrauensprüfung, weil nicht ausgeschlossen werden kann, dass das Bezugsobjekt unwillentlich oder intentional die Unwahrheit sagt oder die gegebenen (Marken-)Versprechen nicht einhält (Keller 2009, S. 36). Vertrauen lässt sich daher auch als „riskante Vorleistung" (Luhmann 2014, S. 27) verstehen, weil sie stets die Möglichkeit der Enttäuschung bietet, während der Vertrauensgeber so handelt, „als ob er der Zukunft sicher wäre" (Luhmann 2014, S. 9).[108] Solch „vertrauensvolle" Kaufentscheidungen verringern die Komplexität von Handlungssituationen und -entscheidungen, indem sie potenzielle Risiken ignorieren, was wiederum dem potentiellen Kunden Erwartungssicherheit suggeriert (Beckert 2009, S. 37; Luhmann 2014, S. 27): „So ergeben die Komponenten der Erwartung, der Erfahrung und der Ungewissheit eine Mischung aus Wissen und Nicht-Wissen, die die Beschaffenheit von Vertrauen ausmacht" (Diehl 2017, S. 34) und somit die Komplexität von Entscheidungen verringert.

Die Reduktion von sozialer Komplexität ist eine notwendige Bedingung, damit ein Akteur überhaupt handlungsfähig bleibt: Letztlich birgt jede Handlung die Möglichkeit der Enttäuschung und nur durch erfahrungsbasierte Erwartungen bzw. durch Vertrauen können Entscheidungen getroffen und Handlungen getätigt werden (Hellmann 2003, S. 221). Selbst die Entscheidung morgens nicht aus dem Bett aufzustehen, birgt letztlich Risiken, die zeigen, dass auch kleinste Handlungen von diesem Dilemma betroffen sind (Makropoulos 1990, S. 421). Das Vertrauen in einen Akteur basiert also darauf, dass Erwartungen, die sich bei einer Entscheidung durch einen Vertrauensvorschuss äußern, nicht enttäuscht wurden. Diese positiven Erfahrungen bilden dann die Grundlage für neues Vertrauen und erhöhen die Chancen für einen erneuten Vertrauensvorschuss (Hubig 2014, S. 359). Konkret bedeutet dies, dass eine Person, die ausschließlich positive Erfahrungen mit ihrem Versicherer und den abgeschlossenen Versicherungspolicen gemacht hat, weiteren Versicherungspolicen schätzungsweise weniger skeptisch gegenüber eingestellt ist als eine andere Person, die diesbezüglich negative Erfahrung gemacht hat. Für die Zuschreibung von Glaubwürdigkeit und Vertrauenswürdigkeit einer Organisation nehmen neben persönlichen

---

108 Auf diese Weise wird jede Entscheidung zu „riskante[n] Freiheiten" (Beck/ Beck-Gernsheim 1994), da den Zeitgenossen ersichtlich werden kann, dass jegliche Handlung nachfolgende Situationen beeinflusst.

Erfahrungen, das soziale Umfeld und der öffentliche Diskurs ebenfalls einen beson-
deren Stellenwert ein, weil beispielsweise letzterer die Verbindung zwischen Organisations-Repräsentanten, Öffentlichkeit und Individuum herstellt (ähnlich bei
Bentele/ Nothhaft 2011, S. 53). So bieten Massenmedien vorstrukturierte Sinnangebote von Schurken (z.b. Banken, Banker sowie Versicherer), Opfern (z.b. Steuerzahler) und Helden (z.b. Staat) an (ausführlich dazu Diehl 2017), die beispielsweise im
Zuge der ständigen Wiederholung innerhalb der Finanzkrisen-Debatte der Finanz-
brache im Allgemeinen erhebliche Glaub- und Vertrauenswürdigkeitsschäden zuge-
fügt haben (Alter/ Wilde 2009, S. 39). [109] Doch welchen Stellenwert nehmen
Glaubwürdigkeit und Vertrauenswürdigkeit speziell für die Finanzbranche und ihren
Tätigkeitsbereich ein?

4.2.2 Immaterialität der Finanzbranche

Bei manchen Produkten werden die Risiken eher wahrgenommen als bei anderen und
erfordern daher einen größeren Vertrauensvorschuss, um zu einer Kaufentscheidung
zu führen (Deichsel 2006, S. 250-251). So werden beispielsweise Finanzprodukte
nicht nur aufgrund ihrer langen Laufzeit und ihrer immateriellen Beschaffenheit, sondern auch wegen der öffentlichen Berichterstattung und sozialen Interpretation solcher Produkte als riskant wahrgenommen (Willems 2002, S. 77). Dennoch gilt ein
Sachverhalt für alle Produkte jedweder Branche und jedwedem Beziehungsverhältnis:
Vertrauensenttäuschungen reißen den Vertrauensgeber aus seiner routinierten Erwartungshaltung und offenbaren ihm die realen Risiken seines Vertrauensvorschus-
ses (Berghoff 2004, S. 58; Luhmann 2001, S. 147).
      Vertrauen ist nicht nur das Kerngeschäft der Finanzdienstleister, sondern stellt
ebenfalls eine notwendige Bedingung dafür dar, dass ein Kunde sein Geld überhaupt
erst zur Bank bringt oder bereitwillig Gebühren für eine Versicherung bezahlt: Falls
die Erwartung nicht bestehen würde, dieses Geld jederzeit abholen zu können oder
sich auf die Auszahlung des Schadensausgleichs verlassen zu können, würde wohl
kaum jemand sein Geld zur Bank bringen oder es regelmäßig dem Versicherer über-
weisen (ausführlich dazu Leusmann 2013). Vertrauen und Glaubwürdigkeit sind jedoch wie jegliche andere Einschätzungen stets relational (Bentele/ Nothhaft 2011, S.
58; Wiesenthal 2009, S. 42), da der Beobachter sich für die Unterzeichnung einer
Versicherungspolice bei dem Versicherer entscheidet, dem er in der Branche am ehes-
ten zutraut, die vereinbarte Leistung im Schadenfall zu erbringen. Dies bedeutet jedoch nicht, dass die Person generell Vertrauen gegenüber der Branche haben muss,
das rechtlich festgelegte Zahlungsverpflichtungen übersteigt. Letztlich beinhaltet ein

---

109   Ute Volkmann (2004, S. 297) argumentiert, dass mitunter Massenmedien durch die Art und Weise
       ihrer Berichterstattung an der Produktion von Gerechtigkeitssemantiken beteiligt sind.

solches relationales Vertrauen in einen Akteur nur, dass der Vertragspartner in einem relationalen Verhältnis zu seinen Konkurrenten herausgestochen ist.

Vertrauenswürdigkeit beschreibt nicht nur eine Fremdzuschreibung eines Akteurs, sondern kann gleichzeitig auch auf ein Systemvertrauen referieren wie im folgenden Fall: Zweifeln die Kunden daran, dass die Bank fähig oder gewillt ist, ihnen jederzeit ihr Geld auszuzahlen, werden sie versuchen, es schnellstmöglich von der Bank zurückzuholen. So ergibt auch der Handel mit Geld als ein symbolischer Wertgegenstand nur Sinn, solange ein Grundvertrauen in das dahinterstehende System des Geldverkehrs besteht. Letztlich verweist auf diese Weise jeder Tauschakt mit Geld implizit auf das (Geld-)System, weil ein Handelspartner ansonsten wohl kaum seine hergestellten Waren oder seine Arbeitskraft für Papierscheine anbieten würde (Berghoff 2004, S. 61; ähnlich bei Beckert 2009, S. 35).[110] Dementsprechend nimmt Glaubwürdigkeit und Vertrauenswürdigkeit insbesondere in der Finanzbranche einen besonders hohen Stellenwert ein (Oestereich/ Zug 2009, S. 91-92), da die Produktqualität nicht unmittelbar getestet werden kann, sondern letztlich ein Zukunftsversprechen darstellt (Berghoff 2004, S. 59). In der Versicherungsbranche bezieht sich das Zukunftsversprechen auf den Schadensausgleich im Schadenfall, dessen eintreten weder gewünscht noch gewollt ist und somit ganz natürlich mit negativen Erfahrungen verbunden ist, die potenziert werden, wenn die erwartete Zahlung nicht erfolgt (John 2011, S. 24). Die Folgen können negative Vertrauens- und Glaubwürdigkeitsdynamiken sein.

Vertrauen und Glaubwürdigkeit haben auch einen großen Anteil am wirtschaftlichen Erfolg eines Individuums, einer Organisation oder sogar eines Staatengebildes (Oestereich/ Zug 2009, S. 91). So führt das Fehlen von Vertrauen dazu, dass Kontrollinstanzen notwendig werden, die die Transaktionspartner überhaupt erst dazu bewegen, erneuten Handel miteinander einzugehen. Diese Kontrollinstanzen kosten jedoch Geld und sie bürgen ihrerseits mit ihrer Vertrauenswürdigkeit für die Erfüllung der Versprechen (Fiedler 2001, S. 582-583).[111] So ist der Kauf von Waren im Internet nur durch ein unbegrenztes Widerspruchsrecht in einer vordefinierten Zeitspanne vorstellbar, da sich der Käufer ansonsten nicht davor schützen könnte, dass ihm ein anonymer Verkäufer[112] beispielsweise defekte Güter übersendet und die anschließende Rücksendung nicht akzeptiert. Im historischen Verlauf zeigt sich, dass der Staat dort eingreift und (staatliche) Regularien in den Bereichen etabliert, wo gesellschaftliches Vertrauen erodiert werden würde und es ohne den staatlichen Eingriff

---

110 Siehe für die Soziologie des Geldes (Kellermann 2014) insbesondere Simmel (1977) oder Luhmann (1988). Letzterer bezeichnet Geld als „symbolisch generalisierte Kommunikationsmittel" (Luhmann 1988, S. 230-270).

111 Ein anderes Beispiel ist *Stiftung Warentest*, die mit ihrer Bewertung Produkten ein notenbasiertes Gütesiegel verleiht, das Kunden einen Richtwert bei der Bewertung von Produkten geben kann.

112 Innerhalb von Finanzmärkten sind sich Kapitalgeber und -nehmer in der Regel ebenfalls unbekannt (Lütz 2008, S. 342).

zu wenigen bis kaum Transaktionen kommen würde (Münnich 2012, S. 284).[113] So wird der Ruf nach Ethik (Luhmann 1989, S. 443-443) und dem Staat eben dann laut, wenn es an Vertrauen fehlt und eine externe Kontrollinstanz als notwendig erachtet wird, um neue Kooperationsräume zwischen verschiedenen Akteuren zu bilden (Diehl 2017, S. 34-35; Schranz/ Vonwil 2006, S. 34-38).[114]

Vertrauen hat auch einen direkten monetären Einfluss, da erst das Vertrauen in die wirtschaftliche Fähigkeit eines Unternehmens dazu führt, dass Anleger ihr Geld in diese Organisation investieren (Reinmuth 2009, S. 130). Daher ist Vertrauen das „wertvollste soziale Kapital" (Keller 2009, S. 32) eines Unternehmens, obgleich es sehr gut umsorgt werden muss, da es sich langfristig entwickelt, jedoch schlagartig zerbrechen kann (Reinmuth 2006, S. 14).

Das zentrale Instrument der Glaubwürdigkeits- und Vertrauenswürdigkeitsgenerierung gegenüber konkurrierenden Akteuren stellt die (Image-)Kommunikation sowie insbesondere die Werbung dar (Willems/ Kautt 2003, S. 79-80). Darin steckt allerdings das Problem, dass die Werbung selbst einem Unglaubwürdigkeitsdilemma bzw. Manipulationsvorwurf unterliegt, da bekannt ist, dass sie die Rezipienten einseitig über Produktbeschaffenheiten unterrichtet und persuasiv zu beeinflussen versucht (Luhmann 2009, S. 9; Schulze 2005, S. 62). So betreibt Werbung – und dies ist auch den Rezipienten hinlänglich bekannt – Image-Kommunikation, indem sie ihre eigene (Marken-)Identität zu beschreiben versucht, Aufmerksamkeit erweckt und dies in der Regel alles in Rückbezug auf eine strategische Ausrichtung betreibt (Willems 2003, S. 102). Auch wenn dem Beobachter nicht alle einzelnen Elemente und Strategien bekannt sind, so ist zumindest stets allseits bekannt, dass Werbung ausschließlich positiv berichtet und Schwächen ausblendet. Die Werbung kann also nur Glaubwürdigkeit und Vertrauenswürdigkeit evozieren, sofern ihrer Gattung sowie ihren Inhalten ein

---

113   So erklärt die Bundesregierung infolge der Finanzkrise und dem erodierten Vertrauen zwischen den Banken und von der Bevölkerung zu den Banken im Oktober 2008 die Spareinlagen auf Festgeld- und Tagesgeldkonten bis zu einer bestimmten Höhe zu garantieren, weil ansonsten die potenziellen Risiken weiterer Finanzmarkt-Komplikationen durch befürchtete „bank runs" hätten eintreten können. Der Staat bürgt also im Falle der Nichtszahlungsfähigkeit einzelner Banken und stellt mit seiner eigenen Kredibilität die gegenwärtige Vertrauenslage sicher (Beckert 2009, S. 36).

114   Der Neo-Institutionalismus bedient sich einer spezifischen Terminologie, indem die sozialen Erwartungen an Organisationen als „Institutionen" bezeichnet werden: Sie fungieren demnach als „Bindeglied zwischen Organisation und Gesellschaft" (Senge 2011, S. 19). Das Konzept der „Institutionen" basiert auf dem Gedanken, dass jeder Tauschakt gewisse Transaktionskosten voraussetzt, die aufgrund geteilter Normen und Werte Erwartungssicherheit bei den Handelspartnern herstellen können (Priddat 2005, S. 73). So verringert es die (Transaktions-)Kosten zweier Tauschpartner, wenn sie sich beide auf das Ehrenwort des jeweils anderen verlassen können; ist dies nicht der Fall, werden Verträge und ein unabhängiges Rechtsprechungsorgan zuzüglich der institutionellen Fähigkeit, diese Rechtsprechung durchzusetzen zu können, hinzugezogen, um die Risiken der beiden Tauschpartner zu minimieren und sie so zu einem Handel zu bewegen (Fiedler 2001, S. 582-583). Das Ziel von „Institutionen" bzw. Normen ist es also, durch die Konstruktion oder die Reproduktion von Regeln, Erwartungssicherheit herzustellen (Maurer 2008, S. 70).

Mindestmaß an Glaubwürdigkeit zugesprochen wird. Was an dieser Stelle wie ein zyklischer Widerspruch klingt, wird durch die Interdependenzen von Glaubwürdigkeit, Vertrauenswürdigkeit und Image sowie deren Relationalität gelöst: Auch ein Beobachter, welcher der Werbung aufgrund ihres Entstehungskontextes kein Glauben schenkt, muss nicht zwingend immun gegenüber Werbebestrebungen sein, da bereits das anthropologische Denken in Relationen Tür und Tor für die Wirkung von (Marken-)Images öffnet. So zeichnen sich „starke Marken" nicht durch eine generell hohe Glaub- und Vertrauenswürdigkeit, sondern durch eine relational hohe Glaubwürdigkeit und Vertrauenswürdigkeit aus (Hellmann 2003, S. 386). Die Antwort auf das Unglaubwürdigkeitsdilemma der Werbung und die erhöhte Unsicherheit durch steigende soziale Komplexität der Umwelt[115] ist also das Image eines Akteurs, weil es durch einen Wiedererkennungswert bisherige Erfahrungen evoziert und so das Risiko[116] einer beliebigen Glaubwürdigkeits- oder Vertrauenswürdigkeitsentscheidung (z.B. Kaufentscheidung) minimiert (Hellmann 2007, S. 59): Auf diese Weise nimmt das Image eines Akteurs eine „Vertrauens- und Garantiefunktion" (Siegert 2007, S. 111) ein, während professionelle Werber versuchen, die Wahrscheinlichkeit der Zuschreibung von Vertrauenswürdigkeit durch „vermittelnde Effekte"[117] (Lahno 2002) strategisch zu erhöhen und somit gleichzeitig Identitätsarbeit durch Image-Kommunikation zu betreiben.[118] Dementsprechend stellt Werbung einen relevanten Bestandteil des (Image-)Aushandlungsprozesses dar.

---

115   Dieser Aspekt wird in Kapitel 5 vertieft.

116   Das Alltagsverständnis von Risiko suggeriert, dass das Risiko als Resultat einer Entscheidung entsteht, wohingegen auch das Nicht-Handeln stets Risiken birgt: So sicher wie die Zukunft ungewiss ist, so sicher ist auch, dass es „keine Entscheidung ohne Risiko gibt" (Luhmann 2005, S. 128). Der Terminus Risiko verweist stets auf die eigenen Handlungen, während die Auswirkungen riskanter Handlungen anderer Akteure sowie Ereignisse außerhalb des eigenen Einflusses (z.B. Naturkatastrophen) als Gefahren bezeichnet werden (Luhmann 1991, S. 30-31): Das Abschließen einer Versicherung sowie die regelmäßige Zahlung der anfallenden Kosten stellt also ebenso ein Risiko dar, weil bei dem Zeitpunkt der Unterzeichnung unklar ist, ob der Versicherer im Schadenfall tatsächlich zahlen wird. Es besteht immerhin das Risiko, dass der Versicherer beispielsweise in einer Finanzkrise zahlungsunfähig wird und der Schadensausgleich im Schadenfall ohne entsprechende Ausfallregelung nicht geleistet wird. Bei jeder Handlung schätzt das Individuum erfahrungsbasiert wahrgenommene Risiken ein, indem z.B. Images verschiedener (Produkt-)Anbieter gegeneinander abgewägt werden, um sodann die Handlung aufgrund einer Prognose für die Zukunft zu ermöglichen. Auf diese Weise entsteht eine Brücke zwischen Vergangenheit und Zukunft (Luhmann 1991, S. 43-44), die durch Vertrauen und stereotypes Wissen bzw. Images zusammengehalten wird.

117   Insbesondere Reinmuth (2006) und Keller (2006) haben aufgearbeitet, dass die Zuschreibung von Vertrauenswürdigkeit nicht direkt evoziert, sondern nur durch Indikatoren anvisiert werden kann. Einen Katalog mit vertrauensgenerierenden sprachlichen Elementen in Geschäftsberichten sind bei Reinmuth und Keller zu finden, ihre praktische Anwendung auf die Versicherungsbranche zuzüglich einer Praxisempfehlung bei Diehl (2017).

118   Neben Glaub- und Vertrauenswürdigkeit existiert ebenfalls Misstrauen, das insbesondere von der Unsicherheit einer Person zeugt (Boltres-Streeck/Femers 2012, S. 37). Misstrauen ist jedoch eine intensivere Einstellung als das Fehlen von Vertrauen, weil bei ersterer sogar davon ausgegangen

4.3 (Marken-)Reputation

Bisher wurde beschrieben, dass primär glaubwürdige Kommunikation und erfüllte Erwartungen Vertrauen zu einem Bezugsobjekt evozieren können. Doch in welcher Beziehung steht Reputation zu Glaubwürdigkeit, Vertrauenswürdigkeit und Image? Wie Glaubwürdigkeit, Vertrauenswürdigkeit und Image basiert Reputation auf der Differenzbildung, die überhaupt die Erkennung von Unterschieden und infolgedessen die Adressierung einzelner Akteure sowie Organisationen ermöglicht (Eisenegger 2005, S. 31). Die von mehreren Beobachtern geteilte Beurteilung eines Akteurs als vertrauenswürdig generiert wiederum auf einer gesellschaftlichen Aggregatsebene bzw. aus einer analytischen Vogelperspektive beobachtbare Reputation. Reputation und Vertrauen können also als zwei Seiten der gleichen Medaille verstanden werden, während letzteres Vertrauenswürdigkeit bezeichnet und ersteres als „Ruf der Vertrauenswürdigkeit" (Eisenegger/ Imhof 2009, S. 250) definiert werden kann. Die Vertrauenswürdigkeit einer Person kann also durch Erzählungen in Gegenwart einer anderen Person zu einer Reputation werden, indem die Aussagen auf Anerkennung stoßen oder sogar geteilt werden (ähnlich bei Schmid/Lyczek 2008, S. 89). In Anlehnung an Eisenegger[119] (2009) wird Reputation also als ein nicht real vorhandenes, jedoch theoretisch existierendes Gedankenkonstrukt verstanden, dass die Summe subjektiver Vertrauenswürdigkeitszuschreibungen und dessen Anerkennung umfasst (ähnlich bei Einwiller 2014, S. 380-381) – oder wie es Deephouse und Suchman formulieren: „Reputation is a generalized expectation about a firm's future behavior or peformance based on collective perceptions" (Deephouse/ Suchman 2008, S. 51). Diese Reputation muss jedoch nicht nur auf Personen beschränkt sein, sondern kann sich ebenfalls wie Glaubwürdigkeit, Vertrauenswürdigkeit und Image auch auf Berufsgruppen, Organisationen usw. beziehen (Reichardt 2003, S. 17). Die singuläre Beurteilung eines Beobachters ist für die Bemessung von Reputation also nur relevant, solange sie über keinen entsprechenden Rückhalt in ihrer restlichen Umwelt verfügt. So kann beispielsweise trotz einer einzelnen individuellen negativen Einstellung konstatiert werden, dass der beobachtete Akteur über eine positive Reputation verfügt, sofern eine Vielzahl anderer Menschen diese anerkennen.[120]

---

      wird, dass sich „negative Interaktionen wiederholen" (Grünberg 2015, S. 31, ähnlich Diehl 2016, S. 88-90).

119   Eisenegger spricht im Kontext von Diskursen ebenfalls von „Inszenierungen" verschiedener Organisationen (Eisenegger 2005, S. 27).

120   Eisenegger bezeichnet die Etablierung der Reputation mitunter im Rückgriff auf Weber und Simmel als ein modernes Phänomen, das mit dem Rückgang von Ehre einhergeht (Eisenegger 2005, S. 25-29). Mehr zu dem Ursprung und der Entwicklung dieser Konzepte werden im Kapitel 5 und 6 im Rahmen von Image behandelt.

Der große Stellenwert der Reputation für die Finanzbranche lässt sich damit belegen, dass mit der Finanzkrise 2008 Reputation als Untersuchungsgegenstand wissenschaftlicher Analysen signifikant an Relevanz gewinnt (Barnett 2008, S. 1; Eisenegger 2011, S. 62). [121] Dabei wird regelmäßig die zentrale Stellung von Massenmedien im Prozess der Reputationsgenerierung beschrieben (Eisenegger 2005, S. 31). [122] So sprechen beispielsweise Schranz und Eisenegger davon, dass in der Finanzkrise die zuvor sachorientierte Berichterstattung über Finanzmärkte einer „skandalisierenden Optik gewichen" (Schranz/ Eisenegger 2014, S. 238) ist und so massive Reputationsrisiken für Finanzdienstleister bedeutet.

Eine der am häufigsten thematisierten immateriellen Phänomene ist neben dem Vertrauen und dem Image die Legitimität. [123] Sie bezeichnet kein Element, das einer Organisation eigen sein kann, stattdessen benennt sie das Urteil externer Beobachter. So erlangt eine Organisation in Abhängigkeit von den Normen und den Werten einer Gesellschaft oder der jeweiligen Anspruchsgruppe Legitimität, sofern ihr eine gesellschaftliche Funktion zugeschrieben wird. Letztlich ergibt sich die Legitimität aus der Erfüllung von Mindeststandards, die gegenüber der Branche oder den Organisationen im Allgemeinen erwartet werden (Walgenbach 2008, S. 65). Schließlich beeinflusst Reputation nicht nur Legitimität, sondern wirkt sich ebenso auf Absatzzahlen aus: Legitimität ist dann erreicht, wenn ein Mindestmaß an Reputation vorhanden ist, die dazu führt, dass die Existenzberechtigung eines Akteurs nicht grundsätzlich zur Disposition gestellt wird (Deephouse/ Suchman 2008, S. 62; King/ Whetten 2008). So erfüllt Reputation die Funktion der Legitimierung von Machtasymmetrien und Ungleichheit, indem sie über die Akkumulation von Vertrauenswürdigkeitszuschreibung eine Begründung für diese Unterschiede produziert (Eisenegger 2005, S. 35; Deephouse/ Suchman 2008, S. 56); denn im Gegensatz zu der zeitgenössischen Wahrnehmung mittelalterlicher Strukturen als gottgegeben, muss soziale Ungleichheit in der Moderne sozial legitimiert werden (Imhof 2011, S. 14). Deshalb erhöht eine angeschlagene Reputation die Wahrscheinlichkeit, dass Kontrollinstanzen zur Sicherstellung spezifischer Standards etabliert werden wie beispielsweise die Regularien im Zuge der Finanzkrise für deutsche Banken und Versicherer (Schranz/ Eisenegger 2014, S. 238). [124] Ferner kann Reputation ebenfalls neue Kunden und Kundenloyalität generieren, indem sich eine Organisation dadurch von ihren Konkurrenten abhebt (Eisenegger 2009, S. 14; Kautt 2008, S. 153). So äußert sich die

---

121 Das Standardwerk zur Reputation von Eisenegger (2005) hebt die Stellung von Massenmedien für die Bildung von Reputation hervor.

122 Die Massenmedien wirken sich so auch auf individuelle Kaufentscheidungen aus, weil sie die Hintergrundinformationen und den (Entstehungs-)Kontext großteils umfassen (Esch 2014, S. 198).

123 Legitimität wird hierbei verstanden als „a generalized perception or assumption that the actions of an entity are desirable, proper, or appropriate within some socially constructed systems of norms, values, beliefs and definitions" (Suchmann 1995, S. 571-610).

124 Mark Eisenegger (2011) hat mithilfe einer Langzeit-Studie herausgearbeitet, wie sich die Reputation von international handelnden Banken seit Beginn der Finanzkrise verschlechtert hat.

Reputation nicht nur in Absatzzahlen neuer und loyaler Kunden, die durch Empfeh-
lungen und (massen-)mediale Berichterstattung auf die Organisation aufmerksam geworden sind, sondern kann sich auch im Umkehrschluss die fehlende Reputation
durch möglicherweise erfolgende Umsatzeinbuße bis zur Forcierung staatlicher Regularien auswirken (Münnich 2012, S. 284).

Aufgrund der Nähe und Verstrickung der hier vorgestellten Konzepte von
Glaubwürdigkeit, Vertrauenswürdigkeit, Reputation, Identität und Image sind diese
in Tabelle 1 aufgelistet. Alle diese Phänomene stellen die Grundlage von Image-Kommunikation bzw. Identitätsarbeit dar (Whetten/ Mackey 2002, S. 400). Dabei ist anzumerken, dass Reputation ebenso wie Glaubwürdigkeit, Vertrauenswürdigkeit und
Image keine Zuschreibungen bilden, die eine Organisation einseitig evozieren kann,
sondern stets eine externe beobachtungsbasierte Beschreibung darstellen, die als Resultat des diskursiven (Image-)Aushandlungsprozesses entstehen (Einwiller 2014, S.
389-390).

Tabelle 1: Begriffsübersicht

Begrifflich-keit	Bedeutung	Funktionen
Glaubwür-digkeit	Die Beurteilung einer Aussage eines Akteurs als wahr bzw. glaubhaft oder des gesamten Akteurs als glaubwürdig	Komplexitätsreduktion, Informationsselektion
Vertrauens-würdigkeit	Die Erfüllung der Erwartungen in der Zukunft	Komplexitätsreduktion, Herstellung von Erwartungssi-cherheit
Reputation	Die Summe individueller Vertrauenswürdig-keits-zuschreibungen	Komplexitätsreduktion, Legitimation von Machtasymmet-rien bzw. von sozialer Ungleich-heit
Identität	Die Selbstbeschreibung eines Akteurs	Komplexitätsreduktion, ermöglicht einen Leitfaden für Kommunikation und soziales Handeln
Image	Die Gesamtheit aller Informationen über ein Bezugsobjekt zuzüglich anschließender subjek-tiven Schlussfolgerungen	Komplexitätsreduktion, ermöglicht die Unterscheidung und (relationale) Bewertung ver-schiedener Produkte

4.4 Finanzielle Wechselwirkungen

In diesem Kapitel stellt sich abschließend die Frage danach, warum das (Marken-)Image für jede Organisation von zentraler Bedeutung ist. Wie zuvor erwähnt wurde, sind (Struktur-)Importe aus der Umwelt nicht möglich, stattdessen werden Reize aus der Umwelt wahrgenommen und gemäß der (internen) Eigenlogik verarbeitet (Baecker 2001, S. 315-136).[125] Dennoch existiert eine strukturelle Kopplung[126] zwischen einigen Systemen, die dazu führt, dass spezifische Umweltreize unmittelbar zur internen Verarbeitungsprozessen (Irritation) führen (Luhmann 1997, S. 776-801). So ist beispielsweise die Politik mit den Medien strukturell gekoppelt und andersherum, da sich die Politiker in der Zeitung über die Meinung der journalistischen Beobachter wie die der „öffentlichen Meinung" erkundigen können oder sogar müssen, sofern politische Akteure eine reale Chance haben möchten, wiedergewählt zu werden. Es gehört wiederum zur Aufgabe der Journalisten, die Politik zu beobachten und über politisch- wie gesellschaftlich-relevante Ereignisse zu berichten (Baecker/ Luhmann 2009, S. 124). Auf die gleiche Art und Weise besteht eine strukturelle Kopplung zwischen Kunden (Kaufentscheidung) und Unternehmen (Umsatz).

Der gesellschaftliche Teilbereich „Wirtschaft" strukturiert sich binär kodiert nach Zahlung und Nicht-Zahlung. Auf diese Art und Weise kann jede wirtschaftliche Handlung scheinbar oberflächlich, jedoch gleichzeitig charakteristisch beschrieben werden (ähnlich bei Hüllemann 2007, S. 91). Dieser Gedanke auf Unternehmen bezogen bedeutet, dass sie sich untereinander nach Zahlungsfähigkeit strukturieren: Je höher die Liquidität, desto stärker die jeweilige Marktposition. Sinkt die Liquidität eines Unternehmens unter den Nullpunkt, so erfolgt die Insolvenz und die wirtschaftliche Tätigkeit wird aufgelöst (Kühl 2015, S. 81). Auf diese Weise definiert das Kapital "Konditionen des Bankrotts, des Ausstiegs aus den Möglichkeiten der Reproduktion von Zahlungsfähigkeit, und bringt diese Konditionen in sozialen Systemen zur Geltung" (Baecker 2001, S. 320-321). Daher ist die zentrale Beobachtungsgröße der Unternehmen neben ihrer Bilanz, die Nachfrageentwicklung ihrer Produkte, weil diese untrennbar mit den eigenen Gewinnen verbunden ist. Infolgedessen haben alle Nachfrage-beeinflussende Faktoren eines Unternehmens Kapitalcharakter, da sie Rezipienten ansprechen und so Kaufentscheidungen beeinflussen können (Schmid/ Lyczek 2008, S. 81). Nun gehören zu den Nachfrage-relevanten Faktoren jedoch nicht nur messbare Elemente wie z.B. der Kaufpreis im Verhältnis zu konkurrierenden Produkten, sondern ebenso sind immaterielle Werte wie das Image eines Akteurs und

---

125 Eine ausführliche Erläuterung des systemtheoretischen Verständnisses von struktureller Kopplung zuzüglich der Anwendung auf die Wirtschaft hat Baecker (2001) erarbeitet.

126 Die strukturelle Kopplung beispielsweise zweier Akteure bezeichnet die gegenseitige Beobachtung sowie die gegenseitige Versorgung mit Irritationen (wahrgenommenen Reizen), die der internen Verarbeitung bedürfen (Baecker/ Luhmann 2009, S. 124).

das Vertrauen in die Leistungsfähigkeit eines Produkts grundlegend (Gans/ Voith 2009, S. 67). Wie sonst ist es zu erklären, dass *Apple IPhones* umsatzstark vertreibt, obwohl sie signifikant mehr kosten als konkurrierende *Smartphones*, die über eine vergleichbare Leistungsfähigkeit verfügen? Angebot- und Nachfrage regulieren den Preis, doch das (Marken-)Image übt einen erheblichen Einfluss auf die Nachfrage aus, indem es auf Interessen und Bedürfnisse wirken kann. Die Kaufentscheidung für ein spezifisches Produkt ist die Äußerung dieses Bedürfnisses (Schmid/ Lyczek 2008, S. 45) sowie der Kaufakt zumindest die monetäre Akzeptanz des Akteurs gegenüber dem Produkt wie ebenfalls einer Organisation kommuniziert (Siegert 2007, S. 112). Andersherum wirkt sich die Reduktion von Nachfrage, d.h. die Verringerung von Kaufhandlungen, unmittelbar auf das Unternehmen aus, weshalb von einer strukturellen Kopplung zwischen Geld, Organisation und Gesellschaft gesprochen werden kann (Baecker 2001, S. 325).

Die Tragweite der eingangs erwähnten Diskursivität von Ökonomie sticht nun ins Auge: Soziale Konstruktionen wie beispielsweise das Image beeinflussen maßgeblich den (Kauf-)Preis von Gütern, während ihr Wert in Aushandlungsprozessen verhandelt wird. So ist selbst der Preis einer Ware als keine rationale Entität zu verstehen, sondern er kommuniziert auch stets Zuschreibungen wie qualitativ "hochwertig" oder "billig", indem beispielsweise Exklusivität durch hohe Preise erzielt wird (Siegert 2001, S. 34). Dadurch fungieren verhältnismäßig teure Produkte als Statussymbole[127], weil sich Personen mit geringerem Einkommen solche Produkte wohl eher nicht leisten können, sodass (Marken-)Produkte zum Träger eines möglicherweise elitären Images werden können und infolgedessen als Objekte der Darstellung und der Selbstcharakterisierung fungieren (Willems 2002, S. 76-77). Dieser Effekt wirkt aber auch auf die Produktanbieter, weil diese sich dadurch als z.B. Premium-Versicherer positionieren können, um solche Effekte strategisch zu nutzen (ähnlich bei Siegert 2001, S. 60). Auf diese Weise beeinflusst die Umwelt einen Akteur und kann neben der monetären Entwicklung sogar ihr Selbstbild (Identität) maßgeblich prägen, so wie die Ereignisse der Finanzkrise 2008 und die damit einhergehende Finanzkrisen-Debatte auf die Selbstdarstellung bzw. (Marken-)Identität einzelner Versicherer wie beispielsweise der *R+V* wirkt (Diehl 2016, S. 87-88).

---

127   Für eine ausführliche Beschreibung von Kleidung als Statussymbol siehe Kautt (2008, S. 135-153).

4.5 Zusammenfassendes Schaubild

Die bisherigen Ausführungen der vergangenen Kapitel werden nun abschließend in zwei Schaubildern zusammengefasst, die den Image-Konstruktionsprozess sowie den gesamtgesellschaftlichen Aushandlungsprozess von Image darstellen.

Am Anfang des Image-Konstruktionsprozess steht ein Akteur, der, bevor er zur Kommunikation fähig ist, folgende Frage bewusst oder unbewusst beantworten muss: „Wer sind wir als Organisation?" (Kirchner 2012). Es handelt sich dabei um Identitätsarbeit bzw. Image-Kommunikation im Sinne einer Selbstbeschreibung als Ganzes. So ist eine Werbung, die nichts von der eigenen „Identität" preisgibt, d.h. beispielsweise nicht einmal die eigene Branchenzugehörigkeit erwähnt und auch auf keine andere Plattform verweist, keine Werbung.[128] Der zweite Schritt basiert auf dem Interesse eines Akteurs, überzeugend zu wirken, sodass sich die zweite Frage gestellt wird: „Was wollen wir, was andere über uns denken?" (Brown et al. 2006, S. 100). Die Beantwortung dieser Frage nimmt erheblichen Einfluss auf die Ausprägung strategischer Kommunikation, sodass sich in Organisationen teilweise ganze Teams von Markenstrategen, Projektgruppen oder auch die Marketing-Abteilung mit eben dieser dritten Frage eindringlich beschäftigen. Die Beantwortung der zweiten Frage erfordert jedoch zwingend die Einschätzung der Entscheider darüber: „Was der Akteur, die Akteure oder die Organisation denkt, wie andere über sie denken?" (ebd., S. 100) Neben den bisherigen drei Fragen ergibt sich eine vierte empirische Frage: „Was denken die Anspruchsgruppen tatsächlich über den Akteur?" (ebd., S. 100). Den Zugang zu dieser Frage stellt beispielsweise die wissenschaftliche Beschäftigung mit dieser Fragestellung durch verfügbare Forschungsliteratur oder durch einschlägige Marktforschungsergebnissen dar, derer sich verschiedene Akteure wie beispielsweise wirtschaftlich tätige Organisationen teilweise bedienen. Alle diese Fragen sind aus der Akteurs-Perspektive relevant, um das aus der internen Beantwortung dieser Fragen und der darauffolgenden Kommunikation resultierende Image erfolgreich zu eruieren (ebd., S. 100).[129]

---

128 Siegert und Dieter Brecheis definieren Werbung als einen intentionalen Kommunikationsprozess der „gezielt Wissen, Meinungen, Einstellungen und/oder Verhalten über und zu Produkten, Dienstleistungen, Unternehmen, Marken oder Ideen beeinflussen" will (Siegert/ Brecheis 2017, S. 12).

129 Die organisationssoziologische Einordnung dieser Erkenntnisse und ihre Verknüpfungen zum bisherigen Forschungsstand lässt sich bei Brown et al. (2006, S. 101) finden.

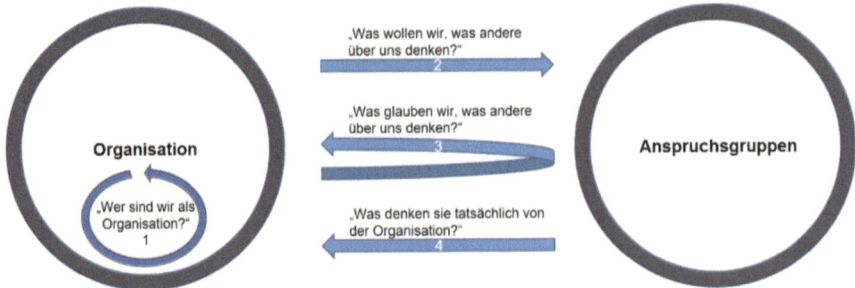

Abbildung 1: Die Konstruktion von (Marken-)Identität

Quelle: Eigene Darstellung in Anlehnung an Brown et al. (2006, S. 100). [130]

4.6 Der Image-Aushandlungsprozess

Im Folgenden werden die bisherigen Ergebnisse zusammengeführt, um im Anschluss ein Image-Aushandlungsmodell zu entwickeln. Dieses Modell illustriert den Aushandlungsprozess einschließlich aller Bestandteile und bildet die analytische Grundlage für die spätere Analyse der Riester-Renten-Debatte sowie der Versicherer-Werbung in Anbetracht jeweiliger Wechselwirkungen. Der gesamtgesellschaftliche Image-Aushandlungsprozess findet seinen Beginn stets in einem Kontext, indem jegliche Kommunikation zwingend situiert ist, da sie ansonsten unmöglich verstanden werden könnte (Reichertz 2010, S. 299). Dieser Kontext ist gegenwärtig (massen-)medial geprägt, da Medien den primären Zugang zu Informationen verwalten (Luhmann 2009, S. 9). Innerhalb dieses medialen Rahmens inszeniert sich ein Akteur (Inszenierung I) beeinflusst von seinen PR-Vorgaben, subjektiven Identitätskonzepten oder seinem Verständnis als individueller oder institutioneller Akteur; während dieser Prozess in der Regel in Bezug zur eigenen Konkurrenz geschieht, von der er sich abzugrenzen versucht. Die Anspruchsgruppen des Akteurs können auf diese Weise ein positives oder negatives Image von ihm entwickeln, was wiederum ihre Kaufentscheidung, die öffentliche Meinung sowie die Bewertung des Akteurs als funktional beeinflusst. Im Anschluss beobachtet der Akteur die Reaktionen seiner Anspruchsgruppen und inszeniert sich noch einmal (Inszenierung II): Konkret bedeutet dies, dass der Akteur seine bisherige Kommunikation beibehält, überdenkt oder sich gegebenenfalls beispielsweise im Falle eines Skandals sogar für kritisierte Äußerungen entschuldigt (siehe hierfür Kapitel 11). Der Akteur beobachtet also die Beobachtung durch

---

130   Die Abbildung unterscheidet sich nicht strukturell von der von Brown et al. (2006, S. 100) entwickelten Abbildung. Der Unterschied besteht ausschließlich in der Darstellung.

andere und reagiert darauf, indem er sich anschließend erneut für eine wie auch immer geartete Kommunikation entscheidet. So oder so fließt diese Handlung bzw. Inszenierung II wieder in den Kontext ein, aus dem eine Organisation in Zukunft agieren wird. Dieser Prozess unterscheidet sich nicht strukturell von einer alltäglichen Gesprächssituation, in der Sprecher A etwas sagt, Sprecher B darauf reagiert und Sprecher A wiederum auf die Reaktion von Sprecher B eingeht. An dieser Stelle ist noch wichtig anzumerken, dass die Anspruchsgruppen keineswegs passive Beobachter dieser Prozesse sind, sondern durch Moralisierung, Skandalisierung, (Nicht-)Akzeptanz und Ablehnung in der Öffentlichkeit oder in ihrem sozialen Umfeld externen Einfluss auf die Entscheidungen der Organisationen haben können (Kautt 2008, S. 319). So können sie beispielsweise durch den Boykott oder die Abwanderung zu Konkurrenz-Angeboten dazu beitragen, dass ein Unternehmen die bisherige Kommunikationsstrategie oder Handlungsweise überdenkt (Schoenheit 2007, S. 213-217).

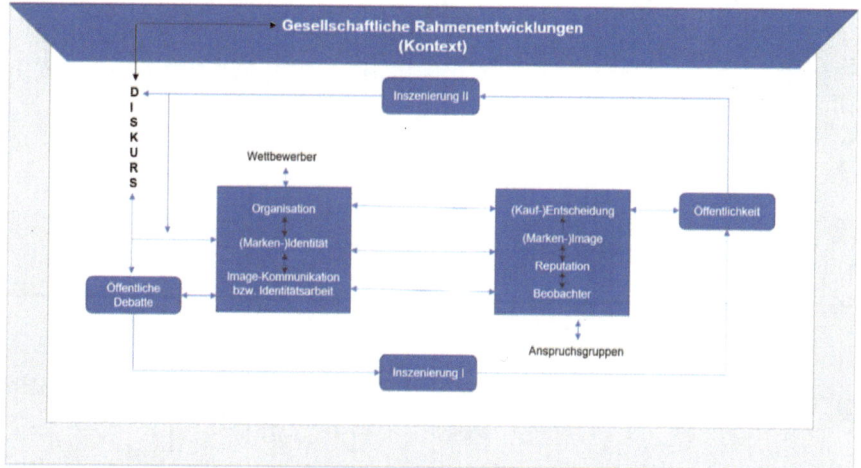

Abbildung 2: Der Image-Aushandlungsprozess aus Akteur-/Organisationsperspektive

Quelle: Eigene Darstellung in Anlehnung an Siegert und Brecheis (2001, S. 120). [131]

---

131   Die Abbildung unterscheidet sich nur in wenigen Punkten von der von Siegert und Brecheis (2001, S. 120) entwickelten Abbildung. Der Unterschied besteht darin, dass die Begrifflichkeit „Kultur" (ebd., S. 120) in „Diskurs" geändert wurde, die Bedeutung der „gesellschaftlichen Rahmenentwicklungen" prominenter platziert wurde „Funktionen" (ebd., S. 120) aus dem Image-Aushandlungsprozess entfernt wurde.

5 Postmoderne und Image(-Kommunikation)

Die Entwicklung des Image-Aushandlungsmodells wurde bisher neben der Beschäftigung mit diskurstheoretischen Grundannahmen, mit der komplexitätsreduzierenden Funktion von stereotypen Wissensbeständen (z.B. Images) und mit subjektiven Einschätzungen (z.B. Reputation) forciert. Doch in welchem Kontext finden gegenwärtige Image-Aushandlungsprozesse statt und wie beeinflussen komplexitätserhöhende Rahmenentwicklungen direkt oder indirekt den Bedeutungszuwachs von Images, der sich schließlich auf alle Akteure auswirkt – oder in anderen Worten: *Wodurch zeichnet sich die (Post-)Moderne aus und warum avanciert Image zu einem zentralen Strukturelement moderner Gesellschaften?*

Siegert und Brecheis (2017) identifizieren verschiedene Einflussfaktoren, die den Bedeutungszuwachs der Werbung bzw. des Images beeinflussen: Individualisierung und Postmoderne, Neoliberalismus und Globalisierung, Digitalisierung und Algorithmisierung, Modernisierungs- und Aufmerksamkeitswettbewerb zwischen verschiedenen Akteuren sowie Erlebnisorientierung und Inszenierung. Anhand dieser Einflussfaktoren werden im Folgenden die Unterschiede zwischen der Moderne und der sogenannten Postmoderne problematisiert. Im Anschluss mündet dies in eine Gegenwartsbeschreibung, die den Bedeutungszuwachs des Images in den Mittelpunkt ihrer Überlegungen stellt sowie ihn begründet. In den folgenden Ausführungen werden teilweise allgemeine Aspekte des zeitgenössischen Konsums problematisiert, die – wie z.B. die Verbreitung der Massenproduktion – nicht in jedem Fall eins zu eins auf Versicherungsprodukte übertragbar sind. Schließlich handelt es sich bei einer Versicherung um kein klassisches Massenprodukt sowie um kein klassisches Konsumgut im Sinne eines Verbrauchs- oder Nutzungsgegenstandes. Vielmehr stellt eine Versicherung ein Produkt dar, das die Bewältigung zukünftiger Unsicherheit durch das Versprechen des Schadensausgleich in einem entsprechenden Schadenfall verspricht. Nichtsdestoweniger besteht eine enge Verbindung zwischen Konsum und Image-Kommunikation sowie die Massenproduktion zweifelsfrei die zeitgenössische Konsumkultur beeinflusst. Die Wechselwirkungen zwischen Konsum und Image(-Kommunikation) entfalten wiederum ihre Wirkung ebenfalls auf (Marken-)Images innerhalb der Assekuranz – wie noch zu zeigen sein wird (Makropoulos 1990, S. 418).

© Springer Fachmedien Wiesbaden GmbH, ein Teil von Springer Nature 2019
N. Diehl, *Das Image im Aushandlungsprozess*,
https://doi.org/10.1007/978-3-658-27234-0_5

5.1 (Post-)Moderne

Das Verständnis bzw. die (Selbst-)Beschreibung als (Post-)Moderne basiert insbesondere auf der Abgrenzung zur mittelalterlichen und frühneuzeitlichen Gesellschaftsordnung einschließlich der damaligen Produktionsverhältnisse. So existiert in vormodernen Gesellschaften ein enges Korsett aus strikten Regeln, Standesrollen und einer göttlich begründeten Gesellschaftsordnung: Die sich auf das Gottesgnadentum berufende Aristokratie organisiert gesetzliche Regeln und individuelle Pflichten, Standesregeln ermöglichen oder beschränken soziale Handlungen, Zünfte organisieren die Arbeit und die Religion bietet eine vorgefertigte ideologische Orientierung nicht nur in puncto Lebensführung und Sinnfindung, sondern in allen erdenklichen Lebensbereichen an (Keupp 2012, S. 337).[132] Die Moderne entsteht mitunter als Produkt aus der funktionalen Differenzierung, d.h. sie resultiert aus der Arbeitsteilung und der damit zeitgleich verlaufenden Aushöhlung bestehender traditioneller Werte und Normen (Willems 1999, S. 9). Auf diese Weise werden die stark limitierenden Standesregeln und das streng-religiöse Gesellschaftsbild überworfen, obgleich laut Beck (2012, S. 12) beide Elemente in veränderter oder abgeschwächter Form auch noch in der „Postmoderne" erhalten bleiben. Bei einer solchen linearen Gegenwartsbeschreibung wird jedoch übergangen, dass sich dieser Rückgang religiöser Welt- und Gesellschaftsbilder primär auf Zeitgenossen der Industrienationen verzeichnen lässt – jedoch trotz dieser regionalen Eingrenzung keineswegs flächendeckend zu beobachten ist. Schließlich stehen in einer von Unsicherheiten und Komplexität geprägten Gegenwart insbesondere vereinfachende Weltbilder und komplexitätsreduzierende Ideologien hoch im Kurs, da sie eine feste Entscheidungsgrundlage bieten und eine einheitliche Deutung von (historischen) Ereignissen ermöglichen (Keupp 2012, S. 336). So konstatiert bereits Klages (1988) im Rahmen seiner Untersuchung des Wertewandels, dass mit erhöhter Komplexität ein erhöhtes Bedürfnis nach Vereinfachung und Übersichtlichkeit entsteht, welches insbesondere durch komplexitätsreduzierende Phänomene (z.B. Images) Befriedigung findet (siehe Kapitel 4).[133]

Die Gegenwartsbeschreibung als Postmoderne proklamiert, dass in der Moderne wie in vormodernen Gesellschaften weiterhin ein vergleichsweise homogener Wertekanon existiert, von dem demnach in der Postmoderne nicht mehr die Rede

---

132 Diese Aufzählung hätte noch weitergeführt werden können, soll jedoch nur exemplarisch auf zentrale Charakteristika vormoderner Gesellschaften hinweisen.

133 Von Historikern und Sozialwissenschaftlern wird der Wertewandel in die zweite Hälfte des 20. Jahrhunderts datiert und zeichnet sich neben der Individualisierung durch ein neoliberal-geprägtes Streben nach wirtschaftlichem Reichtum aus (Klages 1988, S. 51-52; Liebig 2007, S. 28; Thome 2014, S. 42; für einen Überblick Rödder 2014). Eine systematische Untersuchung des Wertewandels in der Werbung zuzüglich der veränderten gesellschaftlichen Rahmenbedingungen hat Axel Bau (1995) durchgeführt.

sein kann (Borscheid 1995, S. 336; Wiesenthal 2009, S. 27). Die zuvor verhältnismäßig festen Normen und Werte abseits von göttlicher Legitimation und feudaler Standesordnung bilden ein kulturelles wie normatives Gerüst, das demnach in der Gegenwart erodiert (Reichertz 1998, S. 292). Es wird also angenommen, dass die postmoderne Gesellschaft weitaus heterogener als die Gesellschaften vorheriger Epochen ist.

Der zentrale Unterschied zwischen den Denkfiguren der Moderne und der Postmoderne wird darüber hinaus in der Bewertung der Zukunft über den Zugang der Selbstbeobachtung und Selbstthematisierung gesehen. So zeichnet sich laut gängigem Verständnis die Postmoderne durch eine bisher historisch einmalige Reflexivität aus, eigene Entscheidungen und Handlungen zu beobachten, stetig zu hinterfragen und mehr denn je losgelöst von kollektiven Ordnungsmustern zu vollziehen (Böhle/ Weihrich 2009, S. 10): Demnach handelt sich bei postmodernen Denkweisen um eine „kontinuierliche Infragestellung und Kritik der Gegenwart aus der Perspektive einer möglichen Zukunft" (Behrends/ von Árpád/ Poutrus 2005, S. 5).[134] Die Heterogenisierung von Normen und Werten sowie der Bedeutungsverlust sozialer Ordnungsmuster werden also als Strukturelement postmoderner Gesellschaften und als ursächlich für eine angeblich gestiegene zeitgenössische Reflexivität verstanden. Die dafür notwendige gesellschaftsübergreifende Reflexivität wird jedoch angenommen, ohne sie flächendeckend und für die verschiedenen Bevölkerungsgruppen nachgewiesen zu haben. Des Weiteren wird argumentiert, dass sich die Moderne im Gegensatz zur Postmoderne durch einen unerschütterlichen Fortschrittsglauben auszeichnet, der Modernisierung ausschließlich positiv bewertet und sich durch Fortschritt die Lösung gegenwärtiger sozialer Probleme verspricht (Featherstone 2000, S. 78). Diese Betrachtungsweise wird jedoch bereits innerhalb der Moderne nicht von allen Zeitgenossen geteilt, da beispielsweise die sogenannten Maschinenstürmer der Industrialisierung gegenüber kritisch eingestellt waren und die Industrialisierung bzw. den diesbezüglichen industriellen Fortschritt in Form von Maschinen als Bedrohung ihrer bisherigen Lebensweisen wahrgenommen haben (Spehr 2000, S. 166-167). Nichtsdestoweniger bildet die Problematisierung des Fortschrittglaubens bis hin zur Zurückweisung dieser Annahme die theoretische Grundlage, um die Moderne und um die Postmoderne in unterschiedliche Etappen zu unterteilen.

Der gesteigerten zeitgenössischen Reflexivität folgt demzufolge die ständige Hinterfragung vorhandener Strukturen, die mit der Erosion verschiedenster Weltbilder und großteils gesellschaftsübergreifend geteilter Vorstellungen einhergeht und dadurch wiederum zu vermehrter Orientierungslosigkeit führt (Boltanski 2003, S. 30;

---

134 Theodor M. Bardmann und Reiner Franzpötter beschreiben die Postmoderne im Gegensatz zur Moderne als „eine nach-denkliche Haltung, die klassisch-moderne Sicherheits- und Gewißheitsvorstellungen aufgibt und mit neuen Formen des Umgangs mit Unsicherheit und Ungewißheit experimentiert" (Bardmann/ Franzpötter 1990, S. 424).

Featherstone 2000, S. 91-92). Religiöse wie auch politisch-ideologische Erklärungsmuster (z.b. Nationalsozialismus und Kommunismus) verlieren demnach ihre Überzeugungskraft und die Suche nach Orientierung verlagert sich vom Kollektiv hin zum Individuum (ähnlich bei Doering-Manteuffel 2008, S. 113-114). Entscheidungen müssen demnach fortan großteils losgelöst von kollektiv-geteilten Ordnungsmuster erfolgen. Das gegenwärtige Erstarken des islamistischen Terrorismus in Asien oder das Erstarken nationalistischer Parteien sowie nationalistischer Kollektivsymbolik in Europa scheint dieser These, die den Rückgang religiösen Gedankenguts und eine erhöhte Reflexivität beinhaltet, jedoch direkt zu widersprechen.

Der Zusammenbruch bestehender Ordnungsmuster und homogener Gruppenbilder führe jedoch ebenfalls dazu, dass zuvor in Gruppenverbänden bewältigte Probleme, nun in den Entscheidungsbereich der einzelnen Individuen fallen, wodurch die quantitative Anzahl sowie die qualitative Komplexität ausstehender Entscheidungen beispielsweise in puncto Lebensführung für den einzelnen erheblich ansteigt (Beck 2012, S. 15; Zapf 2012, S. 296). Demnach erodieren also nicht nur feste Leitbilder[135] der Gesellschaft, sondern es bildet sich Wertepluralismus durch Individualisierung, der auch als gesellschaftliche Zersplitterung und Heterogenisierung beschrieben wird (Bardmann 1990, S. 427; Borscheid 1995, S. 336). Diese Diagnose ist jedoch selbst durch den damaligen Zeitgeist eines linearen Entwicklungsprozesses geprägt, da sie zum aktuellen Erstarken z.B. nationalistischen Gedankenguts im Widerspruch steht und Personengruppen innerhalb der Moderne ausgeklammert, die bereits damals Kritik an der Gegenwart äußern. „Weltbilder" und „Ideologien" stehen also aktuell weiterhin hoch im Kurs, obgleich der Verbreitungsgrad der geteilten sozialen Ordnungsmuster erodiert. Infolgedessen wird nicht nur eine größere Menge an Entscheidungen seitens der Individuen notwendig (Wiesenthal 2009, S. 38), sondern auch frühere normative Entscheidungsgrundlagen entfallen, woraus letztlich vermehrte individuelle (Entscheidungs-)Unsicherheit entsteht (Böhle/ Weihrich 2009, S. 9). Schließlich bieten soziale Ordnungsmuster die Möglichkeit mit der steigenden Komplexität aufgrund von Informationsflut und Reizüberflutung umzugehen (siehe hierfür Kapitel 6).

Diese vereinfachten sozialen Realitäten[136] betreffen demnach jedoch keine einheitlich-geteilten Weltbilder wie noch in der Moderne, sondern es handelt sich um eine heterogene Vielzahl an komplexitätsreduzierenden Weltbildern und Ideologien, die abseits kollektiv-geteilter Ordnungsmuster verlaufen; dass es sich bei den „Weltbildern" und „Ideologien" jedoch zu einem beträchtlichen Anteil um Images handelt oder sich diese aus verschiedenen Images zusammensetzen, wird jedoch nicht thematisiert und ist deshalb Untersuchungsgegenstand dieser Dissertation. Die These,

---

135 Leitbilder bezeichnen Images, die aufgrund ihres Verbreitungsgrades eine zeitgenössische Orientierungsfunktion auf Gesellschaftsebene und nicht nur auf Individualebene einnehmen.

136 Gemeint ist die subjektive Konstruktion von Weltbildern bzw. sozialer Realitäten, die für den einzelnen wie die „Realität" wirken können.

dass durch die Erosion der bestehenden Gesellschaftsordnung ein Vakuum entsteht, wird also geteilt, obgleich unterschiedliche Phänomene identifiziert werden, die die entstandene Lücke ausfüllen. So nehmen das Image und somit ebenfalls die Image-Kommunikation von Akteuren zuzüglich des Image-Aushandlungsprozesses eine Ordnungs- und Orientierungsfunktion in der Gegenwart ein. Schließlich steigt in einer von Orientierungslosigkeit und Komplexität geprägten Gegenwart der Bedarf an orientierungsstiftenden und komplexitätsreduzierenden Images (siehe hierfür Kapitel 6).

5.2 Finanzmarkt-Globalisierung

Die Globalisierung trägt durch „strukturverändernde Verdichtung von Kommunikation, Beschleunigung von Transportwegen, Zunahme von internationalem Kapitalverkehr und Verkürzung von Raum- und Zeitwahrnehmung" (Diehl 2017, S. 23) in erheblichem Maße zur Erhöhung von (sozialer) Komplexität bei. Diese resultiert als direkte Folge unter anderem aus der zunehmenden Verflechtung sämtlicher gesellschaftlicher Ebenen, die ihrerseits wiederum zunehmende internationale Abhängigkeit generieren und mit dem eklatanten Einflussrückgang der klassischen Nationalökonomien einhergeht (Osterhammel/ Petersson 2003, S. 11-14). Bevor jedoch ausführlicher auf diese Aspekte eingegangen wird, stellt sich die grundsätzliche Frage danach, wie Globalisierung im Gegensatz zum unscharfen Alltagsverständnis analytisch definiert werden kann.

Wie der Historiker Jürgen Osterhammel (2003, S. 11) betont, lässt sich Globalisierung verstanden als strukturverändernde Rahmenbedingung gesellschaftlicher Interaktion bereits im 19. Jahrhundert verzeichnen. [137] Aufgrund der enormen Geschwindigkeit strukturverändernder Prozesse wird in dieser Arbeit jedoch in Anlehnung an Ulrich Beck (2007) ein enges Verständnis von (wirtschaftlicher) Globalisierung herangezogen, das den Zeitraum seit den 1980er-Jahren bezeichnet. Neben der Verbreitung neoliberalen Gedankenguts sieht Beck in der vermeintlichen „Unrevidierbarkeit entstandener Globalität" (ebd., S. 29) ein zentrales Distinktionsmerkmal der „Ersten" und „Zweiten Moderne" (Beck 2007, S. 29). [138] So verlieren die Nationalökonomien seit den 1980er-Jahren in einem zuvor unbekannten Maße und in ungeahnter Geschwindigkeit an Relevanz (Jaecker 2013, S. 343). Dies beeinflusst

---

137 Globalisierung beschreibt Willems als „allgemeine Prozesse der Verflechtung und der Veränderung von Kräfteverhältnissen [...], die sich auf ökonomischer, politischer und kultureller Ebene vollziehen und deren Gemeinsamkeit darin besteht, dass sie sich nicht mehr in einem territorial oder national begrenzten Raum abspielen, sondern als Bezugsrahmen die ganze Welt bzw. die 'Weltgesellschaft' haben" (Willems 2003, S. 138).

138 Ausführlich zu den zwei konkurrierenden Globalisierungsverständnissen siehe Diehl (2017, S. 23-25).

wiederum das aktuelle Erstarken nationalistischen Gedankenguts in einigen Teilen
Europas, das durch das Bestreben verstärkte nationale Souveränität zu erreichen gekennzeichnet ist. Das durch den wirtschaftlichen „Rückzug des Staates" entstandene
Vakuum wird sodann von international tätigen Akteuren wie beispielsweise in der
Finanzbranche von global-tätigen Versicherungshäuser und grenzübergreifend ansäs-
sigen wie weltweit vernetzten Banken ausgefüllt. Dies kann wiederum das Gefühl
verstärken, dass sich der eigene nationale Einfluss zu Gunsten anderer Länder verschiebt oder dass Entscheidung mehr als zuvor ohne Berücksichtigung nationaler Interessen getroffen werden. Auf diese Weise beeinflusst beispielsweise die
Globalisierung das Erstarken rechtspopulistischer Parteien in Europa samt ihrer Kollektivsymbolik sowie damit zusammenhängende Images.

Der Siegeszug der neoliberalen Ideologie in die nationalen Parlamente führender Industrienationen stellt für den Einflussrückgang der Nationalökonomien die
notwendige Bedingung dar, ohne welche diese Potenzierung der Geschwindigkeit
strukturverändernder Prozesse wohl kaum denkbar gewesen wäre. Zusammengefasst
bedeutet dies, dass in der vorliegenden Arbeit wie auch von Beck[139] mit Globalisierung bzw. „Globalismus" (2007, S. 27) ein Begriffsverständnis an den Tag gelegt wird,
das der Verbreitung und Übernahme neoliberaler Prämissen einen maßgeblichen
Stellenwert für die Beschleunigung strukturverändernder Prozesse zuspricht, ohne
dass die These einer linearen Entwicklung in Form der „Unrevidierbarkeit entstandener Globalität" (Beck 2007, S. 29) geteilt wird.[140] Schließlich wirkt sich das Gedan-
kengut des Neoliberalismus – wie noch zu zeigen sein wird – auf die
(Finanzmarkt-)Globalisierung, auf alltägliche Wirtschaftsprinzipien, auf Alltagslogiken wie auch auf die Image-Kommunikation bzw. das Werbeverhalten unterschiedlicher Akteure aus.

Seit den 90er-Jahren findet die Deregulierung der bestehenden Wirtschaftsord-
nung und der einschlägigen Sozialordnung statt (ausführlich dazu Eisenegger 2009;
ausführlich zur Finanzmarkt-Deregulierung Lütz 2008).[141] Die zentrale neoliberale

---

139   Beck betont die Machtverschiebung zugunsten des Weltmarktes, indem er Globalisierung als „Auf-
        fassung, daß der Weltmarkt politisches Handeln verdrängt oder ersetzt, d.h. die Ideologie der Welt-
        marktherrschaft, die Ideologie des Neoliberalismus" versteht (Beck 2007, S. 27). Ökonomische
        Akteure verfügen diesem Verständnis nach über den Einfluss Rahmenbedingungen von politischen
        Entscheidungsträgern zu fordern, die es ihnen ermöglichen ihre (ökonomischen) Ziele zu verfol-
        gen.

140   Für einen Überblick über die Begriffsbestimmung von Globalisierung und die diesbezügliche wis-
        senschaftliche Diskussion siehe Carsten Winter (2000).

141   Der bis in die 80er-Jahre hinein existierende parteienübergreifende „Konsens über den keynesia-
        nisch organisierten Wohlfahrtsstaat" (Rödder 2015, S. 12) wird sodann von zahlreichen nationalen
        Parlamenten und Regierungskabinetten spätestens in den 90er-Jahren abgelegt und durch einen
        neoliberalen Finanzmarkt-Kapitalismus ausgetauscht (ausführlich zum Finanzmarkt-Kapitalismus
        Windolf 2005, S. 20-57). Der akademische Diskurs über den Neoliberalismus beginnt bereits in den
        70er-Jahren (Christen 2013, S. 22).

Grundannahme lautet, dass der freie Markt über das konkurrierende Profitmaximierungs-Streben einzelner Akteure, die bestmögliche Voraussetzung bildet, um gesellschaftlichen Mehrwert zu produzieren (Ackermann 2004, S. 182). Der Rückzug des Staates aus wirtschaftlichen Bestrebungen führe demzufolge dazu, dass die „Märkte" gesellschaftliche Problemlagen selbständig lösen würden (Beckert 2006, S. 427, Smith 1974). Die unmittelbare Folge für das zeitgenössische Individuum besteht infolgedessen darin, dass dadurch die „Delegation von Verantwortung an den Einzelnen" (Hessinger/ Wagner 2008, S. 10) stattgefunden hat, die mit dem „Abbau kollektiver Sicherheiten und gesellschaftlicher Solidarität" (Hessinger/ Wagner 2008, S. 10) in Form des Sozialstaats einhergeht (Hessinger/ Wagner 2008, S. 10). So nimmt beispielsweise die sukzessive Reduktion des Leistungsumfangs der gesetzlichen Rente den Zeitgenossen mehr als zuvor in die Pflicht, sich privat um die eigene Altersvorsorge zu kümmern, da ansonsten mehr denn je Altersarmut drohe. Gleichzeitig existieren auf einem freien bzw. weniger regulierten Markt mehr Anbieter, die um die Aufmerksamkeit sowie um die Kaufentscheidung der Zeitgenossen werben. Es steigt also nicht nur die Komplexität der Entscheidung, indem dem Individuum mehr Verantwortung bezüglich der Gestaltung des eigenen Lebenswegs und der eigenen Lebensplanung in zuvor stärker staatlich regulierten Bereichen zugeteilt wird; sondern es steigt ebenfalls die Verantwortung, den für die eigenen Bedürfnisse attraktivsten Anbieter auszuwählen bzw. potentielle Fehlentscheidungen zu unterlassen oder zu minimieren: Der einzelne wird so gemäß neoliberalen Gedankenguts zum „Schmied seines Glücks" auserkoren, was jedoch ebenfalls mit der Verantwortung einhergeht, das eigene Glück zu schmieden (ähnlich bei Wagner 2008, S. 318).[142] Gemäß neoliberalen Denkweisen stellt individuelle oder kollektive wirtschaftliche „Leistung" das Argument für oder gegen die Akkumulation von Eigentum dar sowie die soziale Ungleichheit durch wahrgenommene Leistungsgefälle legitimierbar erscheint. [143] Schließlich wird der Leistung des einzelnen fortan mehr Relevanz eingeräumt als der kollektiven Leistung – jeder ist nämlich demnach für seine eigene Leistung verantwortlich: Die vermeintliche Möglichkeit Leistung zu erbringen, geht sodann mit der Verantwortung einher, sich im Leistungswettbewerb gegenüber seinen Mitbewerbern

---

142 Die Beurteilung der Zukunft als Produkt aus gegenwärtigen Handlungen bezeichnet Luhmann als die „Entscheidungsabhängigkeit der Zukunft" (Luhmann 2005, S. 2). Die Entscheidungsabhängigkeit bezieht sich jedoch nicht nur auf die gesamtgesellschaftliche Ebene, sondern beinhaltet auch die Lebenswelt einzelner Individuen, indem fortan die persönliche und familiäre Zukunft davon betroffen ist, ob sich beispielsweise für oder gegen eine spezifische Versicherung entschieden wird. Versicherungen können also potenzielle Risiken reduzieren. Schließlich sind die (Un-)Sicherheit und das Risiko bzw. dessen Kalkulation die Kernkompetenzen der Finanzbranche, auf Grundlage dessen ihre Funktionalität primär bewertet werden sowie ihr Image mitunter dadurch geprägt wird.

143 Der Grundgedanke der Leistungsgerechtigkeit ist ein charakteristisches Element für neoliberale Diskurse und basiert darauf, dass Ungleichheit durch Leistung legitimiert wird, sodass jeder seiner individuellen Leistung entsprechend entlohnt werden sollte (Leisering 2004, S. 33-34).

durchzusetzen oder die vorhandene (finanzielle) Ungleichheit aufgrund angeblicher Leistungsgefälle hinzunehmen (Leisering 2014, S 33-34).

Solche Narrative bzw. kognitiv verankerten Deutungsmuster[144] müssen nicht stets explizit kommuniziert werden, sondern sind gerade dann besonders wirkmächtig, wenn sie die intersubjektiv akzeptierte wie auch geteilte Grundannahme einer Aussage bilden und somit zahlreichen Denkweisen, Äußerungen und Handlungen vorgeschaltet sind (Geideck/ Liebert 2003, S. 7). Narrative und Deutungsmuster lassen sich in jedem (Teil-)Diskurs finden und bilden somit den Rahmen verschiedenster Äußerungen, Schlussfolgerungen und Entwicklungen.[145] So führt beispielsweise der Rückgang des Sozialstaates zu einem höheren Bedarf an privaten Versicherungen, was sich wiederum auf die Riester-Renten-Debatte, die Relevanz von Versicherungsprodukten (z.b. Altersvorsorge-Produkten) und der Branche im Allgemeinen als Teil eines sozialen Sicherungssystems auswirkt.

Im Rahmen der Deregulierung und internationalen Öffnung suchen die Finanzmärkte geleitet von ihrem Expansionsstreben nach stärkeren Verbindungen zu großen und mittelständischen Unternehmen, sodass daraus die Verflechtung der Finanzbranche und der produktionsbasierten Wirtschaft erfolgt (Sassen 2001, S. 5; ausführlich zur Deregulierung bei Lütz 2008). Infolgedessen vergrößert sich die Macht der Finanzmärkte und die Finanzbranche löst die produktionsbasierte Wirtschaft als ersten Wirtschaftssektor ab (Diehl 2017, S. 24).[146] Empirisch lässt sich der Bedeutungszuwachs der Finanzmärkte sowie ihr wachsender Einfluss auf alle anderen ökonomischen Bereiche und die Umsetzung des Finanzmarkt-Kapitalismus durch die enorme Potenzierung der Finanzströme gegenüber dem „internationale[n] Handel und Direktinvestitionen" belegen (Berger 2008, S. 372). Auf diese Weise hat die Deregulierung und Globalisierung zur Vernetzung und zur gegenwärtig hohen Komplexität des Finanzsektors beigetragen, die sich durch Interdependenzen und Verflechtungen ebenso auf andere Branchen auswirkt (Sassen 2005, S. 32-33). So

---

144   Susan Geideck und Wolf-Andreas Liebert bezeichnen sie als „Sinnformeln", die zu „kollektiven Denkmustern" (Geideck/ Liebert 2003, S. 7) avancieren können.

145   Ein kurzer Exkurs soll die Wirkmächtigkeit solch eines veränderten Narratives zeigen: Vor Beginn des 16. Jahrhunderts ist Armut keineswegs negativ konnotiert, sondern beispielsweise in Form der Bettelorden und der gesamten Armutsbewegung (imitatio christi) gesellschaftlich anerkannt. Im weiteren Geschichtsverlauf verändert sich das Image der Armen und wird insbesondere durch die von Adam Smith beschriebene selbstregulierende „unsichtbare Hand" zum Negativen hin beeinflusst. Gegenwärtig steht der Arbeitslose in einer inhaltlichen Tradition mit Armutszuschreibungen, die Jahrhunderte zuvor bereits gegenüber Bettlern und Vagabunden herangeführt werden. Die reine Existenz des Langzeit-Arbeitslosen stellt auf diese Weise ein „Affront für die moderne Arbeitsgesellschaft" dar (ausführlich dazu Bohlender 2015, S. 104-120). Es findet also im Laufe von mehreren Jahrhunderten eine grundlegende Umdeutung von Armut statt, die von jeweiligen zeitgenössischen Denkmustern geprägt ist.

146   Claudia Honegger, Sighard Neckel und Chantal Magnin (2010, S. 15-18) arbeiten die Entwicklung des Bankensektors seit 1980 heraus und versuchen damit die Wirkung der Deregulierung zu erfassen.

trägt diese Entwicklung ihren Teil beispielsweise zu Intransparenz- und Komplexitäts-Vorwürfen gegenüber der Finanzbranche im Rahmen des Image-Aushandlungsprozesses der Assekuranz bei (siehe hierfür Kapitel 9.3.2.6).

Vor den 90er-Jahren haben Banken als primäre Fremdkapitalgeber ein starkes Interesse am langfristigen Wachstum von Unternehmen, da sie als dauerhafte Anteilseigner in den Aufsichtsgremien großer nationaler Unternehmen vertreten sind und oftmals gesetzlich an die nationalen Kapitalmärkte gebunden sind (Knade 2011, S. 208). Die Deregulierung der Finanzmärkte in den 80er und 90er-Jahren verändert dies grundlegend und Investitions- und Pensionsfonds mit kurzfristig hohen Renditen werden sukzessive einflussreicher (Knade 2011, S. 208; ausführlich dazu Hall/ Gingerich 2004). Das im neoliberalen Denken enthaltene ungehemmte Streben nach Profitmaximierung wirkt seither direkt auf Unternehmen unterschiedlicher Größe, indem Fremdkapitalgeber nur bereit zur Investition sind, sofern sie eine attraktive wie schnelle Vermehrung ihrer Einlagen erwarten können. Es handelt sich dabei schließlich um die Suche nach der größtmöglichen Rendite (Windolf 2005, S. 23-24), die jedoch nie Sättigung erreicht, sondern immer wieder aufs Neue Höhepunkte sucht (Leusmann 2013, S. 32). Oftmals benötigt ein Unternehmen jedoch Fremdkapital, um das eigene Marktpotenzial zu erweitern, sodass beispielsweise bereits im Moment der Unternehmenswandlung in eine Aktiengesellschaft Finanzmarktlogiken der höchstmöglichen Rendite anfangen auf das Unternehmen zu wirken. Auf diese Weise verschieben sich die Interessen von wirtschaftlich tätigen Akteuren von einem Wachstumsinteresse zu einem Profitmaximierungsstreben (Windolf 2005, S. 24-25). Unternehmen, Manager sowie Vorstände die sich gegen diese Finanzmarktlogiken wehren, können entweder intern beseitigt oder durch die Bedrohung der „feindlichen Übernahme" zur Profitmaximierung gedrängt werden (Windolf 2005, S. 24). Das Wirken von Finanzmarktlogiken auf Unternehmen und andere gesellschaftliche Bereiche wird als „Finanzialisierung" bezeichnet (Heires/ Nölke 2014, S. 19). Die beschriebenen Entwicklungen wirken sich auch auf die Assekuranz aus: Erwartungen gegenüber der Versicherungsbranche verändern sich durch Neoliberalismus, Globalisierung und Finanzmarkt-Kapitalismus, indem die Versicherer bis in die 90er-Jahren primär auf Grundlage ihrer Prozesseffizienz bewertet werden, wohingegen danach zunehmend der Rendite- und Konkurrenzdruck zum entscheidenden Bewertungs-Kriterium avanciert (ausführlich dazu Breitschopf 2016, S. 51). Diese Veränderung der Assekuranz beeinflusst ebenfalls ihre Image-Kommunikation, ihren Umgang mit Kunden und ihre Art zu wirtschaften, da sie nun dem primären Ziel der Profitmaximierung unterliegen, und rückt sie dadurch in die Nähe des Banken-Images mit primären Renditeinteressen. Dementsprechend ist die Rentabilität beispielsweise der Riester-Rente fester Bestandteil der öffentlichen Debatte (Mertens/ Meyer-Eppler 2014, S. 260), der Image-Kommunikation der Versicherer und des gesamten Image-Aushandlungsprozesses der Assekuranz (siehe hierfür Kapitel 9.3.2.10).

5.3 Digitalisierung

Noch vor den 80er-Jahren existiert eine überschaubare Menge an Fernseh- und Ra-
diosendern, sodass die damalige Medienlandschaft mit einem Lagerfeuer verglichen
werden kann, an dem alle Anwesenden von denselben Reizen und Geschichten be-
rieselt werden. Die Expansion der Medienlandschaft in den 80er-Jahren verändert
dies, indem der Markt für private Rundfunkanbieter geöffnet wird und sich die Anzahl an angebotenen Programmen vervielfacht, während die Nachfrage auf keine vergleichbare Weise ansteigt (Ackermann 2004, S. 182). Diese Entwicklung geht
zeitgleich mit der zügigen Kommerzialisierung der angebotenen Sendungen einher,
die sich fortan in einem verschärften Wettbewerb um die begrenzte Aufmerksamkeit
des Publikums befinden (Ontrup/ Schicha 1999, S. 11). Manuel Castells bezeichnet
diesen Prozess sowie die daraufhin erfolgende Digitalisierung als „informationstech-
nologische Revolution", weil fundamental neue Möglichkeiten der Wissensgenerierung entstehen und sich die entstehende Vernetzungslogik auf die „Funktionsweisen
und die Ergebnisse von Prozessen der Produktion, Erfahrung, Macht und Kultur"
auswirken (Castells 2001, S. 527). Die informationstechnologischen Entwicklungen
wirken sich also demnach auch direkt auf das vorherrschende kapitalistische Wirt-
schaftssystem und Alltagslogiken der Vernetzung (z.B. soziale Netzwerke) aus (ausführlich dazu ebd.), die ebenso innerhalb der eigenen Image-Kommunikation von
verschiedenen Akteuren berücksichtigt werden.

Die Digitalisierung hat die Verbreitungsmöglichkeiten und Verarbeitungspro-
zesse strukturell verändert, sodass Informationen nun auf einen Knopfdruck aufge-
rufen werden können und sich in Sekundenschnelle mit anderen Menschen darüber
ausgetauscht werden kann (Meyer 2011, S. 44). Getreu der Gegenwartsbeschreibung
als „Postmoderne" erklären Bardmann und Franzpötter (1990, S. 427), dass die nahezu unendliche Menge an Informationen und Informationsquellen dazu führt, dass
sich der vorherrschende Wertepluralismus weiter potenziert (Bardmann/ Franzpötter 1990, S. 427), indem verschiedene Referenzpunkte in individuelle Deutungspro-
zesse einbezogen werden. Die These der vermehrten Heranziehung verschiedener
Informationsquellen überzeugt jedoch nicht, da nichts dagegenspricht, dass eine Person Informationen routiniert von einem Anbieter heranzieht, dem sie selbst aufgrund
seines positiven Images glaubt. Gleichzeitig können andere Informationsquellen eher
misstrauischen begegnet werden, da sie beispielsweise der politischen Gesinnung der
Person entgegenstehen und in dem Kopf der Person über ein negatives Image verfügen, weshalb die Person den Informationen dieses Anbieters gegenüber tendenziell
eher misstrauisch eingestellt ist. Hierbei handelt es sich also um eine imagebasierte
Heranziehung von Informationen sowie um die Bewertung von Glaub- und Vertrauenswürdigkeit eines Anbieters. So kauft eine Person beispielsweise regelmäßig die e-
her konservative *FAZ*, glaubt vielen Aussagen aufgrund des (subjektiven) Images der
FAS und nimmt Informationen sowie Meldungen des *Spiegels* überhaupt nicht zur

Kenntnis oder beurteilt diese äußerst kritisch – wohingegen wiederum eine andere Person beide Wochenzeitungen auf eine exakt umgekehrte Art und Weise heranzieht und einstuft. Die Potenzierung von Informationsquellen und die vereinfachte Abrufbarkeit von Informationen durch die Digitalisierungen führen also keineswegs zwangsläufig zu der (kritischen) Heranziehung mehrerer Informationen. Eine Person benötigt jedoch mehr denn je Images, die als Begründung dienen, wieso jene und keine anderen Quellen herangezogen sowie wieso ausgewählten und nicht anderen Informationsquellen Glauben geschenkt wird. In diesem Sinne geben Images Orientierung, da sie die argumentative Grundlage darstellen, weshalb sich in einer von Angeboten überfüllten Gegenwart für ein Angebot eines spezifischen Anbieters entschieden wird.

Laut Degele (2007, S. 70) bedingen begrenzte kognitive Kapazität bei gleichzeitig gestiegener Informationsfülle und Informationsgenerierungsgeschwindigkeit eine Veränderung der Informations-Verarbeitungsstrategie: Schnelleres und flüchtigeres Lesen sowie die vermehrte Abfrage von komprimierten Texten wie Zusammenfassungen und Resümees ermöglichen es demzufolge, mit der Informationsfülle durch Bearbeitungs-Temposteigerung umzugehen (ebd., S. 70). Das Leben wird demnach jedoch um einiges schnelllebiger und die Informationsaufnahme bedingt flüchtiger. Ob dies tatsächlich empirisch gesellschaftsübergreifend verzeichnet werden kann, muss jedoch zunächst nachgewiesen werden. Zweifelsfrei ist hingegen, dass mehr Informationen und mehr Informationsquellen bei gleicher Aufnahmekapazität die Relevanz von orientierungsstiftenden Phänomenen (z.B. Images) erhöhen. Eine versteckte orientierungsstiftende bzw. lenkende Funktion können jedoch auch Algorithmen bieten, indem eine Suchmaschine auf Grundlage des vorherigen Nutzungsverhaltens einer Person einen mathematisch vordefinierten Algorithmus heranzieht und ihn mittels vorheriger Nutzungsweisen individuell anpasst, sodass beispielsweise Suchergebnisse (vor-)selektiert werden. Dadurch erscheinen zwei Personen mit beispielsweise verschiedenen politischen Gesinnungen unterschiedliche Ergebnisse trotz Eingabe der gleichen Suchanfrage auf dem gleichen Suchportal. Neben der Digitalisierung beeinflusst also auch die in einem digitalen Zeitalter wichtiger werdende Algorithmisierung die (Vor-)Auswahl der Informationsquellen sowie der Informationen, die zur Meinungs- bzw. Image-Bildung herangezogen werden.

Die Digitalisierung bietet den notwendigen Rahmen für eine potentiell unendliche wie globale Vernetzung in Sekundenschnelle und konstruiert die entsprechende zugangstechnische Voraussetzung für die existierende Popularität von sozialen Netzwerken (Castells 2001, S. 528). Durch den Netzwerkcharakter sowie die nahezu unbeschränkte Verfügbarkeit von Informationen in nahezu allen Lebensbereichen werden laut Meckel (2008, S. 297) zuvor lineare Strukturen der Wissensvermittlung durch reflexive ausgetauscht sowie Hierarchien zunehmend von Netzwerkstrukturen

verdrängt werden. [147] Diese Beobachtung lässt sich mit Sicherheit für einige Arbeitsabläufe und ausgewählte Organisationen beobachten, wohingegen dies wohl kaum
flächendeckenden Einzug in beispielsweise traditionell hierarchische Branchen (z.b.
Baugewerbe) erhält. Auf diese Weise kann die Verbreitung des Internets selbst interne
Organisationsprozesse, d.h. bestehende Produktions- und Geschäftsabläufe, herausfordern und somit folgenreiche gesamtgesellschaftliche wie auch disruptive ökonomische Veränderungsprozesse auslösen (ausführlich dazu Meckel 2008a). [148] So
erfolgt aus der Digitalisierung beispielsweise auch eine erhöhte Beobachtung der Organisationen seitens ihrer Anspruchsgruppen und Kritiker, indem Informationen mit
einem Mausklick eruiert und vergangene (Image-)Kommunikation sowie offizielle Internetseiten mit verbindlichen Aussagen für alle sichtbar jederzeit abgerufen werden
können (Kappes 2011, S. 18). Aus diesem Grund wenden jedoch viele Organisationen größere Kapazitäten als zuvor auf, um beispielsweise ihren Internetauftritt zu
optimieren. Dabei handelt es sich wiederum um Image-Kommunikation durch die
Darstellung der eigenen Organisation im Internet, weshalb die Digitalisierung den
Bedeutungszuwachs des Images und der Image-Kommunikation beeinflusst. So bedeutet die Möglichkeit mehr Informationen abrufen zu können nicht zwangsläufig
mehr Transparenz, sondern es bedeutet zunächst nur, dass ein größerer Aufwand der
Akteure im Bereich der Image-Kommunikation notwendig wird, sofern sie an der
Konstruktion eines positiven Images aktiv mitwirken wollen.

Infolge der Digitalisierung entsteht eine ungekannte Sichtbarkeit, die andere
private, politische und ökonomische Akteure ebenfalls dazu auffordert, sich zu zeigen, da sie ansonsten im Wettbewerb um die knappe Aufmerksamkeit einen eklatanten Nachteil erfahren könnten. So lassen sich über eine simple Suchmaschinen-
Anfrage im Internet zahlreiche Anbieter verschiedenster Produkte finden, während
diejenigen Anbieter, die nicht erscheinen, zumindest kurzfristig nicht in der Wahrnehmung des Zeitgenossen existieren. An dieser Stelle soll jedoch angemerkt werden,
dass es sich bei Sichtbarkeit wie auch bei Aufmerksamkeit noch nicht um das Image
oder zwingend um die Image-Kommunikation eines Akteurs handelt, sondern Sichtbarkeit stellt nur die notwendige Voraussetzung für die Evokation eines Images oder
das Wahrnehmen von Image-Kommunikation dar. Daher ist im empirischen Teil dieser Arbeit noch zu untersuchen, wie Image-Aushandlungsprozesse auf Diskursebene
tatsächlich funktionieren.

---

147   Beispielsweise Boltanski und Chiapello (2003, S. 142-143) schlussfolgern dies, da sie in manchen
      Branchen vermehrt Projektgruppen mit flachen Hierarchien beobachten.

148   Bereits 1999 erörtern Manfred Knoche und Siegert die Auswirkungen der sich schnell verbreitenden Onlinemedien auf die Medienwirtschaft als Ganzes (Knoche/ Siegert 1999). Den Einfluss der
      dominanten Suchmaschinen untersuchen 20 Jahre später Christoph Moss und Roland Schweins
      (2009). Sie konstatieren, dass Suchmaschinen enormen Druck auf den sich an Profitmaximierungsinteressen-messenden Journalismus ausüben, indem Journalisten bereits gegenwärtig die URL-
      Links sowie die Titel-Überschriften ihrer Artikel nach Suchmaschinen-Kriterien optimieren (Moss/
      Schweins 2009).

5.4 Aufmerksamkeitswettbewerb und Skandalisierung

Die Knappheit[149] einer Ressource trägt unmittelbar zu ihrem gesellschaftlichen Wert bei, indem beispielsweise ein fester Betrag an Geld mehr wert ist, sofern insgesamt weniger Geld verfügbar ist (Deflation) oder umgekehrt (Inflation). Auf die gleiche Weise verhält sich dies mit Aufmerksamkeit, die insbesondere in der Gegenwart zu einer zunehmend knappen Ressource wird. Massenmedien können als „Markt der Aufmerksamkeit" (Siegert 2001, S. 173) bezeichnet werden, da sie in Form von Auflage-, Einschalt- und Abrufquoten die Aufmerksamkeit ihrer Konsumenten (Werbezeit) an Werber verkaufen (ebd., S. 173). Letztere hoffen durch die Ausdifferenzierung der jeweiligen Sendeformate spezifische für ihren Absatzmarkt relevante Anspruchsgruppen zu erreichen (Zurstiege 2002, S. 126).[150] So stellt Werbung bzw. Image-Kommunikation das zentrale Mittel zur Bewältigung der Knappheitsproblematik gesellschaftlicher Aufmerksamkeit dar, da erst sie die erforderliche Distinktion scheinbar identischer Produkte, jedoch unterschiedlicher (Marken-)Images kommuniziert, ohne die die Individuen enorme Probleme hätten, zwischen den inhaltlich ähnlichen (Marken-)Produkten zu einer Kaufentscheidung zu gelangen (Willems 2002, S. 24). An dieser Stelle ist es wichtig anzumerken, dass Werbung nicht die Knappheit per se überwindet, da sie Bedürfnisse nach Konsumgütern steigert und somit gerade das Gegenteil bewirkt, sondern das zentrale Instrument zur Reduzierung von Aufmerksamkeits-Knappheit seitens der Werber darstellt (Kautt 2008, S. 322-323). Aufmerksamkeit wird also zur Ware und ist ein zentraler Bestandteil von Image, deren Preis durch die quantitative Anzahl an Zuschauern und qualitativ nach Zielgruppe bemessen wird.

Insbesondere der eklatante Anstieg verfügbarer Medienangebote durch die Erweiterung der Massenmedien und durch die Vervielfältigung vorhandener Online-Angebote führen eine Reizüberflutung herbei, die den Wettbewerb um die kognitive Verarbeitungskapazität von Aufmerksamkeit zwischen den verschiedenen Anbietern rauer werden lässt (Siegert 2017, S. 69). Infolge der „Ökonomie der Aufmerksamkeit" (Franck 2005, S. 14) entsteht eine Spirale, die der Aufmerksamkeit eine erhebliche Rolle innerhalb unternehmerischer Tätigkeit zuteilt, da sich mit dem verstärkten Wettbewerb der konkurrierenden Werber, teilweise offensivere Formen der Werbung durchsetzen, um auf diese Weise (mehr) Aufmerksamkeit zu generieren (Siegert 2017, S. 324). So entsteht penetrantere Werbung, die versucht intensivere Irritationen bei den Zuschauern hervorzubringen, um dadurch (mehr) Beachtung zu finden (Willems

---

149   Das Konzept der Knappheit von Waren wird insbesondere in der Ökonomie herangezogen, weshalb Alois Hahn (1987) Knappheit von den ökonomischen Wurzeln trennt und es als veränderbares Gut erstmals historisch wie sozial verortet. Ebenfalls Luhmann beschäftigt sich mit der sozialen Beschaffenheit von Knappheit (Luhmann 1988, S. 177-229).

150   Mit einer organisationsinternen Perspektive auf werbetreibende Unternehmen (Werber) hat sich Thomas Schierl (2002) beschäftigt.

1999, S. 96) – gleichzeitig bedeutet dies jedoch auch, dass diejenigen, die mit weniger aufmerksamkeitsträchtigen Mitteln werben, es schwieriger haben können, überhaupt noch Beachtung unter der Prämisse der umkämpften Aufmerksamkeit zu generieren (Piwinger 2014, S. 473). Im Gegensatz dazu werden jedoch ebenso unauffälligere Marketingmethoden benutzt, um gängige Voreinstellungen gegenüber Werbung oder diesbezügliche Blockadehaltungen zu umgehen, indem beispielsweise seitens der Werber vermehrt auf Product-Placement und Event-Marketing als Teil ihrer Image-Kommunikation Wert gelegt wird. Inwiefern diese Methoden jedoch Einfluss auf den Image-Aushandlungsprozess nehmen, ist bisher noch nicht ansatzweise untersucht worden. Die Blockadehaltung bzw. allgemeine Werbemüdigkeit gegenüber Werbe-maßnahmen kann also durch (penetrantere) Werbeversuche auch signifikant zuneh-men und in Form der aktiven Aufmerksamkeitsverweigerung, wie dem Wegblättern, dem Zappen oder dem Nutzen eines Werbeblockers im Internet, Ausdruck finden (ähnlich bei Siegert 2001, S. 120). Wann, wieso und in welchem Umfang auf diese Handlungen zurückgegriffen wird und ob das Image einer Branche oder einer Orga-nisation dieses Verhalten beeinflusst, ist ebenfalls noch nicht ausreichend erforscht.

Der verstärkte Wettbewerb verschiedener Organisationen um die Aufmerk-samkeit verschiedener oder gleicher Anspruchsgruppen beeinflusst nicht nur die ver-mehrte Moralisierung wirtschaftlicher Tätigkeitsfelder und die Skandalisierung der Handlungen wirtschaftlicher Akteure, sondern kann ebenfalls bedingen, dass Orga-nisationen einen größeren Stellenwert auf die (Image-)Kommunikation von ver-meintlich ethisch-moralischem Verhalten legen bzw. eine diesbezügliche Unternehmenskultur proklamieren (Besio 2015, S. 163). Diese Entwicklung hängt laut herrschender Forschungsmeinung insbesondere mit dem Siegeszug des Neolibe-ralismus zusammen, weshalb auf diese Interdependenzen im Folgenden näher einge-gangen werden wird (Burkhardt 2006; Diehl 2017; Eisenegger 2005; Fechtenhauer 2009; Heidbrink 2010; Imhof 2011; Münnich 2012; Schwalbach/ Klink 2012; Urban 2014): Die neoliberale Ideologie fordert den Rückzug des Staates aus wirtschaftlichen Tätigkeitsfeldern, da sie propagiert, dass der Markt selbständig zu einem faireren Wettbewerb und so direkt zu mehr Gerechtigkeit führe (Eisenegger 2005, S. 80-81). Der scheinbar für alle Parteien vorteilhafte Rückzug des Staates bewirkt jedoch zeit-gleich, dass wirtschaftliche Akteure und der Markt als Ganzes vermehrt anhand mo-ralischer Kriterien bewertet werden, die zuvor nur eine nebensächliche Rolle spielen (Diehl 2017, S. 37-39). So beansprucht die neoliberale Ideologie mit dem Rückzug des Staates und der Proklamation einer anhand von Leistungskriterien selbstregulati-ven Gesellschaft und Wirtschaft in all denen Bereichen für Gerechtigkeit zu sorgen, die zuvor unter den Zuständigkeitsbereich des Staates fallen (Kummert 2013, S. 129). Der ursprüngliche Gedanke sozialer Marktwirtschaft beinhaltet hingegen, dass der Staat in solchen Bereichen regulativ eingreift, wo der Markt ansonsten im eklatanten Nachteil spezifischer Bevölkerungsgruppen wirken würde (Brettschneider 2007, S.

369).[151] Das im Zuge der Umsetzung neoliberalen Gedankenguts vom Staat hinterlassene Vakuum entkoppelt unternehmerische Entscheidungen wie beispielsweise die Entlassung von Mitarbeitern von der politisch-demokratischen Legitimation (staatliche Intervention) und entfesselt sowie plausibilisiert uneingeschränktes Profitmaximierungsstreben unternehmerischer Akteure, da dies – gemäß der neoliberalen Ideologie – einen gesamtgesellschaftlichen Mehrwert produziere (ausführlich dazu Münnich 2012, S. 283-286).[152] Aufgrund dieser Argumentation stellt sich jedoch mehr denn je die gesellschaftliche Frage danach, was der Mehrwert aus dem Rückzug des Staates ist bzw. wie der prognostizierte gesamtgesellschaftliche Mehrwert tatsächlich ausfällt (ebd., S. 286). Dass diese Frage vermehrt gestellt und diskutiert wird, lässt sich empirisch daran nachweisen, dass noch vor den 90er-Jahren hauptsächlich ökologische Vergehen die Grundlage von (medialer) Moralisierung und Skandalisierung bilden, während sich dies danach in Richtung der verstärkten Thematisierung von wirtschaftlichen Handeln im Allgemeinen und speziell zur Thematisierung von Wirtschaftsethik verschiebt (ausführlich dazu Eisenegger/ Imhof 2009, S. 259). Aufgrund der neoliberalen Regelkonformität von Profitmaximierungsstreben bis hin zur Gier[153] gelangen Rationalisierungs- und Effizienzsteigerungsmaßnahmen auf die Tagesordnung (Brettschneider 2007, S. 369; Eisenegger 2005, S. 82). Infolgedessen wird das Gerechtigkeitsempfinden zahlreicher Menschen strapaziert, da sie aufgrund der historischen Entwicklungen (Sozialstaatlichkeit) in Deutschland[154] prosoziales Verhalten und prosozialer Mehrwert von unternehmerischem Handeln erwarten (Fechtenhauer 2009, S. 26; Schwalbach/ Klink 2012, S. 229). Infolge dieser Diskrepanz entsteht die verstärkte „Politisierung und Moralisierung der Wirtschaft durch die Öffentlichkeit" (Eisenegger 2005, S. 85), da in der Gegenwart eine Umverteilung zu Gunsten der Wohlhabenden und zu Lasten der Schwächeren wahrgenommen

---

151   Verschiedene Gerechtigkeitsvorstellungen im Kontext des Wohlfahrtsstaats hat Wolfgang Kersting (2003) untersucht.

152   Sascha Münnich erklärt, dass die „Trennung von legitimer 'Gewinnmaximierung' und illegitimer 'Gier' von Unternehmen [...] dem wirtschaftlichen System fremd" ist und im Rahmen neoliberaler Ideologie jegliche Art von Gier legitim ist, da sie durch den vermeintlichen gesellschaftlichen Mehrwert durch das Profitmaximierungsstreben einzelner theoretische Legitimation erfährt (Münnich 2012, S. 283). Im Rahmen seiner Analyse der Heuschrecken-Debatte in Deutschland und Großbritannien hat Münnich vier zentrale Rechtfertigungsmuster von Profiten eruiert. Für die dezidierte Analyse der Heuschrecken-Metapher siehe Ziem (2008a; 2008b) und für die Analyse des Diskurses insbesondere Monika Urban (2014). Jan Krasni (2017) beschäftigt sich mit regelmäßig stattfindenden Managerlohn-Debatten in Deutschland, die stets die Problematisierung von Gier beinhalten.

153   Oder um es in den Worten von Milton Friedman auszudrücken: „The social responsibility of business is to increase its profits." (Milton 1970). Nichtsdestoweniger gilt Gier als negative Eigenschaft und gilt im Christentum als Sünde, welches die abendländische Entwicklung von Normen und Werte bis in die Gegenwart prägt (Link 2009, S. 14) So geht es beispielsweise insbesondere in der Finanzkrise 2008 um die als abhandengekommen empfundene „Gerechtigkeit des Marktes" (Peltzer/ Lämmle/ Wagenknecht 2012, S. 14).

154   Hier sind insbesondere die Rechtfertigungslogiken der „Sozialen Marktwirtschaft" gemeint.

wird, die sich in Form von sozialer und finanzieller Ungleichheit manifestiert. Diese Entwicklung hin zu der Wahrnehmung einer Gewinne privatisierenden und Verluste sozialisierenden Elite kulminiert Eisenegger zufolge im Reputationsverlust der neoliberalen Ideologie (ausführlich dazu Eisenegger 2005, S. 80-86). Diese Entwicklungslinie beeinflusst wiederum die seit den 90er-Jahren zunehmende (massen-)mediale Moralisierung und Skandalisierung[155] von unternehmerischen Tätigkeiten (Imhof 2011, S. 268-269).[156] Die konkreten Auswirkungen von Moralisierung und Skandalisierung auf Organisationen, ihre Image-Kommunikation und auf interne Organisationsprozesse wurden im Vergleich zu ihren Wurzeln und ihrer theoretischen Verankerung bisher jedoch kaum erforscht.

Die Skandalisierung von Organisationen und von Akteuren erfolgt keineswegs beliebig sowie auch nicht jeder individuelle oder institutionelle Akteur skandalisiert werden kann. Skandalfähig sind hierarchisch vorgesetzte Personen oder Organisationen (Machtasymmetrie), die in der Regel ihre gehobene Position nutzen, um sich selbst zu bereichern (Ungleichheit) und somit das Gefühl erwecken gegen geteilte Normen und Werte zu verstoßen (Hondrich 1989, S. 576). So beschreibt bereits Georg Simmel das eigene Profitinteresse und Moral als zwei Phänomene, die sich in einem dauerhaften Wettstreit befinden (Simmel 1964, S. 283). Die Implikation, dass ein Akteur auch hätte anders handeln können, stellt eine weitere notwendige Prämisse jeder Moralisierung und Skandalisierung dar (Imhof 2002, S. 73). Diese moralischen Grenzen müssen auch nicht vorher explizit definiert werden, sondern können entlang geteilter Normen und Werte verlaufen, wie beispielsweise die von Simmel als negative Verantwortung beschriebene moralisch-verwerfliche Bereicherung auf Kosten dritter (Simmel 1964, S. 15) – die in keiner moralischen Debatte fehlt und dementsprechend auch regelmäßig im Zuge der Riester-Renten-Debatte thematisiert wird.[157] Die Moralisierung oder Skandalisierung bezieht sich auch nicht unmittelbar auf einen Akteur, sondern kritisiert vielmehr die Konsequenzen einer Handlung und problematisiert

---

155   Die Moralisierung und Skandalisierung basiert auf subjektiven Werthierarchien, die sich einerseits auf Erfahrungen und andererseits auf geteilte Normen und Werte berufen (Liebig 2007, S. 34-40).

156   Luc Boltanski und Éve Chiapello (2003, S. 43) argumentieren, dass der Kapitalismus seiner Entstehung stets Rechtfertigungsmodelle beansprucht, um kapitalistisches Engagement gesellschaftlich zu legitimieren. Die dem kapitalistischen Grundgedanken inhärente ungleiche Verteilung von Ressourcen bedarf also der Anerkennung der Schlechtergestellten, ohne deren implizite oder explizite Toleranz die vorherrschende Gesellschaftsstruktur nicht existenzfähig wäre (Münnich 2012, S. 285). So besteht vom 19. bis zum 20. Jahrhundert die Vorstellung, dass Sparen als unmittelbarer Zugang zum sozialen Aufstieg angesehen werden kann. Dieses Denkmuster verändert sich jedoch mit der Zeit, sodass laut gegenwärtigem Narrativ Sparsamkeit gepaart mit einer effizienten Zeit-Nutzen-Kalkulation zum sozialen Aufstieg führt (ebd., S. 205).

157   Für Helmut Thome stellt die negative Verantwortung sogar einen theoretischen Leitfaden eigener Handlung dar (Thome 2014, S. 58), derer sich laut Detlef Fechtenhauer Menschen in der Regel intuitiv bedienen (Fechtenhauer 2009, S. 25). Einen Überblick über die interdisziplinäre sowie mit moralisch-ethischen Fragestellungen verknüpfte Gerechtigkeits-Forschung findet sich im Sammelband des Roman Herzog Instituts (2009).

den Kontext, d.h. die akteursbezogenen Eigenschaften, Intentionen sowie die situativen Handlungsbedingungen (Heidbrink 2010, S. 188): „Eine solche Ethik ist unter anderem die Grundlage unserer Rechtsprechung (die zum Beispiel deutlich zwischen vorsätzlichem Mord und fahrlässiger Tötung unterscheidet)" (Fechtenhauer 2009, S. 25-26). So wird beispielsweise die kurzfristige Profitmaximierung auf Kosten der Angestelltenzahl oder auf Kosten der Löhne moralisiert (Urban 2014, S. 241). Die Kritik gegenüber der Finanzbranche ertönt jedoch lautstärker als gegenüber den gleichen Motiven innerhalb der Automobilbranche (Münnich 2013, S. 283). Das Ausmaß der Moralisierung ist also unmittelbar mit dem Image und der Reputation der betroffenen Akteure verknüpft, sodass Moralisierung, das bestehende Image, die Reputation und der Image-Aushandlungsprozess nicht dekontextualisiert betrachtet werden können (Diehl 2017, S. 39). Das Image und somit die Image-Kommunikation beeinflussen also unmittelbar die Bewertung des Handelns einzelner Akteure sowie sie über die Bewertung des Vergehens und dementsprechend über den Moralisierungs- bzw. Skandalisierungsgrad entscheiden. So stellt Skandalisierung durch Moralisierung eine direkte Infragestellung der (positiven) Reputation eines individuellen oder institutionellen Akteurs dar und kann sich somit sowohl auf das Image und die Reputation negativ auswirken. Ob und inwiefern sie sich auf das Image auswirkt, entscheidet sich allerdings im Zuge des Image-Aushandlungsprozesses in den Köpfen der Beobachter.

Aus der Summe der Handlungen entsteht schließlich eine Gesamtbeschreibung eines Akteurs als moralisch oder unmoralisch, was infolgedessen wiederum einen nicht unerheblichen Bestandteil des Images oder der Reputation eines Akteurs ausmacht (Simmel 1964, S. 283). In Anlehnung an Simmel kann konstatiert werden, dass Moral sowohl die negative Verantwortung umfasst, Mitmenschen keinen Schaden zu zufügen als auch die positive Verantwortung, durch das eigene Handeln gesellschaftlichen Mehrwert zu produzieren (Simmel (1964, S. 179-180).[158] Die Quintessenz von Moral besteht also darin, die Interessen anderer in die eigenen Handlungen einfließen zu lassen, um somit Egoismus zu überwinden (Liebig 2007, S. 48). Dieses Verständnis von Moral als eine subjektive Wertkategorie (Diehl 2017, S. 30) unterscheidet sich nicht strukturell von der geläufigen Definition von Wirtschaftsethik, die sowohl positive als auch negative Verantwortung von Unternehmen als ihren Untersuchungsgegenstand ansieht. Die Berücksichtigung dieser Verantwortung wird ebenfalls in gegenwärtigen Debatten seitens der Öffentlichkeit von wirtschaftlichen Akteuren eingefordert (Heidbrink 2010, S. 188).[159] Schließlich lässt sich in Moralisierung und

---

158   Die ausführliche Herleitung dieser Grundprinzipien sowie deren Anwendung auf die Finanzkrise-Debatte 2008 lässt sich bei Diehl (2017) finden. Ein Überblick soziologischer Moralanalysen wird von Stefan Liebig (2007) herausgearbeitet, während sich Andreas Suchanek (2010) mit der Verstrickung von Wirtschaft und Moral auseinandersetzt.

159   Die historische Entwicklung von Unternehmensverantwortung seit der Industrialisierung untersucht Friederike Schultz (2011).

Skandalisierung stets auch die Diskursivität sozialer Ordnung wiederfinden, die in Form eines Austauschs von Normen und Werten Ausdruck findet. Schließlich fordert die Moralisierung nichts Geringes als die Rückkehr zur Norm und stellt somit einen Schritt zur Produktion von Erwartungssicherheit und die Eröffnung neuer imagebasierter vertrauensvoller Kooperationsräume dar (Imhof 2002, S. 75; Imhof 2011, S. 158).[160]

Im Kontext der (massen-)medialen Moralisierung unternehmerischer Tätigkeiten attestiert Knauber, dass den Unternehmen gegenwärtig regelmäßig Egoismus vorgeworfen und moralisches Verhalten kategorisch abgesprochen wird, weshalb er von einer aktuellen „Vertrauenskrise" zwischen Wirtschaft und Gesellschaft spricht (Knauber 2015, S. 190). Steffen Burkhardt (2006, S. 139) und Kurt Imhof (2006, S. 202) sind sich einig, dass der Rückzug des Staates und vieler politisch Verantwortlicher aus wirtschaftlichen Tätigkeitsfelder dazu führt, dass Journalisten und Medieninstitute vermehrt die Rolle der Skandalisierer bzw. der Re-Politisierer oder der Re-Regulierer der Wirtschaft einnehmen (Imhof 2011, S. 159), um somit mehr und größere Aufmerksamkeit für ihre (Medien-)Angebote zu generieren (Burkhardt 2006, S. 139; Eisenegger/ Imhof 2009, S. 256). Erst wenn die Skandalisierung und Moralisierung auf ein hohes gesellschaftliches Maß an Empörung stößt sowie die Reputation und damit einhergehend die Legitimation eines oder mehrerer institutioneller Akteure in Mitleidenschaft zieht, kann dies dazu führen, dass die Politik regulativ eingreift, wie es beispielsweise im Falle der Finanzkrise 2008 erfolgt (ausführlich dazu Diehl 2008, S. 91).[161] Regelmäßig ertönen jedoch ebenfalls moralische Vorwürfe seitens der Politiker gegenüber wirtschaftlichen Organisationen, sodass die Kritikpunkte von der Politik angestoßen werden und sodann in den Medien aufgenommen werden. Laut

---

160 Für Organisationen stellvertretend-agierende Persönlichkeiten werden vermehrt als Repräsentaten des Unternehmens oder einer Branche abgebildet, sodass die persönliche Reputation individueller Akteure sich vermehrt mit der Reputation institutioneller Akteure verbindet (Imhof 2011, S. 150-151): „Ackermanns Auftreten als Repräsentationsfigur einer Finanzmarktöffentlichkeit hat daher nicht nur einen hohen Symbolcharakter, sondern ist mit Projektionen und Erwartungen [in Bezug auf die gesamte Finanzbranche] verbunden" (Langenohl/ Schmidt-Beck, S. 17), sodass die Branchen und die jeweilige Reputation der Unternehmen unmittelbar mit den öffentlichen Repräsentanten verflochten sind. Daher wird Ackermann im Zuge der Kapitalismus-Debatte 2005 auch als Stellvertreter der „Heuschrecken" abgebildet und bezeichnet, während der Begriff „Heuschrecke" auch vereinzelt durch „Ackermänner dieser Welt" ausgetauscht wird (Ziem 2009, S. 29).

161 Gegenwärtige Gerechtigkeitslogiken umfassen mitunter das Gefühl der Übervorteilung, falls der Rahmen bzw. die Regeln eines Vertrags wie einer Versicherungspolice von Anfang an unbekannt sind oder keine Möglichkeit zur Mitsprache besteht. So verletzen die Auswirkungen der Finanzkrise auf die produktionsbasierte Wirtschaft das Gerechtigkeitsempfinden vieler Bürger, da sie sich zuvor nicht als teilnehmende „Spieler" gesehen haben (Kummert 2013, S. 126). Der gleiche Gedankengang kann auch auf die Assekuranz angewendet werden, indem die empfundene Intransparenz der Versicherungspolicen bei Nicht-Auszahlung eines im Vertrag nicht-geregelten Schadenfall eben die Wahrnehmung der Verletzung von Gerechtigkeit evozieren kann.

Luhmann erfüllt erfolgreiche Moralisierung und Skandalisierung „eine Art Alarmfunktion" (Luhmann 1997, S. 404), die Aufmerksamkeit auf gesellschaftliche Problemstellungen bündelt. Die Bezugnahme auf Normen, Werte und Moral stellt dabei die sprachliche Markierung von persönlicher Achtung und Missachtung eines Akteurs dar und kommuniziert einem (massenmedialem) Publikum so die eigene Einstellung gegenüber einem Akteur (Luhmann 1997, S. 244; Bergmann/ Luckmann 1999, S. 22-23). Mit dem Siegeszug des Neoliberalismus in den 90er-Jahren sowie dem gleichzeitig einsetzenden Rückzug des Staates aus der politischen wie moralischen Verantwortung wirtschaftlicher Regulation steigen also die Massenmedien zu den zentralen Arenen auf, in denen mehr denn je (wirtschaftliche) Akteure um ein positives Image und eine positive Reputation während steigender Missachtungs-Äußerungen (Moralisierung und Skandalisierung) ringen (Eisenegger/ Imhof 2009, S. 257). Auf diese Weise führt dies dazu, dass vermehrt Selbstregulierung und die Thematisierung von Wirtschaftsethik auf die Tagesagenda unternehmerischer Handlung gesetzt werden, um ein positives Image (massen-)medial auszuhandeln und um auf diese Weise Kritik zuvorzukommen (Besio 2015, S. 163; Johannsen 2007, S. 125).[162] Das Interesse wirtschaftlicher Akteure als moralisch integer wahrgenommen zu werden steigt also, da dies insbesondere in einem digitalen Zeitalter ansonsten negative Effekte auf das eigene Image und somit auf die Umsatzzahlen haben kann. Das Interesse positiv wahrgenommen zu werden, ist jedoch nicht zwingend gleichbedeutend mit der Änderung der eigenen Handlungen oder gar der eigenen Unternehmenskultur, sofern bisher den Erwartungen entsprechende Gewinne erzielt werden. Die Änderung bezieht sich zunächst primär auf die Image-Kommunikation, da diese das unmittelbare Mittel zur Evokation eines positiven Images darstellt und ebenso losgelöst von strukturellen Veränderungen funktionieren kann. Letztlich erklären diese Entwicklungen verschiedene Äußerungen und Handlungen (Image-Kommunikation) verschiedener wirtschaftlicher Akteure im Laufe der Riester-Renten-Debatte und weiterer Debatten über vermeintliche Skandale (z.B. ERGO-Skandal-Berichterstattung), die versuchen Missachtungs-Äußerungen bzw. negative Image- und Reputationsentwicklungen durch strategische Image-Kommunikation zuvor zu kommen oder ihr entgegen zu wirken.

---

162   Suchanek (2006) untersucht das Bedeutungswachstum von Wirtschaftsethik bzw. Wirtschaft und Moral, indem er analysiert, warum sich der gesellschaftliche Konflikt zwischen Moral und Gewinnstreben im Zuge der Globalisierung verschärft.

5.5 Erlebnis- und Inszenierungsgesellschaft

Die Beschleunigung der Wahrnehmung von Raum und Zeit (Globalisierung), die Verbreitung der Logiken wirtschaftlichen Effizienzdenkens (Neoliberalismus), die Reizüberflutung durch die Vervielfältigung von verfügbaren Informationsquellen und Informationen (Digitalisierung) sowie der Wettbewerb verschiedener Anbieter um die Aufmerksamkeit einer begrenzten Anspruchsgruppe wirken sich ebenfalls direkt auf Einstellungen und Denkweisen der Zeitgenossen aus. Daher wird die vorherige Beschreibung makroanalytischer Veränderungsprozesse in der Gegenwart nun um eine mikroanalytische Perspektive auf (gegenwärtigen) Konsum als Ziel von Image-Kommunikation ergänzt.

Die Soziologie unterscheidet zwischen dem Konsum erster Ordnung, beispielsweise das Bedürfnis nach Nahrung, Kleidung und einer Unterkunft, und dem Konsum zweiter Ordnung, der alle (sekundären) Bedürfnisse umfasst, die keine überlebensrelevante Voraussetzung darstellen (Hellmann 2008, S. 179). Die Massenproduktion von Gütern in Industrienationen ermöglicht die Befriedigung der Bedürfnisse erster Ordnung, sodass Luxusgüter zunehmend an Relevanz gewinnen. Infolgedessen beeinflussen demnach weniger denn je biologischen Notwendigkeiten (Grundbedürfnisse) alltägliche Kaufentscheidungen. Stattdessen avanciert die Umsetzung des gewünschten Lebensstils zur zentralen (Kauf-)Entscheidungsgrundlage, da durch Angebotsvielfalt ein zuvor ungekanntes Maß an Selektionen und Entscheidungen notwendig werden (Reichertz 2010, S. 187). Dies bedeutet, dass der tatsächliche Gebrauchswert eines Produkts nicht mehr das Zentrum der Kaufentscheidung darstellt, sondern das Erlebnisbedürfnis und dessen erwartete Befriedigung durch den Kauf eines Produkts in den Mittelpunkt der Entscheidung rückt (Schulze 2005, S. 59).[163] Die Werbung bewegt sich in den letzten Dekaden auch verstärkt in die Richtung, dass weniger Produkteigenschaften thematisiert werden, als dass vielmehr die Erlebnisorientierung, wachsende Erlebnisbedürfnisse sowie ein dazu passendes (Marken-)Images des Anbieters im Vordergrund der Image-Kommunikation stehen (Koppetsch 204, S. 159).[164] Die Verbreitung der Erlebnisorientierung lässt sich laut

---

163   Diese Gegenwartsbeschreibung ist jedoch nicht als flächendeckend zu verstehen, sondern nur als symptomatisch, da sie beispielsweise benachteiligte Personengruppen, wie finanziell schlechter gestellte Menschen ausklammert. Schließlich sinkt mit geringerem verfügbaren Einkommen eklatant die Entscheidungsfreiheit zwischen verschiedenen Produktanbietern und Produkten zu wählen.

164   Diese Entwicklung bedingt gleichzeitig, dass Organisationen gegenüber negativ Zuschreibungen anfälliger werden, da sich der Gebrauchswert eines Produkts bei negativem Image zwar nicht verändert, dieser für die Kaufentscheidung jedoch ohnehin nebensächlich ist, und somit die entscheidende Ressource „Image" an Überzeugungskraft verlieren kann. Dies ist ebenfalls den Akteuren bewusst, weshalb Image-Kommunikation auch ihrerseits einen hohen Stellenwert zugesprochen wird.

Schulze empirisch anhand der rapiden Entwicklung und Expansion des sogenannten „Erlebnismarktes" zeigen (Schulze 2005, S. 542).

Eine subjektive Entscheidungsgrundlage ist in der Gegenwart alltagsrelevant, weil demnach zuvor vorhandene Orientierungsmuster erodieren. Ansonsten bestünde die Gefahr, dass die Individuen aufgrund der Fülle der Angebote und ihrer Ähnlichkeiten in Bezug auf ihre Eigenschaften nicht mehr entscheidungsfähig wären bzw. Schwierigkeiten bei der alltäglichen Entscheidungsfindung hätten (Schulze 2005, S. 59). Ferner ist es kein Zufall, dass die Verbreitung der Erlebnisorientierung sich in der Postmoderne ereignet, weil sowohl die Erlebnisorientierung sowie die Postmoderne den Grundgedanken beinhalten, dass jeder für seine Zukunft bzw. für seine Erlebnisse gefühlt mehr Verantwortung trägt als zuvor (Jäckel 1998, S. 257; Schulze 2005, S. 35). Dies äußert sich in der seit den 80er-Jahren verbreitenden Erlebnisorientierung, die zeitgleich mit der verstärkten Individualisierung erfolgt: „Das Neue [der Moderne] ist das Nichts, die Unstrukturiertheit, die soziale Beliebigkeit" (Schulze 2005, S. 16). Infolge der Erosion vorheriger sozialer Ordnungsmuster resultiert die Suche nach Lebenssinn, die in der Regel in der Führung eines „erfüllten Lebens" oder auch in vereinfachenden Ideologien gefunden werden kann (Siegert 2001, S. 30-31). Die Befriedigung der Grundbedürfnisse geht schließlich nicht mit der Erfüllung der Wünsche einher, sodass in einer größtenteils materiell saturierten Gesellschaft, das Bedürfnis nach Luxus und Erlebnis keineswegs erlischt (Esch 2014, S. 35). Vielmehr kann die Selbstverwirklichung zur bestimmenden Orientierungsgrundlage avancieren, deren Lebensstil und Konsumbedürfnis auch beispielsweise durch zeitgenössische Werbung (Image-Kommunikation) beeinflusst wird (Schulze 2005, S. 541). Das „erfüllte Leben" beinhaltet laut Schulze den proaktiven Versuch, sich an der Entstehung von Erlebnissen beispielsweise in Form von exotischen oder exquisiten Urlauben zu beteiligen, indem diese von innen heraus konstruiert bzw. langer Hand geplant werden (ebd., S. 417).[165] Daher bezeichnet Schulze eine strikte Erlebnisorientierung auch als „innenorientierten Konsum" (ebd., S. 427) und als „unmittelbarste Form der Suche nach Glück" (ebd., S. 14). Hellmann beschreibt „Konsumismus" in Anlehnung an Schulzes Konzept der Erlebnisgesellschaft als Charakteristikum der Gegenwartsgesellschaft: „'Konsumismus' bezeichnet eine Haltung von Menschen, für die das Konsumieren dessen, was die heutige Gesellschaft darbietet, zum wichtigsten Lebenssinn geworden ist. Sicher wird noch gearbeitet. Man hat weiterhin Familie, Freunde, Bekannte. Politisch interessiert ist man ebenfalls, möglicherweise sogar noch Mitglied einer Kirche" (Hellmann 2009, S. 68). Der Konsumismus bezeichnet also die „unaufhörliche Suche nach intensiven Erlebnissen als Lebenssinn" (ebd., S. 69), der wiederum Widerhall in den Lebensplänen der Indivi-

---

165 Schulze bezeichnet „Erlebnisrationalität als die Systematisierung der Erlebnisorientierung" (ausführlich dazu Schulze 2005, S. 40).

duen und im gegenwärtig erstarkten Anspruch von Work-Life-Balance Ausdruck findet (Luger 1992, S. 429). So beinhaltet Konsum stets einen Sinn, indem er subjektive Bedürfnisse erfüllt, wobei der Sinn bzw. das Bedürfnis ebenfalls im Konsum selbst liegen kann (Kautt 2007, S. 125). Schließlich verspricht ebenfalls Werbung nichts Geringes als Glück durch Konsum (Reichertz 1998, S. 279), dessen Darstellung sich beispielsweise bereits anhand der zahlreichen strahlend lächelnden Menschen in Werbe-Spots belegen lässt.

Erlebnisse existieren zweifelsohne bereits vor der Gegenwart, jedoch erhalten sie sodann einen grundsätzlich neuen Charakter: Der Zeitgenosse des Mittelalters mag die Sichtung einer Sternschnuppe auf vergleichbare Weise wie der heutige Zeitgenosse seinen Urlaub als Erlebnis empfinden, jedoch besteht der strukturelle Unterschied darin, dass letzterer an der Generierung des Erlebnisses aktiv beteiligt ist und sich darin seine Deutung eines „erfüllten Lebens" wiederfinden lässt, wohingegen ersterer das Erlebnis lediglich als (besonderes) Vorkommnis beobachtet, an dessen Aufkommen er sich auf keine Weise beteiligt hat (Schulze 2005). Ferner lässt sich die Erlebnisorientierung der Zeitgenossen ebenfalls in alltäglichen Situationen beobachten: Zunehmend werden Entscheidungen auf der Grundlage getroffen, welche Handlung für das Individuum einen höheren Erlebnisfaktor birgt (Schulze 2005, S. 13) – der Einkauf eines neuen Möbelstücks konkurriert plötzlich mit der Handlungsalternative einen Tag im Freizeitpark zu verbringen.[166] Auf diese Weise entsteht jedoch auch Angst, etwas zu verpassen, da sich in der Gegenwart die Kluft zwischen Handlungsoptionen und individueller Zeit aufgrund von Angebotsfülle und Reizüberflutung erheblich vergrößert. Die Folge kann die Entstehung der Wahrnehmung eines Zeitdrucks sein, da sämtliche potentiell unlimitierten gewünschten Handlungen in einer begrenzten Zeit nicht nachgegangen werden können (Jäckel 1998, S. 249).[167] Trotz steigender Komplexität in der Gegenwart entsteht infolge des subjektiv wahrgenommenen Zeitdrucks ein verstärktes Bedürfnis nach Simplifizierung und Orientierungsmustern, um weniger zeitaufwendige Entscheidungen zu ermöglichen (Jäckel 1998, S. 266). Die Erlebnisorientierung der heutigen Gesellschaft führt also ebenfalls dazu, dass (komplexitätsreduzierende) Images an Relevanz gewinnen. Infolgedessen kann der Bedeutungszuwachs des Images durch eine verstärkte Erlebnisorientierung

---

166 Für einen Überblick des Erlebnisbegriffs in Bezug auf Werbung siehe Jäckel (1998).

167 Die empfundene Zeitarmut trägt ihren Teil zum Aufstieg und zu der gesellschaftlichen Relevanz von Plattformen wie z.B. YouTube (Videoportal), Google (Suchmaschine) und Amazon (Verkaufsplattform) bei, da sie die unüberschaubare Menge an täglichen Reizen filtern und dem Nutzer eine selektierte Auswahl anbieten. So offeriert beispielsweise Amazon eine Plattform für zahlreiche unterschiedliche Verkäufer, sodass der Kunde auf die gleiche Art und Weise zahlen kann und nicht auf mehreren Webseiten suchen muss. Das Resultat ist die Reduktion von Zeitarmut und die Ermöglichung von Orientierung bzw. Übersichtlichkeit trotz einer steigenden Zahl an Anbietern, die durch Zentralisierung, Vereinheitlichung sowie durch vorgelagerte externe Selektionsmechanismen (z.B. Algorithmen) geschaffen wird.

insbesondere auf ökonomische Akteure eine disruptive Wirkung entfesseln. So avanciert die auf zeitgenössische Bedürfnisse abgestimmte Image-Kommunikation „Aufmachung und der Unterhaltungswert […] zum Angelpunkt für die Marken- bzw. Unternehmensakzeptanz" (Anweiler 1998, S. 242), die insbesondere im Finanzsektor gegenwärtig vergleichsweise niedrig ist.

5.6 Zusammenfassung

Siegert und Brecheis (2017) haben zweifelsohne zentrale Einflussfaktoren des Aufstiegs der Werbung herausgearbeitet, wobei sie Werbung jedoch nicht systematisch als Bestandteil eines größeren gesellschaftlichen Entwicklungsprozesses – dem Aufstieg des Images zu einem Strukturmerkmal der Gegenwartsgesellschaft – identifiziert haben. Aus diesem Grund erfolgt im Anschluss in Anlehnung an die thematisierten Charakteristika moderner Gesellschaften eine Gegenwartsbeschreibung, die den Bedeutungszuwachs des Images fokussiert, um diesen Entwicklungsprozess samt dem notwendigen kontextuellen Rahmen systematisch einzubinden. Nichtsdestoweniger erweist es sich als fruchtbar, unmittelbar an die Ergebnisse von Siegert und Brecheis (2017) anzuknüpfen, sofern diese geringfügig modifiziert werden, indem die Beschränkung auf Werbung gelöst und der Blick für imagebezogene Entwicklungsprozesse geweitet wird. So wirken die von Siegert und Brecheis (2017) wie auch in der vorliegenden Arbeit herausgearbeiteten Veränderung struktureller Rahmenbedingungen nicht nur auf „Werbung" (Image-Kommunikation), sondern in Form des Bedeutungszuwachses von Image und der Durchdringung zahlreicher Bereiche zuzüglich der Verbreitung von Inszenierungs- und Werbelogiken auf die gesamte Gesellschaft. Die Berücksichtigung dieser Einwände führt in Anlehnung an ein Schaubild von Siegert und Brecheis (2017) zu folgender, leicht modifizierten sowie zusammenfassenden, Abbildung, die die zuvor thematisierten Elemente benennt, die zum gegenwärtigen Bedeutungszuwachs von Image führen. Die Interdependenzen und Wechselwirkungen zwischen den einzelnen Einflussfaktoren und dem Aufstieg des Images werden im Anschluss herausgearbeitet.

Abbildung 3: Der Aufstieg des Images: Einflussfaktoren[168]

Quelle: Eigene Darstellung in Anlehnung[169] an Siegert und Brecheis (2017, S. 59).

---

168   Jedes der dargestellten Phänomene beeinflusst sich zusätzlich gegenseitig, worauf – wie auch von
      Siegert und Brecheis (2017, S. 59) – aus Gründen der verbesserten Übersicht verzichtet wurde. Die
      gegenseitigen Wechselwirkungen sind dem Text zu entnehmen (siehe hierfür Kapitel 6).
169   Die Abbildung unterscheidet sich, abseits ihres Erscheinungsbildes, nicht strukturell von der von
      Siegert und Brecheis (2017, S. 59) entwickelten Abbildungen. Der Unterschied besteht darin, dass
      die Begrifflichkeit im Zentrum „Werbung" (ebd., S. 59) durch „Image" ersetzt wird und die Be-
      schreibung der gesellschaftlichen Rahmenentwicklungen teilweise sprachlich modifiziert wurden.

6 Der Bedeutungszuwachs des Images

Im Zentrum stehen im Folgenden die Wechselwirkungen zwischen den zuvor erörterten Rahmenentwicklungen, die durch gesteigerte Komplexität und damit zusammenhängender Orientierungslosigkeit auf Subjektebene zum Bedeutungszuwachs des Images beitragen. Hierbei wird jedoch kein Vollständigkeitsanspruch erhoben, sondern es soll durch die Problematisierung zentraler Entwicklungslinien und ihrer Wechselwirkungen eine synthetisierende Gegenwartsbeschreibung erarbeitet werden, die den Aufstieg des Images zu einem zeitgenössischen Strukturelement zugleich in den Mittelpunkt der Überlegungen stellt wie auch ihn begründet.

6.1 Massenproduktion und Globalisierung

Das zeitgenössische Leben in Industrienationen ist durch die Etablierung eines Überflusses an angebotenen Produkten gezeichnet, sodass der Massenkonsum im 20. Jahrhundert Einfluss in Form einer veränderten Verfügbarkeit und einer veränderten Finanzierbarkeit von Gütern auf das individuelle Leben der einzelnen Zeitgenossen nimmt (Kocka 2015, S. 78). Die erfolgreiche Umsetzung der Massenproduktion äußert sich darin, dass sich Sättigungstendenzen in zahlreichen Märkten beobachten lassen, die mit einer Angleichung der Produktqualität einhergehen, während sich der Produktwettbewerb verschiedener wirtschaftlicher Akteure zunehmend zu einem (imagebasierten) Verdrängungswettbewerb entwickelt (Siems 2008, S. 51). Die Globalisierung trägt ihren Teil dazu bei, indem sie nationale Märkte öffnet, sodass nun beispielsweise chinesische, schweizerische und deutsche Industriewaren oder schweizerische und deutsche Versicherer um die Kaufentscheidung des deutschen Haushaltes konkurrieren (ähnlich bei Kneer 2011a, S. 422).[170] Bereits die Angebotsfülle beim Kauf verschiedenster Produkte oder die Anzahl verschiedener Anbieter bei dem Abschluss einer Versicherung führt dazu, dass sich die Quantität und die Qualität der individuellen Kaufentscheidung verändert: Es besteht weiterhin die grundsätzliche Frage, welches Produkt ein Kunde erwerben möchte, doch unmittelbar danach stellen sich in einem gesättigten Markt die Fragen, welche Preisklasse gewählt, woran

---

170   Ein Überblick zur Entwicklung der „Überflußgesellschaft" lässt sich bei Kneer (2001b) finden.

© Springer Fachmedien Wiesbaden GmbH, ein Teil von Springer Nature 2019
N. Diehl, *Das Image im Aushandlungsprozess*,
https://doi.org/10.1007/978-3-658-27234-0_6

Qualität gemessen und welchen (Marken-)Versprechen vertraut werden kann – kurzum: für welches (Marken-)Image sich entschieden wird. So führt das Überangebot an Produkten sowie die erhöhte qualitative Produktähnlichkeit verschiedenster Anbieter dazu, dass weniger die Eigenschaften der einzelnen Produkte (Gebrauchswert bzw. die Leistungen der Versicherungspolicen) als vielmehr ihre (Image-)Kommunikation, d.h. die Aufmerksamkeits- und Interessensweckung, in den Vordergrund rücken (Esch 2014, S. 35; Kapferer 1992, S. 43-44). Obgleich sich die vorherigen Ausführungen insbesondere auf Konsumgüter im klassischem Sinne und die damit zusammenhängende Güterproduktion im Allgemeinen beziehen, lassen sich die gleichen Tendenzen der Angleichung verfügbarer Produktqualität durch den Wettbewerb einer höheren Anzahl an konkurrierenden Anbietern ebenfalls innerhalb der Finanz- und Versicherungsbranche beobachten. Schließlich bieten nicht nur Banken ihren Kunden mitunter eine Vielzahl an Versicherungen an, sondern ausländische Versicherungsanbieter treten infolge der Globalisierung ebenfalls in den deutschen Versicherungsmarkt ein. Die Folge ist die Vervielfältigung der Anbieter auf der einen Seite, ohne einen vergleichbaren Anstieg an einem höheren Bedarf an Versicherungen auf der anderen Seite. Dadurch steigt die Komplexität der (Kauf-)Entscheidung, da die Wahlmöglichkeiten zunehmen.

Die Verbreitung des Profitmaximierungsstrebens im Zuge der Finanzialisierung potenziert den Leistungs- und Konkurrenzdruck der Unternehmen, da ihr Erfolg letztlich auf der Kaufentscheidung teils sprunghafter Kunden basiert. Diese Entwicklung führt zur Erhöhung sozialer Komplexität, welche sich darin äußert, dass beispielsweise zahlreiche Produktions- und Interaktionsprozesse (z.B. Image-Kommunikation) im Interesse der Profitmaximierung in gesättigten Märkten bei verstärkter Konkurrenz beschleunigt werden. Infolgedessen ist aus einem Produktwettbewerb der verschiedenen Anbieter ein Kommunikations- bzw. Imagewettbewerb entstanden, der seit den 90er-Jahren insbesondere im Zuge der Verbreitung neoliberaler Grundgedanken (z.B. Profitmaximierungsstreben) und des verschärften Wettbewerbs durch beispielsweise Globalisierung zur professionalisierten Kommunikation auffordert und dementsprechend seither wissenschaftlich diskutiert wird (Bruhn 2008, S. 515; Kastens/ Lux 2014, S. 4; Siegert 2001, S. 96).[171] Der seit den 90er-Jahren erstarkte Neoliberalismus und die beschleunigte Globalisierung wirken sich also auf den Bedeutungszuwachs des Images aus, indem zum einen internationale Unternehmen gegenüber national verwurzelten Unternehmen oftmals aus

---

171   Mittlerweile hat sich in der Marketing-Forschung die Argumentation für eine „integrierte Unternehmenskommunikation" etabliert, deren Ziel darin besteht, „aus den differenzierten Quellen der internen und externen Kommunikation von Unternehmen eine Einheit herzustellen, um für die Zielgruppen der Kommunikation konsistentes Erscheinungsbild über das Unternehmen bzw. ein Bezugsobjekt des Unternehmens zu vermitteln" (Bruhn 2008, S. 516). Diese Argumentation erlangt insbesondere durch den Aufstieg des Images Rückenwind sowie Sinnhaftigkeit (zur integrierten Unternehmenskommunikation exemplarisch: Ahlers 2006; Bruhn 2006; Esch 2006; Kirchner 2001; Kroeber-Riel 1986).

einer unbekannten Position heraus agieren und grenzübergreifende Aktionsräume sowie internationale Interdependenzen komplexe wie intransparente Verstrickungen mit sich bringen, die den Zeitgenossen in Form größerer Anonymität seiner Handelspartner begegnen; und zum anderen indem der vorherrschende Profitmaximierungsdruck sowie die verstärkte (internationale) Konkurrenz zur Diversifikation und Selbstdarstellung auffordert. Infolge dieser Rahmenentwicklungen steigt also die (soziale) Komplexität von beispielsweise alltäglichen (Kauf-)Entscheidungen in der Gegenwart, da unter den sich profilierenden bzw. inszenierenden Anbietern entschieden werden muss.

Den Individuen fällt es infolge erhöhter Komplexität und Anonymität zunehmend schwerer kritisch-prüfende Entscheidungen zu fällen. Die daraus resultierende subjektive (Handlungs-)Unsicherheit wird dadurch abgebaut, dass gesteigerte Komplexität und Anonymität durch erfahrungsbasiertes Vertrauen, welches ein Bestandteil eines jeden Images ist, reduziert werden (Zimmermann/ Richter 2015, S. 15). Das Image löst also das mitunter durch die Massenproduktion und die Globalisierung potenzierte Problem größerer Komplexität und Anonymität der Anbieter durch den Bedeutungszuwachs eines vereinfachenden kommunikativ vermittelten Gesamteindruckes (Image), der jederzeit abgerufen werden kann (Kautt 2008, S. 377). Das Image füllt somit die aus steigender Komplexität resultierende Leerstelle aus und ermöglicht dadurch weiterhin individuelle Handlungen trotz erhöhter Komplexität (Wiesenthal 2009, S. 38).[172]

6.2 Konsum und Image-Kommunikation

So wie die Globalisierung die Hintergrundfolie eines verstärkten Wettbewerbs bildet, so stellt die Massenproduktion eine Voraussetzung für den Bedeutungszuwachs von Image-Kommunikation dar. Infolgedessen potenziert sich der Aufmerksamkeitswettbewerb, der mitunter über Werbung stattfindet, sowie sich die Konkurrenz um positive Images verschärft. In Form von Marktschreiern und Anzeigetafeln existiert Werbung bereits in der Antike und hat sich als soziale Handlung seither nicht strukturell verändert (Willems 2002, S. 55-56): Werbung war und ist strategisches Handeln, das das Ziel beinhaltet, sein Bezugsobjekt zu beeinflussen (Willems 2002, S. 17-18). Die Unterschiede bestehen jedoch in den veränderten sozioökonomischen Rahmen-

---

172   Auch Siegert argumentiert, dass die „Postmoderne" und insbesondere die Globalisierung zum Bedeutungszuwachs von Image maßgeblich beitragt (Siegert 2001, S. 27). Daher ist es auch kein Wunder, dass gerade seit den 90er-Jahren eine unüberschaubare Menge an kommunikations-, sprach- und wirtschaftswissenschaftlichen Büchern zum Thema „Image" publiziert wird. Der nahezu endlose Versuch, diese aufzählen zu wollen, wäre nur ein Zerrbild der Menge an verfügbarer Literatur.

bedingungen, in der andersartigen gesellschaftlichen Funktion und Form der Werbung sowie in der jeweils Zeitgeist-abhängigen Bewertung der Werbung. Letzteres lässt Werbung in der Gegenwart zum zentralen Unterscheidungsmerkmal verschiedener Produktanbieter avancieren. So wird Werbung im Deutschland des 19. Jahrhunderts primär zur Produktbekanntmachung benutzt und darüber hinaus als nicht rentabel gedeutet (Wischermann 1995, S. 12).[173] Zu dieser Zeit existieren noch keine gesättigten Märkte, die Anzahl verschiedener Produktanbieter ist stark begrenzt und die Massenproduktion steckt noch in den Kinderschuhen, sodass der gesellschaftliche Konsum noch zunächst durch die Befriedigung der Grundbedürfnisse gekennzeichnet ist. Die Loslösung der reinen Produkteigenschaftsvermarktung wird von Wischermann zwischen 1850–1890 datiert. Dadurch stellt sie einen zeitgleich verlaufenden Prozess mit der sich rasch entwickelnden Massenproduktion dar und führt sodann von 1890–1960 dazu, dass der Werbeinhalt zunehmend in den Hintergrund gerät, während die „Ästhetik der Form" (Wischermann 1995, S. 17) in den Vordergrund rückt. Die Verknüpfung von Industriekapitalismus, Massenproduktion, die Entstehung sowie die Verbreitung von Massenmedien und die Vergrößerung anonymisierter Märkte führen dazu, dass Werbung und Image in der Moderne überhaupt erst an Bedeutung gewinnen. Die Entwicklung und die Verbreitung von Massenmedien, die ihrerseits wiederum unter verstärkter Konkurrenz um die begrenzte Aufmerksamkeit des Publikums kämpfen, schaffen das Forum bzw. die Arenen, durch die der Wettbewerb um Aufmerksamkeit relevanter wird (Kautt 2012, S. 411-413). Schließlich werden hier Images vor den Augen eines großen Publikums diskutiert, während beispielsweise die Moralisierung oder die Skandalisierung der Handlungen eines Akteurs eine Möglichkeit dafür darstellt, um Aufmerksamkeit für das eigene (Medien-)Angebot zu erwecken und sich selbst zu profilieren.

Die Entwicklung der Werbung ist gleichzeitig Ausdruck wie auch externer Bezugspunkt für subjektive Sinnproduktionen (Reichertz 1998, S. 289; ausführlich dazu Kautt/Willems 2007; Zurstiege 2002). In der Gegenwartsgesellschaft, in der Unbestimmtheit, Komplexität und Reizüberflutung zum zeitgenössischen Charakteristikum gehören, dient die Werbung als wichtigstes Mittel der Image-Kommunikation. Sie erfüllt mitunter die Funktion der Aufmerksamkeitsbindung und der Evokation von Images. Deshalb kann sie als ein zentrales gesellschaftliches Ordnungselement verstanden werden (Willems 2003, S. 138). Die Omnipräsenz von Werbung kommuniziert und beeinflusst so Moden, Leitbilder, Idealvorstellungen sowie vollständige Lebensstile, die einen eklatanten Teil der individuellen „Identitäts- und Differenzerfahrung" (Reinhardt/ Gradinger 2007, S. 91) ausmachen können. In Bezug auf Versicherungen kann ebenfalls konstatiert werden, dass Werbung einen Einfluss auf die

---

173   In der Versicherungswirtschaft herrscht sogar noch bis in die 1980er-Jahre die Meinung vor, dass Werbemaßnahmen und das (Marken-)Image nur sehr begrenzt für den Versicherungsvertrieb relevant seien, da sich die Kaufentscheidung der Kunden letztlich um den persönlichen Bedarf und die jeweiligen Police-Konditionen drehe (Maskus 2004, S. 2211).

Wahrnehmung des eigenen Lebens als „geregelt" oder „abgesichert" nehmen kann. So kann die ständige Thematisierung einer vermeintlichen Notwendigkeit eine Lebens- oder Berufsunfähigkeitsversicherung abschließen zu müssen, dazu führen, dass sich Zeitgenossen ohne diese Versicherung als nicht hinreichend „abgesichert" empfinden können. Somit reicht Werbung weit über die ausschließliche Stimulierung von Konsum und den Abbau von Aufmerksamkeits-Knappheit heraus (Kautt 2008, S. 15). Auf diese Weise produziert und ordnet Werbung Sinn, indem sie einen oftmals konsum- und erlebnisorientierten Lebensstil nahelegt, der Orientierung in einer in vielen Bereichen von Orientierungslosigkeit geprägten Gegenwart suggeriert (Reinhardt 2007, S. 92). Daher bezeichnet Willems die Werbung auch als „Mediengattung mit der größten sozialisatorischen Bedeutung" (Willems 2002, S. 20), deren Ziel darin besteht, Erinnerungen an subjektiv positive Eindrücke zu evozieren und im Gedächtnis zu verankern (ebd., S. 23). So besteht in der Gegenwart die Funktion der Werbung mehr denn je darin, den Kunden strategisch-geordneten zum Zeitgeist passende Sinnformeln anzubieten, um dadurch in Form von Image-Kommunikation das „Vorleben, Erleben, Miterleben und Nacherleben des Konsums" (Kautt/ Willems 2007, S. 126) in einen sinnhaften Zusammenhang zur eigenen Organisation oder ausgewählten (Marken-)Produkten zu stellen.[174]

Werbung und Image sind ihrerseits wieder an zeitgenössische Rahmenbedingungen geknüpft, die bei dem infrastrukturellen Verbreitungsmittel beginnen (d.h. Presse, Rundfunk, Fernsehen und Internet) sowie durch die allseits bekannte persuasive Intention von Werbemaßnahmen begrenzt werden (Kautt/ Willems 2007, S. 126). So wirkt sich beispielsweise die Grundskepsis[175] gegenüber der Gattung „Werbung" direkt auf werbestrategische Überlegungen und denkbare Werbeszenarien aus, sodass Werbung mittlerweile beispielsweise in Form von Produktplatzierung (Product-Placement) und Eventmarketing ein neues, ein verschleiertes Antlitz erhält.[176] Wie jedoch das Zusammenspiel von Werbung (Image-Kommunikation) und öffentlicher Debatte Einfluss auf die Image-Kommunikation nimmt und wie dieser (Image-)Aushandlungsprozess samt seiner Wechselwirkungen funktioniert, wird im Analyseteil empirisch untersucht.

---

174 Einen Überblick über soziologische und wirtschaftshistorische Theorien zu Konsum und Konsumverhalten haben Dieter Bögenhold und Uwe Fachinger (2007) herausgearbeitet. Hellmann (2008) fokussiert die Erarbeitung des konsumsoziologischen Forschungsstands.

175 Der Manipulationsverdacht gegenüber der Werbung gilt nicht nur im Alltag, sondern auch vergleichsweise lange in den Sozialwissenschaften (bis in die 70er) als Allgemeinplatz (Koppetsch 2004, S. 147). Zentrale Vorwürfe gegenüber der Werbung lassen sich z.B. bei Packard (1958) finden: Er beschreibt die Strategien der Werber als Gehirnwäsche-ähnliche Manipulationsstrategien, die das Verhalten des Rezipienten, charakterisiert als willenloses Opfer, steuern (Packard 1958).

176 Eine Sammlung verschiedener Inszenierungstechniken innerhalb der Werbung haben Willems und Martin Jurga (1998) herausgearbeitet, während sich Willems und Kautt (2003) mitunter intensiv mit den Strategien und Inszenierungsmethoden in TV-Spots beschäftigen.

6.3 Erlebnisorientierung und Inszenierung

Seit den 60er-Jahren lässt sich die Gesellschaft laut Wischermann als Überflussgesellschaft beschreiben, die sich durch gesättigte Märkte und der nahezu umfassenden Befriedigung der Grundbedürfnisse auszeichnet, weshalb sich der Konflikt zwischen der Produkteigenschaftsvermarktung und der „Ästhetik der Form" verschärft (Wischermann 1995, S. 18). Dieser Konflikt wird demnach ab den 70er-Jahren durch die „Ästhetik des Erlebnisses" (Wischermann 1995, S. 19) aufgelöst.[177] Summa summarum prägen Wohlstandsentwicklung sowie die Entwicklung von Werbung und Konsum jeweils Denk- und Verhaltensweisen in der Gegenwart, da sie die materielle Grundlage (gesteigerter Wettbewerb ohne eine vergleichbare Steigerung der Grundbedürfnisse) für den Bedeutungszuwachs von Image und Image-Kommunikation bilden (Wischermann 1995, S. 13).

Die zeitgenössische Erlebnisorientierung geht ebenfalls mit der Inszenierungspflicht einher, da Erlebnisse nicht nur proaktiv von innen konstruiert werden, sondern sie umso erfüllender sind, sofern sie im Rahmen sozialer Interaktion Anerkennung als Teilbestand eines „erfüllenden Lebens" erhalten (ähnlich bei Siegert 2001, S. 33). Dementsprechend gewinnt nicht nur an Relevanz, was konsumiert wird, sondern auch wie man sich mit dem Konsum am besten inszenieren kann. So erfüllt der Konsum unter dem Vorzeichen der Massenproduktion und bei freier Produktwahl fortan einen „expressiven Wert" (Jäckel 2007, S. 182-183), der anderen auf Grundlage meiner Auswahl etwas über mich, meinen Geschmack, mein Selbstbild und mein Lebensstil aussagt (Jäckel 2007, S. 182-183): Die Notwendigkeit der Entscheidung geht also mit der verstärkten (Selbst-)Inszenierung einher, da die Produktwahl meinem Umfeld stets etwas über eigene Selektionsprozesse und die eigene soziale Verortung erzählt: Der Konsum avanciert somit zum Distinktionsmerkmal und zur Inszenierung der (Gruppen-)Zugehörigkeit, die die Identifikation mit ihren Vorstellungen verkörpert sowie mittels Statussymbolen Auskunft über die Zugehörigkeit der tatsächlichen oder der gewünschten sozialen Stellung kommuniziert (Hellmann 2008, S. 181; Kautt 2007, S. 125; Siegert 2001, S. 88; ausführlich dazu Kautt 2008). Schließlich macht es dieser Logik folgend einen Unterschied, ob eine Versicherung ausschließlich nach dem Preis-Leistungs-Verhältnis ausgewählt oder bei einem „Premium-Versicherer" mit einem entsprechenden Ruf – wie z.B. dem Marktführer *Allianz* – abgeschlossen wird.

Den Zeitgenossen ist dies ebenfalls bewusst, sodass die Lockerung bestehender Ordnungsmuster und sozialer Verbände eben auch dazu führen, dass die Inszenierung und so auch die Konkurrenz um beispielsweise Freundschaften und Aufmerksamkeit im sozialen Umfeld relevanter werden. Größere Entscheidungsmöglichkei-

---

177 Für einen Überblick über die Entwicklung von Werbung siehe folgenden Sammelband (Borscheid 1995).

ten gehen eben auch mit der Möglichkeit einher, auf bestimmte Interaktionen zu verzichten, sodass sich auch soziale Kontakte lockern und schneller lösen können (Willems 2003, S. 137). Bereits die Mobilität aufgrund veränderter Arbeits- und Lebensbedingungen führt dazu, dass die eigene Inszenierung und der Versuch der Inszenierung der eigenen Persönlichkeit mit einem positiven Image wichtiger wird (ähnlich bei Keupp 2012, S. 343, 388). In vormodernen Gesellschaften ist die eigene Stellung innerhalb der Gesellschaft bereits durch die Standeszugehörigkeit bei Geburt festgelegt, wohingegen die persönliche Stellung seit der Moderne und insbesondere in der Gegenwart in Konkurrenz um knappe Ressourcen immer wieder aufs Neue erarbeitet werden muss (Beck 2012, S. 12). Diese Entwicklung wirkt sich ebenso auf familiäre und freundschaftliche Beziehungen im sozialen Umfeld aus: Schließlich wird es in einer Zeit, in der sich feste Bände sozialer Beziehungen verflüchtigen, umso wichtiger, ein positives Image von sich bei anderen evozieren zu können, um mit Erlebnis-orientierten Freunden in Kontakt zu bleiben sowie mit anderen Personen in Kontakt zu treten (ähnlich bei Willems 2003, S. 139; Siegert 2017, S. 64).

Die Digitalisierung bietet die Grundlage dafür, die Selbstinszenierung durch theoretisch nahezu unendliche Vernetzung bei zeitgleich gestiegener gegenseitiger Beobachtung durch z.b. die Teilnahme an sozialen Netzwerken zu potenzieren, um auf diese Weise soziale Bestätigung zu erhalten. Wochenend- und Erlebnisplanungen, das eigene Image sowie zum Lebensstil passende (Marken-)Images konsumierter Güter werden also wichtiger und nehmen fortan mehr denn je eine expressive Funktion ein (Schulze 2005, S. 541-542). Dementsprechend wird beispielsweise der eigene Konsum in einer von Angebotsfülle und Reizüberflutung gekennzeichneten Gegenwart aktiver als zuvor kommuniziert bzw. inszeniert – oder um es in den Worten von Beck zu sagen: So wird in der Gegenwart alle „Metaphysik, alle Transzendenz, alle Notwendigkeit und Sicherheit [...] durch *Artistik* ersetzt. Wir werden – im Allgemeinsten und Privatesten – zu *Artisten in der Zirkuskuppel*" (Beck 2012, S. 11).[178] Das sich die zuvor beschriebenen Entwicklungen ebenfalls auf das Verhältnis der Zeitgenossen zur Assekuranz auswirken, lässt sich anhand der aktuellen Anzahl von 353.242 Abonnenten (Stand 16.02.2018) der offiziellen Facebook-Seite von *Allianz Deutschland* belegen. Immerhin handelt es sich hierbei um ein Marketingmittel eines Versicherers, das auf den Profilseiten der Abonnenten für zumindest alle mit ihnen in *Facebook* verknüpften bzw. „befreundeten" Personen zu sehen ist.

---

[178] Siegert und Brecheis (2017, S. 67) konstatieren, dass mit der Erlebnisorientierung insbesondere für Unternehmen ein erheblicher Selbstinszenierungsdruck entsteht, da ihre Werbebotschaften ansonsten aufgrund ihrer Beschaffenheit ungehört verhallen. Die konkreten Auswirkungen der Erlebnisgesellschaft auf die Kommunikation von Unternehmen hat Siegert (2001) untersucht.

6.3.1 Digitalisierung

Die kognitive Kapazität zur Verarbeitung von Informationen stagniert, während die
Menge an Reizen durch die Massenproduktion, den Eintritt neuer Marktteilnehmer
im Zuge der Globalisierung und die zunehmende Inszenierungstendenz von individuellen wie auch institutionellen Akteuren exponentiell steigt. So ist es unerheblich,
ob ein Zeitgenosse Informationen schneller oder anders als Menschen aus vorherigen
Jahrhunderten verarbeiten kann; es steht unbestritten fest, dass die Verarbeitung von
Reizen kognitive Kapazität in Anspruch nimmt, die aufgrund ihrer biologischen Verwurzelung begrenzt ist (Franck 2014, S. 193). Bruhn stellt dafür eine einfache Gleichung auf: Die eklatante Zunahme von Reizen in Form von potenzierten
Kommunikationsangeboten geht nicht mit einem gesteigerten Maß an Kommunika-
tionsnachfrage einher, sodass am Ende der Gleichung der Reiz-überlastete Zeitgenosse anzutreffen ist (Bruhn 2008, S. 515).[179] Die Reizüberflutung bedingt jedoch
Selektionsprozesse, die anhand von Images verlaufen, und ermöglicht dadurch Orientierung trotz steigender Komplexität.

Für jedes Image und jede Werbung stellt die Aufmerksamkeit die notwendige
Bedingung dar, um überhaupt irgendeine Wirkung zu entfalten (Willems 2002, S. 22;
Willems 2003, S. 125). Daher lässt sich akkumulierte Aufmerksamkeit ebenfalls als
Folge der Reputation oder des Images beschreiben, da sie erst die Grundvoraussetzung bildet, dass einem Akteur Beachtung geschenkt wird (ähnlich bei Franck 2014,
S. 198). So besteht eine höhere Wahrscheinlichkeit, dass ein Zuschauer bei der Werbung einer Marke oder eines Produkts, die er als störend empfindet, schneller den
Sender wechselt, als bei einer Marke, deren Produkte er selbst konsumiert. Gegentei-
lig kann bei negativer Reputation oder nachteiligem Image eine Blockade-Haltung
oder auch (kritische) Aufmerksamkeit evoziert werden, die eine kritische Prüfung jeder Kommunikation provoziert (Kastens/ Lux 2014, S. 180). In jedem Fall sind also
Aufmerksamkeit und Image miteinander verbunden, ohne dass diese gleichzusetzen
wären – die Verknappung von Aufmerksamkeit führt jedoch zum Bedeutungszuwachs des Images, da ein positives Image die angestrebte Ausgangssituation umfasst,
um im (Kommunikations-)Wettbewerb um Aufmerksamkeit zu bestehen.

Diese Prozesse wirken sich jedoch nicht nur auf Organisationen aus, sondern
entfesseln ihre Wirkung auch gegenüber individuellen Akteuren, indem die digitale
Vernetzung beispielsweise durch soziale Netzwerke in vielen Fällen die Erstellung
eines Profils oder eines Accounts mit allen dazugehörigen Implikationen erfordert:
Das Profil dient der Inszenierung bzw. der Selbstdarstellung der eigenen Person, die
zuvor primär auf persönliche Kontexte beschränkt ist. Infolgedessen werden Insze-
nierungszwänge im Alltag der Menschen zunehmend wichtiger (Willems 1999, S.

---

179   Die Auswirkungen der Globalisierung und der Digitalisierung auf die Erhöhung sozialer Komple-
       xität hat Sven Kette (2008, S. 129-168) herausgearbeitet.

356): So wurde sich früher noch am Esstisch, auf der Schulbank oder auf der Arbeit inszeniert, wohingegen nun das Internet eine neue Plattform dafür bietet (ähnlich bei Theis-Berglmair 2014, S. 157). Auf diese Weise eignen sich die Menschen vermehrt Logiken der Werbetreibenden an, um ein möglichst optimales Selbstbild nach außen zu kommunizieren. Die Identitätsarbeit mit dem Ziel der Evokation eines positiven Images avanciert so zum festen Bestandteil der Alltagswelt zeitgenössischer Menschen und ist keineswegs nur auf professionelle Werber beschränkt, sondern breitet sich fortwährend in weitere gesellschaftliche Bereiche aus.[180] Der grundsätzliche Unterschied besteht jedoch darin, dass die eigene Inszenierung in persönlichen Kontexten nicht unmittelbar und simultan beobachtet werden kann, während die eigene Selbstdarstellung bzw. Inszenierung im Internet bis ins kleinste Detail der eigenen Kontrolle unterliegt (ähnlich bei Piwinger 2014, S 482). Schließlich kontrolliert eine Person umfassend das Erscheinungsbild der eigenen Profilseite, indem Bilder selektiert und für andere sichtbare Kommentare der gewünschten Selbstdarstellung entsprechen – mit anderen Worten: Der Nutzer sieht und kontrolliert umfassend, was andere Nutzer von ihm sehen und erstellt auf diese Weise eine für andere sichtbare idealisierte Selbst-Präsentation (zur selbstdarstellerischen Inszenierung ausführlich Goffman 2013). Infolgedessen verbreiten sich „Markt- und (Selbst-)Vermarktungsprinzipien" (Willems 1998, S. 56) und lassen sich in zahlreichen alltäglichen Lebensbereichen wiederfinden. Die werbetechnischen Aktionen und die Bestrebungen von Organisationen unterscheiden sich dabei also nicht grundsätzlich von individuellen Akteuren, da beide ihre Anstrengungen trotz unterschiedlicher Komplexität und Professionalität auf das gleiche Ziel ausrichten: die Evokation bzw. Anerkennung eines positiven Images. Die grundsätzliche Frage, die der Beobachter – wie übrigens nach jeglicher Inszenierung bzw. sozialen Interaktion – beantworten muss, lautet, ob er das dargestellte Erscheinungsbild als glaubwürdig oder unglaubwürdig einschätzt (Goffman 2013, S. 230-232).

Auf Grundlage ähnlicher Überlegungen gelangt Castells ebenfalls zu der Schlussfolgerung, dass die Identität bzw. das eigene Selbstbild in einer zunehmend individualisierten und fragmentierten Gesellschaft zunehmend an Bedeutung gewinnt (Castells 2001, S. 1-4). So kann jeder Kunde vor dem Einkauf eines Produkts oder vor dem Abschluss einer Versicherung im Internet einen Eindruck (Image) über den Anbieter gewinnen und zahlreiche Erfahrungen sowie (Produkt-)Bewertungen (Reputation) anderer Personen abfragen. Dabei ist der Kunde nicht mehr auf sein persönliches wie unmittelbares Umfeld beschränkt, sondern eine theoretisch unendliche

---

180 Auch Willems betont, dass Werben sowohl in beruflichen wie in privaten Kontexten in den letzten Dekaden an Relevanz gewonnen hat (ausführlich Willems 2003).

Vernetzung ist nicht nur denkbar, sondern auch mit nur geringem Aufwand verbunden. [181] Organisationen sind sich über diese Möglichkeiten ebenfalls bewusst, sodass sie ihrerseits wiederum den im Internet stattfindenden Austausch direkt beobachten, um daraus generierte Erkenntnisse in strategische Überlegungen einfließen lassen zu können (Meckel 2008, S. 487). Ob und auf welche Art und Weise Organisationen auf (Internet-)Diskurse eingehen, wird im Rahmen der Diskursanalyse exemplarisch anhand des Image-Aushandlungsprozesses thematisiert. Schließlich bietet jede Interaktion wie auch jede Beobachtung das Potenzial, die Grundlage für erneute Inszenierungen zu bilden (Goffman 2013, S. 230-232). In der Gegenwart samt Globalisierung und Digitalisierung gilt der Image-Kommunikation also im privaten wie im wirtschaftlichen Bereich ein besonderer Stellenwert, der die Frage nach einem positiven Image immer wieder aufs Neue auf die Tagesordnung der eigenen Inszenierungsagenda befördert und die Bewertung der Inszenierung anderer in den Alltag der Zeitgenossen schiebt.

6.3.2 (Un-)Sicherheit

Der Zeitgenosse der Gegenwart sieht sich mit einer größeren Verantwortung konfrontiert, eigenständige Entscheidungen zu fällen (Luhmann 1997, S. 889), da sich z.B. der Staat aus ausgewählten Bereichen zurückzieht und da sich die Verantwortung auf diese Weise vom Kollektiv auf das Individuum verlagert. Die Grundlage der Entscheidungsfreiheit basiert jedoch auf der Selektion von Informationen, die als glaubwürdig oder unglaubwürdig eingestuft werden (Reichertz 20140, S. 189-190). Aus diesem Grund gewinnt das Image nicht nur als Ganzes, sondern ebenfalls durch die einzelnen Bestandteile wie Glaubwürdigkeit und Vertrauenswürdigkeit an Bedeutung. Gleichzeitig steigen jedoch ebenfalls die (komplexeren) Bereiche, mit denen sich die Zeitgenossen auseinandersetzen müssen, um eine Entscheidung treffen zu können. So geht die in der Gegenwart unter anderem durch technische Entwicklungen (z.B. Digitalisierung) exponentiell steigende Komplexität durch die Verfügbarkeit von mehr Informationen sowie von mehr Informationsquellen mit einem höheren Grad an Nicht-Wissen einher (Kette 2008, S. 17). Das führt wiederum zur Attraktivität von vereinfachenden Weltbildern in Form von Ideologien und schwarz-weiß Stereotypen oder stereotypen Denkstrukturen (z.B. Image), da dadurch mit der täglichen Reizüberflutung umgegangen werden kann. Das Erstarken z.B. religiöser Weltbilder oder

---

181   Dies bedeutet jedoch keineswegs, dass das persönliche Umfeld an Relevanz verliert, da „Word-of-Mouth" gerade in Zeiten gesteigerter Komplexität und in Bezug auf große Unsicherheit vertrauenswürdige Handlungsempfehlungen darbietet (Esch 2006, S. 296; Kastens/ Lux 2014, S. 26).

nationalistischen Gedankenguts zuzüglicher Kollektivsymbolik stellen Nebenprodukte dieser von erhöhtem Nicht-Wissen und von erhöhter Orientierungslosigkeit geprägten Gegenwart dar.

Die sukzessiv steigende Komplexität in der Gegenwart gepaart mit der teilweise erfolgenden Erosion kollektivgeteilter sozialer Ordnungsmuster führen dazu, dass sich zeitgenössische Individuen mit vermehrten Entscheidungsnotwendigkeiten bei höherer Unsicherheit konfrontiert sehen. Dabei basiert die Unsicherheit auf der individuellen Überforderung, die Komplexität der eigenen Umwelt vollständig zu erfassen, und kann somit als Standardeigenschaft verstanden werden, die jegliches Handeln auszeichnet (Makropoulos 1990, S. 421). Dies ist in der Gegenwart jedoch keine grundsätzlich neue Eigenschaft, ihre Relevanz hingegen potenziert sich, da zuvor gesellschaftliche großteils geteilte Ordnungsstrukturen und Deutungsmuster zerbrechen: Aus der individualisierten Freiheit, eigene Entscheidungen zu treffen, resultiert das individualisierte Risiko, Fehlentscheidungen zu verantworten (Apelt/ Senge 2015, S. 4). Auf diese Weise avancieren erfahrungsbasierte Erwartungen (z.B. Image) und routinierte Praktiken (z.B. Kaufentscheidungen) zu einem zentralen Kriterium sozialen Handelns, da sie (Erwartungs-)Sicherheit in ansonsten als unsicher empfundenen Zeiten suggerieren (Boltanski/ Chiapello 2003, S. 30; Imhof 2011, S. 270).

Der Unterschied zu zusammenhängenden Weltbildern sowie Normen und Werten besteht darin, dass Erwartungen und routinierte Handlungen durch negative Erfahrungen wesentlich schneller als ein vergleichsweise homogenes Normen- und Wertegefüge hinterfragt werden können (ausführlich dazu Luhmann 1988, S. 285-295). Die Unterbrechung der Alltagsroutinen und der bestehenden Deutungsmuster erzeugt eine „Katastrophe im Kopf" (Weichert 2006, S. 24-25) und es entsteht das Gefühl der „Entscheidung in Zeitnot" (Koselleck 2010, S. 204), da nun anstelle der automatisierten Routine oftmals zeitnah eine andersartige Entscheidung getroffen wird. Das Image ist also stets ein temporärer Gesamteindruck, der sich im Gegensatz zu vergleichsweise festverankerten Ideologien und Weltbildern augenblicklich ändern kann, weshalb der Image-Kommunikation in der Regel seitens der wirtschaftlichen Akteure große Beachtung geschenkt wird.

6.3.3 Bedeutungszuwachs: Vertrauen

Vor Beginn des letzten Viertels des 20. Jahrhunderts besitzt die Vertrauenswürdigkeit eines (Marken-)Produkts weder die subjektive noch die reale Bedeutung wie in der Gegenwart: Grundsätzlich bedeutet Vertrauen, eine Situation oder ein Bezugsobjekt zu kennen und einschätzen zu können. Aus exakt diesem Grund entwickelt sich Vertrauen primär von Angesicht zu Angesicht, was jedoch im Zuge der Moderne zunehmend schwieriger wird (Reichertz 2002, S. 18): Die Industrialisierung erhöht die

Komplexität von Arbeitsprozessen und führt zur Durchdringung formaler Organisationen in nahezu sämtlichen Lebensbereichen (Schimank 2001, S. 278). Aus zuvor bekannten Handelspartnern, die für ihre Handlungen mit ihrer persönlichen Reputation einstehen und in feste Handlungskodizes[182] integriert sind, entstehen anonyme (international-agierende) Organisationen (Berghoff 2012, S. 146; ähnlich bei Grünberg 2015, S. 30; Reichardt 2003, S. 11; Reichertz 2010, S. 191; Reinmuth 2006, S. 13; Schweer/ Thies 2005, S. 47). Die Globalisierung und die Digitalisierung potenzieren diese Komplexität, die sich mitunter in der Vergrößerung von Interdependenzen und Unsicherheit auszeichnet und so das Risiko von Erwartungsenttäuschungen bzw. Vertrauensbrüchen erheblich steigert. Infolgedessen lösen mitunter die Globalisierung und Digitalisierung das Bedeutungswachstum von Glaubwürdigkeit und Vertrauen aus (Berghoff 2004, S. 62; Berghoff 2008, S. 71; Lahno 2002, S. 10-11). Unklar ist jedoch bisher, welche konkrete vertrauensbildende oder misstrauenserweckende Rollen das Image und die Image-Kommunikation eines Akteurs bei der Evokation von Glaub- und Vertrauenswürdigkeit spielen. Die nachfolgende empirische Analyse des Image-Aushandlungsprozesses ist eine Annäherung an die Beantwortung dieser Frage.

Die steigende Anzahl an Umweltreizen, denen der Zeitgenosse in der Gegenwart ausgesetzt ist, führt dazu, dass er sich stetig fragen muss, welcher Person, welcher Organisation oder welchem Medium er überhaupt Glauben schenken kann, da seine Kontrollmöglichkeiten stark begrenzt sind (ähnlich bei Willems 1999, S. 129). So führen beispielsweise allein die Fülle von Informationsquellen und die in ihnen teilweise enthaltenden Widersprüchlichkeiten von Gegenwartsdeutungen dazu, dass sich der Kunde überlegen muss, welchen Medienorganisationen oder welchen Äußerungen ausgewählter Akteure er vertrauen kann. Je komplexer die Welt ist, umso schwierig ist es jedoch, eine adäquate Beurteilung zu fällen, sodass der Bedarf an Vertrauen in der Gegenwart sukzessive steigt (Grünberg 2015, S. 29-30; Lahno 2002, S. 10-11; Schweer/ Thies 2005, S. 47). Das Image als Produkt der Image-Kommunikation und des damit zusammenhängenden Image-Aushandlungsprozesses kann diese Lücke ausfüllen, da das Image als vertrauenserweckendes Phänomen fungieren kann oder zumindest eine Einordnung als vertrauenswürdig oder nicht-vertrauenswürdig ermöglicht.

---

182 An dieser Stelle wird insbesondere auf das bürgerliche Leitbild des „ehrbaren Kaufmanns" angespielt, das im Kontext der historischen Entwicklung im Folgendem ausführlicher betrachten wird.

6.4 Ehrbarer Kaufmann

Im Folgenden ist zu zeigen, dass die Idealvorstellung eines wirtschaftlichen Akteurs als „Ehrbarer Kaufmann" im Zuge des Bedeutungszuwachses des Images an Relevanz gewinnt. Die Bezeichnung „Ehrbarer Kaufmann" wird insbesondere seit der Finanzkrise 2008 als positive Selbstcharakterisierung verschiedener Akteure verwendet. Kritiker ziehen den Idealtypus eines „Ehrbaren Kaufmanns" heran, um die Äußerungen und Handlungen eines wirtschaftlichen Akteurs sowie dessen Auswirkungen auf Dritte zu bemängeln (Diehl 2017, S. 29-39). So erklärt z.b. die Industrie- und Handelskammer (IHK) den „Ehrbaren Kaufmann" zum Idealtypus eines wirtschaftlichen Akteurs und fordert ihre Mitglieder zur freiwilligen Unterzeichnung eines diesbezüglich von ihnen verfassten Kodexes auf.[183] Die wiederbelebte Thematisierung des „Ehrbaren Kaufmanns" sowie die Forderung nach dessen Grundprinzipien zu handeln, findet nicht zufällig gegenwärtig statt (ebd., S. 29-39): Vielmehr verläuft diese Entwicklungslinie ebenso wie der gesamte Bedeutungszuwachs des Images anhand der wirtschaftlichen und politischen Entwicklungen (z.b. Massenproduktion, Globalisierung, Neoliberalismus). Aus diesem Grund wird im Folgenden der Bedeutungszuwachs des „Ehrbaren Kaufmanns" retrospektiv erörtert, der abseits der Erlebnisorientierung von allen zuvor thematisierten Entwicklungslinien beeinflusst wird. Schließlich wird die Thematisierung oder der Bezug zur Vorstellung des „Ehrbaren Kaufmanns" Teil der Selbstdarstellung, der Bewertung, des Images und somit der Image-Kommunikation verschiedener wirtschaftlicher Akteure.[184] Infolgedessen werden die vorherigen Aspekte des Bedeutungszuwachses des Images ebenfalls auf die Frage des Aufstiegs des Idealtypus „Ehrbarer Kaufmann" hin konkretisiert.

In vorindustriellen Gesellschaften sind die persönlichen Kontaktpunkte bereits durch begrenzte räumliche wie soziale Mobilität stark eingeschränkt, sodass einem die Handelspartner und ihre übergeordneten Verbände (Gilden und Zünfte) persönlich bekannt sind oder man zumindest von ihrer Reputation gehört hat (Berghoff 2004, S. 65). Der Name eines Kaufmanns erfüllt damals die Funktion von heutigen (Marken-)Images, indem er mit seinem Namen und seinem Ruf für die Qualität seiner Produkte einsteht (Reichardt 2003, S. 17). Der Kaufmann ist jedoch im Gegensatz zu modernen Organisationen in feste familiäre wie auch standesabhängige Gefüge eingebettet, die ungehemmtes Profitmaximierungsinteressen limitieren. So entstammt

---

183   Auf der Internetseite der IHK Gießen-Friedberg sind unter der Rubrik "Der Ehrbare Kaufmann" Videos des IHK-Vorstandes sowie Videos von führenden Wirtschaftsakteuren aus Mittelhessens zu finden, die sich zum Leitbild des Ehrbaren Kaufmannes bekennen.

184   Dieser Prozess äußert sich innerhalb der Assekuranz dadurch, dass Versicherungsunternehmen seit der Finanzkrise 2008 vermehrt Verhaltenskodizes unterzeichnen, die die Eigenschaften des „Ehrbaren Kaufmanns" beinhalten (Diehl 2016, S. 100-101).

der Kaufmann dem Bürgertum, das sich gerade bei gewerblicher Tätigkeit den Kar-
dinalstugenden des Bürgertums (unter anderem Ehrlichkeit, Fleiß, Mut und Maß)
verpflichtet fühlt (Schwalbach/ Klink 2012, S. 220). Dieses gleichzeitige Selbstver-
ständnis und diese Selbstbeschreibung sind notwendig, um sich vor der negativen
Konnotation von beispielsweise Spekulanten[185] abzugrenzen, die demnach als unmo-
ralische Antagonisten des Bürgertums (Hempel 2009, S. 97-98) verstanden werden.
Ab dem 20. Jahrhundert löst sich sukzessiv die Kopplung zwischen dem persönlichen
Ruf des Kaufmanns und dem Unternehmensruf auf, weil ab einer bestimmten Un-
ternehmensgröße die Verantwortung für alle Tätigkeiten nicht mehr alleinig dem Be-
sitzer zugeschrieben werden kann (Kocka 2015, S. 85).[186] Infolgedessen kommt es zu
der Anonymisierung und der Entkopplung unternehmerischer Tätigkeiten von dem
Idealtypus des „ehrbaren Kaufmanns" (Eisenegger 2005, S. 84). Nichtsdestoweniger
existieren weiterhin Organisationen, die ihr Handeln an ethisch-moralischen Gesichtspunkten orientieren; jedoch lockern sich durch die obengenannten Rahmenentwicklungen soziale Erwartungen und dadurch wiederum soziale Zwänge aus dem
engsten sozialen Kreis. Insbesondere in einer verstädterten Gegenwart entsteht ein
Vertrauensvakuum, da Handelspartner fortan nicht mehr davon ausgehen können,
dass sich das ihnen fremde Gegenüber einer bestimmten (geteilten) Handlungsethik
verpflichtet fühlt (Reese-Schäfer 2008, S. 157; Reichardt 2003, S. 17). Der Siegeszug
der neoliberalen Ideologie löst alle restlichen Barrieren auf dem Weg zur Profitmaximierung auf und die Globalisierung befreit Organisationen von nationalen Kontexten, sodass sich die Anonymität – mitunter durch die Digitalisierung von
Kommunikation – bei Loslösung moralischer Verankerungen potenziert (Suchanek
2006, S. 20-21).

Zuzüglich der enormen Komplexität der gegenwärtigen Gesellschaft führt spätestens die Finanzkrise 2008 dazu, dass die Vorstellung des „Ehrbaren Kaufmanns",

---

185   Die Beschreibung des stereotypen Spekulanten erfolgt in Kapitel 9.2.

186   So ist der Unternehmenseigner eines Familienbetriebs noch familiär oder seinen standesgemäß ver-
       ankerten Normen und Werten verpflichtet, während die Leistung der Manager im Schatten des
       Neoliberalismus und der Renditeerwartung der Fremdkapitalgeber zunehmend an kühl kalkulierte
       Profitinteressen gemessen wird (Kocka 2015, S. 92). Kurzum gilt der Manager als erfolgreich, so-
       fern er schnellere und höhere Gewinne oder Ausschüttungen von Renditen ermöglicht, sodass we-
       niger Reinvestitionsambitionen im Vordergrund unternehmerischer Tätigkeiten stehen, als sich
       vielmehr Finanzmarktlogiken der schnellen Kapitalvermehrung verbreiten und durchsetzen (ebd.,
       S. 97). Ferner profitiert ebenfalls der Manager selbst an diesen Dynamiken, da er durch höhere
       Profite einen höheren Lohn erlangen kann (Knade 2011, S. 206). Auch der Wirtschaftshistoriker
       Werner Plumpe bestätigt dies, indem er diesen Prozess damit begründet, dass Unternehmenseigner
       sowie Unternehmensvorstände seit der Jahrtausendwende vermehrten Renditeerwartungen seitens
       der erstarkten Kapitalmärkte ausgesetzt sind (Plumpe 2005, S. 4). Es ist gleich, ob diese gesell-
       schaftliche Entwicklung wie von Kocka als „Manager-Kapitalismus" (2005) oder wie von Paul Win-
       dolf als „Finanzmarkt-Kapitalismus" (Windolf 2005) bezeichnet wird, im Zentrum steht die
       grundsätzliche Beobachtung, dass Eigentum und unternehmerische Tätigkeit gegenwärtig in einem
       beispiellosen Maße von einander gelöst sind (Deutschmann 2001, S. 504-505).

der sich durch tugendhaftes Verhalten auszeichnet, als positives Image und die Forderung solch eines Verhaltens seitens der Öffentlichkeit gegenüber wirtschaftlichen
Akteuren eine Renaissance erleben (Kummert 2013, S. 45-52; Schwalbach/ Klink
2012, S. 219). Seitdem fordern Zeitgenossen ebenso wie Politiker und Parteien verstärkt moralisches Verhalten von Unternehmen und Verbänden, die ihrerseits in den
letzten Jahren vermehrt Unternehmens- oder Berufsgruppen-Leitsätze oder Kodizes
innerhalb ihrer Image-Kommunikation formulieren (ausführlich dazu Diehl 2017;
Reichertz 2002, S. 20). Das Ziel besteht in der Regel darin, das Image und die Reputation der eigenen Organisation zu verbessern und sich vor Negativ-Dynamiken zu
schützen. So führen die heutigen Rahmenbedingungen, d.h. die Konkurrenzsituation
verschiedener Anbieter um eine begrenzte Nachfrage, die potenzierten Informationsquellen sowie die beschleunigte Abrufbarkeit von Informationen (Digitalisierung)
und das regierungspolitisch gewollte ungehemmte Profitmaximierungsstreben wirtschaftlicher Akteure, dazu, dass als moralisch gedeutetes Verhalten in einigen Bereichen einen Wettbewerbsvorteil im Kommunikationswettkampf um ein bzw. das
positivstes Image bereitstellen kann (Etter/ Hoffmann 2011, S. 109-111; Schwarz
2016, S. 530). Die Einschätzung seiner Handelspartner als moralisch-integer bzw. ein
ethisch-moralisches Image wird also teilweise wichtiger und nicht nur, weil dies eine
Grundvoraussetzung für eine Transaktion darstellt, sondern auch, weil insbesondere
in einem gesättigten Markt moralische Integrität zu einem entscheidenden (Image-
)Distinktionsmerkmal avancieren kann (Häusler 2014, S. 395). Die Thematisierung
des „Ehrbaren Kaufmanns" oder die Problematisierung unmoralischen Verhaltens
wirtschaftlicher Akteure sowie die diesbezügliche Skandalisierung sind symptomatisch für den Aufstieg des Images zu einem zeitgenössischen Strukturmerkmal, da
schließlich dabei nichts geringeres als die Beschaffenheit des Images bzw. der Reputation – wie ebenfalls in der nachfolgend zu analysierenden Riester-Renten-Debatte
– verhandelt wird.

6.5 Zusammenfassung

Die bisherigen Ausführungen lassen sich in folgender Gleichung zusammenfassen:
Die Grundprämisse besteht darin, dass Menschen nur über eine begrenzte kognitive
Kapazität verfügen, um Umwelteinflüsse und die diesbezügliche Komplexität zu verarbeiten. Die Zunahme an verfügbaren (Produkt-)Anbietern führt dazu, dass ein här-
terer Wettbewerb um die begrenzte zeitgenössische Aufmerksamkeit entsteht. Ein
zentrales Mittel, um Aufmerksamkeit nachhaltig zu gewinnen, besteht in der Evokation eines positiven Images. Deshalb potenziert sich die Bedeutung von Image,
Image-Kommunikation und dem Image-Aushandlungsprozess im Allgemeinen.

Die sukzessive Erosion von religiösen und familiären Ordnungsstrukturen seit dem Beginn der Moderne führt zu erhöhter sozialer Komplexität, die sich durch Globalisierung und Digitalisierung sowie durch die Heterogenisierung von Normen und Werten (Individualisierung) zusätzlich potenziert. Gemäß der Gegenwartsbeschreibung als postmoderne Gesellschaft vergrößern der Zusammenbruch des großteils geteilten gesamtgesellschaftlichen Fortschrittsgedankens durch Modernisierung und des zeitgleich erfolgenden Nachdenkens über die Folgen eigener Handlungen (Reflexivität) in der Gegenwart die individuelle wie gesellschaftliche Verantwortung eigener Entscheidungen nochmals, sodass jede Entscheidung Risiken birgt, die wiederum vermehrte Unsicherheit entstehen lassen. Damit die Menschen trotz erhöhter Unsicherheit und sozialer Komplexität überhaupt zur Entscheidung fähig sind, um somit handlungsfähig zu bleiben, benötigen sie nun verstärkt komplexitätsreduzierende Konstrukte wie beispielsweise Images. Das Vertrauen bildet eine im Image enthaltene Komponente, die neben anderen Eindrücken im subjektiv konstruierten Gesamtbild (Image), eine (Handlungs-)Orientierung geben kann.[187] So ist es wohl kognitiv wie zeitlich eher unwahrscheinlich bis kaum möglich, dass der Kunde während seinem Einkauf bei jedem Produkt im Supermarkt routinierte und imagebasierte Kaufentscheidungen grundsätzlich hinterfragt sowie alle möglichen Kaufoptionen bis hin zum Online-Einkauf überdenkt – die Folge wäre in der Regel vermutlich, dass die Komplexität der Entscheidungsmöglichkeiten den Kunden überfordert und er aufgrund des Zustandes kognitiver Dissonanz keines der dargebotenen Produkte kaufen sowie sodann ohne den geplanten Einkauf nach Hause gehen würde. Das Gleiche gilt für den Abschluss einer Versicherungspolice, die in der Regel trotz einschlägiger Beratung den Kenntnisstand der Kunden wohl kaum auf ein solch hohes Niveau bringen könnte, dass sich ein Kunde unter den zahlreichen Versicherungspolicen kritisch für das für ihn am besten passendste Produkt entscheiden könnte. Am Ende spielt mitunter das Image des Anbieters, das Image des Produkts sowie das Image des Beraters bzw. das Vertrauen in eine aufrichtige Beratung bei dem Abschluss einer Versicherungspolice eine kaum zu unterschätzende Rolle

---

187   Den Forschungsstand sprachwissenschaftlicher Vertrauensforschung hat Helmut Ebert (2015) herausgearbeitet. Er konstatiert, dass infolge der Digitalisierung Vertrauen wichtiger wird und wie auch Image zunehmend zum zentralen Grund einer Kaufentscheidung aufsteigt.

7 Image-Transfer-Prozess

7.1 Wirkungsmechanismen

Bis an diese Stelle wurde argumentiert, dass das Phänomen Image in der Gegenwart enorm an Bedeutungen gewinnt und nicht mehr aus Alltagslogiken wie auch aus omnipräsenten Werbelogiken wegzudenken ist. Sämtliche Image-Objekte (z.B. Organisationen, Parteien oder auch Personen) verfügen keineswegs über ein von anderen Image-Objekten unabhängiges oder losgelöstes Image. Tatsächlich lassen sich bei der Analyse eines Image-Objektes zahlreiche Überschneidungen und gemeinsame Bezugnahmen auf vorhandene Wissensbestände wie Zuschreibungen und Deutungen verzeichnen. Aus diesem Grund sollen zunächst die Wirkungsmechanismen von Image-Transfer-Prozessen im Allgemeinen erörtert werden, um danach zu untersuchen, welche Interdependenzen zwischen dem Image von Banken und von Versicherern bestehen und womit diese zusammenhängen. Auf einen Punkt gebracht bedeutet dies, dass im Folgenden analysiert wird, warum sich das Image der Finanzbranche im Allgemeinen sowohl auf das Bankenbranchen-Image als auch auf das Versicherungsbranchen-Image auswirkt und warum dies ebenfalls das gegenwärtige Image einzelner Banken und einzelner Versicherer beeinflussen kann.

Tagtäglich werden unzählige Briefe und E-Mails von Absendern zu Empfängern versendet. Oft reicht bereits der Name eines bekannten Absenders aus, um die Relevanz der Nachricht oberflächlich einschätzen zu können, ohne dass die Nachricht tatsächlich gelesen werden müsste. In der Regel sind dem Empfänger die Autoren einer Nachricht bekannt, sodass er aufgrund der (Organisations-)Namen sowie der Einschätzung der jeweiligen Zuständigkeitsbereiche, juristischen Befugnisse und Tätigkeitsfeldern den Kontext ihrer Kontaktaufnahme erahnen kann, auch ohne die Nachricht gelesen zu haben. Diese kontextuelle Einordnung einer Nachricht bzw. die Evokation des erfahrungsbasierten (Routine-)Wissens des Rezipienten über den Autor ist also der eigentlichen Informationsaufnahme vorgeschaltet und wird unmittelbar mit dem (Organisations-)Namen evoziert. Infolgedessen kann der (Organisations-)Name sowie der damit einhergehende Kontext anschließende Schlussfolgerungen beeinflussen, die ebenso wie ersteres subjektive Konstruktionsprozesse wie der Relevanzeinschätzung einer Nachricht beeinflussen können (ähnlich bei Kruse 1986, S. 142/ Schmid/ Lyczek 2008, S. 91).

© Springer Fachmedien Wiesbaden GmbH, ein Teil von Springer Nature 2019
N. Diehl, *Das Image im Aushandlungsprozess*,
https://doi.org/10.1007/978-3-658-27234-0_7

Erhält die Person nun jedoch eine Nachricht von einem ihr unbekannten Absender, kann sie den individuellen oder institutionellen Akteur hinter der Nachricht keinem konkreten (Kontaktierungs-)Kontext zuordnen bzw. es kann kein spezifisches (Routine-)Wissen über den Autor evoziert werden. Dementsprechend muss die Nachricht für die subjektive Einordnung zunächst gelesen werden. Stellt sich nun beim Lesen heraus, dass die Nachricht von einem ihr unbekannten Versicherer stammt, kann die Nachricht trotz der Unbekanntheit des Adressaten einem (Kontaktierungs-)Kontext zugeordnet werden. Schließlich können die inhaltlichen Leerstellen (d.h. konkrete Hintergrundinformationen zu dem Versicherer) durch Wissensbestände über die Versicherungsbranche gefüllt werden. Auf die gleiche Art und Weise können inhaltliche Leerstellen in Bezug zur Assekuranz (d.h. konkrete Hintergrundinformationen über Branchenspezifika) durch Wissensbestände über die Finanzbranche im Allgemeinen oder insbesondere über Banken gefüllt werden, sofern beispielsweise am Arbeitsplatz oder am Esstisch eine tiefgreifende Diskussion über die Versicherungsbranche geführt wird. Diese kognitive wie imagebasierte Verbindung hängt damit zusammen, dass sowohl Versicherer als auch Banken bereits eine gemeinsame Kategorie, die Finanzbranche, bilden. Schließlich ist zu erwarten, dass bereits aufgrund der erhöhten Anzahl persönlicher Kontaktpunkte mit Banken – wie z.B. die Eröffnung eines Bankkontos, dem regelmäßigen Gang zum Bankschalter oder die regelmäßige Prüfung des eigenen Kontostandes – in der Regel mehr Wissensbestände über den Banksektor vorhanden sind als über die Versicherungswirtschaft. Mitunter aufgrund der Ähnlichkeit des Erscheinungsbildes des Bankensektors und der Assekuranz sowie aufgrund deren gemeinsames Tätigkeitsfeld können sich Wissensbestände über den Bankensektor also in einem Image-Transfer-Prozess auf das Image der Versicherungsbranche im Allgemeinen oder auf das Image einzelner Versicherer auswirken und umgekehrt (ähnlich bei Strötgen 2016, S. 305-306).

Der Image-Transfer wird bereits 1987 von Mayer und Mayer als „absatzpolitische Strategie der Übertragung positiv aufgeladener markenspezifischer Vorstellungsbilder auf Partnerprodukte" (Mayer/ Mayer 1987, S. 33) bezeichnet, sodass dadurch „eine Übertragung der aufgebauten Markenbekanntheit und der mit ihr verbundenen (Wert-)Vorstellungen auf ein neues Produkt angestrebt" wird (ebd.). Der Image-Transfer ist jedoch weder auf eine unternehmerische (Werbe-)Handlung noch auf ausschließlich positive Vorstellungsbilder (Images) beschränkt, sondern kann als theoretischer Zugang dienen, um die Heranziehung und die Überschneidung imageübergreifender (subjektiver) Wissensbestände und daraus resultierender aggregierte Einstellungen zu beschreiben. Strötgen bezeichnet das beschriebene Phänomen als „Branchen-Halo-Effekt" (Strötgen 2016, S. 307), wobei diese Terminologie irreführend sein kann, da es sich dabei um weitaus mehr als um einen „Effekt", sondern um ein zentrales Element tradierter und verknüpfter Wissensbestände handelt, die die Konstruktion von Einstellungen maßgeblich beeinflussen können. Die Öffnung der Begrifflichkeit „Image-Transfer" für Konstruktionsprozesse führt in Anlehnung an

Mayer und Mayer (1987, S. 33) zu folgender Definition: *Der Image-Transfer bezeichnet die Übertragung positiver sowie negativer Vorstellungsbilder (Images) und damit zusammenhängender Wissensbestände auf ein subjektiv ähnlich situiertes Bezugsobjekt.* Ein anschauliches Beispiel für einen Image-Transfer umfasst *McDonalds*, das bereits mit einem amerikanischen Lifestyle assoziiert wird, bevor es überhaupt damit geworben hat (Willems 2003, S. 133). Aufgrund extern wahrgenommener und subjektiv konstruierter Gemeinsamkeit zwischen den USA mit den hiesigen Essgewohnheiten und dem Flair US-amerikanischer Diner wird das Image von *McDonalds* mit inhaltlichen Wissensbeständen über die USA aufgeladen, obwohl noch nicht einmal aktiv dafür geworben wird.[188] Die Verbreitung dieser Deutung gipfelt in der Bezeichnung angeblich US-amerikanisch gesteuerter Globalisierung und in den Auswirkungen ihres Einflusses als „McDonaldisierung" der Welt.[189]

Massenmedien bilden – wie bereits zuvor ausführlich erläutert – über begrenzte persönliche Kontaktpunkte hinausgehend das zentrale Forum subjektiver Sinnangebote, da sie über Ereignisse berichten und Filmgeschichten erzählen, die auf diese Weise als externe Reize zu zentralen Bezugspunkten von Millionenpublika werden können (Diehl 2017, S. 22). Daher ist wohl kaum abzustreiten, dass die regelmäßig stattfindenden Managerlohn-Debatten (ausführlich dazu Krasni 2017), die öffentlich intensiv diskutierte Bankenrettung während der Finanzkrise 2008 (ausführlich dazu Diehl 2017), ihre Verstrickung mit der Versicherungswirtschaft sowie die Negativschlagzeilen über sogenannte „Incentive-Reisen" zu Image-Schäden insbesondere der betreffenden Institute (ausführlich dazu Oletzky/ Staud/ Boltz 2015), aber auch der Finanzbranche sowie der Assekuranz im Allgemeinen führen (ausführlich dazu Diehl 2016). Das dem so ist, zeigt sich nicht nur in der Verbreitung und der Verstärkung negativer Stereotype über die Finanzbranche und ihrer Repräsentanten auf unzähligen gesellschaftlichen Ebenen und (massen-)medialen Kanälen, sondern findet auch in dem seit 2008 anhaltenden Vertrauenstief gegenüber der Finanzbranche sowie der Versicherungswirtschaft im Allgemeinen Ausdruck.[190] Die Berichterstattung stellt also den über Beratungsgespräche hinausgehenden Kontaktpunkt zwischen Bürgern und Versicherungsvertretern oder Bankberatern dar und situiert deren Tätigkeit in einen branchenspezifischen Kontext. Der persönliche Kontakt ist dabei auf einzelne Kontaktpunkte wie auf die Versicherungsfiliale, die Kundenhotline oder die offizielle Internetseite des Versicherers begrenzt (Mast 2016, S. 11), während dezidiertes Hintergrundwissen primär in (massen-)medialer Berichterstattung zuzüglich

---

188 Dies bedeutet jedoch, dass der Einfluss eines Akteurs auf seinen situativen Kontext oftmals nur begrenzt ist (Schmid/ Lyczek 2008, S. 91).

189 Bei dieser verbreiteten Beschreibung US-amerikanisch gesteuerter Globalisierung wird übergangen, dass sich die Globalisierungsprozesse ebenso positiv wie negativ auf die USA auswirken (Hahn 2003, S. 10).

190 Die Ursprünge und die Verstrickungen des Vertrauenstiefs werden im Rahmen des nächsten Kapitels ausführlich beleuchtet.

des Austauschs im sozialen Umfeld ausgehandelt wird (Esch 2014, S. 242-243; Hüllemann 2007, S. 110-111). Die Negativschlagzeilen eines Versicherers oder die abstrakte Kritik an der gesamten Branche können so den Gesamteindruck der
Versicherungsbranche negativ beeinflussen (Rudolph 2013, S. 492) wie die Aktivitäten einer Bank das Image bzw. die Reputation der gesamten Finanzbranche beeinflussen können (Schmid/ Lyczek 2008, S. 91-92). Die Skepsis gegenüber der
Vertrauenswürdigkeit der Finanzbranche äußert sich ebenso wie das Vertrauen in die
Kompetenz von Ärzten, das auf einer übergeordneten Grundlage die Handlungsvo-
raussetzung schafft, um anschließend durch persönliche Erfahrungen bestätigt oder
entkräftet zu werden (Bentele/ Nothhaft 2011, S. 50-51). Dies bedeutet jedoch nicht,
dass das Branchenwissen nur evoziert wird, sofern nur begrenzte persönliche Erfahrungen abgerufen werden können und somit ausschließlich als Folge von inhaltlichen
Leerstellen zu verstehen sind. Das Kategorie-abhängige Kontextwissen sowie die persönlichen Erfahrungen mit einzelnen Vertretern stehen vielmehr in einem nicht
zwangsläufig widerspruchsfreien zyklischen Prozess gegenseitiger Beeinflussung, sodass die gleiche Person ihren Versicherungsberater als vertrauenswürdig einstufen
kann, während sie die Assekuranz als Ganzes als unseriös wahrnimmt (ähnlich bei
Kummert 2013, S. 50). Ein zu einem späteren Zeitpunkt vom Kunden als Fehlverhalten empfundenes Vorgehen des Versicherungsberaters kann dann anschließend
das vorherige Urteil der Vertrauenswürdigkeit revidieren und negative Zuschreibungen evozieren, die den Versicherungsberater, den dazugehörigen Versicherer, die gesamte Assekuranz oder die gesamte Finanzbranche in Misskredit bringen
(Steiner/ Brück/ Hoelken 2015, S. 125). Infolgedessen können ebenso die erfolgreiche Skandalisierung sowie die Negativschlagzeilen über einen Manager eines Versicherers dazu führen, dass sich dies negativ auf das Image und die Reputation der
gesamten Branche auswirkt. In diesem Fall findet ein Image-Transfer statt, der das
Image des Organisations-Repräsentanten sowie einzelne Zuschreibungen gegenüber
seiner Person auf weitere Bezugsobjekte projiziert (ähnlich bei Oletzky/ Staud/ Boltz
2015, S. 266; Piwinger 2014, S. 313). Dieser Prozess folgt derselben Logik wie der
gesamte Image-Transfer und lässt sich als folgende kognitive Heuristik komprimieren: *Da dieser Akteur auf diese Weise zu beschreiben ist, wird es in einem ähnlichen bzw. benach-
barten Bereich nicht grundverschieden sein.* Doch wieso überschneiden sich die inhaltlichen
Zuschreibungen gegenüber Versicherern und Banken überhaupt?

Eine grundsätzliche Gemeinsamkeit zwischen dem Bankensektor und der Assekuranz besteht darin, dass sich das äußere Erscheinungsbild gleicht, sodass Bank-
oder Versicherungsberater in der Regel im Anzug und glattrasiert ihren Kunden ge-
genübertreten. Beide Bereiche beschäftigen sich mit der Verwaltung von Finanzprodukten, sodass ihre Kernkompetenz darin besteht, Geld aufzubewahren und aus
Geldanlagen über die Komponente Zeit mehr Geld zu erwirtschaften. Im Rahmen
ihrer Geschäftstätigkeiten existieren traditionell intensive Verflechtungen zwischen

Banken und Versicherern, sodass sich beispielsweise die Finanzkrise 2008 auch un-mittelbar auf die Liquidität der Versicherer auswirkt (Diehl 2017). Des Weiteren han-delt es sich bei den Finanzprodukten beider Gruppen um komplexe immaterielle Güter (ausführlich dazu Lütz 2008, S. 341), deren Wert sich nicht bei Vertragsab-schluss kontrollieren lässt. Eine Bewertung der Qualität einer Versicherungspolice kann für den Versicherten schließlich erst mittel- oder langfristig erfolgen (Maskus 2004, S. 2212). So wird eine Versicherung in der Hoffnung abgeschlossen, dass sich der Schadenfall nicht ereignet. Tritt der Schadenfall unverhofft ein, offenbart erst dann die Sachlage, ob sich letztlich vom Kunden für das richtige Versicherungspro-dukt entschieden wurde (Diehl 2016, S. 87-88). Die für Laien nur schwer nachvoll-ziehbare Beschaffenheit bzw. der Eindruck enormer Komplexität von Finanzprodukten basiert mitunter darauf, dass die Verträge viel Kleingedrucktes be-inhalten, was oftmals in juristisch verklausulierter Form sprachlich in Erscheinung tritt (Steiner/ Brück/ Hoelken, S. 115). Entsprechend hoch ist das notwendige Ver-trauen in das Zahlungsversprechen im Schadenfall und das Vertrauen in eine kompe-tente (Kummert 2013, S. 7) sowie zweckdienliche Beratung durch den Versicherungsvertreter und potenziert sich wiederum durch die langfristige Natur, Komplexität und die vermeintliche Intransparenz (Oletzky/ Staud/ Boltz 2015, S. 259) – kurzum die Laienunverständlichkeit – von Versicherungs- und Finanzproduk-ten im Allgemeinen (Hubig 2014, S. 359). Die Auflösung der jeweiligen Policen (z.B. Riester-Renten-Versicherungen) stellt oftmals auch keine adäquate Lösung dar, weil dies teilweise mit zusätzlichen Zahlungen einhergeht (Böll/ Brauns/ Detmer/ Sauga/ Seith 2012, S. 83), sodass einige Versicherungsprodukte in der Regel nur einmal ab-geschlossen werden und sich große Komplexität in dieser Kaufentscheidung bündelt. Dementsprechend beeinflussen insbesondere Glaubwürdigkeit, Vertrauenswürdig-keit, Image und Reputation die Kaufentscheidung von Finanzprodukten, sodass dies gepaart mit der Deregulierung der Finanzbranche in den 90er-Jahren sowie der Sätti-gung hiesiger Märkte zu einem harten Wettbewerb führt, der die Überbewertung der Bedeutung von (Marken-)Images in der Finanzbranche kaum ermöglicht (Diehl 2016, S. 88-90). Infolge dieses Entwicklungsprozesses erfolgt letztlich – wie auch in vielen anderen Bereichen – eine Produktangleichung, die zur Verwischung von Distiktions-merkmalen zwischen den konkurrierenden Anbietern führt (Eggli 2004, S. 2187; Lut-termann/ Rothhaar 2016, S. 18).[191] Diese Grenzverwischung vollzieht sich innerhalb der gesamten Finanzbranche und begrenzt sich nicht nur auf die Versicherer, sodass mittlerweile die meisten Versicherungspolicen auch in und über Bankfilialen abge-schlossen werden können (Maskus 2004, S. 2212). Aufgrund dieses Angleichungs-prozesses liegt es nahe, dass der Bankensektor und die Assekuranz auch in der Wahrnehmung der Bürger noch einmal näher zusammenrücken und somit Image-

---

[191] Bereits der 2001 von den Consart Management Consultants herausgegebene Sammelband kritisiert die mangelhafte Herausbildung von (Marken-)Images innerhalb der Finanzbranche.

Transfer-Prozesse erleichtern, während sich die Bedeutung eines positiven Images aufgrund des Bedeutungszuwachses des Images potenziert.

Dementsprechend überschneiden sich die zentralen Kritikpunkte gegenüber den Banken und den Versicherern. So wird sich in Alltagsdiskussion, in Talkshows und aus den Reihen der Politiker regelmäßig über die enorme Komplexität von Finanzprodukten, ihre mangelnde Transparenz sowie die vermeintlich primär provisionsgeleiteten Beratungsmethoden („Skrupellosigkeit") (Diehl 2016, 87-88) beschwert, während in den Äußerungen oftmals nicht trennscharf in Bankensektor und in Assekuranz unterschieden wird (ebd.).[192] Während die gegenwärtigen Rahmenbedingungen dazu führen, dass das Image insbesondere in der Finanzbranche an Relevanz gewinnt (Maskus 2004, S. 2211), können die begrenzten Kontaktpunkte der Bürger mit der Finanzbranche und ihren einzelnen Entitäten die Vorstellung eines homogenen Konglomerats der Finanzbranche maßgeblich beeinflussen. In nicht gerade seltenen Fällen ist dies von tradierten Wissensbeständen über Spekulanten und Finanzmarkt-Aktivitäten beeinflusst (ausführlich dazu Diehl 2017), sodass sich die Einstellung ergeben kann, dass es sich bei der Branche im Allgemeinen wie bei den einzelnen Repräsentanten um „gierige" und „skrupellose" Menschen handele sowie kein signifikanter Unterschied zwischen Versicherern und Versicherungsvertretern sowie zwischen Banken und Bankberatern existiere (ebd.). Die Heranziehung solcher Zuschreibungen gegenüber der Finanzbranche in der Gegenwart – kurzum die sprachlich eruierbaren Bestandteil ihres Images – basieren jedoch keineswegs ausschließlich auf Handlungen, Charakteristika, Wahrnehmungen und Beschreibungen der zeitgenössischen Finanzbranche, sondern werden teilweise seit mehreren Generationen wiederholt und auf diese Weise bis in die Gegenwart tradiert. So lassen sich bei der Analyse vorheriger Diskurse über die Finanzbranche teilweise Jahrhunderte alte Kritikpunkte verzeichnen, die sogar bis zur Bibel zurückreichen und in Form von Gesetzen – z.B. Zinsverbot – eine lange Zeit den rechtlichen Rahmen des Bankenwesens ausmachen. So ist es beispielsweise kein Zufall, dass in öffentlichen Debatten insbesondere der Finanzbranche gegenüber ethisch-moralische Kritikpunkte herangeführt oder Vergleiche zu (lasterhaften) Glücksspielen gezogen werden, während sich beispielsweise Automobilhersteller mit oftmals andersartigen Kritikpunkten konfrontiert sehen. Infolgedessen prägen solche sprachlichen Markierungen bzw. Konnotationen sowie solche inhaltlichen Beschreibungen die vergangenen und gegenwärtigen Diskurse und überliefern somit spezifische Vorwürfe sowie z.B. ein dazugehöriges Metaphern- und Analogien-Repertoire gegenüber der Finanzbranche, die ebenfalls in zeitgenössischen Diskursen aufgegriffen werden. Daher wird im Folgenden ein historischer Rückblick erarbeitet, der einerseits exemplarisch anhand des Beispiels der Finanzbranche aufzeigt, wie inhaltliche Image-Transfer-Prozesse über

---

192 Für einen Realitätsabgleich dieser Vorwürfe siehe Diehl (2016) sowie Oletzky, Staud und Boltz (2015).

mehrere Generationen hinweg funktionieren können und der andererseits die gegenseitige Beeinflussung des Bankensektor-Images und des Assekuranz-Images sowie die diesbezügliche herausragende Rolle der Finanzkrisen-Debatte 2008 darstellt. Auf diese Weise wird ebenfalls die Grundlage für die nachfolgende empirische Analyse der Riester-Renten-Debatte in Bezug auf das Versicherer-Image gelegt.

7.2 Banken und Versicherer im Transfer

Die Wurzeln des Images und der Reputation der Finanzbranche reichen weit in das 17. Jahrhundert zurück, sodass zentrale Vorstellungsbilder wie die des „gierigen Bankers" (Hammel 2015, S. 124) in Diskursen wie die der Finanzkrisen-Debatte 2008 oder die der regelmäßigen Manager-Lohndebatten schnell auf Anerkennung oder Zustimmung stoßen. Die zentralen Kritikpunkte umfassen primär moralische Kritik an den Handlungen der Finanzmarkt-Akteure, die sich angeblich auf Kosten anderer bereichern würden. Diese Aspekte werden gegenüber der gesamten Finanzbranche während der Finanzkrisen-Debatte 2008, in der Heuschrecken-Debatte 2005 sowie während den Diskursen des 17., 18. und 19. Jahrhunderts aufgegriffen, in denen die Finanzmarkt-Akteure um gesellschaftliche Anerkennung buhlen (ausführlich dazu Diehl 2017). Bis zum 19. Jahrhundert unterscheidet die öffentliche Wahrnehmung noch nicht zwischen Glücksspiel und wirtschaftlicher Spekulation, da aus einer Außenperspektive heraus keine Unterschiede zwischen beiden Handlungen gesehen werden (Stäheli 2007, S. 44). Die Gewinnchancen beider Handlungen basieren gemäß der zeitgenössischen Wahrnehmung des 17. und 18. Jahrhunderts auf Glück, sodass ein rational-denkender Bürger wohl kaum zum Spiel um Geld bereit wäre, es sei denn er wäre der Sucht des Spiels erlegen, was jedoch den Ruf der Finanzmarkt-Spekulanten nur noch weiter schädigt (Stäheli 2007, S. 63). Im 18. Jahrhundert intensiviert sich sowohl die Kritik des Bürgertums an Finanzmarkt-Spekulationen, da sie als Gegenstück bürgerlicher Tugend und Moral klassifiziert werden, als auch die Kritik an Spekulanten, ohne eigene händische Arbeit Geld zu akkumulieren, lauter wird (de Goede 2014, S. 33-34).[193] Am Ende des 19. Jahrhunderts beginnen Finanzmarkt-Akteure die Finanzmärkte erfolgreich als von ökonomischen Gesetzmäßigkeiten beeinflusst sowie ihre Spekulationen als für die produktionsbasierte Wirtschaft wertvoll darzustellen und den Akt der Spekulation aktiv von dem des Glücksspiels abzugrenzen (Stäheli 2007, S. 33). Die Finanzmarkt-Akteure stellen sich fortan als rational-kalkulierende

---

193 Die mit dem Glücks- und Geldspiel verbundenen negativen Assoziationen und Konnotationen reichen bis zur Bibel zurück, in der die römischen Soldaten nach der Kreuzung Christi um den Heiligen Rock spielen, was ihre Morallosigkeit ausdrücken soll (Hempel 2009, S. 99). Des Weiteren wird den Glücksspielern wie auch den Finanzmarkt-Akteuren regelmäßig Gier als Leitmotiv unterstellt, was laut christlichem Glauben eine der größten Sünde darstellt (Preda 2005, S. 150).

Strategen und langfristige Planer dar, während sie erfolgreich für die gesellschaftliche Legitimation der Finanzmarkt-Spekulationen aufgrund ihres Mehrwerts für die produktionsbasierte Wirtschaft werben (Preda 2005, S. 154). Das Image der Finanzbranche verbessert sich, indem Zuschreibungen wie Gier, Egoismus und Morallosigkeit sukzessiv an Relevanz verlieren, obgleich sie nicht aussterben, sondern bis in die Gegenwart sozial tradiert werden und bei negativen Erfahrungen mit der Finanzbranche evoziert werden können. Infolgedessen bilden sie einen Bestandteil des kontextabhängigen Image-Aushandlungsprozesses. Aus diesem Grund lassen sich auch in gegenwärtigen Diskursen zahlreiche Analogien zwischen Glücksspiel und Finanzbranche finden (Oppenhäuser 2007, S. 44; Urban 2014, S. 221). Dies bedeutet jedoch nicht, dass Images und Stereotype von einer Generation zur nächsten eins zu eins weitergegeben werden, sondern dass inhaltliche Überschneidungen in Bezug auf ein Objekt wie die Finanzbranche aufgrund ähnlicher – stets temporärer – Denkweisen wahrscheinlich sind (Jaecker 2013, S. 373). So ist es beispielsweise auch kein Zufall, dass Armut vor dem 16. Jahrhundert nicht negativ konnotiert ist, sondern aufgrund von Bettlerorden teilweise sehr große Anerkennung genießt (Bohlender 2015, S. 104). Allerdings ändert sich die Konnotation ab dem 16. Jahrhundert bis ins 20. Jahrhundert zum Negativen bis sozialstaatliche Prinzipien durch die Verabschiedung der gesetzlichen Arbeitslosen-, Kranken- und Rentenversicherung umgesetzt werden. Seit dem Siegeszug der neoliberalen Ideologie verschiebt sich diese Betrachtungsweise jedoch stückweise, sodass der Arbeitslose mehr und mehr als „Affront für die moderne Arbeitsgesellschaft" (Bohlender 2015, S. 120) wahrgenommen wird. Die für eine Beschreibung herangezogenen Analogien verändern sich also je nach Zeitgeist, aber sie stehen nichtsdestoweniger in einem historisch gewachsenen Kontext, der bestimmte Beschreibungen und inhaltliche Überschneidungen in den Denkweisen der Menschen überhaupt erst ermöglicht.[194] Dementsprechend ist es auch kein Zufall, dass Banken und Versicherer gelegentlich als prototypische Kapitalisten empfunden oder eben mit inhaltlich identischer Kritik konfrontiert werden, die im Zentrum die Ausbeutung anderer umfasst (Mahler 2008, S. 58). Auf einen Satz komprimiert bedeuten diese Ausführungen, dass sich etablierte Stereotype bzw. Images und dazugehörige Denkweisen über Generationen hinweg nicht einfach in Luft auflösen, sondern sich als hartnäckig erweisen können. Infolgedessen können sie insbesondere in Krisendiskursen wie während der Finanzkrisen-Debatte 2008 ans Tageslicht treten (Diehl 2017, S. 89-90).

Die Tradierung früherer Denkweisen und inhaltlicher Zuschreibungen wirken sich auf die Finanzbranche im Allgemeinen aus, indem sie wie auch die gegenwärtige

---

194   Die Übertragung von Denkweisen haben Jan C. Behrends, Klimó von Árpád und Patrice G.
        Poutrus (2005, S. 19) in Bezug auf den Anti-Amerikanismus herausgearbeitet.

Symbolik und die Gegenwartssprache eine zeitgenössische „Semantik"[195] (Luhmann/ Baecker 2009, S. 24) bilden, die die zeitgenössische Wahrnehmung, Deutung und Beschreibung bzw. das Image eines Akteurs beeinflussen.[196] So zeigt die Finanzkrisen-Debatte 2008 als ein zentrales Momentum kommunizierter Wissensbestände und diskursiver Aushandlungsprozesse bezüglich der Rolle der Banker und der Banken eindrücklich auf, wie inhaltlich identische Zuschreibungen bereits seit dem 18. Jahrhundert gegenüber „Finanzmenschen" und Glücksspielern, später dann gegenüber „den Kapitalisten", auch noch im 21. Jahrhundert weiterleben bzw. in Form gegenwärtiger Konnotationen tradiert werden und bei Negativerfahrungen abrufbar sind. Es handelt sich hierbei also um die rekursive Beeinflussung des Images durch die Semantik. Die Finanzkrisen-Debatte 2008 bündelt als Medienereignis und Risikodiskurs ein seit der Globalisierung einmaliges Maß an Aufmerksamkeit auf die Finanzbranche und wirkt sich als ein zentraler Kontaktpunkt zwischen dem Bürger und den Finanzmarkt-Akteuren entsprechend auf die zeitgenössische Beurteilung der Finanzbranche bzw. auf das gegenwärtige Image der Finanzbranche aus (Diehl 2017, S. 90).[197] Während der Finanzkrisen-Debatte werden also mitunter anhand der zeitgenössischen Semantik – d.h. teilweise tradierter Sprach-, Denk- und Deutungsmuster – Wissensbestände ausgehandelt, die nun auf das Image des Bankensektors und der Assekuranz im Allgemeinen wie im Speziellen wirken und somit ebenfalls die zeitgenössische Semantik beeinflussen können. Die Semantik und das Image stehen also ebenfalls in einem rekursiven Verhältnis zueinander, während sowohl die temporäre Semantik als auch das aktuelle Image der Finanzbranche das zukünftige Image der Branche oder einzelner Banken oder einzelner Versicherer beeinflussen können.

Für die Finanzbranche bedeutet dies, dass – von der zeitgenössischen Semantik geprägten – inhaltlich ähnliche bzw. identische Argumentationsmuster, Zuschreibungen und Wissensbestände über den Bankensektor von Zeitgenossen ebenfalls auf die aus einer Außenperspektive scheinbar ähnlich wirkende Versicherungswirtschaft übertragen werden können. Die zeitgenössische Semantik wiederum wirkt ebenfalls auf den Gesamteindruck (Image) des Bankensektors im Allgemeinen, während dies das Image der einzelnen Banken beeinflussen kann. Der Image-Transfer erfolgt hierbei vom Bankensektor zur Assekuranz, wobei Attributierungen aus der gegenwärtigen Semantik selbstverständlich auch direkt auf die Assekuranz wirken können und nicht notwendigerweise über den Umweg des Bankensektor-Images erfolgen müssen.

---

195   Die Begrifflichkeit „Semantik" bezeichnet keine Wissensbestände die kollektiv-geteilt werden und somit bei jedem Menschen abrufbar wären, sondern die zeitgenössische Art und Weise zu sprechen und zu denken sowie auf spezifische Denkmuster zurückzugreifen. Es handelt sich also bei „Semantik" um einen temporär-veränderbaren zeitgenössischen Sinnvorrat an bekannten Zeichen, Denk- und Deutungsmustern (Luhmann/ Baecker 2009, S. 24).

196   In Bezug auf Stereotype und Stigma konstatiert Goffman etwas Vergleichbares, indem er erklärt, dass jedes Stereotyp und jede Zuschreibung stets mit dem Zeitgeist bzw. den zeitgenössischen Weltbildern verflochten ist und daher temporären Sinn ergibt (Goffman 1975, S. 9).

197   Die Inhaltsebene der Finanzkrisen-Debatte wird im folgenden Kapitel ausgearbeitet.

So wird während der Finanzkrisen-Debatte die Nähe und die Verstrickung des Bankensektors mit der Assekuranz regelmäßig thematisiert sowie auch unzählige Versicherer im Zuge der Krise aufgrund der Interdependenzen sowie ihrer eigenen Geschäfte im Bereich des Wertpapierhandels ins Straucheln geraten (Honegger/ Neckel 2010, S. 21; Illing 2013, S. 10), wodurch der Transfer der Images wahrscheinlicher wird.[198] Bereits die Finanzkrisen-Debatte 2008 führt zu einer breiten sowie lange anhaltenden Diskussion über die Rolle der Finanzbranche in der Gesellschaft (Heires/ Nölke 2014, S. 19). Die davon beeinflusste und nun seit einer Dekade verlaufende Riester-Renten-Debatte stellt einen Zugang zur Analyse der ausgehandelten Wissensbestände über die Assekuranz dar, während der Diskurs vor den Augen eines Millionenpublikums geführt wird und somit gleichzeitig neue Wissensbestände ausgehandelt werden, die auf diese Weise wiederum ihren Weg in die zeitgenössischen Sprach-, Denk- und Deutungsmuster finden. Die Riester-Renten-Debatte beeinflusst also das Image der Assekuranz, während sich dies wiederum auf das Image der einzelnen Versicherer auswirkt. Die zuvor beschriebenen Interdependenzen und Verflechtungen (Image-Transfer) sind in der nachstehenden Abbildung zusammenfassend dargestellt. Die Einschätzung eines existierenden Image-Transfer-Prozesses wird ebenfalls von dem aus dem Praxisalltag stammenden Leiter der privaten Altersvorsorge Frank Breiting von *DWS Investments* geteilt:

„'Je konkreter und klarer die Kritik am Konzept Riester wird, desto eher können die Betroffenen auch konkret reagieren. Aktuell lähmt uns die Pauschalkritik in den Medien, und ich tue mich schwer, noch in weitere Produktverbesserungen zu investieren, da ich als Einzelanbieter nicht mehr mit meinem Produkt und mit meiner Leistung wahrgenommen werde, sondern immer gemeinsam mit der Kaste Riester an den Pranger gestellt werde für Dinge, die ich weder verantworten noch beeinflussen kann [...]'" (zit. nach Hagen/ Schäfer 2012, S. 10).

---

198 Aus diesem Grund erfolgt im nächsten Abschnitt die ausführliche Beschäftigung mit der Inhaltsebene der Finanzkrisen-Debatte, da sie durch Image-Transfer direkten Einfluss auf die Reputation und das Image der Assekuranz und einzelner Versicherer ausüben kann.

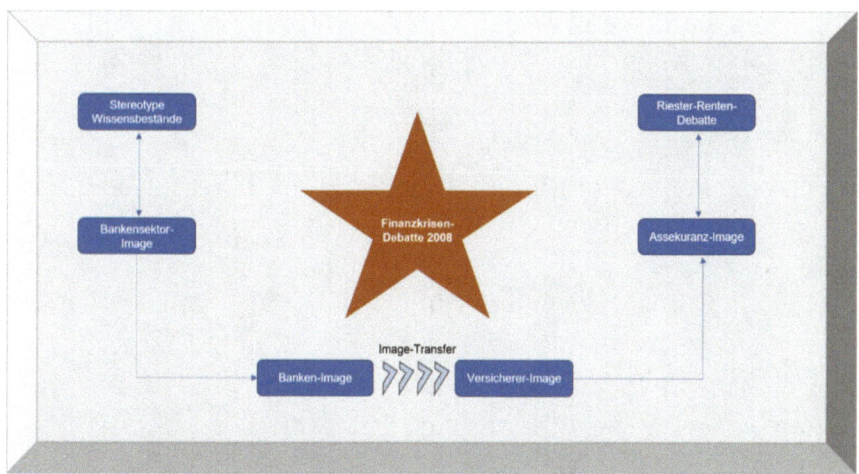

Abbildung 4: Image-Transfer: Versicherungsbranche und Bankensektor

Quelle: Eigene Darstellung in Anlehnung an Siegert und Brecheis (2001, S. 120).

8 Entwicklungslinien

8.1 Modernes Versicherungswesen

Die Wirkungsmechanismen des Image-Transfer-Prozesses weisen darauf hin, dass die historische Entwicklung, auf die gegenwärtige Wahrnehmung, die Bewertung und die Beschreibung eines Phänomens oder eines (wirtschaftlichen) Akteurs Einfluss nehmen kann. Deshalb werden zunächst die zentralen Entwicklungslinien des modernen Versicherungswesens nachgezeichnet, da sie die Grundlage und das Tätigkeitsfeld zeitgenössischer Versicherungsunternehmen samt ihrer gegenwärtigen Rahmenbedingungen bilden. Dementsprechend konstituieren sie den Kontext der an die Assekuranz gestellten Forderungen und Erwartungen, die neben Alltagssituation ebenfalls in öffentlichen Debatten zur Einordnung und Bewertung der Assekuranz herangezogen werden – wie in der anschließenden Diskursanalyse noch zu zeigen sein wird.

Bereits im Mittelalter etablieren sich die ersten Versicherungen, wobei diese strikt auf den Seetransport begrenzt sind (ausführlich dazu von Stryk 1998, S. 196). Seit dem 17. Jahrhunderte erfolgt die sukzessive Verbreitung von Versicherungen, deren Durchdringung zahlreicher Lebensbereiche und deren gesellschaftliche Relevanz sich insbesondere im 19. Jahrhundert durch die Verabschiedung wohlfahrtsstaatlicher Sozialversicherungen erheblich potenziert (Makropoulos 1990, S. 417).[199] Tatsächlich lassen sich die Seetransportversicherungen des Mittelalter jedoch nur bedingt mit den Versicherungsprodukten der Moderne vergleichen, da die gesamte Geschäftstätigkeit moderner Versicherer auf mathematischen Wahrscheinlichkeitsrechnungen basiert (von Stryk 1998, S. 199). Die Erforschung der Stochastik ist jedoch nicht der einzige Meilenstein auf dem Weg zum modernen Versicherungswesen, sondern erst die veränderten Rahmenbedingungen bilden den fruchtbaren Boden, auf dem die Assekuranz gedeihen und sich verbreiten kann: Die durch die Industrialisierung befeuerte Auflösung von Zünften, Gilden und ähnlichen familiären sowie religiösen Solidaritätsstrukturen führen zur Individualisierung des Risikos bzw. der Sicherheit (Ewald 1989, S. 386; 1993, S. 224). Die Säkularisierung entkoppelt die Deu-

---

199 Den Bedeutungsgewinn von Feuerversicherungen in der Mitte des 18. Jahrhunderts in Form von staatlichen Zwangsversicherungen beschreibt Borscheid (1995, S. 294).

© Springer Fachmedien Wiesbaden GmbH, ein Teil von Springer Nature 2019
N. Diehl, *Das Image im Aushandlungsprozess*,
https://doi.org/10.1007/978-3-658-27234-0_8

tung von Schicksalsschlägen als Produkt eines nachteiligen göttlichen Eingriffs. Infolgedessen wird nicht mehr Gott, sondern dem Zufall die Autorschaft an einem
Schicksalsschlag bzw. an einem Schadenfall zugeschrieben.[200] Das tückische an dem
Zufall ist, dass sich gegen ihn nicht gewappnet werden kann, während gegen die göttliche Intervention zwar auch eine irdische Versicherung nicht hilft, jedoch durch
Frömmigkeit die Wahrscheinlichkeit eines göttlichen Eingriffs – der damaligen Welt-
anschauungen gemäß – gesenkt werden kann (Ewald 1989). Zeitgleich wird der Schadenfall nicht mehr als Ungeschick bzw. individuelles Fehlverhalten einer Person
gedeutet, sodass der Zufall und die Wahrscheinlichkeit von Schadensfällen an gesellschaftlicher Relevanz gewinnen (Ewald 1993, S. 24).[201] Auf diese Weise setzt die „Ob-
jektivierung des Übels" ein (ebd., S. 26) und Versicherungen bilden sich als
ökonomische „Technologie des Risikos" (ebd., S. 209) heraus, um neu entstandene
Gefahrenräume zu reduzieren und das Bedürfnis nach Sicherheit zu befriedigen.
Gleichzeitig bedeutet dies jedoch auch, dass die Personen, die auf eine Versicherung
verzichten, die Schuld an der Schadenshöhe selbst tragen, da sie sich hätten vorab
versichern können (Ewald 1993, S. 27).[202] So geht die Ausbreitung der Versicherungen mit einer Umdeutung von „Zeit (Zukunft), Zufall, Glück, Vorsehung und Schick-
sal, der Ordnung und der Unordnung in Natur, Welt und Gesellschaft und der der
Existenz des Bösen (nach Ursprung, Verantwortlichkeit und Bewältigung)" einher
(Ewald 1989, S. 386). Die erste deutsche Lebensversicherung im Jahr 1778 (ausführlich dazu Borscheid 1995, S. 296) kann somit als Antwort auf die Wahrnehmung neuartiger sozialer Risiken verstanden werden, was wiederum mit der Erosion früherer
Strukturen sowie mit dem durch die Aufklärung bedingten Bedeutungsgewinn von
Sicherheit verflochten ist und in der Etablierung des Wohlfahrtsstaats im 19. Jahr-
hundert kulminiert (Ewald 1989, S. 391).[203]
        Gerade in öffentlichen Diskursen werden Sicherheit und Unsicherheit in einem
Atemzug genannt, obwohl diese Begriffe in der Bedeutung grundverschieden sind.

---

200   Gleichzeitig wird Armut auch nicht mehr als etwas Vorbestimmtes gedeutet, sondern eher als zuvor
      als Produkt der eigenen Leistung bzw. Unfähigkeit wahrgenommen (Borscheid 1995, S. 294).

201   Ewald fasst seine diesbezüglichen Aussagen folgendermaßen zusammen. "Ein Risiko kalkulieren
      heißt, die Zeit zu beherrschen und die Zukunft zu disziplinieren. Sein Leben wie ein Unternehmen
      zu führen wird seit dem ausgehenden 18. Jahrhundert zum Prinzip einer Moral, deren Kardinaltu-
      gend die Voraussicht ist" (Ewald 1989, S. 387).

202   Ewald geht sogar einen Schritt weiter und beschreibt Versicherungen als ein zentrales "Wesen des
      [zeitgenössischen] Gesellschaftsvertrages" (Ewald 1989).

203   Die Entstehung moderner Versicherungen hat Ewald (1993) ausführlich untersucht, während Bor-
      scheid (1993) sich insbesondere mit der Entwicklung der Lebensversicherungen in Deutschland
      anhand der *Westfälischen Provinzial-Versicherungen* sowie der Etablierung deutscher Versicherungen
      im Allgemeinen am Beispiel der *Allianz* (1990) beschäftigt hat. Die Werbegeschichte der *Allianz*
      lässt sich bei Borscheid (1990) auf den Seiten 392-415 finden sowie die Werbegeschichte anderer
      deutscher Versicherer zuzüglich der Sparkassen im historischen Zeitverlauf ebenfalls von Bor-
      scheid (1995) herausgearbeitet wird.

Die Begrifflichkeit Sicherheit suggeriert, dass ein Zustand der Sicherheit erreicht werden könnte. Doch selbst zahlreiche Sicherheitsvorkehrungen haben nicht einmal zum Ziel, Gefahren wie beispielsweise Naturkatastrophen oder feindliche Übergriffe abzuwehren, sondern versuchen bloß als Warn- oder Gegenwehrsysteme zu dienen, um den im Schadenfall eintretenden Schaden zu begrenzen (Münkler 2015, S. 23). Tatsächlich lässt sich die Forderung nach einem Mehr an Sicherheit trotz einem historisch ungekannten Ausmaß an sozialer Sicherheit regelmäßig in modernen Gesellschaften verzeichnen (Münkler 2015, S. 12). Dieser Prozess basiert auf einem Dilemma zwischen dem Grad an sozialer Sicherheit und dem individuellen sowie gesellschaftlichen Unsicherheitsgefühl: Je eher die Zukunft als sicher eingeschätzt wird, desto intensiver wird die kleinste Unterbrechung dieser Erwartung empfunden, sodass die Rufe nach mehr Sicherheit infolge der Wahrnehmung gegenwärtiger Unsicherheit lauter werden (ebd.). Es existiert jedoch keine umfassende Sicherheit, da bei jeder gesellschaftlichen wie auch individuellen Handlung Risiken bestehen, sodass dieses Bedürfnis nicht erfüllt werden und sich das Unsicherheitsgefühl als daraus resultierende Folge erhöhen kann (ebd., S. 12). So entstehen beispielsweise die Sozialversicherungen Europas des 19. Jahrhunderts als Resultat des Unsicherheitsgefühls, dem zuvor in Zünften und in familiären Gruppen begegnet wird (Conze 1984, S. 859).[204] Auf vergleichbare Weise führt auch das Bedürfnis nach Sicherheit zur Entstehung der ersten Versicherungen und erfolgt als Resultat aus dem Zusammenbruch feudaler Gesellschaftsstrukturen (Ewald 1989, S. 387), die über den Zugang der Stochastik und der regelmäßigen Zahlung von Beiträgen aus einem potenziellen Risiko individuelle Erwartungssicherheit entstehen lassen (ausführlich dazu Rüb 2003, S. 312).[205] Das Bedürfnis nach Sicherheit ist also keine neuartige Erscheinung, die Spirale und ihr Ausmaß, welche zu einem höheren Sicherheitsbedürfnis führen, hingegen schon: Das hohe Maß der gegenwärtig existierenden Sicherheit führt dazu, dass Gefahren wie beispielsweise die einer Naturkatastrophe z.B. über die (massen-)mediale Berichterstattung Eingang in die Lebenswelt der Zeitgenossen finden. Diese latente wie potenzielle Gefahr wird in einer in der Regel von Sicherheit geprägten

---

204 Werner Conze (1984) hat die Entwicklung des Konzepts „Sicherheit" seit der Antike und ihre sprachgeschichtliche Veränderung herausgearbeitet. Kaufmann untersucht eine vergleichbare Fragestellung und betont ebenfalls explizit den „utopischen Charakter" (Conze 2003, S. 74) von Sicherheit.

205 Die Entwicklung des Wohlfahrtsstaats, Versicherungen und deren Verknüpfung zu Unsicherheitsgefühlen können bei Friedbert W. Rüb (2003) nachgelesen werden. Er argumentiert, dass „Risiko" und „Versicherung" zentrale Grundsteine wohlfahrtsstaatlicher Politik sind und auch der Versuch der politischen „Produktion von sozialer Sicherheit durch die Kompensation von sozialen Risiken [...] ein riskantes Geschäft" (Rüb 2003, S. 322) ist, weil immer neue soziale Risiken entdeckt und neue soziale Probleme in der Umwelt nicht abschließend identifiziert werden können, sodass der Sozialstaat beispielsweise durch Staatsverschuldung zum Problem und nicht zum Problemlöser mutiert.

Gegenwart als größere Gefahr eingestuft als von einem Zeitgenossen, der beispielsweise in einem sogenannten „Krisengebiet" ganz anderen Gefahren ausgesetzt ist. Nun folgt der Wahrnehmung dieser Gefahr die Forderung nach der bestmöglichen Beseitigung letzterer. Das Sicherheitsbedürfnis steigt also in einer vergleichsweise sichereren Lebenswelt, da jede Unregelmäßigkeit als potenzielle Gefahr wahrgenommen werden und so das eigene Sicherheitsbedürfnis potenzieren kann. Das erhöhte Sicherheitsbedürfnis findet wiederum durch erfahrungsbasierte wie komplexitätsreduzierende Konstrukte wie beispielsweise Images – und dadurch durch eine als vertrauenswürdig eingestufte Organisation (z.b. staatliche Institutionen) – Befriedigung.

Risiken bestehen nicht naturwüchsig, sondern sind stets soziale Produkte bzw. Bewertungen aus subjektiven Konstruktionsprozessen, sodass die Umdeutung bestehender Verhältnisse dazu führen kann, dass zukünftig jede denkbare Entität als vermeintliches Risiko eingestuft werden kann (Ewald 1993, S. 22-23). So geht Wohlstand und real zunehmende Sicherheit nicht zwangsläufig mit einem gesteigerten zeitgenössischen Sicherheitsempfinden einher (Ewald 1993, S. 15), sondern bedingt sogar eher das Gegenteil. Das Ziel von Versicherungen besteht nun darin, wahrgenommene Risiken abzuschwächen, indem sie den Schadensausgleich im Schadenfall klären und somit die negativen Effekte von Unsicherheit sowie von Furcht reduzieren (Makropoulos 1990, S. 418). Was für den einzelnen ein Unglück darstellt, ist für die Versicherer eine zuvor kalkulierte „Umgangsweise mit spezifischen Ereignissen" (ausführlich dazu Ewald 1989, S. 390). Die Furcht vor dem Schadenfall verleitet also den einzelnen dazu, eine Versicherung abzuschließen und die entsprechenden Versicherungskosten an die Versicherer zu zahlen. Die Versicherer fungieren dabei als Kapitalsammelbecken aus denjenigen, denen der Schadenfall tatsächlich ereilt, der Schadensausgleich ausgezahlt werden kann, während die restlichen Versicherten ihre gezahlten Beiträge in keiner Form erstattet bekommen. Auf diese Weise funktionieren Versicherer als Umverteilungsorganisation, durch die das Risiko des einzelnen auf die Gruppe der Versicherten verteilt wird (ausführlich dazu Ewald 1989, S. 387-391). Dadurch sind Individuen wie auch Organisationen dazu in der Lage, bei begrenztem monetären Risiko, flexible (Handlungs-)Entscheidungen zu treffen (Zimmermann/ Richter 2015, S. 26).

Seit spätestens dem 19. Jahrhundert wird der Assekuranz wie auch dem Bankensektor Amoralität vorgeworfen und die Branche im Allgemeinen wird in die semantische Nähe von Wetten gerückt, weshalb Ewald (1993, S. 229) von einer Grundskepsis gegenüber den Versicherern spricht.[206] Diese Skepsis hängt mit dem Geschäftsfeld der Assekuranz zusammen, das sich insbesondere um die Geldverwaltung der Versicherten dreht und in Form von abstrakten Versicherungspolicen eine

---

206   Bei Vergleichen zwischen der Assekuranz und dem Glücksspiel wird ein zentraler Aspekt regelmä
      ßig außer Acht gelassen: Bei den Praktiken ersterer erfüllt sie im Gegensatz zu letzterer eine „schadensdeckende Funktion" (von Stryk 1998, S. 195).

Lösung für das individuelle Bedürfnis nach Sicherheit bereithält (ähnlich bei Lutter-
mann/ Rothhaar 2016, S. 18). Es handelt sich also um ein äußerst sensibles Tätig-
keitsfeld, das im Schadenfall ohne das Einsetzen des Schadensausgleichs durch den
Versicherer sehr starke negative Emotionen wecken kann.[207] So existiert auch in der
Gegenwart ein eher negatives Image der Assekuranz und ein vergleichsweise geringes
Vertrauen in die Versicherungsbranche im Allgemeinen (Mast 2016, S. 3; O-
letzky/ Staud/ Boltz 2015, S. 257; Stange/ Reich 2015, S. 5), welches sich durch die
Verstrickungen mit dem Bankensektor während der Finanzkrise 2008 und durch die
Negativ-Schlagzeilen über Intransparenz und Komplexität der Versicherungspolicen,
provisionsgetriebene Versicherungsvertreter, über nicht zur Zahlung bereiten Versicherer sowie über vermeintlich unrentable Versicherungsprodukte wie beispielsweise
die Riester-Rente potenziert (Diehl 2016, S. 90-93).[208]

Die Finanzkrise wirkt sich aber nicht nur negativ auf die Reputation und das
Image der Finanzbranche im Allgemeinen aus, sondern verändert auch die Rahmenbedingungen ihrer Geschäftstätigkeit: So äußern sich die Langzeitfolgen der Finanzkrise beispielsweise in der Niedrigzinspolitik der *Europäischen Zentralbank* (Mast 2016,
S. 3; Strötgen 2016, S. 307) sowie in weiteren regulatorischen Eingriffen wie beispielsweise *Solvency II* (Steiner/ Brück/ Hoelken 2015, S. 110; Stange/ Reich 2015, S. 5).[209]

8.2 Alterssicherung im Wandel

Seit mehreren Dekaden herrschen aufmerksamkeitserregende öffentliche Debatten
über die Stabilität der Alterssicherung in Deutschland, die mit strukturellen Änderun-
gen der Alterssicherung einhergehen. Diese Debatten und diesbezügliche politische

---

207 Finanzmärkte können als ein „unsicherheitsgeprägte[r] Handlungsraum" (Wiesenthal 2009, S. 30)
    verstanden werden, da dort Geld mit Geld zuzüglich der Komponente Spekulation (Zukunftsprog-
    nose) gehandelt wird. Die Informationsasymmetrie verschiedener Akteure und das Verhältnis von
    Finanzmärkten, Versicherern, (Un-)Sicherheit und Risiko lassen sich auch an der Funktion des
    Brokers verdeutlichen (Lütz 2008, S. 342): Die Aufgabe des Brokers besteht darin, Unsicherheit in
    Risikowahrscheinlichkeiten zu übersetzen, um darauf aufbauend Handlungsempfehlungen abzuge-
    ben, während Versicherer Schadenswahrscheinlichkeiten ausrechnen, um Versicherungsbeiträge
    für das Eintreten des Schadensausgleichs im (eventuellen) Schadenfall einzufordern (Windolf 2005,
    S. 41) – sowohl der Broker wie auch der Versicherer versuchen, ein positives Image zu evozieren,
    sodass Individuen ihnen diese Aufgaben zutrauen und diesbezüglich (riskante) (Kauf-)Entschei-
    dungen gegenüber einem Anbieter und entsprechender Produkte treffen.
208 Diehl (2016) beschreibt den zentralen Stellenwert von Vertrauen für Versicherer und erörtert zeit-
    genössische stereotype Zuschreibungen gegenüber Versicherern und Versicherungsvertretern.
209 In Deutschland ist das Tätigkeitsfeld des Versicherungsmarkts bis in die Mitte der 90er-Jahre streng
    limitiert, sodass die Regularien erst durch die Deregulierung des Versicherungswesens aufgehoben
    werden und auf diese Weise eine strukturelle Veränderung der Assekuranz in Richtung mehr Wett-
    bewerb, größere Marktsättigung und stärkerem Profitdruck ausgelöst wird (ausführlich dazu Zim-
    mermann/ Richter 2015).

Veränderungen vollziehen sich seit den 80er-Jahren und erfolgen somit innerhalb
derselben Generation, sodass sich zahlreiche Zeitgenossen an den Zustand der Alterssicherung vor diesbezüglichen Reformen noch erinnert können. Daher nimmt der
Reformprozess sowie dessen argumentative Begründung Einfluss auf die gegenwärtige Wahrnehmung, Beschreibung und Bewertung der gegenwärtigen Alterssicherung. Dementsprechend wird die Riester-Rente als prominentester Teil der
Alterssicherung öffentlich diskutiert, weshalb im Folgenden dessen Entstehungshintergründe und dessen strukturelle Veränderungen auf die bisherigen Alterssiche-
rungs-Systeme problematisiert werden. Dadurch wird der kontextuelle Rahmen der
Riester-Renten-Debatte vor der nachfolgenden (Diskurs-)Analyse der Riester-Renten-Debatte seit 2008 eruiert.

    Die Einführung der Sozialversicherungen am Ende des 19. Jahrhunderts erklärt
Sozialpolitik zur primär staatlichen Aufgabe (Köppe 2015, S. 12). Jedoch verschiebt
sich ein Jahrhundert später der parteiübergreifende Rückhalt des Sozialstaatsprinzips
und der diesbezügliche Diskurs erweckt entsprechende öffentliche Aufmerksamkeit:
Das Wirtschaftswachstum der Wohlfahrtsstaaten verringert sich seit den 80er-Jahren,
weshalb spätestens ab diesem Zeitpunkt vermehrt über Reduzierungen und Veränderungen der gesetzlichen Rentenversicherung diskutiert wird (Köppe 2015, S. 74).
Der überparteiliche Rückhalt des Sozialversicherungsparadigmas[210] erodiert kurz darauf in den 90er-Jahren zu Gunsten des Mehrsäulenparadigmas (Brettschneider 2009,
S. 189; Bönker 2005, S. 342; Wehlau 2009, S. 87; Wiß 2011, S. 263).[211] Innerhalb
diesem schrittweisen Wandlungsprozess entstehen „Wohlfahrtsmärkte"[212], die sich
durch die Kommodifizierung sozialer Güter auszeichnen und eine Teil-Privatisierung
zuvor primär staatlicher Aufgabenbereiche (z.B. Riester-Renten-Reformen) umfassen
(Köppe 2015, S 18). So wird das Leistungsniveau der gesetzlichen Rentenversicherung durch verschiedene Faktoren wie beispielsweise durch die Entkopplung der
Rente von der Lohnentwicklung reduziert, sodass die gesetzliche Rentenversicherung

---

210   Frank Bönker erklärt das Sozialversicherungsparadigma folgendermaßen: „Für die Anhänger des
      Sozialversicherungsparadigmas ist die staatliche Rentenversicherung die zentrale Institution der Al-
      tersvorsorge. Sie hat die Aufgabe, durch ihre Leistungen den Lebensstandard nach dem Ausschei-
      den aus dem Erwerbsleben zu sichern. [ ] Seine Anhänger teilen eine gewisse Skepsis gegenüber
      der ‚Verlässlichkeit' von Kapitalmärkten und individuellen Investitionsentscheidungen. Sie betonen
      die Investitionsrisiken von Kapitalmarktanlagen und bezweifeln die Fähigkeit der Haushalte, infor-
      mierte Investitionsentscheidungen zu treffen und von sich aus für das Alter vorzusorgen. [...] Diese
      kognitiven Überzeugungen verbinden sich mit der normativen Überzeugung, dass es die Aufgabe
      des Staates ist, Marktversagen zu korrigieren, die Haushalte vor Marktrisiken zu schützen und so-
      ziale Ungleichheit zu begrenzen" (Bönker 2005, S. 340).

211   Bönker spricht ebenfalls von einem generationswechselbedingtem „Elitenwechsel" (2005, S. 354)
      innerhalb der christdemokratischen und sozialdemokratischen politischen Führungsriege, der den
      politischen Rückhalt der gesetzlichen Rentenversicherung schwächt (ausführlich dazu Bönker, S.
      335-338).

212   Stephan Köppe bezeichnet Wohlfahrtsmärkte als "politisch geformte Institutionen [...], in denen
      soziale Güter unter Anwendung von Marktmechanismen getauscht werden" (Köppe 2015, S. 70).

von der Haupteinkommensquelle zu einer Nebeneinkommensquelle im Alter degradiert wird, was gleichbedeutend mit einem Teil-Rückzug des Staates ist (Bönker 2005, S. 341; Wehlau 2009, S. 310-311). Die Folge aus der Teil-Privatisierung der Renten-Versicherungen und dem dadurch erfolgten rentenpolitischen Paradigmenwechsel (Sommer/ Wehlau 2012, S. 419) führt also zu einem neuartigen Bedarf an Altersvorsorgeprodukten, der aufgrund der zuvor staatlichen Tätigkeit für die Versicherer weder rentabel noch aufgrund mangelnder Nachfrage ausbaufähig ist (Wehlau 2009, S. 87). Die Riester-Reform im Jahr 2001 ist also Ausdruck einer Kehrtwende vom bisherigen staatlich organisiertem Einsäulen- zum Teil-privatisierten Mehrsäulenparadigma (Bönker 2005, S. 339; Schwark 2012, S. 72). So erfolgt die Verlagerung von einem staatlichen Aufgabenfeld zur privaten Altersvorsorge, die das Individuum fortan in die Pflicht nimmt, den eigenen Ruhestand durch eigene Rücklagen mitzufinanzieren, und somit gleichzeitig Risiken der Altersarmut individualisiert (Blank 2011, S. 109; Wehlau 2009, S. 87).[213] Die Einführung der Riester-Rente 2008 (ausführlich dazu Köppe 2015) stellt also einen Rückzug des Staates dar, weil dieser statt eines vorherigen Leistungsversprechens im Alter nur noch ein Beitragsversprechen bei privater Altersvorsorge gewährt, was wiederum mit der „Individualisierung von Finanzmarktrisiken" einhergeht (Mertens/ Meyer-Eppler 2014, S. 263; Ruser 2011, S. 162). Infolgedessen gewinnt die private und betriebliche Altersvorsorge im Gegensatz zu der gesetzlichen Rentenversicherung enorm an Relevanz (Dommermuth 2012, S. 93), während sie die persönliche Lebens- und Ruhestandsplanung an die Entwicklung der Finanzmärkte koppelt (Wehlau 2009, S. 86).[214] Die öffentliche Problematisierung, dass die öffentlichen Haushalte den Ruhestand zukünftig nicht einseitig finanzieren können, stellt also nichts geringes als den Versuch einer Vertrauenserosion seitens der Politiker und der Finanzbranche dar, die dadurch nicht nur die Schwäche und den Teil-Rückzug des Staates wiederholt proklamieren, sondern auch aktiv an dessen performativen Konstruktion beteiligt sind (Brettschneider 2009, S. 189). Das Interesse besteht darin, mehr Personen zur privaten Altersvorsorge zu verleiten, da die Politiker dadurch die öffentlichen Haushalte entlasten möchten und die Finanzbranche ihren Markt im Bereich privater Altersvorsorge erweitern möchte.

Diskurse über die Finanzierung und die Umwandlung der Alterssicherung stellen keinen deutschen Sonderweg dar, sondern lassen sich in nahezu allen westlichen Wohlfahrtsstaaten verzeichnen (Rauser 2011, S. 22; Willert 2010, S. 145).[215] In

---

213   Nichtsdestoweniger stellt die gesetzliche Rentenversicherung weiterhin die zentrale Einkommensquelle im Ruhestand dar (Wehlau 2009, S. 15).

214   Die Hintergründe und die Entwicklungslinie vom Einsäulenparadigma zum Mehrsäulenparadigma sind von Bönker (2005), Köppe (2015, S. 205-208) und Alexander Ruser (2011) untersucht worden.

215   Reiner Braun und Ulrich Pfeiffer (2011) geben einen Überblick über die Entwicklung der Riester-Rente bis 2011 und führen eine Klassifizierung derjenigen Personen durch, die Riester-Renten abgeschlossen haben. Dies ergänzend fragen Jürgen Ehler und Carrol Haak (2011) danach, wieso eine Vielzahl an förderberechtigten Bürgern keine Riester-Renten abschließen und kommen zu dem

Deutschland erfolgt der Diskurs anhand der Problematisierung von demographischen und ökonomischen Finanzierungsproblemen sowie anhand des Verhältnisses zwischen Arbeitslosigkeit und Rentenbeitrag (Marschallek 2004, S. 297). Diese Faktoren werden im Zuge der Debatte von vielen politisch Verantwortlichen als Sachzwänge gedeutet und dargestellt, sodass die Teil-Privatisierung und der infolgedessen resultierende Teil-Rückzug des Staates aus der Alterssicherung als Notwendigkeit inszeniert wird (Brettschneider 2007, S. 385; Sommer/ Wehlau 2012, S. 419).[216] Ferner gewinnen die Schlagworte „Nachhaltigkeit" und „Generationsgerechtigkeit" im Diskurs über die Alterssicherung enorm an Relevanz (Beckmann 2010, S. 47): Solch eine Argumentation bezieht sich insbesondere auf die Reduktion von Staatsschulden, um somit den Handlungsspielraum nachfolgender Generationen nicht einzuschränken (Brettschneider 2009, S. 195; Bönker 2005, S. 351). So gewinnen Fragen der Nachhaltigkeit und der Generationsgerechtigkeit, die die „finanzielle Stabilität der öffentlichen Haushalte und die langfristige Sicherung wirtschaftlichen Wohlstands" (Brettschneider 2007, S. 373) beinhalten, gegenüber Verteilungsproblematiken an Relevanz. Der Grundgedanke besteht in der langfristigen nationalen Wettbewerbsfähigkeit, weshalb Brettschneider dies als „Sozialpolitik für den Markt [bezeichnet]" (ebd., S. 372). Die zentralen Argumente der Demographie-Entwicklung, der (ökonomischen) Nachhaltigkeit und der Generationsgerechtigkeit lassen sich ebenso in der Riester-Renten-Debatte nach 2008 wiederfinden, wie noch innerhalb der nachfolgenden Diskursanalyse gezeigt wird.

Der Bedeutungszuwachs der privaten und betrieblichen Altersvorsorge liegt ganz im Interesse der Finanzbranche, was sich in ihrer frühzeitig branchenübergreifend-einstimmigen Lobbyarbeit in Bezug auf die Frage nach der zukünftigen Alterssicherung äußert (ausführlich dazu Wehlau 2009; Sommer/ Wehlau 2012).[217] So hält

---

Schluss, dass dies mit dem mangelnden Vertrauen in die Finanzmarktstabilität, in die Finanzbranche und die Versicherer im Allgemeinen zusammenhängt. Den gesetzlichen Rahmen der Riester-Rente hat Christian Grugel (2012) herausgearbeitet, während Florian Blank (2011) die sozioökonomischen Gründe für die Einführung der Riester-Rente analysiert und Kornelia Hagen (2012) sowie Axel Kleinlein (2012) die ökonomische Rentabilität der Produkte einschätzen.

216   Christian Marschallek (2004) hat eine ausführliche Untersuchung der rentenpolitischen Bundestagsdebatten im Zeitraum von 1956 bis 2011 vorgelegt, während sich ebenfalls Michaela Willert (2013) und Wehlau (2009, S. 89-134) mit der politischen Interessenlage zur Riester-Rente beschäftigen. Christen (2013) arbeitet die Argumentationslinien seit den 70er-Jahren heraus, die anschließend in die Riester-Renten-Reformen münden. Ruser (2011) erörtert die Rolle und Diskurspositionen verschiedener politischer Akteure und Antonio Brettschneider (2009) analysiert gezielt nicht-massenmediale Diskursstrategien verschiedener Diskursakteure, um eine Typologie der Akteure zu erstellen.

217   Den Einfluss der Finanzbranche auf die Renten-Reformen hat Diana Wehlau (2009) analysiert, während Tobias Wiß (2011) die Rolle von „Sozialpartnern" wie Branchenverbänden und Gewerkschaften beleuchtet. Jörg Sommer und Wehlau (2012) verfolgen Parteispenden der Finanzbranche und ihren Einfluss auf die Entscheidungsprozesse.

die Riester-Reform 2001 ein enormes Markterweiterungspotenzial zuzüglich staatlicher Subventionen für Finanzdienstleister bereit, die in einem gesättigten Markt gern gesehen werden (Sommer/ Wehlau 2012, S. 421). Die Aufwertung erfolgt nicht nur durch die Notwendigkeit privater und betrieblicher Altersvorsorge, um den eigenen Lebensstandard im Alter halten zu können, sondern auch durch das fortan regelmäßig erfolgende Werben der Politiker für die private und betriebliche (Alters-)Vorsorge (Bönker 2005, S. 352; Wehlau 2009, S. 299). Trotz der einstimmigen Lobbyarbeit der Finanzbranche kann die Renten-Reform 2001 jedoch keineswegs alleinig auf die erfolgreiche Lobbyarbeit der Branche zurückgeführt werden, sondern wirkt diese erst durch ihre Verzahnung mit zeitgenössischen Gegenwartsdeutungen (Wehlau 2009, S. 316). Nichtsdestoweniger erlangt insbesondere die Assekuranz durch ihre frühzeitige und eindeutige Positionierung in puncto Alterssicherung enorme Mitgestaltungsmöglichkeiten der Renten-Reform 2001, sodass ihre Interessen mehr als nur Berücksichtigung im Reformprozess finden (Wehlau 2009, S. 305). Das gleichartige Markterweiterungsinteresse des Bankensektors und der Assekuranz durch die Einführung der Riester-Rente, ihre branchenübergreifend-einstimmige diesbezügliche Lobbyarbeit sowie ähnlich argumentierende und äußerlich vergleichbar inszenierte Werbekampagnen vermindern mit Sicherheit nicht den Image-Transfer-Prozess zwischen Bankensektor und Assekuranz sowie der Wahrnehmung eines einheitlichen Finanzbranchen-Images.

Das Kerngeschäft der Versicherer betrifft bis in das neue Jahrtausend hinein primär die Absicherung von Schicksalsschlägen durch Versicherungspolicen bzw. durch zugesichertem Schadensausgleich im Schadenfall. Die Entwicklung und Verbreitung der Riester-Rente verändert jedoch die Geschäftstätigkeit der Versicherer bzw. die Leistungsbewertung der Versicherer zumindest in Bezug auf die Riester-Rente. Schließlich werden die Versicherer im Kontext der Riester-Rente nicht anhand ihrer Zuverlässigkeit im Schadenfall – wie bei der Mehrheit anderer Versicherungspolicen – gemessen, sondern anhand ihrer finanziellen Rentabilität über einen langen Zeitraum hinweg bewertet. Dieser Entwicklungsprozess führt zu einer größeren Gemeinsamkeit zwischen dem Bankensektor und der Assekuranz, da ein Kerngeschäft ersterer seit jeher die Rentabilität von Geldanlagen darstellt. Die Assekuranz muss sich im Kontext von Riester-Renten also fortan anhand von – für sie bis dahin neuartigen – Rentabilitätsbewertungen messen. Diese Überschneidung der Geschäftstätigkeit von Versicherern und Banken erhöht wiederum die Wahrscheinlichkeit von Image-Transfer-Prozessen zwischen dem Bankensektor und der Assekuranz.

Die Finanzkrise 2008 erschüttert das Vertrauen der politisch Verantwortlichen sowie der Kunden in die Grundsolidität der Finanzmärkte und bedingt in die nachhaltige Rentabilität der Finanzmärkte, sodass neue Debatten über die Riester-Rente auf die Tagesordnung gesetzt werden (Christen 2013, S. 15; Dommermuth 2012, S. 95; Pahl 2011, S 259). Während politische Entscheidungsträger zuvor große Hoffnungen und Erwartungen mit der Einführung der Riester-Rente verbinden (Blank

2011, S. 109), entpuppen sich diese jedoch als Luftschlösser. Im Verlauf der Debatte über die Riester-Rente erklären Kritiker, dass die Renten-Reformen als Ganzes oder speziell die Riester-Rente nicht über die notwendige Transparenz verfügen (ausführlich dazu Blank 2011, S. 113) sowie der Bürger nicht die notwendige finanzielle Kompetenz besitzt, sich zwischen den Riester-Versicherungsprodukten adäquat zu entscheiden (Hagen/ Schäfer 2012, S. 7; Leinert 2012, S. 67). Aufgrund des staatlichen Teil-Rückzugs entsteht infolgedessen das Gefühl der Notwendigkeit privater Alterssicherung, sodass trotz enormer Unsicherheit und Komplexität entweder eine Entscheidung getroffen wird (ausführlich dazu Billen/ Gatschke 2012, S. 238), um somit nicht die persönliche Ruhestandplanung zu gefährden (Wilke 2014, S. 62), oder diese Entscheidung aufgeschoben wird, weil die Komplexität den gegenwärtigen Entscheidungshorizont des einzelnen Kunden bzw. das persönliche Interesse am Produkt übersteigt. Die Folge ist eine oftmals suboptimale Produktwahl (Köppe 2015, S. 145), die mitunter aufgrund der Informationsasymmetrie zwischen Versicherern und Versicherten entsteht (Leinert 2012, S. 56).[218] Das Resultat ist, dass die Vertrauenswürdigkeit des Beraters und das Image seiner Organisation innerhalb dieses Kontextes enorm an Bedeutung gewinnen, da es eine zentrale Möglichkeit darstellt, Unsicherheit ohne (eigenständige) Wissensgenerierung im Entscheidungsprozess für oder gegen Riester-Renten-Produkte zu reduzieren. Eine andere Möglichkeit stellt die (erfolgreiche) Beeinflussung der öffentlichen Debatte seitens der Versicherer dar, wovon erstere als eine zentrale Aushandlungsarena fungiert. Die ausführliche Analyse des Image-Aushandlungsprozesses der Versicherer erfolgt im Anschluss an die folgende Erläuterung.

---

218   Eine Auflistung der Kritikpunkte ist bei Thomas Dommermuth (2012, S. 95) zu finden, während weitere zentrale Argumentationsmuster im Verlauf der Diskursanalyse herausgearbeitet werden.

9 Versicherer-Image im Aushandlungsprozess

9.1 Methodik

Das analytische Grundverständnis der Terminologie „Diskurs", die diesbezüglichen theoretischen Implikationen sowie deren gesamtgesellschaftliche Omnipräsenz in Form des Kontextes und der latenten Aushandlungsprozesse innerhalb jeglicher Kommunikation wurden bereits zuvor ausführlich beschrieben (siehe hierfür Kapitel 2 und Kapitel 3). An dieser Stelle soll dennoch nochmals betont werden, dass es sich bei der Diskursanalyse um keine einheitlich ausdifferenzierte Methode handelt, sondern dass sie „ein breites, interdisziplinäres Feld von Methoden [bezeichnet], die die Produktion von Sinn als eine sozial gerahmte und situierte Praxis [erforscht]" (Angermüller 2011, S. 24). Der „Diskurs" bezeichnet so auch kein naturwüchsiges Bezugsobjekt, stattdessen ist die der (Diskurs-)Analyse zugrundeliegende Theorie und der individuelle Forschungsprozess unmittelbar an dessen Konstruktion beteiligt (ausführlich dazu Angermüller 2011). So sind die Diskursfragmente eines Diskurses nahezu unendlich, sodass bereits die Quellen-Selektion des Forschers stets ihren Anteil zur Diskurs-Konstruktion beiträgt. Aus diesen Gründen wird das methodische Vorgehen im Folgenden ausführlich beschrieben.

Das Untersuchungsziel dieser Arbeit legt nahe, qualitative Methoden heranzuziehen, um zwar auf der theoretischen Ebene den gesamten Image-Aushandlungsprozess zu beschreiben, im Diskurs jedoch eine spezifische Entität – die Versicherer-Images – und die Logiken ihrer (sozialen) Konstruktion bzw. diskursiven Aushandlung zu erforschen. Hierfür ist die „Grounded Theorie" ein praktikables Instrument, um aus Datenmengen fruchtbare Hypothesen gewinnen zu können und im weiteren Forschungsverlauf anhand deren empirischen Anwendung zu belegen. Letztlich beinhaltet diese Methodik, die den Quellen inhärenten Logiken und Ordnungen durch Abstraktion möglichst originalgetreu qualitativ herauszuarbeiten (Glaser/ Strauss 1967, S. 48-49). [219] Daher ist die Entwicklung abstrakter Aussagen über den Diskurs

---

[219] Quantitative Diskursanalysen beschäftigen sich in der Regel mit der „Generierung von Hypothesen über den übergreifenden Diskurszusammenhang" (Angermüller 2011, S. 25), während qualitative Vorgehensweisen sich auf „händisch überblickbare Ausschnitte konzentrieren, um fallspezifischen Logiken gerecht zu werden, Brüche im Diskurs herauszuarbeiten, die Kontexte des Sprachgebrauchs einzufangen oder diskursive Praktiken zu beobachten" (ebd., S. 25).

© Springer Fachmedien Wiesbaden GmbH, ein Teil von Springer Nature 2019
N. Diehl, *Das Image im Aushandlungsprozess*,
https://doi.org/10.1007/978-3-658-27234-0_9

(z.B. durch Kategorisierung) der Datenanalyse nicht vorgelagert, sondern erfolgt infolge einer engen Anlehnung an die Quellen (ebd., S. 46).[220] Der Forscher eruiert, kodiert und untersucht die Quellen dabei zeitgleich (ebd., S. 52), während er sich der Unvollkommenheit jedweder Theorie bewusst ist, weshalb die Hypothesengenerierung einen nie umfänglich abgeschlossenen Prozess, sondern nur aufgrund von Material- bzw. Hypothesensättigung ein möglichst originalgetreues Ergebnis bezeichnet (ebd., S. 205, 224-225). Aus diesem Grund vergleicht der Forscher das Material ständig, um so in einem schleifenartigen wie auch induktiven Forschungsprozess ausdifferenzierte – d.h. den Diskurs prototypisch repräsentierende – Kategorien zu generieren (ebd., S. 45-46). Gleichzeitig stellt sich stets die Frage nach den bestmöglichen Quellen für die zu erforschende Fragestellung, weshalb die empirische Datengrundlage nicht bereits zu Beginn der Forschungstätigkeit abschließend bestimmt wird, sondern sich erst im Zuge des Forschungsprozesses ausdifferenziert (ebd., S. 47). Der Forschungsablauf sieht also folgendermaßen aus: Zunächst bestimmt der Forscher auf Grundlage seiner Fragestellung aussichtsvolles Datenmaterial (ebd., S. 46-52), um dann in Anlehnung an die aus den Quellen gewonnen Ergebnisse zu entscheiden, ob und welche weiteren Quellen eruiert, kodiert und untersucht werden müssen, um die Fragestellung möglichst umfassend zu beantworten – während die in der Publikation gewählten Belege und ihre Erläuterungen die Ergebnisse für die Rezipienten sichtbar und nachvollziehbar illustrieren (ebd., S. 228-230).[221]

Summa summarum bezeichnet die Grounded Theorie also eine Methode, die zunächst Hypothesen aus den Quellen generiert, die dann im weiteren Verlauf durch die Anwendung auf und durch den Abgleich mit dem Material ausdifferenziert werden (Glaser/ Strauss 1967, S. 46-47). Die Forschungsleistung besteht also in der Abstraktion der Quelleninhalte sowie in der Eruierung der inhärenten Logiken und Ordnungen (ebd., S. 48-49).[222]

Den primären Untersuchungsgegenstand bildet die Riester-Renten-Debatte, da sie die Rolle der Versicherer im Rahmen eines aufmerksamkeitsträchtigen Aushandlungsprozesses vor den Augen eines Millionenpublikums verhandelt. Im Interesse, ein möglichst breites Spektrum verschiedener (Massen-)Medien abzudecken, wurden drei Wochenzeitungen ausgewählt, die jeweils eine andere Zielgruppe ansprechen: das

---

220   Die Ablehnung deduktiver Verfahrensweisen basiert darauf, dass das Aufoktroyieren theoretisch erarbeiteter Kategorien stets mit Datenverlust einhergeht, weil auch bei einer noch so ausgeklügelten Theorie dadurch die Distanz zwischen Empirie und Theorie zunimmt (Glaser/ Strauss 1967, S. 48).

221   Infolgedessen muss der Forscher auch jederzeit bereit sein, seine vorherigen theoretischen Hypothesen aufzugeben, um bessere Untersuchungsergebnisse zu generieren (Glaser/ Strauss 1967, S. 48-49).

222   Kautt (2008, S. 115ff.) führt ebenfalls eine Diskursanalyse auf Grundlage der Grounded Theorie durch sowie sich diskursanalytische Arbeiten über die Finanzkrisen-Debatte ebenfalls darauf berufen (Diehl 2017; Knappertsbusch 2010; Langenohl 2008).

eher linksliberale Nachrichtenmagazin *Der Spiegel,* die bürgerlich-konservative *Frank-furter Allgemeine Sonntagszeitung (FAS)* und die wirtschaftsnahe *WirtschaftsWoche (WiWo).*[223] Diese Nachrichtenmagazine werden im Gegensatz zu Tageszeitungen nur einmal in der Woche publiziert und ermöglichen daher eine ausführlichere und detaillierte Berichterstattung abseits von tagespolitischem Zeitdruck (Wilke 1999, S. 315). Dementsprechend dienen insbesondere Wochenzeitungen als meinungsbildend, indem sie „Ursachen und kausale Zusammenhänge in detaillierter Form für den Leser" (Diehl 2017, S. 15) aufbereiten, während die tägliche Zeitung primär über (brand-)aktuelle Vorkommnisse berichtet (Wilke 1999, S. 315).

Die zentrale sowie diskursbezeichnende Begrifflichkeit der Riester-Renten-Debatte lautet „Riester", da der damalige Arbeitsmister Walter Riester öffentlichkeitswirksam für die Reformen eintritt und diese umsetzt. Der Diskurs kreist also stets wie unmittelbar um den Nachnamen des ehemaligen Arbeitsministers, der nicht nur die (Riester-)Reformen, sondern auch die (Riester-)Rente namentlich prägt.

Die Datenerhebung erfolgt mit Hilfe der jeweiligen Online-Archive der Wochenzeitungen der *Spiegel, FAS* und *WiWo* und umfasst die Schlagwort-Suche nach dem Schlagwort „Riester" im Zeitraum zwischen der ersten Kalenderwoche 2009 bis zur zweiten Kalenderwoche des Jahres 2017.[224] Auf diese Weise werden 78 Artikel des *Spiegels,* 136 Artikel der *FAS* sowie 153 Artikel der *WiWo* eruiert.[225] Im nächsten Schritt werden sämtliche 367 Artikel gelesen, um einerseits einen ersten Überblick über den Diskurs als Ganzes und die spezifischen Diskursinhalte zu erhalten sowie andererseits dadurch jene Artikel aussortieren zu können, die weder die Rolle der Versicherer noch der Finanzbranche im Diskurs thematisieren, sondern stattdessen primär über den politischen Diskurs, die politischen Akteure, die gesetzlichen Neuerungen oder Ähnliches berichten. Am Ende dieses Selektionsprozesses besteht der Quellenkorpus aus insgesamt 133 Artikeln[226], von denen jeder einzelne qualitativ analysiert wird. Anschließend erfolgt die zunächst offene Kodierung (Kelle/ Kluge 2010) der Quellen (Diskursfragmente), um somit die ersten abstrakten Kategorien (prototypische Argumentationsmuster) zu entwickeln, die im weiteren Verlauf in einem schleifenartigen Forschungsprozess stetig ausdifferenziert werden, bis sie schließlich durch die Materialfülle und den gegenseitigen Abgleich mit den Quellen (publikationsreife) Sättigung erlangen.

---

223   Die gleichen Wochenzeitungen hat ebenfalls Diehl (2017) herangezogen, um den Finanzkrisen-Diskurs und die Stereotypen-Konstruktion der Banker und der Banken zu analysieren.

224   Diese Zäsur Anfang 2017 ist dem Umstand geschuldet, dass sich zu diesem Zeitpunkt die Datenerhebung, Kodierung und Auswertung der Riester-Renten-Debatte dem Ende nähert.

225   Die unterschiedliche Menge der Artikel basiert auf der unterschiedlichen Artikellänge sowie auf der Anzahl der Verwendung des Schlagwortes „Riester" im Untersuchungszeitraum.

226   Der Quellenkorpus besteht aus 31 Artikeln des *Spiegels,* 43 Artikeln der *FAS* und 58 Artikeln der *WiWo.*

Nach Abschluss der Analyse der Riester-Renten-Debatte führt die Untersuchung des Image-Aushandlungsprozesses der Versicherer auf Grundlage der Ergebnisse – aber auch in Anlehnung an die zuvor erläuterte Theorie gesamtgesellschaftlicher Aushandlungsprozesse – zur Erhebung zusätzlichen Materials: Schließlich findet der (massen-)mediale Diskurs über die Riester-Rente nicht nur in der Presse, sondern auch im Fernsehen statt. Deshalb wird der Polit-Talk der Sendung von Maybrit Illner mit dem Titel „Länger schuften, mehr vorsorgen – und im Alter trotzdem arm?" vom 28. Mai 2016 zum Quellenkorpus hinzugefügt, der sich ausschließlich mit der Riester-Renten-Debatte beschäftigt. Diese Diskussionsrunde stellt insofern eine fruchtbare Quelle dar, weil ein breites Spektrum verschiedener politischer Meinungen an der Diskussionsrunde teilnimmt. So sind beispielsweise sowohl der Chefvolkswirt der *Allianz* Michael Heise als auch der Vorsitzende des *Bunds der Versicherten* Axel Kleinlein anwesend, während in regelmäßigen Abständen die Rolle der Versicherer immer wieder explizit problematisiert wird, was in anderen Diskussionsrunden in diesem Zeitraum nicht der Fall ist. Das Format solch einer Diskussionsrunde begrenzt – im Gegensatz zu einer wissenschaftlichen Publikation, einer politischen Rede oder einem journalistischen Artikel – die Möglichkeit, die eigenen Überzeugungen und Gedanken umfassend ausführen zu können; aus diesem Grund bietet sich die Analyse der Diskussionsrunde als Überprüfungs- bzw. Abgleichungselement der zuvor qualitativ generierten prototypischen Argumentationsmuster an, da diese oder zumindest einige von ihnen in den Äußerungen innerhalb des Polit-Talks in kondensierter Form vorkommen müssten. So bieten sich folgende Arbeitsschritte der Analyse des Polit-Talks innerhalb der Riester-Renten-Debatte an: Zunächst werden die während des Polit-Talks getätigten Äußerungen transkribiert, um im Anschluss kodiert und mit den zuvor generierten Kategorien verglichen zu werden.

Der Image-Aushandlungsprozess besteht jedoch nicht nur aus (massen-)medialen Debatten, stattdessen sind die Inszenierungen (Äußerungen bzw. Sprecherpositionen) der Versicherer ebenfalls ein nicht wegzudenkender Bestandteil dessen. Deshalb werden zwei führende deutsche Versicherer herausgesucht, *R+V* und *ERGO*, sowie jeweils zwei Werbespots für eine Feinanalyse ausgewählt, die die jeweiligen Unternehmen, ihre (Marken-)Werte und (Marken-)Identitäten vorstellen. Trotz der begrenzten Quantität und obsoleten Repräsentativität dieser Quellenauswahl, ergeben sich aus diesen zentralen Werbespots der eigenen (Marken-)Präsentation mögliche Rückschlüsse auf Inszenierungsschemata der Versicherer, da solche (Marken-)Präsentations-Werbespots und (Image-)Kommunikate ohnehin vergleichsweise rar gesät sind (ähnlich bei Kautt 2008, S. 117). Diese Werbespots werden ebenfalls transkribiert, kodiert und in einem schleifenartigen Forschungsprozess ausgewertet.[227] Die Werbespot-Analyse erfolgt nach denselben Kriterien der vorherigen Auswertungsprozesse, indem nicht jede Sequenz umfassend analysiert wird, da auch in den journalistischen Artikeln nicht jedes Wort in die Untersuchung einfließt, sondern neben der Sprache die Erzählstruktur, die zentrale Symbolik und die Motive abstrahierend analysiert werden. Die Werbespots lassen sich also als das verstehen, was zuvor in der Darstellung des Image-Aushandlungsprozesses als „Inszenierung 1" bzw. „Inszenierung 2" bezeichnet wird, da es sich um eine Reaktion auf die öffentliche Debatte über Versicherer auch im Zuge der Riester-Renten-Debatte handelt.

Im Zuge der (Diskurs-)Analyse wird also untersucht wie das Image der Versicherungsbranche und eines ausgewählten Versicherers – ERGO – konstruiert und (massen-)medial ausgehandelt wird. Die Online-Image-Kommunikation der Branche und von ERGO wird nicht gesondert bzw. zusätzlich untersucht, da dies einerseits den Rahmen der Studie sprengen würde und da die Online-Image-Kommunikation andererseits teilweise aus den gleichen Komponenten der Offline-Image-Kommunikation besteht. So sind beispielsweise die im (massen-)medialen Image-Aushandlungsprozess thematisierten Pressemitteilungen und Werbespots ebenfalls auf den offiziellen Internetseiten der Versicherer in der Regel prominent platziert oder zumindest im jeweiligen Online-Archiv einzusehen. Die folgende (Diskurs-)Analyse klammert also die Online-Image-Kommunikation aus, da davon ausgegangen wird, dass diese zum einen im Einklang mit dem Versuch der Evokation eines positiven Images im (massen-)medialen Diskurs steht und somit nicht grundverschieden ist sowie zum anderen angenommen werden kann, dass aufmerksamkeitserregende Inhalte der Online-Image-Kommunikation aufgrund der ständigen Beobachtung seitens der (Massen-)Medien Eingang in den (massen-)medialen Image-Aushandlungsprozess finden können. Ferner ist die Beantwortung der Frage nach einer Zielgruppen-spezifischen Online-Image-Kommunikation für die Versicherungsbranche im Allgemeinen und speziell im Rahmen der Riester-Renten-Debatte nur wenig relevant, da Versicherer ein generationsübergreifendes Publikum adressieren und ihre Tätigkeit in der Regel mit einem gesellschaftlichen Mehrwert begründen, der zunächst ausgehandelt, verteidigt oder gefestigt werden muss. Somit ist die Konstruktion von Versicherer-Images – stärker als in anderen Branchen – mit ihrer gesellschaftlichen Verortung verbunden, die in der Regel primär (massen-)medial ausgehandelt wird. Schließlich handelt es sich gerade bei den Riester-Reformen um eine Teil-Umstellung der bisherigen Altersvorsorge – d.h. einem gesellschaftspolitischen Projekt – vor den Augen eines Millionenpublikums. Insbesondere im Zuge dieser Teil-Umstellung wird der Versicherungsbranche im Allgemeinen, aber auch einzelnen Versicherern, mehr und regelmäßig größere Aufmerksamkeit geschenkt, als anderen Branchen. So geht es im Zuge der Riester-Renten-Debatte nicht nur um das Image der Branche und einzelner

---

227   Im Analyseteil erfolgt ebenfalls die Auswertung jeweils eines Werbespots der *Commerzbank* und dessen Pendant, der *Sparkasse*, die das gegenwärtige (unvorteilhafte) Stereotyp bzw. Image der Finanzbranche direkt problematisieren sowie im Verhältnis Werbespot zu Parodie zueinanderstehen.

Versicherer in den Köpfen eines potenziellen Kundenstammes, sondern um die Rolle, die Reputation und das Image einer gesamten Branche zuzüglich der Bewertung ihrer Tätigkeiten, ihrer gesellschaftlichen Stellung bzw. der Bewertung des durch sie generierten gesellschaftlichen Mehrwertes – d.h. um das Spannungsverhältnis zwischen der Versicherungsbranche als abstraktes Vorstellungsbild, dem Image einzelner Versicherer und der Gesellschaft als Ganzes. Schließlich werden im Zuge der Riester-Renten-Debatte primär diese drei Parteien, ihre wahrgenommenen Interdependenzen und ihre jeweilige Rolle ausgehandelt; im Rahmen dieses Prozess bildet sich das Image der Branche und kann sich mitunter durch Image-Transfer-Prozesse selbst auf das Image in der öffentlichen Debatte ungenannter Versicherer auswirken, so wie sich z.b. die Riester-Renten-Debatte inhaltlich auf Bewertungen im Zuge der ERGO-Skandal-Berichterstattung auswirkt (siehe hierfür Kapitel 11).

Zusammenfassend lässt sich also sagen, dass die Analyse versucht, den gesamten Image-Aushandlungsprozess einschließlich der öffentlicher Debatte und den jeweiligen Inszenierungen (Werbespots) inhaltlich zu erforschen, um die verschiedenen Diskurspositionen und Sprecherpositionen auf einer abstrakten Inhaltsebene zu komprimieren. Dafür werden sowohl der Pressediskurs, die Diskussionsrunden und die Werbespots analysiert, die alle zentrale Bestandteile des Image-Aushandlungsprozesses sind. An dieser Stelle soll jedoch betont werden, dass die Analyseergebnisse nicht den Anspruch auf die vollständige Erfassung des Image-Aushandlungsprozesses erheben, sondern im Rahmen dieser Dissertation erstmals versucht wird, der Komplexität des Image-Aushandlungsprozesses mit Hilfe verschiedener Quellentypen exemplarisch gerecht zu werden.

9.2 Finanzbranche und Finanzkrise

Wie an mehreren Stellen bereits erörtert wurde, bewegen sich zeitgenössische Diskurse immer im Vordergrund eines oftmals historisch verankerten Kontextes. So ähneln sich Zuschreibungen, Bewertungen und Beschreibungen der Versicherer innerhalb der Riester-Renten-Debatte, ihrer vermeintlichen Charakteristika und ihrer Tätigkeiten zweifelsohne vorhergen Diskursen über Finanzkrisen oder über Managerlöhne. Dies ist unmittelbar daran zu erkennen, dass im Diskurs Verweise auf solche Ereignisse erfolgen, Parallelen gezogen, Vergleiche aufgestellt oder eine Pauschalkritik gegenüber zweier Bezugsobjekte – wie z.B. der Assekuranz und der Bankenbranche – formuliert werden. Diese Überschneidungen sowie diesbezügliche Image-Transfer-Prozesse stellen die Grundlage dafür dar, wieso im Folgenden die Rollenkonstruktion der Banken und der Banker innerhalb der aufmerksamkeitsträchtigen Finanzkrisen-Debatte 2008 erörtert wird, die der hier zu analysierenden Riester-Renten-Debatte seit 2009 vorausgeht und diese nicht nur dementsprechend beeinflusst, sondern sie ebenfalls in Form der Staatsschuldenkrise weiterhin begleitet.

Bereits seit dem Beginn des 21. Jahrhunderts, doch spätestens seit der Internetblase 2003 unterliegen die Finanzmärkte und die Finanzbranche als Ganzes intensivierter gesellschaftlicher Beobachtung (Langenohl/ Wetzel 2014, S. 19). Die Finanzkrise 2008 führt diese Entwicklung jedoch auf einen Höhepunkt. So ist die Finanzkrise 2008 entgegen der bisherigen Erfahrungen der Finanzmarktkrisen der letzten Dekaden weder auf ein Land noch auf die Finanzbranche beschränkt, sondern breitet sich weltweit aus und wirkt sich intensiv auf die jeweilige produktionsbasierte Wirtschaft aus (Admati/ Hellwig 2014, S. 112; Plumpe 2010, S. 9-13). Der wahrgenommene Einbruch der Krise in Deutschland erfolgt im Zuge der Insolvenz der *Lehman Brothers Bank* (Kuck/ Römer 2012, S. 79), sodass gemäß der zeitgenössischen Wahrnehmung aus einer vergleichsweise stabilen und scheinbar autonomen Finanzbranche plötzlich ein potenzieller Gefahrenherd für die produktionsbasierte Wirtschaft sowie für die Spareinlagen zahlreicher Bürger wird (Diehl 2017, S. 41). So findet bereits kurz vor der Insolvenz von *Lehman Brothers* und im weiteren Diskursverlauf die Entspezifizierung und die Generalisierung von Krisensymptomen einzelner Finanzdienstleister statt, die sodann als charakteristisch für systemische Problemlagen und damit zusammenhängender Kettenreaktionen gedeutet werden (Langenohl 2011, S. 93). Die Folge ist eine emotional aufgeladene Diskussion[228], die die Schlussfolgerung nahelegt, dass es nur eine Frage der Zeit sei, bis weitere Kredithäuser Insolvenz anmelden müssten (Langenohl 2011, S. 79). Infolgedessen sinkt das Vertrauen der Bevölkerung in die Finanzbranche, sodass die erfahrungsbasierte Erwartungssicherheit der Bürger in einer rasanten Geschwindigkeit erodiert und darunter leidet letztlich die zuvor unerschütterliche Vorstellung, dass das eigene Geld jederzeit von der Bank abgeholt werden könnte (ausführlich dazu Diehl 2017, S. 35-36). Selbst das Vertrauen innerhalb der Finanzbranche und der Finanzmarkt-Akteure untereinander zerbricht im Zuge der Finanzkrise zeitweise (Beckert 2009, S. 36; Peltzer/ Lämmle/ Wagenknecht 2012, S. 13), sodass dadurch der Kapitalverkehr während der Krise derartig reduziert wird, dass ebenfalls das Vertrauen der Politiker in die „Selbstheilungskräfte der [Finanz-]Märkte" (Langenohl/ Schmidt-Beck 2008, S. 13) darunter leidet (Honegger/ Neckel 2010, S. 24) und sich die schwarz-rote Bundesregierung entgegen der neoliberalen Nicht-Interventionsmaxime für interventionistische Schritte entscheidet (Krasni 2017, S. 15). Die wachsende Verunsicherung und die Entstehung von Angst lassen sich empirisch anhand der eklatanten Zunahme

---

228 Die zentrale Bedeutung von Emotionalisierung innerhalb des Diskurses betonen Veronika Zink, Sven Ismer und Christian von Scheve (2012), während die Emotionalisierung in besonderem Maße auch in Form von Moralisierung in Erscheinung tritt (Schranz/ Eisenegger 2005, S. 227). Oliver E. Kuhn (2014) und Diehl (2017) betonen ebenso die kaum zu überschätzende Bedeutung von Normen, Werten und Moral innerhalb der Finanzkrisen-Debatte 2008. Ein Überblick zu der Finanzkrise findet sich bei Bernd Rudolph (2013), Falk Illing (2013) sowie bei Michael Bloss, Dietmar Ernst, Joachim Häcker und Nadine Eli (2009). Klaus Leusmann (2013) untersucht die organisationsinternen Reaktionen von Banken infolge der Finanzkrise und beschreibt die Entwicklungen bereits in seinem Buchtitel als „Kulturwandel".

von Bargeldabhebungen messen, die sich im Nachgang der Insolvenz der *Lehman Brothers Bank* ereignen (Beckert 2009, S. 35).[229] So belegt ebenfalls die Finanzkrise, dass Vertrauen und Reputation zentrale Wertkategorien insbesondere innerhalb der Finanzbranche bilden, ohne die ihre wirtschaftliche Tätigkeit undenkbar wäre (ausführlich dazu Leusmann 2013)[230], während sich eine unvorteilhafte Berichterstattung negativ auf die Vertrauenswürdigkeits-Zuschreibungen der Banken und der Versicherer auswirkt.

Die Art und Weise des öffentlichen Diskurses als (Re-)Produktion und als (Re-)Präsentation der Finanzkrise beeinflusst die Transformation von fachlicher (Krisen-)Komplexität sowie der daraus resultierenden Angst, um das eigene Ersparte, die produktionsbasierte Wirtschaft in Deutschland und somit die eigene Zukunft, hin zu Wut auf die angeblich alleinigen Schuldigen – die gesamte Finanzbranche (Diehl 2017, S. 45).[231] Dies äußert sich darin, dass die Finanzbranche im Zuge der Krisenberichterstattung sprachlich in die Nähe von Glücksspiel und Kriminalität gerückt wird, während der Finanzbranche als Ganzes wie auch den einzelnen Akteuren Egoismus, Gier, Moralosigkeit und Hochmut zugeschrieben werden (Diehl 2017, S. 45-46; ähnlich bei Kuhn 2012, S. 164).

Die Finanzkrise 2008 ist für die Bewertung der Assekuranz trotz ihrer zeitlichen Abfolge vor gegenwärtig acht Jahren ein Schlüsselmoment, weil sie in einer Krisensituation zur Verdichtung von Aufmerksamkeit führt und so bestehende Wissensbestände erneuert (ausführlich dazu Diehl 2017, S. 84). Sie führt dazu, dass bestehende Erfahrungen und Einschätzungen durch primär negative Erfahrungen im Zuge der Berichterstattung über die Krise ersetzt werden können (ähnlich bei Zimmermann/ Richter 2015, S. 13). Dies zeigt sich unter anderem dadurch, dass nach der Finanzkrisen-Debatte das öffentliche Bild des Finanzsektors als vermeintlich gierig und skrupellos in zahlreichen Dokumentarfilmen (Peltzer 2013, S. 111-126), Serien und Filmen, Medien (Krasni 2017) sowie Polit-Talks (Niehr 2012, S. 135-154) öffentlichkeitswirksam reproduziert wird – man denke nur an z.B. die Blockbuster *Wolf of Wall Street*, *Margin Call* und *The Big Short*, in denen der Finanzsektor unvorteilhaft dargestellt wird.[232] Diese Wissensbestände und Deutungen der gesellschaftlichen Rolle der

---

229   Diehl erklärt, dass es sich bei der Finanzkrise 2008 sowie bei Spekulationsblasen im Allgemeinen um kein neuartiges Phänomen handelt, die Auswirkungen auf die produktionsbasierte Wirtschaft sowie die öffentliche Problematisierung möglicher Kettenreaktionen jedoch zu Verunsicherung führen, die Sorgen zahlreicher Bürger um ihr Erspartes sowie um ihre Zukunft in einer führenden Industrienation wecken (Diehl 2017, S. 82).

230   Mit der Entkopplung des Geldes von dem Goldstandard avanciert das Vertrauen in die Zahlungsfähigkeit der Banken zur zentralen Wertkategorie (Peltzer/ Lämmle/ Wagenknecht 2012, S. 13).

231   Die Produktion von Schuld im Rahmen der Finanzkrisen-Debatte und im Zuge von regelmäßig stattfindenden Manager-Lohndebatten untersucht Krasni (2017). Er betont, dass die enorme Wut auf die Banker und die Banken primär daraus resultiert, dass sie durch Steuergelder gerettet werden.

232   Für einen Überblick über die Finanzkrise im Gegenwartskino siehe Anja Peltzer (2013), die Finanzkrise in der Literatur hat Judith Schulz (2012) untersucht.

Finanz- und Versicherungswirtschaft während und nach der Finanzkrise können das Bild eines Laien stark prägen, da er sonst über nur begrenzte Einblicke in den Finanzsektor verfügt (ähnlich bei Mast 2016, S. 5) und so das Vorstellungsbild des „seriösen Bankiers" Kratzer erhält (Kummert 2013, S. 50). Dies wirkt sich durch den Image-Transfer wiederum auf das Image der Assekuranz im Allgemeinen auswirkt. Die primäre Kontaktfläche zwischen Durchschnittsbürger und Finanzsektor besteht also aus dessen (massen-)medialen (Re-)Präsentation, innerhalb derer verschiedenste Akteure[233] um Deutungshoheit im Diskurs ringen. Auf diese Weise gerinnen die Anschuldigungen gegenüber den Bankern und den Banken im Allgemeinen während und bereits vor der Finanzkrise zu einem Branchen- und einem Berufsgruppen-Stereotyp (Diehl 2017, S. 91), das sich mitunter aufgrund der Deutungsmacht im öffentlichen Diskurs in vielen zeitgenössischen Vorstellungen bis in die Gegenwart hinein wiederfindet (Köcher 2010, S. 355) und sich aufgrund von vermeintlichen bzw. oberflächlichen Gemeinsamkeiten auch auf die Assekuranz ausweiten kann (Image-Transfer). So geht die skandalisierte Berichterstattung über Banker und über Banken während der Finanzkrise 2008 auch noch nach der Krise weiter (Krasni 2017) und schlägt in Form von Forderungen und in Form von stereotypem Wissen über Banker, über die Krise und über die Branche bis in die Gegenwart ihre Wellen. Dies äußert sich in einem seit 2008 anhaltendem Vertrauenstief (Beckert 2009, S. 40; Diehl 2017, S. 5-7; Kummert 2013; Peltzer/ Lämmle/ Wagenknecht 2012, S. 13), in dem sich die Finanzbranche im Allgemeinen befindet[234], sodass Image und Reputation insbesondere für Banken und Versicherer einen zuvor nie größeren Stellenwert einnehmen. Im Hintergrund dieses Ausgangspunktes plausibilisieren sich verschiedene gegenwärtige Äußerungen und Handlungen der Bankenbranche und der Versicherungswirtschaft – wie noch zu zeigen sein wird.

---

233   Gemeint sind hier alle erdenklichen Akteure, denen die Relevanz der Thematisierung in den Massenmedien zugesprochen wird: in der Regel sind dies Politiker, Journalisten, fachliche Experten und Repräsentanten der diskutierten Branchen oder Organisationen.

234   Der seit 2011 zweimal jährlich erscheinende *Global Trust Report* der *Gesellschaft für Konsumforschung* (2017) verzeichnet das anhaltende Vertrauenstief der Finanzbranche im Allgemeinen, das in folgenden Studienergebnissen Ausdruck findet: Die Befragten geben an, der Versicherungsbranche sowie dem Bankensektor im Abgleich mit anderen Branchen kontinuierlich am wenigsten Vertrauen zu schenken. Damit übereinstimmend erklärt *Ernst & Young* (2016) in ihrer *Global Consumer Banking Survey*, dass das Vertrauenstief des Bankensektors nicht nur weiter anhält, sondern dass das (gesellschaftliche) Vertrauen in Banken im Allgemeinen sogar gesunken ist, während das Vertrauen in das eigene Bankhaus vergleichsweise hoch ausfällt. So lässt sich ebenfalls anhand dieser Ergebnisse plausibilisieren, dass Negativberichterstattung über die Finanzbranche im Allgemeinen sich zwar nachteilhaft auf das Image und die Reputation der Branche auswirken kann, dies jedoch nicht zwangsläufig zu einem Image-Transfer-Prozess dieses allgemeinen Images auf spezielle Banken und Versicherer führen muss bzw. dies nicht notwendigerweise mit Imageschäden für jede einzelne Bank oder jeden Versicherer einhergeht (siehe hierfür Kapitel 7).

Bereits 2009 wird die Finanzkrisen-Debatte sukzessive durch eine Staatsschuldenkrisen-Debatte im Euro-Raum abgelöst. Auf diese Weise verschwindet die Thematisierung der Finanzkrise hinter der Sorge einer vermeintlich weitaus größeren Krise, die sogar gemäß zeitgenössischer Einschätzung zum Zusammenbruch der gesamten *Europäischen Union* führen könnte (Westermeier 2018, S. 111). So wird die Existenz der Währung beispielsweise von Angela Merkel im Zuge ihrer Regierungserklärung im Bundestag vom 19. Mai 2010 mit der Existenz der gesamten *Europäischen Union* verknüpft: „Scheitert der Euro, dann scheitert Europa." Im Gegensatz zur öffentlichen Meinung, die die Ursachen der Finanzkrise primär im Fehlverhalten der Finanzbranche sieht, kommen die zur Bewertung der Ursachen der Finanzkrise ins Leben gerufene Expertenkommissionen zu einer andersartigen Schlussfolgerung: Die abseits der öffentlichen Debatte verlaufenden Expertenkreise bewerten die mangelhafte (geldpolitische) Regulation seitens der europäischen Staaten als ursächlich für die Finanzkrise 2008 (ausführlich dazu Kessler 2013, S. 57-76; Westermeier/ Broecker 2018, S. 79-118). Zudem erfolgen im Nachgang der Finanzkrise 2008 zwar vereinzelte regulative Eingriffe in die Finanzmärkte, jedoch ändern diese nichts an der grundsätzlichen Deutung und der machtvollen Position der Finanzmärkte, denn schließlich wird ihnen seitens der Experten auch nicht die Schuld an der Krise gegeben (Kädtler 2014, S. 173-174). Nichtsdestoweniger bleiben Finanzmarkt-Akteure und mit ihnen verbundene bzw. assoziierte Organisationen Zielscheiben öffentlicher Kritik. Letztlich besteht ein Unterschied zwischen der öffentlichen (Pauschal-)Kritik, der Meinung ausgewählter Expertenkreise mit Einfluss auf regierungspolitische Entscheidungen und der Umsetzung von politischer Regulation, die nicht zwangsläufig in einem direkten Zusammenhang zueinander stehen müssen. Eine Konsequenz dieser Krisen- und Gegenwartsdeutung besteht jedoch darin, dass fortan „die Staaten um das Vertrauen der Finanzmärkte werben müssen, unter dem Druck einer Schuldenlast, die sie zumindest im gegenwärtigen Umfang gar nicht hätten, wenn sie den Finanzmärkten nicht ihrerseits in der Vergangenheit zu viel Vertrauen entgegengebracht hätten" (ebd., S. 173-174).

Die Kritik an dem bestehenden Einfluss der Finanzmärkte kann jedoch „als Ausdruck von Bemühungen um legitimatorische Krisenbearbeitung und eine begrenzte Neujustierung von Einflusspositionen angesehen werden, die die Logik der finanzialisierten Ökonomie im Grunde [jedoch] unberührt lassen" (Kädtler 2014, S. 190). Schließlich lassen sich keine regierungspolitischen Zäsuren des Stellenwertes der Finanzmärkte verzeichnen sowie sich auch bei den Akteuren, z.B. Banken und Versicherern, keine Bemühungen für eine grundsätzliche Umorientierung erkennen lassen (ebd., S. 190).[235] Ferner bildet die im Zuge der Finanzkrise erfolgte dauerhaft

---

235 Die Thematisierung der strengeren Aufsicht der Finanzmärkte wird zwischen 2008 und 2010 primär an Expertenkommissionen abgegeben, wovon ein nicht geringer Anteil an Personen als Finanzmarkt-Akteure an der Auslösung der Finanzkrise 2008 keineswegs unbeteiligt sind oder

erhöhte Belastung der öffentlichen Haushalte den Kontext, um das noch herauszuarbeitende Narrativ der Generationsgerechtigkeit und Nachhaltigkeit inhaltlich zu stützen. So vollzieht sich die Belastung der öffentlichen Haushalte während der Finanzkrise 2008 vor den Augen eines Millionenpublikums, was nachfolgende Debatten – wie die Staatsschuldenkrisen-Debatte und die damit teilweise verbundene Riester-Renten-Debatte – und Argumentationsmuster beeinflussen kann.

Im Zuge der Finanzkrise 2008, der Staatsschuldenkrise sowie infolge der von der *Europäischen Zentralbank* gesteuerten Niedrigzinsphase vermindert sich die Rentabilität von Festgeld-Anlagen und von Staatsanleihen, die bisher eine feste Säule der Kapitalanlagestrategie der gesamten Assekuranz darstellen. Infolgedessen verringert die Versicherungswirtschaft den Garantiezins, den sie auf langfristige Verträge wie z.B. Riester-Renten gibt und ein bis dato bewährtes Anlage- und Geschäftsverhalten wird zu Teilen seiner finanziellen Attraktivität entzogen. Innerhalb der Riester-Renten-Debatte wird primär der Sparer als Leidtragender dieser Entwicklungen dargestellt, da er eine lukrative Möglichkeit der Altersvorsorge und der allgemeinen Geldanlage verliert (Hesse 2015, S. 68). Ferner wird bemängelt, dass sich diese Entwicklungen gepaart mit einer schleichenden Inflation negativ auf seine ersparten Vermögenswerte auswirken. [236] Gleichzeitig befeuern diese Entwicklungen die Bezeichnung der Riester-Rente als unprofitables Versicherungsprodukt, da die Assekuranz in einer Zeit des Niedrigzinses dementsprechend nur niedrige Garantierenten und Garantieverzinsungen in ihren Versicherungspolicen garantiert. Dies ist insofern bemerkenswert, weil innerhalb der Riester-Renten-Debatte nur äußerst selten die Rentabilität des Finanzmarktes als Ganzes problematisiert wird, sondern in der Regel die vermeintlich geringe Rentabilität der Riester-Renten-Produkte bemängelt wird (siehe hierfür Kapitel 9.3.2.10). Es werden also nicht die bestehenden Finanzmarktlogiken und ihre gesamtgesellschaftlichen Einflüsse bis hin zur Umformung des deutschen Rentensystems kritisiert, sondern ein spezifisches Produkt, das aus dem Teil-Rückzug des Staates in das daraus entstandene Vakuum rückt. Der Niedrigzins wiederum beeinflusst die Wahrnehmung hoher Gebühren und Bearbeitungskosten (siehe hierfür Kapitel 9.3.2.11), da er sich bei einer sowohl verminderten Garantierente als auch einer verminderten Garantieverzinsung stärker auf die Rentabilität der Riester-Rente auswirkt. Des Weiteren beeinflusst der Niedrigzins das Tagesgeschäft der Versicherungswirtschaft dahingehend, dass sie beispielsweise ihre Rentenversicherungs-Produkte – zumindest mehr als zuvor – als Finanzmarkt-Produkte (z.B. fondsgebundene Rentenversicherungen) anbietet. Infolgedessen ergibt sich jedoch

---

zumindest enge Kontakte zur Finanzbranche aufweisen können. Die Problematisierung der strengeren Aufsicht verschwindet spätestens 2011 sukzessive aus der öffentlichen Debatte sowie von der politischen Agenda (ausführlich dazu Giacovelli/ Langenohl/ Westermeier 2016, S. 101-108).

236 Hierzu später ausführlich im Kontext des Enteignungs-Narrativ sowie des Niedrigzins-Narrativ (siehe hierfür Kapitel 9.3.2.4).

wiederum die Möglichkeit eines Image-Transfers zwischen Bankensektor und Assekuranz. Schließlich vermischen sich dadurch die Tätigkeitsfelder und die zugesprochenen Aufgabenbereiche beider Branchen, wodurch eine klare Unterscheidung
zwischen Bankensektor und Assekuranz schwieriger wird, während die Schnittstellen
weiter zunehmen und somit mögliche Spielräume für Image-Transfer-Prozesse erweitert werden. Summa summarum ist zu erkennen, dass die Finanzkrise 2008 nicht
nur semantischen und argumentativ-inhaltlichen Einfluss auf die Bewertung und auf
die Kritik der Riester-Rente nimmt, sondern die von ihr ausgelösten Rahmenentwicklungen im Allgemeinen – die Wahrnehmung und die Beurteilung der Assekuranz sowie der Riester-Rente als Ganzes – beeinflusst. An dieser Stelle soll jedoch angemerkt
werden, dass diese Entwicklungen und diese Verstrickungen in der öffentlichen Debatte nur selten explizit thematisiert werden, sondern diese stattdessen die Ausgangs-
position einer oftmals kritischen Perspektive bilden, weshalb sie hier der eigentlichen
empirischen Diskursanalyse vorangestellt sind.

9.3 Die Riester-Renten-Debatte

Vorstellungsbilder von Personengruppen, Organisationen oder einer gesamten Branche werden in öffentlichen Debatten insbesondere durch die Subjektivierung der Berichterstattung vermittelt (ähnlich bei Keller 2010, S. 244; Warnke 2002, S. 15).
Konnotative Marker sind Ausdruck der Subjektivierung und reichen von unmittelbarer Attributierung bis zur oftmals abstrakteren Moralisierung (ausführlich dazu Diehl
2017, S. 20). In den meisten (polarisierten) Diskursen nehmen konnotative Marker
einen zentralen Stellenwert ein, da sie die Sprecherposition – d.h. die subjektive Perspektive – des Autors transportieren und somit die Deutungen der Rezipienten maßgeblich beeinflussen können (Oevermann 1993, S. 183-184; Warnke 2002, S. 15). So
schreibt ein Journalist nur selten in seinem Artikel sinngemäß: „Ich bin der Meinung,
dass alle Banker gierige Zocker sind, die die alleinige Schuld an der Finanzkrise tragen
und daher die Einführung der Finanztransaktionssteuer mehr als rechtmäßig ist."
Stattdessen kommuniziert der Sprecher seinen individuellen Blickwinkel – wie ebenso
in Alltagsgesprächen – oftmals primär implizit, der jedoch durch konnotative Marker
expliziert wird (Bergmann/ Luckmann 1999, S. 22-23; Luhmann 1997, S. 244) und
dadurch diskursanalytisch erforschbar ist.
    Die Subjektivierung bzw. der Tenor der Riester-Renten-Debatte lässt sich
durch folgende illustrativ aus dem Quellenkorpus gewählten Textpassagen komprimiert darstellen: Die Versicherungsvertreter werden einerseits als „staubtrocken"
(Buhse/ Guldner 2015, S. 6), „Schalterangestellte" (ebd.) oder als „graue[...] Herren,
die mit versteinertem Gesicht und gedecktem Anzug durch die Bürotürme von Ver-
sicherungsgesellschaften stapfen" (Oberhuber 2011a, S. 39) beschrieben; andererseits
zeichnet eine populäre andersartige Beschreibung ein aktiveres wie offensiveres Bild

der Vertreter als „Provisionsjäger der Versicherungsunternehmen" (Hock/ Neuba-
cher/ Sauga/ Seith 2016, S. 17) sowie als „Drückerkolonnen und provisionshungrige
Vermittler" (Krumrey 2012, S. 3). Ersteres lehnt sich an dem Image von Beamten an
und steht dem Eindruck der Verkäufer von Versicherungen als „Schalterbeamte"
(Hoyer et al. 2009, S. 77) nahe, wie es in einem Artikel in Bezug auf Versicherungen
anbietende Bankberater auch explizit wird. Diese Verknüpfung basiert darauf, dass
alltagstypisch insbesondere die (Geschäfts-)Tätigkeiten von Beamten regelmäßig als
„staubtrocken" (Buhse/ Guldner 2015, S. 6) bezeichnet werden. Letzteres, das Bild
der offensiven Versicherer und Versicherungsvertreter, die im „provisionsgetriebene[n] Hochleistungsvertrieb" (Haerder 2016, S. 61) versuchen, „miese Finanzprodukte" (Bergermann 2014, S. 81) ahnungslosen Kunden „aufzudrücken" (ebd.),
dominiert im Diskurs jedoch eindeutig. [237] So basiert die (massenmedial-)populäre
Bezeichnung der „Drückerkolonne" (Fröhlingsdorf/ Kurbjuweit 2010, S. 34; Hajek
2014, S. 106; Krumrey 2012, S. 3; Nezik/ Schmergal/ Seith/ Tietz 2013, S. 62-67)
beispielsweise darauf, dass den Versicherungsvertretern der Versuch zugeschrieben
wird, Kunden Versicherungspolicen „aufzudrücken", um so möglichst hohe Provisionen zu erlangen. Aufgrund dieser Eigenschaft und der ihr unterstellten Motivation
laufe den Versicherungsvertretern bereits bei der Aussicht auf hohe Provisionen „das
Wasser im Munde zusammen" (Schwennicke 2011, S. 26). Während Versicherungsunternehmen das provisionsgetriebene Handeln ihrer Mitarbeiter – gemäß Diskursäußerungen – nicht nur befürworten, sondern zentral steuern sollen, indem sie von
ihren Standorten aus „ein Heer von Fondsmanagern und Versicherungsvertretern
[ausschicken], die allein von Provisionen leben" (Dettmer/ Seith 2012, S. 96). Aus
diesem Grund seien sie darauf spezialisiert, „fleißig Provisionen ein[zu]streichen, wie
es üblich ist in der Branche" (Hock et al. 2016, S. 19). So „basteln gewiefte Finanz-
akteure [...] komplizierte Produkte, die sich dank hoher Vertriebsprovisionen und
wortgewandter Verkäufer schnell in den Markt drücken lassen" (Hoyer 2012, S. 112).
In der Berichterstattung herrscht also ein eindeutig negatives Bild der Versicherer und
ihrer Vertreter vor, das durch die Thematisierung an der Konstruktion und an dem
Erhalt des Versicherer-Image im Allgemeinen beteiligt ist.

In der Berichterstattung ist der Sparer der Gegenspieler der provisionsgetriebe-
nen Versicherungsvertreter, der aufgrund enormer Komplexität und Intransparenz
der Versicherungswirtschaft[238] im Allgemeinen und der Versicherungspolicen im
Speziellen fast schon hilflos ausgeliefert zu sein scheint. Die Assekuranz samt ihrer
„Drückerkolonnen" (Krumrey 2012, S. 3) und die Sparer stehen somit – laut regelmäßigen Diskursäußerungen – in einem von Informations- und Machtasymmetrien

---

237 Verhältnismäßigkeits- und Dominanz-Erklärungen beziehen sich auf die Verteilung im Quellen-
     material, jedoch ohne, dass dies quantitativ validiert wird. Es handelt sich also um Tendenzbe-
     schreibungen, die dem Rezipienten einen besseren Überblick über die Quellen ermöglichen sollen.

238 Die Zuschreibung der Komplexität und der Intransparenz werden jeweils in einem eigenständigen
     Unterkapitel ausführlich analysiert (siehe hierfür Kapitel 9.3.2.5 und Kapitel 9.3.2.6).

gekennzeichneten Verhältnis, das sich ebenfalls als Täter-Opfer-Verhältnis beschreiben lässt. Die Moralisierung erfolgt, indem diese Problemlage und das asymmetrische Machtverhältnis beschrieben und auf diese Weise entweder implizit oder explizit bemängelt wird. Die Machtasymmetrie basiert mitunter darauf, dass es sich bei der diskursiv konstruierten Figur des Sparers um keine Person handelt, die viel Geld besitzt – schließlich spart der Sparer, um sich gegebenenfalls teure Produkte leisten zu können oder um für das Alter vorzusorgen. Des Weiteren stellt die Tätigkeit des Sparens, insbesondere im Gegensatz zu den als „provisionshungrige [...] Vermittler" (Krumrey 2012, S. 3) dargestellten Versicherungsvertretern, eine in Deutschland durchweg positiv konnotierte Eigenschaft dar. Dementsprechend nimmt bereits die Verwendung dieser beiden diskursiven Figuren die rhetorische Funktion ein, das Machtgefälle zwischen Sparern und Versicherungsvertretern bei moralischer Überlegenheit ersterer zu betonen. Schließlich handelt es sich bei der als ursächlich für „Provisionshunger" angesehenen Gier um eine in Deutschland eindeutig negativ konnotierte Eigenschaft. Im Diskurs wird dementsprechend das Verhältnis zwischen den beiden Akteuren regelmäßig mit plakativen Worten beschrieben, die vereinzelt Versicherer sprachlich in die Nähe von Räubern und Banditen rücken: „Sparer werden ausgeplündert" (Hesse 2015, S. 68). So stellt die diskursiv konstruierte Figur des Sparers neben der Figur des offensiv agierenden Versicherungsvertreters ein wesentliches Diskursmotiv dar, das ein zentrales Charakteristikum des Diskurses sowie der Beschreibung der Assekuranz bildet.

Wie Banker gelten auch die Versicherungsvertreter als Akteure in einem globalen „Finanzmonopoly" (Hesse 2015, S. 68) oder als „Glücksritter im globalen Börsenkasino" (ebd.). Bereits bei solchen Bezeichnungen fällt auf, dass auch in der Wortwahl nicht strukturell zwischen Banken, Bankern, Versicherern und Versicherungsvertretern unterschieden wird, sondern diese in der Vorstellungswelt vieler Zeitgenossen und Journalisten ein Konglomerat bilden. In anderen Fällen ist noch nicht einmal eindeutig abgrenzbar, ob sich die Aussage auf den Bankensektor oder die Assekuranz bezieht, sodass beide Branchen in vielen Fällen gleichermaßen gemeint zu sein scheinen und somit ein Pauschalurteil gegenüber der gesamten Finanzbranche hervorgebracht wird: „Vor zwölf Jahren startete die Finanzbranche eine beispiellose Verkaufsoffensive" (Hoyer/ Schwerdtfeger/ Gerth 2013, S. 158). In einem anderen Diskursfragment wird diese Aussage auf ein Versicherungsprodukt spezifiziert, obgleich weiterhin keine Unterscheidung zwischen Bankensektor und Assekuranz zu erkennen ist: Es handelt sich um eine beispiellose „Beratungsoffensive für Riester" (Hoyer/ Gerth 2009, S. 77). Ferner werden in beiden Textsequenzen wie auch in der Bezeichnung „Heer von [...] Versicherungsvertretern" (Dettmer/ Seith 2012, S. 96) sowie „Versicherungtruppen" (Hock et al. 2016, S. 20) militärische Ausdrücke, Metaphern und Analogien verwendet, welche die vermeintliche Offensivität und Aggressivität der Branche bereits lexikalisch markiert und dementsprechend konnotieren kann.

Sogar die Vorsorge-Policen der Versicherer bleiben vom (nachteiligen) Image der Branche nicht verschont, obwohl Versicherer diese als primär gesundheitsorientiert zu vermarkten versuchen. Im Diskurs werden diese trotzdem anders beurteilt: Die Vorsorge-Policen seien, „im Grunde nichts anderes [...] als knallharte Rationierung von Gesundheitsleistungen über den Preis" (Amann 2009, S. 31). Der fürsorgliche Aspekt den insbesondere die Versicherer bei der Vermarktung dieser Produkte sowie ihrer diesbezüglichen Image-Kommunikation betonen, wird also grundsätzlich hinterfragt und die Produkte als Ganzes werden als kühlkalkulierte Preis-Leistungsversprechen für entsprechende Gesundheitsdienstleistungen bezeichnet. Die Versicherungswirtschaft stellt demnach nichts weiter als ein „Vorsorge- und Versicherungsdschungel" (Bucher 2009, S. 4) dar und die „Lebensversicherung heißt [nur] so, weil mit ihr Versicherer und Verkäufer überleben" (Schwerdtfeger 2016, S. 88). Dieser Logik folgend stehen nicht das Interesse der Kunden – wie in der Image-Kommunikation der Versicherer betont wird (siehe hierfür Kapitel 10.1) –, sondern es stehen die Profite der eigenen Konzerne an erster Stelle. Auch von diesen Geschäftsmethoden und dieser Lebenswelt abgestoßene Insider berichten in der Presse von dem „Finanzmarkt als Dschungel" (Bucher 2009, S. 4) und führen diese Analogie bildhaft weiter aus: „Sparer werden ausgeplündert, Banken und Spekulanten von der Politik geschützt" (Hesse 2015, S. 68). Die Metapher des Dschungels kommuniziert die Intransparenz der Branche und ihrer Produkte, was wiederum Nachteile für die Kunden birgt, die den Finanzdienstleister demnach – ohne reale Kontrollmöglichkeiten – hilflos ausgeliefert zu sein scheinen.[239] Dementsprechend besteht also eine enorme Informations- und Machtasymmetrie zwischen dem Kunden und dem Versicherer.

Innerhalb der Riester-Renten-Debatte werden ebenso Interessens-Verstrickung zwischen den Politikern, Banken und den Versicherern problematisiert. So wird im Diskurs argumentiert, dass insbesondere die Finanz- und Versicherungswirtschaft durch die Einführung der Riester-Rente seitens des Gesetzgebers profitiert habe, weshalb in der folgenden Passage auch von einer daraus entstandenen „Industrie" gesprochen wird, die wie beispielsweise ein Mensch oder Tier auf der Jagd, ein Netz auswirft, um andere Lebewesen zu fangen: „Die Riester-Industrie wirft ihr Netz weiter aus" (Hoyer/ Schwerdtfeger/ Gerth 2013, S. 160).[240]

Die Zementierung öffentlicher Kritik an der Assekuranz erfolgt durch Regierungspolitiker persönlich, indem sie sich nicht nur über die Geschäftsmethoden der

---

239 Die verwendete Metapher des Dschungels wird auch noch weiter ausgeführt, sie basiert auf folgenden angeblichen Gemeinsamkeiten: Demnach sei die Finanzbranche „ein krankes System, das unfair ist und obskur, in dem das Recht des Stärkeren gilt und das darauf ausgerichtet ist, die Bürger zu plündern, damit sich Banken und Börsen bereichern können; ein System, das von Manipulation und Betrug befallen ist und trotzdem von der Politik geschützt wird" (Hesse 2015, S. 68).

240 Die Problematisierung der Verstrickung zwischen Politik und Finanzbranche erfolgt z.B. im Kapitel 9.3.2.9.

Versicherer öffentlich ärgern[241], sondern gerade auch, indem sie Regularien einführen, die letztlich nicht weniger aussagen, als dass diese notwendig seien und die vorherige Kritik sodann zumindest in zentralen Teilen ihre Berechtigung erhält: „Auch die Politik bemüht sich, die Versicherungstruppen zu zivilisieren. Praktisch jeder Verkäufer muss [daher] inzwischen eine Qualifikation aufweisen" (Hock et al. 2016, S. 20). Die Politik wird also hier als zivilisatorische Drittinstanz identifiziert, die das ansonsten unzivilisierte Verhalten der Versicherungswirtschaft sowie ihrer Vertreter mittels gesetzlicher Regularien zügelt. Diese Äußerung beinhaltet implizit, dass auf integres Verhalten und Handeln der Assekuranz kein Verlass sei, sofern der Staat nicht als regulative Kontrollinstanz eingreife.

Innerhalb des Diskurses werden auch vereinzelt diskursgeschichtliche Verläufe thematisiert und im Kontext des gegenwärtigen Diskursstandes kommentiert. So resümieren die Journalisten Annina Reimann, Niklas Hoyer und Silke Wettach die Entwicklung des Images der Lebensversicherung bis in die Gegenwart sowie die ihrer Wahrnehmung nach prototypischen Beschreibungen in Magazingeschichten, die den argumentativen Erzählstrukturen tatsächlich gerecht wird:

> „Früher stand die Lebensversicherung bei den Deutschen auf einer Stufe mit Miele-Waschmaschine, Volkswagen und Eigenheim: grundsolide, verlässlich, planbar, Geborgenheit vermittelnd. Heute gilt sie als Kostenfalle, Abzocke und Auslaufmodell [...] Eine übliche Magazingeschichte zur Lebensversicherung braucht folgende Zutaten: einen Kunden, der sich betrogen fühlt, weil er zum Vertragsende weniger bekommt, als ihm beim Abschluss in Aussicht gestellt wurde. Einen Vermittler, der dem Kunden eine schlechte Police angedreht und dafür üppige Provisionen kassiert hat. Einen Versicherer, der mit seinen Anlagen kaum noch Rendite für die Kunden erzielt. Und einen Verbraucherschützer, der vor dem Abschluss einer Lebensversicherung warnt (Reimann/ Hoyer/ Wettach 2013, S. 84).

Wie bereits an vorherigen Stellen erwähnt, bieten sowohl Banken als auch Versicherer Versicherungspolicen an, sodass mitunter deshalb in den Artikeln regelmäßig nicht in Versicherer und Banken unterschieden wird, sondern die gesamte Branche adressiert wird (siehe hierfür Kapitel 7). So werden auch Bankberater mit Beamten verglichen, indem konstatiert wird, dass es sich bei ihnen um „keine höflichen Schalterbeamte, sondern [um] profitorientierte Verkäufer" (Hoyer et al. 2009, S. 77) handele – weshalb zur Vorsicht geraten wird. Aufgrund des Image-Transfer-Prozesses werden im Folgenden auch die Art und Weise der Berichterstattung über die Finanzbranche im Allgemeinen und über die Banken durch ausgewählte Textpassagen

---

241   Beispiele hierfür erfolgen z.B. im Kapitel 9.7.

illustriert.[242] Banker sind „Zocker" (ebd.), die trotz dessen, dass sie bereits „mit Millionen spekulier[en]" (Buhse/ Guldner 2015, S. 6), ständig auf der „Renditejagd" (Hoyer et al. 2009, S. 76) sind und ebenso wie Versicherungsvertreter als „provisionsgetriebene Verkäufer" (Schönwitz 2014, S. 84) bezeichnet werden.[243] Deshalb sorgen die Finanzdienstleister dafür, dass „nicht die besten, sondern die [für die Verkäufer] lukrativsten Produkte zum Kassenschlager werden" (Hock et al. 2016, S. 19), weshalb „[g]ute Beratung […] zu oft Glückssache" sei (Hoyer/ Hergert 2009, S. 111). Selbst der härtere Wettbewerb innerhalb der Branche führe zwar zu „günstigere[n] Konditionen, [die Kunden] bekommen aber weder kompetentere Beratung noch besseren Service" (Fehr 2011, S. 46).[244] So leben die Banker laut der Berichterstattung „auf ihrem eigenen Planeten" (Amann/ von Petersdorff 2011, S. 36) oder in einem „Paralleluniversum" (ebd.), von dem aus sie nicht um das Geld der Reichen, sondern sich gerade um die Rücklagen der „ahnungslosen" (Bergermann 2014, S. 81) Kleinsparer bereichern: „Die Sümmchen dieser Kleinanleger und Sparer tröpfeln ein bei Versicherungen, Banken und Fondsgesellschaften", deren Vertreter beispielsweise Senioren laut einem Insider als „A-und-D-Kunden [alte und doofe Kunden]" (ebd.) bezeichnen und deshalb systematisch adressieren. An dieser Textpassage ist die gemeinsame Erwähnung und gleichartige Kritik am Bankensektor und an der Versicherungswirtschaft eindringlich zu erkennen, da hier – wie an zahlreichen anderen Stellen im Diskurs – nicht eindeutig zwischen Banken und Versicherern getrennt wird, sondern stattdessen eine Pauschalkritik erfolgt.

Eine Gegenposition zu der oftmals breitangelegten Pauschalkritik an der Finanzbranche existiert ebenfalls, wobei sie weitaus seltener zu Wort kommt, über weniger Reichweite verfügt und sich oftmals darauf konzentriert, die Argumentations- und Deutungsmuster anderer als „Sündenbock"-Pauschalisierung (Bollmann 2016, S. 10; Tichy 2011, S. 3) zu bezeichnen. Der Tenor des Diskurses lässt sich durch die Textpassage eines Artikels zusammenfassen, der die einseitige Pauschalisierung kritisiert: „Für die Wutbürger und ihre Medienvertreter besteht die Branche nur aus Abzockern, die uns 'in die Scheiße' geritten haben. […] Auf dieser Flughöhe differenziert niemand groß. Das Volk bewertet alle gleich, Sparkassen-Onkel, Landesbanker,

---

242 Die Tabelle der im Rahmen der Finanzkrisen-Debatte 2008 verwendeten konnotativen Marker lässt sich bei Diehl (2017, S. 47) finden.

243 Bemerkenswert ist, dass den Versicherungsvertretern in keinem einzigen Diskursfragment explizit „Gier" zugeschrieben wird, wohingegen gegenüber Bankern und Banken dieser Vorwurf regelmäßig erhoben wird. Die (massen-)mediale Tätigkeitsbeschreibung der Versicherer und ihrer Vertreter beinhaltet jedoch implizit den Vorwurf der „Gier", die unlautere Geschäftsmethoden – zu Lasten der Kunden und zu eigenen Gunsten – erst plausibilisieren.

244 In einigen Artikeln erfolgt auch ein direkter Bezug zur Finanzkrise, der jedoch für die Banker und Banken ebenfalls nur selten positiv ausfällt: Nach der Finanzkrise haben die Kunden ihr Anlageverhalten zugunsten von Sicherheit verändert, die „Banken sich leider nicht" (Oberhuber 2009, S. 37).

Deutschbanker, Investmentbanker, Fondsmanger, Hedgefondsmanager. Alles 'Banker', alle Triple Z" (Amann/ von Petersdorff 2011, S. 36).

9.3.1 Diskursakteure

Der (historische) Ursprung und die Grundzüge der Riester-Renten-Debatte wurden bereits zuvor skizziert (siehe hierfür Kapitel 9.2), während die zu Wort kommenden Diskursteilnehmer noch nicht thematisiert sowie die Inhaltsebene noch nicht dekonstruierend beleuchtet wurde. Dies erfolgt nun in diesem Kapitel.

Im Untersuchungszeitraum bzw. seit der Finanzkrise steht die Finanzbranche dauerhaft – mit Höhe- und Tiefpunkten – unter verstärkter öffentlicher Beobachtung (Langenohl/ Wetzel 2014, S. 19). Die Kritikpunkte verlaufen entlang der Ereignisse der Finanzkrise, der virulenten Debatte über die Rentabilität von Riester-Renten für die Versicherten zuzüglich der Finanzierbarkeit des deutschen Sozialstaates und der damit zusammenhängenden Staatsschuldenkrise im Euro-Raum, der Diskussion über eine mögliche Finanztransaktionssteuer[245], der Verstrickungen der Finanzbranche in die Staatsschuldenkrise und der regelmäßig entflammenden Mangerlohn-Debatten[246], in denen die Finanzbranche unter verschiedenen Branchen am heftigsten kritisiert wird.[247] All diese Bestandteile können nur Aspekte der vorliegenden Diskursanalyse sein, da nicht versucht wird, diese als eigenständige (Teil-)Diskurse umfassend zu beleuchten; stattdessen wird der Image-Aushandlungsprozess als Konglomerat all dieser Aspekte und somit als übergeordneter Diskurs verstanden, dessen Verläufe mitunter in der Riester-Renten-Debatte zusammenlaufen und somit Einfluss auf das Versicherer-Image nehmen.

Neben den Autoren journalistischer Texte, äußern sich zahlreiche (Diskurs-)Akteure im Rahmen des jeweiligen aktuellen Diskursstandes der Riester-Renten-Debatte. Zentrale Diskursakteure sind auf der einen Seite Versicherungshäuser,

---

245   Die Diskussion über die Finanztransaktionssteuer verhärtet sich im Untersuchungszeitraum auf zwei gegensätzliche Argumentationsmuster: Die großteils politischen Befürworter argumentieren, dass die Einführung der Finanztransaktionssteuer notwendig sei, damit die Banken ihren steuerlichen und somit gesellschaftlichen Beitrag im Allgemeinen, aber auch insbesondere aufgrund der staatlichen Hilfe im Zuge der Finanzkrise leisten (Siedenbiedel 2013, S. 33; Reimer 2013, S. 108); während die Kritiker erklären, dass die Banken die zusätzlichen Kosten schlichtweg auf ihre Kunden bzw. „auf die Sparer abwälzen" würden (ebd.), weshalb demnach solch eine Reform wenig Sinn hätte.

246   Wie bereits erwähnt, wird die Schuldkonstruktion innerhalb regelmäßig stattfindender Managerlohn-Debatten von Krasni (2017) untersucht.

247   Vergleichsweise kleine Diskursabzweigungen (Teil-Diskurse) wie beispielsweise der ERGO-Skandal wurden in der Aufzählung nicht aufgeführt, um dadurch eine höhere Übersichtlichkeit zu ermöglichen.

Versicherer- und Finanzmarkt-Repräsentanten, der *Gesamtverband der Deutschen Versicherungswirtschaft* (GDV); diametral gegenüber lassen sich die Aussagen des *Bunds der Versicherten* (BdV) und weiterer Verbraucherschützer positionieren. Professoren betriebswirtschaftlicher und mathematischer Fakultäten, Unternehmen und Kundenberater der Finanzbranche, freie Berater wie auch unabhängige Institute und Stiftungen beziehen je nach Diskursgrundlage jeweils unterschiedliche bzw. spezifische Positionen, sodass eine exakte Verortung dieser heterogenen Gruppe nicht vorgenommen werden kann. Ebenso kommen neben Mitgliedern verschiedener im Bundestag vertretener Parteien insbesondere die Politiker Horst Seehofer, Sigmar Gabriel, Walter Riester und Norbert Blüm zu Wort. Diese zentralen Diskursakteure der Riester-Renten-Debatte ringen untereinander in (massen-)medialen Aushandlungs-Arenen um Deutungshoheit – d.h. um die Anerkennung und die Zustimmung ihrer Aussagen –, indem sie ihre Äußerungen unmittelbar aufeinander beziehen sowie versuchen, die jeweils eigene Position zu stärken oder die des Gegenübers zu schwächen.[248]

9.3.2 Narrative und Argumentationsmuster

In der Riester-Renten-Debatte existieren umkämpfte Argumentationsmuster (Topoi) und mehrheitlich geteilte Argumentationsmuster (Narrative). Erstere äußern sich darin, dass verschiedene Sprecher konträre Argumentationspositionen beziehen, diese argumentativ vertreten und versuchen, den Rezipienten von der Validität des verwendeten Topos zu überzeugen. Schließlich bezeichnen Topoi jegliche Argumentationsmuster, die nicht mehrheitlich akzeptiert bzw. geteilt werden. Die Bezeichnung einer Äußerung als Topos trifft also keine Aussage darüber, welche Bedeutung das bezeichnete Argumentationsmuster im jeweiligen Aushandlungsprozess einnimmt. Hingegen bezeichnen Narrative Argumentationsmuster, die von den zentralen Diskursakteuren (z.B. Leitmedien) mehrheitlich geteilt werden. Sie gehen regelmäßig spezifischen Aussagen implizit voraus, ohne stets explizit erwähnt zu werden. So lassen sich Narrative insbesondere daran erkennen, dass ihre Erwähnung durch Diskursakteure oder zumindest ihre argumentative Herleitung als nicht notwendig erachtet wird. Dementsprechend tauchen Narrative in verschiedenen Diskursfragmenten regelmäßig ohne vorhergehende Argumentation sowie als alleinstehende Schlussfolgerungen oder als spezifische (Gegenwarts-)Deutungen auf, die von mehreren zentralen Diskursakteuren als Fakt dargestellt werden. Die gleichgerichtete und unhinterfragte Nutzung des

---

248   Eine ausführliche Beschreibung und Einordnung der Diskursakteure wäre für die Fragestellung nach dem Image-Aushandlungsprozess nicht zielführend, da sich die Analyse nicht um die Rollen der einzelnen Sprecher dreht, sondern die inhaltlich argumentativen Logiken als Untersuchungsgegenstand hat.

gleichen Argumentationsmusters lässt also auf eine zumindest temporäre Deutungsmacht der jeweiligen Äußerung im jeweiligen Diskurs – also auf ein Narrativ – schließen. [249] Auf diese Weise bilden Narrative das Fundament, auf dem die Konstruktion
von (diskursiver) „Wirklichkeit" ruht (Wengeler 2003, S. 290-291). Deshalb werden
zunächst die Narrative der Riester-Renten-Debatte untersucht, um dies in einem daraus folgenden Schritt durch die Analyse der (umkämpften) Argumentationsmuster
zu ergänzen.

9.3.2.1 Generationsgerechtigkeit und Nachhaltigkeit

Der Umbau des Sozialstaates und somit auch die Rentenreformen umkreisen zwei
bereits zuvor angesprochene im Diskurs miteinander verflochtene Begrifflichkeiten
– Generationsgerechtigkeit und Nachhaltigkeit. Das *Generationsgerechtigkeits- und Nach-*
haltigkeits-Narrativ basiert darauf, „trotz demographischen Wandels für ein insgesamt
ausreichendes Alterseinkommen [zu] sorgen und gleichzeitig die Belastungen für die
junge Generation [zu] begrenzen" (Rietzler 2012, S. 2). Losgelöst von der Beurteilung, ob der jeweilige Autor der Meinung ist, dass dieses Ziel mit den (Renten-)Re-
formen auch tatsächlich verwirklicht wird, wird die Notwendigkeit und die Intention
in der Regel ohne eine weiterführende Problematisierung aufgegriffen und somit
nicht grundsätzlich infrage gestellt. Das Narrativ bezeichnet also die Gegenwartsdeutung, dass aufgrund demographischer Veränderungen die Reduktion von Staatsschulden anvisiert werden sollte, um so den Handlungsspielraum der Jugend und der
nachfolgenden Generationen nicht einzuschränken (Brettschneider 2009, S. 195;
Bönker 2005, S. 351). Grundsätzlich geht es dabei um die langfristige und deshalb
nachhaltige Erhaltung Deutschlands als eine führende Industrienation (Brettschneider
2007, S. 372). Die gleiche Argumentationsstruktur versteckt sich hinter der Aussage,
dass beim Wahlkampf bzw. „Rentenwahlkampf 2017 […] mit milliardenteuren Versprechen, zukunftsvergessen und ohne Blick fürs Ganze" (Haerder 2016, S. 59) agiert
werden würde. Um den eigenen Machterhalt zu sichern, würden daher die Parteien
„zukunftsvergessen" insbesondere Politik für die älteren Generationen machen, ohne
die daraus entstehenden Folgen für die Jugend zu bedenken – oder in den Worten
eines anderen Journalisten: „Wer den Älteren 600 Milliarden Euro [durch Rentener-
höhungen] mehr geben will, muss offen zugeben, dass sie den Jüngeren fehlen werden" (Rehage/ Schmergal 2016, S. 21). Die Forderung nach Generationsgerechtigkeit
und Nachhaltigkeit ertönt auch nicht zufälligerweise gerade in der Gegenwart. So ist

---

249   Geideck und Liebert (2003) analysieren die diskursgeschichtliche Entwicklung des Leistungs-Argu-
       ments in Diskursen und sie konstatieren, dass spätestens seit den 60er-Jahren das Leistungs-Argu-
       ment von einem umkämpften Argumentationsmuster zu einem Narrativ in öffentlichen Debatten
       avanciert.

ein charakteristisches Merkmal gegenwärtiger Gesellschaften, dass heutige Handlungen nicht selten mit potenziellen zukünftigen Konsequenzen begründet werden (Featherstone 2000, S. 78). Aus diesem Grund wird die Reduktion sozialstaatlicher Leistungen wie der gesetzlichen Rentenversicherung in Form eines Narratives in der Riester-Renten-Debatte als langfristige Sicherstellung der Zahlungsfähigkeit der öffentlichen Haushalte dargestellt, um somit die Grundlage langfristigen Wohlstands aller folgenden Generationen nicht zu gefährden (Brettschneider 2007, S. 373). Es handelt sich hierbei also letztlich um eine Argumentation, die sich an die moralischen Grundsätze der Nicht-Schädigung (zukünftiger) anderer anlehnt. Die geforderte (Generations-)Gerechtigkeit bezieht sich also nicht mehr wie in vorherigen (Gerechtigkeits-)Diskursen auf gegenwärtige Verteilungsfragen, sondern verlagert sich auf der Zeitachse zu einer Frage der Gerechtigkeit zwischen der Gegenwart und der Zukunft – d.h. zu der Verteilungsfrage zwischen gegenwärtiger und zukünftiger Gesellschaften: Konkret für die Riester-Renten-Debatte bedeutet dies, dass *die Kürzung der gesetzlichen Rentenversicherung dem sozialstaatlichen Ausgabenüberschuss geschuldet ist, der mittel- oder langfristig die Liquidität der öffentlichen Haushalte und somit den wirtschaftlichen Wohlstand nachfolgender Generationen bedroht.*[250] Sofern dieses Narrativ anerkannt, akzeptiert oder geteilt wird, ergeben weitläufige Diskussionen über die Erhöhung von staatlichen Rentenauszahlungen keinen Sinn, weil diese aufgrund der vermeintlichen Belastung nachfolgender Generationen dem Narrativ entgegenstehen, wodurch der Diskurs in vom Narrativ geprägte Bahnen gelenkt wird.[251]

9.3.2.2 Notwendigkeit privater Altersvorsorge

Das folgende *Notwendigkeits-Narrativ* knüpft unmittelbar an die Deutung des *Generationsgerechtigkeits- und Nachhaltigkeits-Narrativs* an, indem es eine Schlussfolgerung letzteres umfasst: Die (notwendige) Teil-Privatisierung der gesetzlichen Rentenversicherungen durch die Riester-Reformen führe dazu, dass *um den eigenen Lebensstandard im*

---

250   Tatsächlich werden im Diskurs von verschiedenen Sprechern teilweise Pro- und Contra-Argumente zu diesem Thema herangeführt. Dabei handelt es sich jedoch um in der Regel Positionen von Splittergruppen oder um Äußerungen, die keinen Eingang in die (massen-)mediale Debatte finden. In dieser Arbeit werden jedoch nur Positionen zentraler Diskursakteure herausgearbeitet, da die Einstellung jedes Diskursakteurs wie beispielsweise die Meinungen von Splittergruppen für den Diskursverlauf nur in wenigen Ausnahmefällen und nicht im Laufe der Riester-Renten-Debatte relevant sind.

251   Dies bedeutet jedoch keineswegs, dass dieses und folgende Narrative nicht grundsätzlich von einzelnen Akteuren wie beispielsweise politisch-linken Politikern hinterfragt werden oder in der Zukunft überworfen werden könnten. Aber der gegenwärtige Diskursverlauf wird zu einem entscheidenden Maße von diesem Narrativ geprägt, weshalb es regelmäßig erfolgreich gegen die Erhöhung von Sozialausgaben herangeführt wird.

Alter auch nur ansatzweise zu halten, private Altersvorsorge unumgänglich ist.[252] Dieses Narrativ wird in sämtlichen untersuchten Medien regelmäßig (re-)produziert wie die folgende Auswahl diesbezüglicher Textsequenzen aus verschiedenen Jahren illustriert:

„Dass die gesetzliche Rente für die heute 30- und 40-Jährigen nicht reichen wird, ist klar" (Hoyer/ Hergert 2009, S. 111).

„Die staatliche Rente allein reicht im Alter nicht aus, das hat sich mittlerweile herumgesprochen" (Sievers 2012, S. 47).

„Die staatliche Rente reicht allenfalls noch zur finanziellen Grundversorgung. Und je jünger die Menschen, desto düsterer sind die Aussichten: Die Lebenserwartung steigt, die Geburtenrate stagniert, künftig werden also immer weniger Junge immer mehr Alte versorgen müssen" (Nezik et al. 2013, S. 63).

„[D]ie Rente [muss] auf drei Füßen stehen, neben der gesetzlichen Rente ist private und betriebliche Vorsorge unverzichtbar" (Steltzner 2016, S. 21).

Auf Grundlage dieser Problemlage adressieren Versicherer in ihren Äußerungen und (Werbe-)Kommunikaten Vorsorgeambitionen und erklären die private Altersvorsorge als Lösung der rentenpolitischen Lücke der gesetzlichen Rentenversicherung (Sogorski 2014, S. 2). Doch die Effektivität und die Rentabilität privater Altersvorsorge ist durch die anhaltende Niedrigzinspolitik der *Europäischen Zentralbank* erschwert. Die diesbezügliche Komplexität von gegenwärtigen Vorsorgeentscheidungen lässt sich in den Worten des Journalisten Hoyer zusammenfassen: „Die gesetzliche Rente wird nicht reichen. Niedrigzinsen aber machen private Vorsorge schwer" (Hoyer 2014, S. 92).

9.3.2.3 Deutsche Sparsamkeit und kalte Enteignung

Die Beobachtung der Finanzkrise und die subjektiven Schlussfolgerungen wirken sich ebenfalls auf das Anlageverhalten der Deutschen aus, indem beeinflusst vom gesamtgesellschaftlichen Diskurs Bausparkassen sowie Tages- und Festgeldkonten

---

252 Die einzigen etwas bekannteren Akteure, die dieses Narrativ infrage stellen, sind Politiker der Partei *die Linke*, die betonen, dass die Riester-Reformen die Stabilität der gesetzlichen Rentenversicherung beschädigt haben. So äußert beispielsweise Sarah Wagenknecht in einer Diskussionrunde bei Maybrit Illner: „Es [die Finanzierungslücke der gesetzlichen Rentenversicherung] ist ein herbeigeredetes Problem, wegen der Versicherungsbranche, weil die gern wollte, dass das privatisiert wird" (Illner 43:07-44:56). Die Partei und ihre Akteure kommen im Pressediskurs des untersuchten Zeitraums jedoch nur äußerst selten zu Wort.

zumindest unmittelbar nach der Finanzkrise einen Aufschwung erleben (Rock 2009, S. 36; Oberhuber 2009, S. 37). Aufgrund dieses Anlageverhaltens entsteht das *Sparsamkeits-Narrativ*, dass die Beschreibung des deutschen Sparverhaltens beinhaltet. In der Presse wird sogar vereinzelt von „stupid [G]erman money" (Hock et al. 2016, S. 15) und von der „deutschen Dummsparerei" (ebd.) gesprochen: Dies beschränkt sich jedoch nicht nur auf den Durchschnittsbürger, sondern die Bundeskanzlerin Angela Merkel persönlich „erhob die schwäbische Hausfrau mit ihrer sprichwörtlichen Sparsamkeit sogar zum Leitbild deutscher Regierungskunst" (ebd.).

Das *Sparsamkeits-Narrativ* führt dazu, dass die Auswirkungen der Niedrigzinspolitik der *Europäischen Zentralbank* insbesondere auf deutsche Sparer regelmäßig problematisiert werden: So übergibt der deutsche Durchschnittsbürger sein Vermögen laut *Sparsamkeits-Narrativ* „aktienscheu" (Böll et al. 2013, S. 68) der Bank, weswegen sein Erspartes gegenwärtig „wie ein Eisberg in Zeiten des Klimawandels [schmilzt]" (ebd.). Daher wird die Niedrigzinspolitik der *Europäischen Zentralbank* als „ein Phänomen der kalten Enteignung" (ebd.) oder als eines von mehreren „Enteignungsinstrumente[n]" (Zerfaß et al. 2013, S. 32) bezeichnet, deren inhaltliche Aussagestruktur den folgenden *Enteignungs-Topos* bildet: *Die Sparer sind die primären Leidtragenden der Niedrigzinspolitik*. Als Profiteure dieser Entwicklungen werden im Diskurs die öffentlichen Haushalte und die Banken identifiziert (Böll et al. 2012, S. 80-85; Böll 2013, S. 68; Nezik et al. 2013, S. 62-67; Zerfaß et al. 2013, S. 32-41): „Die unmittelbaren Verlierer sind Sparer, deren Lebensversicherungen und Riester-Verträge durch die manipulierten Niedrigzinsen entwertet und inflationär massakriert werden" (Tichy 2012, S. 5). Im *Enteignungs-Topos* wird der Sparer als Verlierer gegenwärtiger finanzpolitischer Entwicklungen dargestellt, die laut zentralen Diskursakteuren nichts weniger als eine „gigantische Umverteilung" (Böll et al. 2013, S. 68) umfassen, die beinhaltet, dass die „Sparer die Zeche zahlen" (Zerfaß et al. 2013, S. 32): „Im Klartext: Tagesgeld, Sparbücher und Festgeld sind derzeit keine Geldanlagen, sondern schleichende Geldvernichtung" (Zerfaß et al. 2014, S. 40). Dies widerspricht jedoch der alltagstypischen Gerechtigkeitslogik, dass derjenige, der sparsam Wirtschaftet, dafür belohnt wird – wie es beispielsweise auch im Sprichwort „Spare in der Zeit, so hast Du in der Not" Ausdruck findet.

In Bezug auf die Riester-Rente resultiert die Schlussfolgerung, dass „sich Riester-Rente und Lebensversicherung angesichts des staatlich gewollten Niedrigzinsniveaus auch nicht mehr für echte Vorsorge eignen" (Tichy 2011, S. 5). Wie zuvor scheint der Sparer laut dem Diskurs in einer Zwickmühle zu stecken: Weder die gesetzliche Rentenversicherung reicht aus, um den Ruhestand zu finanzieren, noch stellt die private Altersvorsorge einen adäquaten Ersatz dar. Was zurückbleibt, ist ein leidtragender Sparer, der als einzelner sowie als primäres Opfer dieser Entwicklungen beschrieben wird:

„In dem Wissen, dass ihre gesetzliche Rente allein nicht ausreichen wird, haben sie [viele Bürger] private Rentenversicherungen abgeschlossen, in Riester-
Policen eingezahlt oder mit ihrem Arbeitgeber eine Betriebsrente ausgehandelt – und müssen jetzt erfahren: Ihre Altersvorsorge ist trotzdem in Gefahr.
Die niedrigen Zinsen nämlich lassen die Erträge aus der privaten und betrieblichen Vorsorge deutlich schrumpfen" (Kremer 2013, S. 29).

9.3.2.4 Niedrigzins und Versicherer

In der Riester-Renten-Debatte werden nicht nur die Sparer als Leidtragende der
Niedrigzinspolitik dargestellt, sondern vermehrt auch die Versicherer und Banken,
deren Geschäftsmodelle durch den anhaltenden Niedrigzins grundsätzlich infrage gestellt werden (Zerfaß et al. 2014, S. 40). Eine gesetzliche Auflage bei Versicherungsprodukten ist, dass die Versicherer die Anlagen in Staatsanleihen investieren müssen
(Scherff 2012, S. 41; Reimann/ Hoyer/ Wettach 2013, S. 84-92). Diese werden jedoch
durch die Zins-Politik der *Europäischen Zentralbank* niedrig gehalten, wodurch sich die
Renditeerwartungen der einstig lukrativen Anlagen erheblich verschlechtert (Böll et
al. 2013, S. 68; Böllmann 2012, S. 49; Seith 2012, S. 76-77; Wiesner 2013, S. 4; Zerfaß
et al. 2014, S. 40).

„Zwar werfen Versicherungen jetzt noch vier Prozent ab. Aber nur weil sie
hoch verzinste Anleihen aus der Vergangenheit im Depot haben. Jedes Jahr
werden nun diese Anleihen fällig und können nur durch neue Papiere mit
niedrigeren Zinssätzen ersetzt werden. Daher werden die Versicherungen in
den nächsten Jahren immer weniger Rendite erzielen" (Bollmann/ Scherff
2012, S. 49).

Infolge dieser finanzpolitischen Entwicklung bzw. durch die dadurch ausgelösten externen Sachzwänge wird Druck auf die Versicherer ausgeübt, ihren Garantiezins zu
senken und die Überschüsse „einzudampfen" (Krumrey 2012, S. 3). Die Zinsgaran-
tien früherer Versicherungsverträge lasten also demnach aktuell schwer auf den
Schultern der Versicherer, die bei anhaltender Niedrigzinspolitik immer größere
Schwierigkeiten haben, die versprochene Rendite auch tatsächlich zu erwirtschaften
(Reimann/ Hoyer 2015, S. 87). Dementsprechend wird auch berichtet, dass sich einzelne Rentenversicherer „aus dem Markt zurück[ziehen], weil sie die Beitragsgarantie
sowie den Garantiezins der Rentenversicherung kaum noch erwirtschaften können"

(Hoyer/ Schwerdtfeger/ Gerth 2013, S. 158).[253] Die Argumentationsstruktur des *Niedrigzins-Narrativ* lässt sich also folgendermaßen komprimieren: *Die anhaltende Niedrigzinsphase ist eine Bedrohung für zahlreiche Versicherungspolicen und für ausgewählte Geschäftsmodelle der Versicherer im Allgemeinen.* Der Zusatz, dass dies mit gesetzlichen Regularien im Bereich der Assekuranz und der Finanzbranche zusammenhängt, lässt sich nicht in jedem Fall jedoch regelmäßig in den Diskursfragmenten wiederfinden, sodass dies keinen festen Bestandteil des Narratives, sondern vielmehr eine optionale Erweiterung darstellt. Dennoch handelt sich also bei den Sparern nicht um die einzigen Opfer der Niedrigzinspolitik der *Europäischen Zentralbank,* sondern sind ebenfalls die Versicherer davon betroffen.

9.3.2.5 Intransparenz

Ein im Diskurs regelmäßig ertönender Kritikpunkt gegenüber Riester- und teilweise auch gegenüber Versicherungsprodukten im Allgemeinen lautet, dass diese zu einem erheblichen Maß intransparent seien, sodass der „Vergleich der Produkte unmöglich" (Oberhuber 2010, S. 35) erscheint, da „weder Fonds noch Versicherungen allzu offen dar[legen], wie viel sie vom Anlegergeld über die Jahre abknapsen" (ebd.). Die hinter dieser Äußerung liegende implizite Forderung lautet mehr Transparenz, die in einigen Diskursfragmenten auch explizit ausformuliert wird: Die Versicherer sollten „freiwillig Nettotarife ins Volk feuern und ihre Kosten offenlegen" (Oberhuber 2013, S. 29). Hieran knüpft die mögliche wie implizite Schlussfolgerung an, dass dadurch die aktuelle Intransparenz verringert werden würde.

Die zuvor im Theorieteil erwähnten staatlichen Regulierungen bei als mangelhaft wahrgenommener Selbstregulierung werden im Diskurs auch explizit thematisiert. Auf diese Weise werden staatliche Interventionen gefordert oder als Notwendigkeit argumentativ legitimiert: „Die Anbieter von Altersvorsorgeprodukten klären nur mangelhaft über Nachteile und Kosten auf. Da die Branche nicht freiwillig für Transparenz sorgt, muss der Gesetzgeber handeln" (Gatschke 2012, S. 2). Der Gesetzgeber wird hier also als neutraler Schiedsrichter dargestellt, dessen Aufgabe es ist, dort regulativ einzugreifen, wo die Selbstregulierung der wirtschaftlichen Akteure nicht der (gesellschaftlichen) Erwartung entspricht.

So werden Riester- und weitere Versicherungsprodukte aufgrund der vermeintlichen Intransparenz als „eine Black Box" (Scherff 2011, S. 37) bezeichnet, sodass kein Versicherter bei Vertragsabschluss sich umfänglich darüber im Klaren sein kann, was er eigentlich gekauft hat: „Die Sparer kaufen also seit Jahren eine Black Box"

---

253   Die gleiche Entwicklung wird ebenso in Bezug auf den Bankensektor thematisiert, demnach Banken aufgrund anhaltender Niedrigzinsphase ebenfalls das eigene Geschäftsmodell überdenken müssen (Klemm 2016, S. 35).

(ebd.). Auf diese Weise wird eine Informationsasymmetrie sprachlich gekennzeichnet, die für den *Intransparenz-Topos* charakteristisch ist und folgendermaßen prototypisch gebildet werden kann: *Die Versicherungsprodukte sind aufgrund ihrer Intransparenz für den Kunden nur schlecht bis kaum vergleichbar.* Unmittelbar an die Inhalte und Aussagen des *Intransparenz-Topos* knüpft der *Komplexitäts-Topos* an. Beide Topoi weisen in einigen Fällen auch schwimmende Grenzen auf, indem die beschriebene Intransparenz von Versicherungsprodukten ihren Teil zur enormen Komplexität beiträgt. So stützt sich die folgende Textsequenz zunächst auf den *Intransparenz-Topos*, um diesen sodann um die Konstatierung von Komplexität zu ergänzen:

> „Doch die Produkte der Versicherer lassen sich kaum vergleichen, die Kosten werden nur unzureichend ausgewiesen, und durch den Stapel an Vertragsunterlagen blicken selbst Experten oft nicht mehr durch" (Dettmer/ Seith 2012, S. 96).

9.3.2.6 Komplexität

Riester- und Versicherungsprodukte werden regelmäßig als sehr komplex beschrieben, sodass demnach Laien und sogar Experten die dargebotenen Versicherungspolicen kaum (umfänglich) verstehen können. Der Verbraucher ist also auf Beratung angewiesen, die, wie in vorherigen und folgenden Abschnitten beschrieben, jedoch durch Provisionsinteressen geprägt sind. Die vermeintliche Komplexität potenziert sich ebenfalls durch das „Wirrwarr aus Förder- und Steuerparagrafen [der Riester-Renten-Produkte]" (Seith 2012, S. 82) und durch den „Dschungel der Querverweise" (ebd.), die es einem Laien – laut Diskurs – fast unmöglich machen, die eigentlichen Produkte adäquat einzuschätzen, zu vergleichen oder geschweige denn vollumfänglich zu verstehen.

> „Die komplizierten Regeln der Riester-Rente aber durchschaute kaum jemand" (Hoyer 2011, S. 104).

> „Diese 'Mechanismen' sind bei den Anbietern so unterschiedlich, dass sich ein Kunde fühlt wie vor einem Supermarktregal mit 20 Zahnpastatuben. Es scheint schlicht unmöglich, die Unterschiede zu verstehen" (Seith 2016b, S. 78).

Ferner kommuniziert die nächste Textpassage, dass sogar eine ausgebildete Betriebswirtin die Versicherungspolicen nicht versteht, während in der darauffolgenden Textsequenz explizit die Notwendigkeit eines mathematischen Spezialisten auf dem

Gebiet der Versicherungsmathematik konstatiert wird. Demzufolge hat der Durchschnittsbürger aufgrund der Beschaffenheit der Versicherungspolicen keine reale
Möglichkeit, diese kritisch zu bewerten.

> „Pia Müller [Betriebswirtin] hatte schon vor den katalogdicken Broschüren
> und dem Finanz-Kauderwelsch in ihren Vertragsunterlagen kapituliert. Denn
> da ist von Garantiezahlungen und Überschüssen die Rede, die sich noch ein-
> mal unterteilen in Kosten-, Risiko- und Schlussüberschüsse" (Nezik et al.
> 2013, S. 66).

> „An den Vertragsdaten kann das kein Normalsterblicher erkennen. Es
> braucht einen Versicherungsmathematiker, der solche Daten aufschlüsselt"
> (Oberhuber 2011c, S. 51).

Die argumentative Grundstruktur auf der solche Diskursäußerungen basieren, lässt
sich folgendermaßen komprimiert abbilden: Riester-Versicherungsprodukte im Allgemeinen sind zu komplex, um von Kunden und/oder sogar von Experten verstanden zu werden.

Im Diskurs wird aber ebenfalls die Meinung vertreten, dass „vor allem die politischen Vorgaben Riester komplex gemacht haben" (o.V. 2016, S. 75) und somit die
Ursache der Produktkomplexität im Falle der Riester-Rente nicht bei den Versicherern, sondern bei den politisch Verantwortlichen zu suchen sei (Scherff 2016, S. 39).
Ferner werden vereinzelt ebenfalls mangelhafte ökonomische Kenntnisse des deutschen Durchschnittsbürgers bemängelt und als Ursache für die Wahrnehmung enormer Komplexität in puncto Riester-Rente und in puncto Altersvorsorge im
Allgemeinen herangeführt: „Denn die Hilflosigkeit ist groß, wenn es um Themen
Vermögensaufbau und Altersvorsorge geht – und das Wissen klein" (Seith 2016a, S.
88). Demnach könnte eine naheliegende Schlussfolgerung lauten, dass nicht die Ver-
sicherungsprodukte geändert werden müssten, sondern dass sich der ökonomische
Wissensstand der Bevölkerung erhöhen müsste. Solche die Versicherungswirtschaft
entlastenden Äußerungen lassen sich jedoch nur vereinzelt verzeichnen, sodass die
Problematisierung der Komplexität über Deutungshoheit im Diskurs verfügt. Die
Urheber dieser Komplexität werden jedoch nicht explizit benannt, wobei gemäß der
Alltagslogik die Schlussfolgerung der Autorschaft der Versicherer naheliegt, sofern
keine externen Einflüsse explizit genannt werden, da Versicherer eben auch die Anbieter und die Vertreiber der problematisierten Produkte sind. Ferner können an dieser Stelle auch das eher nachteilige Image der Branche und die Wissensbestände aus
dem *Topos der unlauteren Geschäftsmethoden*, welcher im Folgenden herausgearbeitet wird,
zum Tragen kommen.

9.3.2.7 (Unlautere) Geschäftsmethoden

In den vorherigen Textsequenzen sowie den dahinterliegenden Argumentationsstrukturen wird zwar wie in folgenden Beispielen die Intransparenz und/oder die Komplexität von Versicherungsprodukten bemängelt, jedoch wird nicht ausformuliert, dass sich die Versicherer dieser bewusst bedienen, um so Vorteile bei der Vermarktung und im Vertrieb der Produkte zu erlangen. Die Ursachen für die Intransparenz und für die Komplexität der Versicherungsprodukte werden also nicht problematisiert, sodass ihnen in den vorherigen Diskursäußerungen auch keine Intentionalität zugeschrieben wird, worin sich der *Topos der unlauteren Geschäftsmethoden* von ihnen unterscheidet. Dieser Topos beinhaltet die Aussage, dass *Versicherer die vorherrschende Intransparenz und/oder Komplexität (Informationsasymmetrie) während Beratungen intentional zu ihren Gunsten verwenden.* Die Folge ist die intentionale Benachteiligung der Kunden. Dieses prototypische Argumentationsmuster stellt eine abstrakte Kategorie dar, die in den folgenden exemplarisch gewählten Textsequenzen enthalten ist:

> „Warum die Versicherer nur die eigenen Verwaltungskosten nennen, liegt auf der Hand: So fällt beim Rechnen die prognostizierte Ablaufsumme größer aus – und das ist das Hauptkriterium, nach dem die Kunden entscheiden. Denen ist meist nicht klar, dass das nur unverbindliche Hochrechnungen sind" (Oberhuber 2010, S. 35).

> „Tollkühn werden manche Versicherer, wenn sie die Rente inklusive der – nicht garantierten – Überschüsse ausrechnen. [...] Darauf sollten Anleger nicht bauen. [...] Ihren Verkäufern liefern die Vertriebschefs gleich die Textpassagen mit, die sie in die Beratungsprotokolle aufnehmen müssen, um teure Tarifwechsel juristisch unangreifbar zu machen" (Hoyer/ Schwerdtfeger/ Gerth 2013, S. 161).

In der ersten Textsequenz wird explizit die Unwissenheit des Versicherungs-Kunden erwähnt, dass es sich bei der im Rahmen der Beratung erwähnten und vorgelegten Prognosen nur um „unverbindliche Hochrechnungen" (Oberhuber 2010, S. 35) handelt, während im zweiten illustrativen Beispiel diese Geschäftsmethoden als „Tollkühn" (Hoyer/ Schwerdtfeger/ Gerth 2013, S. 161) bezeichnet werden, obgleich die Berater stets auf die juristische Absicherung der eigenen Wortwahl bedacht sind; dass die Informationen zur juristischen Absicherung – laut dieser Diskursäußerung – direkt vom Vertriebschef an die Berater übergeben werden, zeichnet das Bild einer systematischen und systemisch gewollten Vermarktungsstrategie, die einerseits mit Versprechen lockt, andererseits jedoch die eigenen Aussagen juristisch abgesichert wissen möchte, um sich zwischen dem schmalen Grat der finanziellen Versprechen und der juristischen Verantwortung zu bewegen – das Ziel ist stets der Verkauf.

„Immer wieder entpuppten sich Berater im Test als rein auf Provisionen aus-
gerichtete Verkäufer, denen Anleger ohne das Wissen über gebührenarme,
passende Produkte schutzlos ausgeliefert sind" (Hoyer/ Hergert 2009, S. 113).

In dieser Textsequenz wird – wie im gesamten Diskurs an zahlreichen Stellen – erwähnt, dass die Kundenorientierung gegenüber der Provisionsorientierung der Versicherungsvertreter und Finanzdienstleister in den Hintergrund gerät. Die Kunden,
die Sparer oder die Anleger sind also „ohne das Wissen über gebührenarme, passende
Produkte schutzlos ausgeliefert" (Hoyer/ Hergert 2009, S. 113). Die im *Komplexitäts-*
und *Intransparenz-Topos* enthaltene Deutung der vorherrschenden Informationsasymmetrie potenziert sich dadurch auch zu einer Machtasymmetrie, indem auf der einen
Seite eine gesamte Branche Methoden entwickelt, um Provisionen zu erwirtschaften,
während auf der anderen Seite der einzelne Kunde ohne umfassendes Wissen
„schutzlos ausgeliefert" ist. Die Asymmetrie entsteht aus der Vielzahl eines Exper-
tenteams (Versicherungsvertreter), das bestrebt ist, das Nicht-Wissen der Kunden
systematisch zu den eigenen Gunsten auszunutzen, während der Kunde in der Regel
als fachlicher Laie auf der gegenüberliegenden Seite alleine steht. Die Profite der Versicherungswirtschaft basieren also demnach auf der Benachteiligung bzw. dem Schaden der Kunden, was wiederum laut den herrschenden Normen und Werten als
unmoralisch verstanden werden kann. Schließlich kann sich dies so auf die Einschätzung der moralischen Integrität der Branche im Allgemeinen auswirken.

Im Diskurs werden argumentative Strukturen und inhaltliche Aussagen verschiedener Topoi zusammengeführt; in Anlehnung an den zuvor thematisierten *Spar-*
samkeits-Topos, den deutschen Durchschnittsbürger als felsenfesten Spareinlagen-
Sparer beschreibt, werden die Ursachen beispielsweise folgendermaßen problematisiert:

„Der deutsche Sparer, so belegen es die Zahlen, ist ein Narr. Er spart sich
nicht reich, sondern arm. Er vernichtet sein Vermögen, anstatt es zu vermeh-
ren. Er wirft sein Geld praktisch weg. Ja, ist er denn völlig verrückt geworden?
Wer nach den Gründen für den deutschen Anlagenotstand sucht, stößt auf
Vermögensvernichter aus Politiker, Lobbys und Finanzwirtschaft. Mehr als
ein viertel Millionen Versicherungsvertreter und Anlageberater schwatzen den
Deutschen angeblich 'Vorsorgeprodukte' auf, die sich für den Sparer häufig
nicht lohnen" (Hock et al. 2016, S. 15).

Laut dieser Textpassage ist der (deutsche) Spareinlagen-Sparer zwar teilweise an seiner Situation der Verminderung seines Ersparten aufgrund seiner Untätigkeit mitbe-
teiligt, jedoch wird dies dadurch beeinflusst, dass mitunter die Akteure der
Finanzwirtschaft als „Vermögensvernichter" (ebd.) wahrgenommen werden, die den

Kunden Versicherungsprodukte „[auf]schwatzen" (ebd.), die sich für letztere überhaupt nicht lohnen. Eine mögliche Reaktion darauf bzw. eine mögliche Konklusion
wird zwar nicht explizit thematisiert, ist jedoch logisch ableitbar, ohne dass diese beim
Rezipienten zwangsläufig evoziert werden müsste: Lohnen sich Finanzprodukte
nicht, kann dies dazu führen, dass diesbezügliche Policen nicht abgeschlossen werden, auch wenn dies bedeutet, dass die Inflation langsam aber stetig an dem Wert der
Spareinlagen zerrt. Die Wortwahl „Vorsorgeprodukte" (ebd.) bezieht sich darauf,
dass verhältnismäßig viele Versicherer ihre Versicherungspolicen auf diese Weise titulieren und so zu vermarkten versuchen. Im Diskurs wird der Begriff aufgrund seiner werbeinszinatorischen Grundierung nur sehr selten verwendet und wie hier durch
das Setzen von Anführungszeichen kritisch hinterfragt. Die in Anführungszeichen
gesetzte Begrifflichkeit in Verknüpfung mit der Wortwahl „[auf]schwatzen" (ebd.)
beinhaltet eine distanzierte Sprecherposition des Autors, der dies auf diese Weise
sprachlich als nicht der (Produkt-)Realität entsprechend markiert. Auch wenn in dieser Textsequenz die Intentionen der Finanzbranche nicht explizit thematisiert werden, so besteht dennoch in diesem Punkt bezüglicher der Intention eine inhaltliche
Leerstelle innerhalb der Argumentationslinie. Diese Argumentationskette könnte von
einem zeitgenössischen Beobachter nur allzu leicht mit dem weitverbreiteten Deutungsmuster aus zahlreichen anderen Textsequenzen gefüllt werden und so die
Schlussfolgerung evozieren, dass die Finanzdienstleister ausschließlich im Interesse
ihrer eigenen (hohen) Provisionen handeln würden und daher Kunden Produkte ver-
kaufe, die eher vorteilhaft für ihre Branche als für die Kunden sind.

9.3.2.8 Finanzlobby

Die Lobbyarbeit der Finanzbranche wird ebenfalls in der Riester-Renten-Debatte
thematisiert, wobei ihre Vertreter nur in Ausnahmefällen direkt zu Wort kommen,
ihre Äußerungen eher sinngemäß zusammengefasst werden und ihr regierungspoliti-
scher Einfluss problematisiert wird. Die „Finanzlobby" (Hajek 2014, S. 106) oder die
„Versicherungslobby" (Gerth 2013, S. 96) stellt im Diskurs also eher abstrakte Entitäten des Branchen-Interesses als eine konkret-abgrenzbare Akteursgruppe mit Namen und Gesicht dar. Der Tenor und der zugeschriebene Einfluss lassen sich durch
folgende Textpassagen veranschaulichen: Sobald eine Regierungshandlung gegen die
Interessen dieser Lobby verstößt, „laufen [sie] Sturm bei Berlins Politikern" (Rei-
mann/ Hoyer/ Wettach 2013, S. 84) und in manchen Fällen „beugte sich die Regierung dem Druck der Versicherungswirtschaft" (Dettmer/ Seith 2012, S. 96) sowie
ihrer Lobby. Sie ist darin erfolgreich, weil die Lobby über „Seilschaften in die Politik
verfügt, links wie rechts" (Hajek 2014, S. 106). Der Einfluss wirkt demnach also bis
zu einzelnen Abgeordneten sowie bis in kommunale wie nationale Parlamente und

versucht auf diese Weise politische Entscheidungen zu den eigenen Gunsten zu beeinflussen.

Die folgenden zwei Textstellen eines Diskursfragments bringen die im Diskurs
vorherrschende Einschätzung einer überaus einflussreichen Finanzlobby auf den
Punkt:

> So ist es die Aufgabe der Finanzlobby oder primär des Gesamtverbands der
> Deutschen Versicherungswirtschaft (GDV), „die Argumente der Branche
> über Parlamente und Ministerien" zu streuen. […] [Daher steht] „der Wirt-
> schaftszweig im Ruf […], über die schlagkräftigste Lobby der Republik zu
> verfügen. Jahrzehntelang sicherte sich die Branche wichtige Steuerprivilegien.
> Sie setzte durch, dass die Regierung ihre Produkte zur Grundlage der privaten
> Altersvorsorge machte. Und sie erreichte, dass sie nach einer Reform der so-
> genannten Bewertungsreserven weniger Geld an ihre Kunden ausschütten
> muss" (Hock et al. 2016, S. 19).

Hier wird der Einfluss und der Versuch der regierungspolitischen Beeinflussung nicht
nur erwähnt, sondern die Lobby der Finanzbranche wird auch als die „schlagkräftigste" Lobby bezeichnet. Demnach schafft sie es auf diese Weise für sie günstige
Voraussetzungen zu etablieren oder zu erhalten.[254] Die (moralische) Kritik daran beinhaltet, dass zwar die Bevölkerung ihre politischen Vertreter wählt, doch diese von
„schlagkräftigen" wirtschaftlichen Interessensverbänden beeinflusst werden und dass
diesbezügliche Entscheidungen zwar in Parlamenten getroffen werden, es jedoch
letztlich die Bürger und die Kunden sind, die dadurch benachteiligt werden. Die Argumentation einer überaus einflussreichen Lobby ist unter den Diskursteilnehmern
und somit innerhalb der Diskursfragmente weit verbreitet, wobei jedoch das Ausmaß
ihres Einflusses kontrovers diskutiert wird:

> „Wurden sie [die Reformer der Rente] dabei womöglich gelenkt von einer
> Versicherungslobby, die nichts im Sinne hatte als schnellen Profit mit betrüge-
> rischen Riester-Verträgen? […] Natürlich nicht" (Bollmann 2016, S. 10).

Der erste Satz dieser Textsequenz reproduziert die sinngemäße Argumentationslinie
der einflussreichen Lobby, wobei die These einer umfassend entscheidenden „Versicherungslobby" negiert wird, was durch den zweiten Satz eindeutig gekennzeichnet
wird. So wird regelmäßig argumentiert, dass die Verstrickungen zwischen Finanzbranche und Politik zwar dazu führen, dass die Versicherungslobby Einfluss auf die

---

254 Bei der Wortwahl „schlagkräftigste Lobby" ist ebenfalls die Beschreibung der Branche als offensiv
     und hier sogar als aggressiv enthalten – denn als nichts anderes lässt sich die Verwendung von
     Schlagkraft beschreiben.

Riester-Reformen nimmt, jedoch ist dieser laut zahlreichen Diskursakteuren begrenzt und keineswegs vollumfänglich:

> „Dass die Riester-Rente allein auf Druck der Finanzbranche eingeführt wurde, wird man trotzdem nicht behaupten können. Fast alle Experten waren damals überzeugt, dass es nötig sei, die Bürger für die Privatvorsorge zu gewinnen" (Bollmann/ Scherff 2012, S. 49).

Es handelt sich hierbei also um die diskursive Aushandlung darüber, wie viel Einfluss die Versicherungslobby tatsächlich auf die Renten-Reformen und somit auf die politischen Entscheidungsprozesse genommen hat – dass Einfluss genommen wurde, steht jedoch nicht zur Debatte.[255] Infolgedessen kann das prototypische Argumentationsmuster als *die Einflussnahme der Finanzlobby auf politische Entscheidungen im Allgemeinen oder als zumindest ein begrenzter Einfluss auf die Renten-Reformen* bezeichnet werden.

Die Thematisierung der Verflechtung zwischen Politik, Finanzlobby und Finanzbranche scheint ebenfalls durch den Umstand befeuert zu werden, dass sich insbesondere die Akteure dieser drei Bereiche für die private Rentenvorsorge aussprechen und die Bürger förmlich zum Abschluss von privaten Rentenversicherungen auffordern. Sogar die Argumentationslinien dieser Diskursakteure ähneln sich insofern, als dass jeder Akteur die Schwäche der gesetzlichen Rentenversicherung betont, um dann in der Konklusion auf die Notwendigkeit privater Altersvorsorge hinzuweisen (Bollmann/ Scherff 2012, S. 49).

> „Riestern lohnt sich für jeden, trommeln Banken, Versicherer und Politiker. Doch in Wahrheit kann die Riester-Rente für Sparer sogar zum Verlustgeschäft werden" (Hoyer/ Gerth 2009, S. 76).

Das Bemerkenswerte ist dabei also, dass Politiker im Rahmen der privaten Altersvorsorge für den „Kauf" eines privatwirtschaftlichen Produktes werben und die gesetzliche Rentenversicherung, ein staatliches Konstrukt, als für die Lebensstand-Sicherung im Ruhestand als unzureichend titulieren. Diese Bewertung der gesetzlichen Rentenversicherung als mangelhaft führt zu dem „Aufruf von Politik und Finanzbranche zu mehr Altersvorsorge" (Bollmann/ Scherff 2012, S. 49), die wiederum die Einschätzung des Einflussreichtums der Versicherungslobby auf die Politik und auf einzelne Regierungsmitglieder nahelegen kann. Durch den Diskurs kann also der Eindruck entstehen, dass Banken, Versicherer und führende Politiker eine (Werbe-)Allianz bilden, obwohl sich insbesondere die Riester-Rente in vielen Fällen

---

255 Mit der wissenschaftlichen Analyse des Einflusses der Finanzlobby hat sich ausführlich Wehlau (2009) beschäftigt. Er kommt zu dem Schluss, dass die Finanzdienstleister einen großen Einfluss auf die tatsächliche Ausgestaltung der Renten-Reformen genommen haben, jedoch nicht auf deren Umsetzung.

finanziell überhaupt nicht rentiere (Hoyer/ Gerth 2009, S. 76-82). Es werden ebenfalls die Kontakte zwischen dem in öffentliche Ungnade gefallenen Carsten Maschmeyer[256] (Gründer des Finanzvertriebs *AWD*) und Politikern wie Ex-Bundeskanzler Gerhard Schröder und Ex-Bundespräsident Christian Wulff problematisiert. Ersterer soll – gemäß einzelner Diskursäußerungen – Einfluss auf politische Entscheidungen der Renten-Reformen genommen haben oder soll dies zumindest versucht haben (ausführlich dazu Hock et al. 2016, S. 14-23). Verbraucherschützer und unabhängige Berater teilen ebenfalls die Einschätzung der Finanz-Lobby als äußert einflussreich und beschreiben sie in folgender Textpassage als einen „mächtigen Gegner [...], dessen Einfluss quer durch die Gesellschaft reicht. Die Branche beliefert Schulen mit Lehrmaterial [...] oder schickt Mitarbeiter als Referenten in die Klassen. Sie finanziert Universitätslehrstühle und Denkfabriken" (ebd.). Der Einfluss der Finanzbranche und ihrer Lobby ist also demnach nicht nur auf die Politik beschränkt, sondern reicht eben auch bis zum gesellschaftsprägenden Bildungssystem, was wiederum die Deutung der oder einer der „schlagkräftigsten Lobby[s] der Republik" (Hock et al. 2016, S. 19) bekräftigen kann.

9.3.2.9 Sterbetafeln der Versicherer

Ein regelmäßig herangeführter Kritikpunkt an der Riester-Rente ist ihre umstrittene Rentabilität, die laut Kritikern sehr gering ausfällt, sodass sich die Riester-Rente demnach nur in dem Fall lohne, in dem der Versicherte ein verhältnismäßig hohes Lebensalter erreicht. Daher wird der Abschluss einer Riester-Rente in einem Diskursfragment als eine „Wette auf das lange Leben" (Oberhuber 2009, S. 37) bezeichnet: Falls der Kunde kein hohes Lebensalter erreicht, dann „streicht dagegen die Versicherungsgesellschaft einen satten Gewinn ein" (ebd.). Hierbei handelt es sich also – wie zuvor am Beispiel der vergangenen Diskurse über Finanzmärkte thematisiert – um die sprachliche Verkettung von Finanzmarkt- bzw. Versicherungsprodukten mit dem Glücksspiel. In solchen Diskursfragmenten herrscht jedoch kein Einvernehmen darüber, wie alt die Versicherten werden müssen, damit sich der Abschluss der Riester-Rente auch tatsächlich lohne. In der Regel wird von „älter als 90 Jahre[n]" (Hoyer/ Hergert 2009, S. 112) berichtet oder das runde Alter von „100 Jahre[n]" (Oberhuber 2009, S. 37) in die Argumentation eingebettet. Die folgenden Textsequenzen illustrieren das zuvor erwähnte, indem sie Aussagen umfassen, die die Lukrativität der Riester-Rente infrage stellen, da sie die dafür notwendige verhältnismäßig hohe Lebensdauer problematisieren.

---

256   Mit seiner Person und den Hintergründen der Berichterstattung über ihn wird sich im Kapitel 9.5 beschäftigt.

„Die Riester-Rente lohnt sich nur für Menschen, die ein biblisches Alter erreichen" (Scherff 2016, S. 39).

Riester-Renten seien nur sehr wenig rentabel, „wenn der Kunde nicht gerade
100 Jahre alt wird" (Oberhuber 2015, S. 46) und „lohnen sich [daher] nur für
Methusalem, nicht aber für gewöhnliche Sterbliche" (Morgenstern 2012, S. 1).

„Trotz Zulagen und Steuervorteilen bringt Riester-Sparen über die komplette
Ein- und Auszahlungsdauer nur bei sehr langer Lebensdauer eine auskömmli-
che Rendite" (Hoyer et al. 2013, S. 158-167).

Während die Erwähnung biblischer Persönlichkeiten wie Methusalem oder die Wortwahl „biblisches Alter" (Oberhuber 2009, S. 37) die Einschätzung des jeweiligen Diskursakteurs beinhaltet, dass die Erreichbarkeit des von den Versicherern kalkulierten
Lebensalters unrealistisch sei, kann das prototypische Argumentationsmuster hinter
diesen Aussagen folgendermaßen formuliert werden: *Die Sterbetafeln der Versicherer sind
unrealistisch kalkuliert, sodass die meisten Versicherten dadurch benachteiligt sind* – d.h.: „Wer
früh stirbt, hat mit Riester häufig sogar draufgezahlt" (Hoyer/ Gerth 2009, S. 76).[257]
    Die Kalkulation des Sterbealters seitens der Versicherer basiert darauf, dass sie
den Richtwert angibt, wie viele Monate die Renten-Versicherung bis zum Lebens-
abend voraussichtlich ausgezahlt werden muss, d.h. wie hoch die monatlichen Aus-
zahlungen des Angesparten bei Renteneintritt in Bezug zur Auszahlungssumme sind.
Leben die Versicherten länger als erwartet, bedeutet dies ein Minusgeschäft für die
Versicherer, weil diese mehr auszahlen als kalkuliert war (Scherff 2012, S. 54). Daher
berücksichtigen Versicherer bei ihren Renten-Berechnungen eine oftmals „unternehmenseigene Tafel" (Oberhuber 2009, S. 37). Die Journalistin Nadine Oberhuber bemängelt, dass die Versicherer ihre Sterbetafeln nicht offiziell bekanntgeben und als
„Geschäftsgeheimnis" (ebd.) behandeln sowie „zwischen den offiziellen Zahlen [z.B.
Statistisches Bundesamt] und denen der Versicherer [...] Welten [liegen]" (ebd.). In
dieser Textsequenz werden öffentliche Zahlen anerkannter Institute mit den hauseigenen Zahlen der Versicherer verglichen, um letztere durch die große Diskrepanz
zwischen beiden Angaben zu diskreditieren. Schließlich verfolgen die Versicherer ein
privatwirtschaftliches Interesse, von dem bei öffentlichen Einrichtungen nicht die
Rede sein kann. Die Kalkulation der Versicherer basiert darauf, dass sie „ihren Be-
rechnungen einen starken Anstieg des durchschnittlichen Lebensalters zugrunde[le-
gen], dessen Plausibilität [jedoch] niemand überprüfen kann" (Bollmann/ Scherff
2012, S. 49). Die Kernproblematik wird neben der Intransparenz und folglich der

---

257   Auch Schwark arbeitet den Sterbetafel-Topos in seiner Untersuchng der Riester-Renten-Debatte
       heraus (2012, S. 73).

Unüberprüfbarkeit der Sterbetafeln darin identifiziert, dass „die Versicherer von jedem Riester-Sparer profitieren, der früher als kalkuliert stirbt" (Hoyer/ Gerth 2009, S. 79). Infolgedessen konstatieren Diskursteilnehmer, das große monetäre Interesse der Versicherer, die Sterbetafeln zu Lasten der Versicherten höher als ihre tatsächliche Lebenserwartung anzulegen, sodass dadurch nicht nur keine Verluste, sondern sogar Gewinne akquirieren lassen. Den Versicherern wird also gegenüber der ausschließlichen Problematisierung der hohen Sterbetafeln zusätzlich Intentionalität zugeschrieben, die sie ebenfalls in die Nähe unlauterer Geschäftsmethoden zu Lasten der Kunden rückt oder solche Behauptungen erhärten kann. Die Versicherer und vereinzelt andere Diskursteilnehmer – wie beispielsweise die in der folgenden Textsequenz – erwidern darauf, dass die Ruhestandsphase der Versicherten aufgrund höherer Lebenserwartungen länger ausfällt, sodass die Fehlkalkulation der Lebenserwartung heutiger Generationen mit zukünftig erheblichen finanziellen Risiken einhergehen würde, sofern sich beispielsweise die offiziellen Zahlen des Statistischen Bundesamts nachträglich als falsch herausstellen.

„Die Versicherungen rechnen anders, aber deswegen nicht falsch. Sie nehmen die Daten der Statistikbehörde und modifizieren sie. Sie berücksichtigen, dass die Medizin sich während der jahrzehntelangen Laufzeit des Vertrages weiterentwickelt. Dadurch erhöht sich die Lebenserwartung jedes Jahr um zwei bis drei Monate. Das haben langfristige Beobachtungen seit 1830 ergeben. Der Zuwachs an Lebenserwartung ist demnach über den ganzen Zeitraum ziemlich konstant. Die Versicherer schreiben diesen Zuwachs in die Zukunft fort" (Scherff 2012, S. 54).

Es handelt sich hierbei also um ein umkämpftes Argumentationsmuster verschiedener Sprecher, das entweder die Methoden der Versicherer kritisiert oder diese rechtfertigt, wobei ersteres bereits quantitativ in den Diskursfragmenten wie ebenfalls alltagstypisch dominiert.[258]

9.3.2.10 (Un-)Profitable Riester-Rente

In unmittelbarer Verknüpfung mit den hohen Sterbetafeln, aber auch losgelöst von ihnen, wird im Diskurs regelmäßig konstatiert: „Riestern lohnt sich nur selten" (Oberhuber 2009, S. 45), „weil viele Riester-Produkte nur sehr magere Ergebnisse zu bringen drohen" (Hoyer/ Schwerdtfeger/ Gerth 2013, S. 158). Selbst den „Vertrag zu kündigen, ist nur selten eine Lösung" (Böll et al. 2012, S. 83), da dabei zusätzliche

---

258 Die alltagstypische Dominanz ist beispielsweise durch die Meinungen und die (Diskurs-)Äußerungen des an späterer Stelle zu analysierenden Polit-Talks zu erkennen (siehe hierfür Kapitel 9.7).

Auflösungskosten für den Versicherten anfallen. Dennoch lösen viele Versicherte „ihre Riester-Verträge vorzeitig auf, nehmen lieber Verluste in Kauf, als weiter ein Fass zu füllen, das ebenfalls lecken kann. Denn die Riester-Rente erweist sich als genauso labil wie die Staatsrente" (Schwennicke 2011, S. 26). Im Diskurs wird der Riester-Rente gegenüber bei der Bewertung als Rentenversicherungs-Produkt zur Ruhestandsicherung also nur selten ein positives Gesamturteil ausgesprochen. Die im Diskurs dominierende Pauschalkritik ist für den allgemeinen Ruf (Image) der Riester-Rentenprodukte insgesamt zerschmetternd: „Schließlich bringt das Riestern trotz staatlicher Förderung nur geringe Renditen" (Hoyer 2011, S. 156).

Tatsächlich kann diese Ausgangssituation zu der in einem vorherigen Kapitel beschriebenen Situation führen, dass aus der Unsicherheit eine sinnvolle Entscheidung seitens der Versicherten treffen zu wollen, aufgrund der mit dieser Entscheidung zusammenhängenden Komplexität, keine oder irgendeine Entscheidung getroffen wird. Diese Einschätzung deckt sich mit der Zustandsbeschreibung der Journalisten Ralph Bollmann sowie Dyrk Scherff und findet auf diese Weise losgelöst von subjektiven Lebenswelten Eingang in den Diskurs:

> „Nun stehen Sparer, Politiker und Finanzbranche vor einer völlig paradoxen Situation, die sie sich vor zehn Jahren nicht hätten vorstellen können: Die private Vorsorge ist teuer und wirft weniger Rendite ab als versprochen" (Bollmann/ Scherff 2012, S. 49).

Die geringe Lukrativität von Riester-Rentenversicherungen stellt aber keineswegs eine gesamtgesellschaftlich einstimmige Bewertung dieser Art privater Altersvorsorge dar, sondern auch im Diskurs wird hierzu konkurrierend argumentiert, dass Riester-Renten grundsätzlich „oft attraktiv" (Scherff 2011, S. 55) seien. In solchen Diskursfragmenten und Argumentationen wird in der Regel Bezug zu Kritikpunkten genommen, indem sie aufgeführt und teilweise anerkannt werden, wobei anschließend ein negatives Pauschalurteil der Riester-Rente abgelehnt wird:

> „Die Riester-Rente ist zwar ein bürokratisches Monstrum. Sie steckt voller Einschränkungen, die die Attraktivität schmälern. Aber sie lohnt sich finanziell" (Scherff 2016, S. 39).

Trotz der kontroversen Diskussion über die Lukrativität von Riester-Rentenversicherungen verschiedener Sprecher dominiert zumindest in der öffentlichen Debatte eindeutig die Sprecherposition, dass Riester-Produkte nicht lukrativ seien und daher bei bevorstehendem Vertragsabschluss zu Vorsicht geboten sei. Den Tenor des Diskurses gibt folgende Textsequenz illustrativ wieder, die die (strategischen) Werbemethoden der Versicherer thematisiert und der Assekuranz somit Intentionalität bei ihren für den Versicherten unvorteilhaften Versprechen attestiert, während argumentiert wird, dass die Riester-Produkte keineswegs halten, was sie versprechen:

> „Würde auf dem Beipackzettel stehen: "Vorsicht, dieses Produkt gefährdet Ihr finanzielles Wohlergehen. Das Sparen mit Riestervertrag verschlingt vier Prozent Ihres Einkommens, Sie können nicht sicher sein, dass Sie dieses Geld je wiedersehen, und einen großen Teil davon behält sowieso der Produktanbieter ein" - es wäre ziemlich unwahrscheinlich, dass ausgerechnet dieses Produkt ein Kassenschlager würde. Deshalb schreiben die Anbieter das ja auch nicht auf die Erklärzettel, die sie Kunden in die Hand geben" (Oberhuber 2009, S. 45).[259]

Das prototypische Argumentationsmuster, um solche Äußerungen zu subsumieren, kann folgendermaßen gebildet werden: *Riester-Verträge rentieren sich für die (meisten) Bürger nicht.* Das Besondere an diesem *Topos der unprofitablen Riester-Rente* ist, dass dies die übergeordnete Kategorie zwei weiterer Argumentationsmuster darstellt, wovon eines bereits in der letzten Textsequenz durch die Aussage „und einen großen Teil davon behält sowieso der Produktanbieter ein" (ebd.) angesprochen wird – *der Gebühren-Topos.*[260]

9.3.2.11 Gebühren und Subventionen

Im Diskurs lässt sich regelmäßig verzeichnen, dass verschiedene Diskursteilnehmer die hohen Verwaltungskosten und Provisionen von Riester-Rentenversicherungen als einen zentralen Kritikpunkt bemängeln. Demnach sind insbesondere diese beiden Punkte ursächlich dafür, dass sich die Riester-Rente für die meisten Versicherten kaum lohnen würde. Selbst die staatlichen Zulagen ändern nichts daran, da diese aufgrund von „happigen Provisionen" (o.V. 2012, S. 20) und hoher Gebühren „in den Kassen der Finanzbranche versickern" (Oberhuber 2012, S. 43). So werden die Versicherer im Diskurs als eindeutige Profiteure der Verbreitung von Riester-Renten dargestellt.

---

259 Nadine Oberhuber ist eine der wenigen journalistischen Diskursakteure, die sich nahezu ausschließlich negativ über die Riester-Rente äußert, was bereits anhand ihrer Artikelüberschriften zu erkennen ist: "Riester lohnt sich nur selten" (Oberhuber 2009), "Der Riester-Rebell" (Oberhuber 2011c) und "Die Mogelei der Versicherer (Oberhuber 2013).

260 Auch Schwark arbeitet den Gebühren-Topos heraus (2012, S. 73).

„Wegen der staatlichen Zulage sollte jeder riestern. Das behaupten die Versicherer, es stimmt aber nicht: Die Verträge kosten viel und bringen wenig" (Oberhuber 2009, S. 45).

„So unterscheidet sich die Riester-Rente nicht von anderen, werblich stark angepriesenen Finanzprodukten: Verkäufern spült die Zusatzrente hohe Provisionen in die Kassen. Sie gilt zudem als Türöffner, um den Kunden im Anschluss leichter weitere Produkte zu verkaufen" (Hoyer/ Gerth 2009, S. 79).

„Bevor die Versicherer ihren Kunden den Zins gutschreiben, ziehen sie außerdem all ihre Kosten ab, vor allem für den Vertragsabschluss, für Vertrieb und Verwaltung. Über die gesamte Vertragsdauer machen diese Kosten oft zehn Prozent der Beiträge aus. Da die Versicherer die Kosten meist während der ersten fünf Jahre der Vertragslaufzeit berechnen, bleibt zu Beginn von den Beiträgen nur ein kleiner Teil übrig und verzinst sich wirklich im Vertrag" (Hoyer 2011, S. 104).

„Im Durchschnitt fließt jeder siebte Euro, den ein Sparer einzahlt, in Form von Provisionen und Gebühren in die Taschen der Unternehmen" (Hock et al. 2016, S. 17).

So wird die Kritik an den hohen Gebühren und Provisionen der Riester-Rentenversicherung durch folgendes prototypisches Argumentationsmuster abgebildet: *Die Vertragsgebühren (Verwaltungs-, Bearbeitungs- und Provisionsgebühren) sind so hoch, dass sich der Vertragsabschluss kaum bis nicht mehr lohnt.*

An die Kritik der zu hohen Gebühren einer Riester-Rentenversicherung knüpft unmittelbar die Schlussfolgerung an, dass es sich bei der Riester-Rente primär um ein Subventions- und Provisionsgenerierungsmittel der Versicherer und dass es sich – trotz staatlicher Mitwirkung – um kein Produkt für die Bürger handelt. So zahlt der Bürger demnach für private Altersvorsorge und erhält im Gegenzug ein minderwertiges Produkt, das die Gewinnmargen der Versicherer in die Höhe treibe, dem Kunden jedoch nur wenig nutze.

„Für die Millionen Riester-Sparer sieht es leider nicht so gut aus. Bislang stärkt die Riester-Rente weniger die private Altersvorsorge als die Vorsorgekonzerne" (Hock et al. 2016, S. 17).

„Die Berater [Verbraucherschützer] sitzen immer wieder Kunden gegenüber, bei denen in den ersten Jahren 40 Prozent der Einzahlungen als Gebühren weggingen. [...] Denn nicht nur die Assekuranzen kassieren mit, sondern auch ein Heer von Fondsmanagern und Versicherungsvertretern, die allein von Provisionen leben" (Dettmer/ Seith 2012, S. 96).

„Profitiert haben von den Rentenreformen in erster Linie die Arbeitgeber, die bei der Riester-Rente keinen Arbeitgeberbeitrag leisten müssen, und die Versicherungswirtschaft, die sich ein neues lukratives Geschäftsfeld erschließen konnte" (Rietzler 2012, S. 2).

„Die Lücke sollten die Versicherten auch mit staatlich aufgepumpter Privatvorsorge schließen. Allerdings ging die Rechnung nicht auf. Die Riester-Rente erwies sich als Flop. Ihre Renditen sind mager, üppig gerieten nur die Provisionen für Vertreter" (Schmergal 2016, S. 35).

„Schon lange erzürnen üppige Vermittlerprovisionen die Kritiker und Kunden. […] Im Branchenschnitt zwacken die Provisionen vier Prozent vom Kundengeld ab" (Oberhuber 2016, S. 29).

„Richtig ist, dass Finanzdienstleister am Vertrieb der Riester-Rente kräftig verdienen" (Hoyer 2011, S. 152).

„Die Riester-Rente gilt heute als Fehlschlag mit bescheidener Rendite, die weniger die Arbeitnehmer als die Versicherungsvertreter beglückt hat" (Rehage/ Schmergal 2016, S. 18).

Die sich hinter diesen Aussagen verbergende Argumentationsstruktur kann folgendermaßen komprimiert werden: *Riester-Verträge sind ein Instrument der Finanzbranche, um hohe Provisionen und hohe Gewinne zu erzielen.* Wird diese Argumentationslinie weitergedacht, ist auch hier wieder der Sparer der Leidtragende.

Die dadurch abgeschlossene Herausarbeitung der Argumentationsmuster zuzüglich ihrer gegenseitigen Verflechtungen, führt zu der daran anschließenden Frage, wie die Argumentationsmuster erzählerisch aufgebaut werden – d.h. wie die Kritikpunkte im Pressediskurs herangeführt werden und wie sie auf diese Weise das Image der Versicherer beeinflussen.

9.4 Erzählstrukturen in der Presse

Die Titelgeschichte *des Spiegels* „Verbraucher Verunsichert" im Heft „Versichert und Verraten" (Fröhlingsdorf/ Ludwig/ Wiedmann-Schmidt, S. 10-16) vom 18. Juli 2015 ist Teil eines Heftes, das sich insbesondere mit den Versicherern und speziell mit

ihren Geschäftsmethoden beschäftigt; deshalb wird es dem Quellenkorpus hinzugefügt, obwohl die Riester-Rente darin kein einziges Mal erwähnt wird (Fröhlingsdorf/
Ludwig/ Wiedmann-Schmidt 2015, S. 10-16). Aus diesem Grund wurden die darin
enthaltenen Artikel auch nicht durch die Schlagwort-Suche des Archivs gefunden.
Infolgedessen stellt die Analyse dieses Titelhefts einen Exkurs dar, weil es im Folgenden nicht darum geht, gesättigte Argumentationsmuster mit weiteren Belegen aufzu-
laden, sondern durch die tiefgreifende Analyse der Heftinhalte einen näheren
Einblick darüber zu gewinnen, was exakt die angesprochenen „unlauteren Geschäftsmethoden" beinhalten und wie diese im Diskurs erzählerisch aufbereitet werden.[261]
Die Erzählstruktur lässt sich als erzählerische Hinleitung zu einer Diskursäußerung
beschreiben, die ein Argumentationsmuster sein kann, jedoch nicht zwingend sein
muss. Im Falle der erwähnten Hinleitung zu einem Argumentationsmuster entsteht
eine direkte Verbindung zwischen Erzählstruktur und Argumentationsmuster, woraus sich diverse Schnittstellen und teilweise Überschneidungen ergeben. Im Folgenden steht nicht wie bisher das inhaltliche „Was" der Argumentationsmuster, sondern
insbesondere das erzähltheoretisch „Wie" exemplarisch-ausgewählter Diskursäußerungen im Fokus.

Grundsätzlich lässt sich die Erzählstruktur zahlreicher in diesem Heft angesprochenen Einzelschicksale auf folgende Strukturmerkmale komprimieren: Die Erzählung beginnt in der Regel mit einer Person, die einen Unfall erleidet, und nun
hilfsbedürftig wird, nachdem sie zuvor eine diesbezügliche Versicherung abgeschlossen hatte. Die teilweise namentlich erwähnten Versicherer sind nicht zur vollumfäng-
lichen Zahlung bereit oder bestreiten gänzlich, dass es sich um einen Unfall handele
oder der Unfall zu den angezeigten Schäden geführt habe (Fröhlingsdorf/ Ludwig/
Wiedmann-Schmidt 2015, S. 10-16). Die Erzählung unterschiedlicher Einzelschicksale wird oft durch die Aussagen von Gerichten komplementiert, die dem Versicherten Recht zusprechen, es aufgrund der Dauer des Rechtsstreits zur außergerichtlichen
Einigung kommt oder der Rechtsstreit nach mehreren Jahren aus verschiedensten
Gründen noch kein Ende gefunden hat.[262] So oder so wird eindeutig vermittelt, dass

---

261 In dem siebenseitigen Artikel über die Geschäftsmethoden der Versicherer werden insgesamt neun
     Versicherer namentlich erwähnt. Der Artikel beginnt bereits mit der Gegenüberstellung von Ver-
     trauen und Hilfsbedürftigkeit seitens der Versicherten sowie Verantwortungslosigkeit seitens der
     Versicherer in Form dreier prägnanter Sätze: „Wer eine Versicherung abschließt, vertraut auf Hilfe
     in der Not. Doch im Ernstfall tun die Konzerne mitunter alles, um nicht zahlen zu müssen. Die
     Kunden können sich kaum wehren" (Fröhlingsdorf/ Ludwig/ Wiedmann-Schmidt 2015, S. 10).

262 Ein Beispiel für solch eine Erzählstruktur, die den Versicherern ein Spiel auf Zeit unterstellt, ist
     folgende Textsequenz: „Jemand, dem Haus und Hof abbrennt, benötigt in der Regel schnelle Hilfe,
     aber die Versicherungen nehmen sich oft Zeit. [...] Manchmal helfen Brandexperten der Versiche-
     rungen nach, heißt es in der Branche, und geben Ermittlern Tipps, etwa auf angeblich nicht ge-
     löschte Kerzen. [...] Die Versicherung weigerte sich zu zahlen. [...] Vaupel [der Versicherte] wollte
     einen Schlussstrich und bekam rund 25.000 Euro [durch einen außergerichtlichen Vergleich" (ebd.,
     S. 13).

es sich bei der Schadensregulierung größeren Ausmaßes oftmals um einen sehr lang-wierigen Prozess handelt, der sogar bis zu zwei Jahrzehnten dauern kann, bis er end-gültig abgeschlossen ist: „Wenn es aber um große Summen geht, reagiert kaum ein Versicherer großzügig. Kunden geraten dann schnell in eine [finanzielle] Notlage" (ebd., S. 14), da sie die Schäden in solchen Fällen zumindest kurzfristig selbst tragen müssen. Dies wird als umso schlimmer dargestellt, indem eine Dichotomie eröffnet wird, gemäß der die Versicherer als kühle machtvolle Organisationen und die von einem Schaden zermürbten Versicherten als macht- und kraftlos charakterisiert wer-den:

> „Vielen Versicherten fehlen die Zeit, die Kraft, die Energie und das Geld, um vor Gericht zu kämpfen, gerade nach einem Schicksalsschlag" (ebd., S. 14).

Ferner „können es sich aber [die meisten Versicherten] nicht leisten, teure Prozesse zu führen. Und wenn sie es doch wagen, treffen sie oft auf Anwälte und Gutachter von Versicherungen, gegen die sie kaum etwas ausrichten können" (ebd., S. 14). Des Weiteren wird im Laufe des gleichen Artikels ergänzt, dass ebenfalls eine „Verqui-ckung zwischen Justiz und Versicherungen" (ebd., S. 14) existiere, die die Position der Versicherungshäuser abermals verbessere und so ihre Rolle als machtvolle Kon-zerne betont. Betroffene berichten von „einem schier unendlichen Kampf mit den Versicherungen" (ebd., S. 11). Die Auseinandersetzung mit dem Versicherer gleicht – gemäß der Berichterstattung – also dem Kampf David gegen Goliath, der sich über eine lange Zeitspanne erstrecken und viel Kraft und viele Ressourcen kosten kann.

Im Diskurs werden Werbeslogans der Versicherer ihren vermeintlichen Zer-mürbungstaktiken und Hinhaltestrategien oder den Einzelschicksalen von Versicher-ten gegenübergestellt, um den Unterschied zwischen Werbestrategien bzw. Image-Kommunikation und der Realität darzustellen (Fröhlingsdorf/ Ludwig/ Wiedmann-Schmidt 2015, S.12). So wird im Diskurs davor gewarnt, dass „[s]o nett die Außen-dienstmitarbeiter beim Vertragsabschluss sein können, so kühl reagieren die Kon-zerne, wenn ein Schaden eintritt" (ebd., S. 12). Ferner wird wie auch bei regelmäßigen medialen Beschreibungen der Bankenbranche auf die Aussagen von Insidern refe-riert, die erklären, dass es sich bei den unlauteren Geschäftsmethoden nicht um Ein-zelfälle, sondern um systematisches Vorgehen handele (Topos der unlauteren Geschäftsmethoden):

> „Sie [Beatrix Hüller] hat jahrelang als Sachbearbeiterin für eine große Versi-cherung im Rhein-Main-Gebiet gearbeitet, Spezialgebiet Berufsunfähigkeits-und Unfallversicherung. Sie lernte Tricks, um Ansprüche abzuwehren oder so lange wie möglich hinauszuzögern. […] Am leichtesten machten es einem die Versicherten, die Fristen versäumten – Pech gehabt! Bei anderen half die Zer-

mürbungstaktik: Man schickt komplizierte, schier endlose Fragekataloge, fordert ständig weitere Unterlagen nach oder schickt sie von Gutachter zu Gutachter" (ebd., S. 16).

Summa summarum verdichten sich die Vorwürfe der unlauteren Geschäftsmethoden zur Beschreibung von vermeintlichen Hinhaltestrategien und von juristischen Zermürbungsversuchen seitens der Versicherer. Letztere werden dabei als machtvolle Instanzen mit Beziehungen zur Politik, zur Bildung und zur Justiz dargestellt, während der vom Unfall geschädigte Versicherte nun auch noch die Anwaltskosten zu tragen sowie den oft langwierigen Gerichtsprozess zu ertragen hat.

Als Antwort auf den hier analysierten siebenseitigen Artikel *des Spiegels* über neun Versicherer reagiert der *Gesamtverband der Deutschen Versicherungswirtschaft* (GDV) noch am gleichen Tag mit einer Stellungnahme. In der Pressemitteilung des *GDV* wird betont, wie wichtig der Versicherungswirtschaft das Vertrauen ihrer Kunden ist.

Die *GDV* führt weiter aus, „dass das Konfliktpotenzial zwischen Kunden und ihren Versicherern deutlich geringer ist, als es teilweise öffentlich dargestellt wird. Versicherer verzögern nicht und finden auch in strittigen Fällen fast immer Wege, die den Belangen aller Beteiligten gerecht werden" (GDV 2015).

Zur Untermauerung ihrer Argumente werden Statistiken und die Thematik betreffende Aussagen öffentlicher Einrichtung wie solche des *Bundesministeriums der Justiz* (BMJ) herangezogen. Auch die ebenfalls im Artikel namentlich erwähnte und kritisierte *R+V* verfasst eine Stellungnahme und wählt hierfür klare Worte:

„Es gibt bei *R+V* keine Anweisung, die Schadenregulierung zu verzögern. Es ist nicht Politik unseres Hauses, die Geschädigten in einen Prozess zu treiben. Und wenn ein Kunde doch vor Gericht geht, sind wir immer noch an einer gütlichen Einigung interessiert. Aber wir wollen auch nicht mehr zahlen, als recht wäre, und prüfen daher eingehend die Schadenfälle. Diese Balance gilt es zu halten – im Interesse der gesamten Versichertengemeinschaft" (R+V 2015).

Die Anschuldigungen *des Spiegels* sowie die Stellungnahmen des *GDV* und der *R+V* drehen sich beide um den Vorwurf unlauterer Geschäftsmethoden, den beide Akteure zu entkräften versuchen. Im Interesse, das jeweils eigene Image und das der Assekuranz nicht durch ihrer Meinung nach falsche Negativschlagzeilen zu verschlechtern, werden die Stellungnahmen verfasst, während der hohe Stellenwert von Kundenvertrauen für die Versicherungswirtschaft betont wird. Es handelt sich hier-

bei also um Diskursfragmente des Image-Aushandlungsprozesses der Versicherungswirtschaft, in denen die Strukturmerkmale der Gegenwartsgesellschaft – Vertrauen
und Image – explizit angesprochen werden und gleichzeitig implizit die Hintergrundfolie der Stellungnahmen bilden. In Bezug auf den entwickelten Image-Aushandlungsprozess stehen der *Spiegel*-Artikel als Impuls und die Antworten der *GDV* und
der *R+V* darauf als Reaktion im Verhältnis von Inszenierung I und Inszenierung II
zueinander.[263] Sie stellen somit einen Teilbereich des gesamtgesellschaftlichen Aushandlungsprozesses dar.

9.5 Maschmeyer als Stereotyp

Die Versicherungswirtschaft verfügt über keinen weiteren so öffentlich bekannten
und so regelmäßig im (massen-)medialen Diskurs thematisierten Akteur wie Carsten
Maschmeyer; dass er damals der Chef des Finanzdienstleisters *Allgemeiner Wirtschafts-
dienst* (AWD) ist und damit nicht unmittelbar zur Versicherungswirtschaft, sondern
zur Finanzbranche zugehörig ist, wird im Diskurs nur äußerst selten erwähnt. Tatsächlich behandeln Artikel, in denen Maschmeyers Name auftaucht, nur nebensächlich den *AWD*, während der Person Maschmeyer, seinen Geschäftsmethoden,
seinem Besitz und seinem Freundeskreis mehr Beachtung geschenkt wird. Die Einordnung Maschmeyers in die Assekuranz oder zumindest in ihre unmittelbare Nähe
basiert darauf, dass er als damaliger Chef des *AWD* neben Fonds insbesondere auch
Versicherungsprodukte wie Lebens- und Krankenversicherungen oder Riester-Rentenversicherungen vertreibt (Brendel/ Fröhlingsdorf/ Ludwig 2014, S. 30-32). Der
AWD bietet als Strukturvertrieb jedoch keine eigenen Produkte an, sondern über-
nimmt den Vertrieb zahlreicher großer Versicherer und Banken, um auf diese Weise
Gewinne durch die jeweiligen Provisionen zu erzielen.

Die Diskurs-Aufmerksamkeit erlangt Maschmeyer mitunter als „schillernder
Finanzjongleur" (Herden 2009, S. 37) und „Freund von Politik- und Filmprominenz"
(Brendel/ Fröhlingsdorf/ Ludwig 2014, S. 30). So reicht seine öffentlich diskutierte
Freundesliste von Alt-Bundeskanzler Gerhard Schröder, dem Wirtschaftsprofessor
Bert Rürup bis zu den Alt-Bundespräsidenten Joachim Gauck und Christian Wulff
(Brendel/ Fröhlingsdorf/ Ludwig 2014, S. 30-32; Encke 2012, S. 27; Fröhlingsdorf
2014, S. 36-37; Fröhlingsdorf/ Grill/ Schwennicke 2011, S. 62-68).[264] Die Nähe zwi-
schen Maschmeyer und führenden Politikern führt dazu, dass ihn beispielsweise Au-
toren *des Spiegels* als „Staatsfreund Nummer eins" (Fröhlingsdorf/ Kurbujuweit 2010,

---

263   Für das Image-Aushandlungsmodell siehe Kapitel 4.5.

264   Vereinzelt wird sogar argumentiert, dass Carsten Maschmeyer Alt-Bundeskanzler Gerhard
      Schröder zur Einführung der Riester-Rente überredet haben soll, um davon persönlich zu profitie-
      ren (Fröhlingsdorf 2014, S. 36-37).

S. 34) bezeichnen.[265] Die Beziehung zwischen Alt-Bundespräsident Wulff und dem „Selfmade Millionär[en]" (Brendel/ Fröhlingsdorf/ Ludwig 2014, S. 30) oder dem „Selfmade Milliadär[en]" (Meck 2014, S. 27) sowie der Skandal über einen Sommerurlaub des Alt-Bundespräsidenten in Maschmeyers Villa führen letztlich aufgrund von öffentlichem Druck zu Wullfs Rücktritt als Bundespräsident, was wiederum die Person Maschmeyer ins Rampenlicht öffentlichen Interesses rückt.[266]

Als Maschmeyer noch Chef des *AWD* war, wird der damals aktuelle Werbeslogan des *AWD* „Ihr unabhängiger Finanzoptimierer" (Herden 2009, S. 37) in Diskursfragmenten regelmäßig den vermeintlich unlauteren Geschäftsmethoden der *AWD*-Berater gegenübergestellt. Dadurch erfolgt innerhalb der öffentlichen Debatte ein subjektiver Abgleich zwischen Image-Kommunikation und „Realität", um erstere zu falsifizieren. Maschmeyer wird im Diskurs entweder als „Chef einer Drückerkolonne" (Brendel/ Fröhlingsdorf/ Ludwig 2014, S. 30), als „Drückerkönig" (Brendel/ Fröhlingsdorf/ Ludwig, S. 30; Fröhlingsdorf 2014, S. 36-37; Fröhlingsdorf/ Grill/ Schwennicke 2011, S. 64) oder als „Herrscher über einen Strukturvertrieb mit Drückerkolonne" (Fröhlingsdorf 2014, S. 36) mit einer „fürstlichen Villa" (o.V. 2010, S. 15) auf Mallorca beschrieben. Das Image einer Person, die aus bescheidenen Verhältnissen stammt und die dann zum Milliardär aufsteigt, hat Maschmeyer zweifelsohne viel mediale Beachtung eingebracht. Im Zuge wachsender Kritik an den Geschäftsmethoden des *AWD* und der präferierten Beratung von provisionsträchtigen riskanten Versicherungspolicen der *AWD*-Berater verkehrt sich die zunächst positive öffentliche Beschreibung Maschmeyers zum „skrupellosen Abzocker[…]" (Brendel/ Fröhlingsdorf/ Ludwig 2014, S. 30).[267] Sein Reichtum galt nun nicht mehr als „hart erarbeitet" (ebd.), sondern als Resultat unlauterer Geschäftsmethoden, die ihn zwar reich gemacht haben, jedoch zahlreiche seiner Kunden um ihr Vermögen gebracht haben. So werden beispielsweise die „pyramidenartigen" (Herden 2009, S. 37) Strukturen des *AWD* kritisiert, die es Maschmeyer überhaupt erst ermöglicht haben, „seine

---

265	„Es gab Zeiten, da lag dem Verkäufer von Finanzprodukten die versammelte niedersächsische Landeshauptstadt zu Füßen. Damals hätte man glauben mögen, Hannovers größtes Gewässer, der Maschsee, sei nach ihm benannt worden. Wenn 'Maschi', wie man ihn an der Leine nennt, zu seinen Partys zum Saisonabschluss des Fußballbundesligisten Hannover 96 rief, kamen die Reichen und die Einflussreichen - die Chefs der örtlichen Unternehmen: Conti, TUI, Bahlsen und etlicher mehr. Regierungschef Wulff schwänzte schon mal einen Auftritt beim Landesturnfest, um sich rechtzeitig zu einer Maschi-Feier chauffieren zu lassen" (Brendel/ Fröhlingsdorf/ Ludwig 2014, S. 30).

266	„Der Urlaub [von Christian Wulff] war kritisiert worden, weil der Finanzunternehmer Maschmeyer gern die Nähe zu Politikern sucht und auch schon mal von einer politischen Entscheidung, der Riester-Rente, profitiert hat" (o.V. 2010, S. 15). Den Skandal um den Alt-Bundespräsidenten Christian Wulff thematisiert Engels (2014, S. 11-12) im Rahmen seiner Untersuchung von politischen Skandalen ausführlicher.

267	Einen ausführlichen Bericht zu Carsten Maschmeyer, dem *AWD* und über dessen vermeintlichen Geschäftsmethoden hat der *Spiegel* veröffentlicht (Fröhlingsdorf/ Grill/ Schwennicke 2011, S. 62-68).

Verkäufer wie ein Sektenführer an[zupeitschen]" (Brendel/ Fröhlingsdorf/ Ludwig 2014, S. 30), um auf diese Weise zum Milliardär zu werden:

> „Carsten Maschmeyer hat riskante Finanzprodukte an einfache Leute vermittelt und damit Millionen verdient. Heute lebt er in einer Glamour-Welt, ist mit Veronica Ferres liiert und mit einflussreichen Politikern befreundet. Viele seiner Kunden wünschen, sie wären seinen Beratern nie begegnet" (Fröhlingsdorf/ Grill/ Schwennicke 2011, S. 62).

So wird in dieser Textpassage eine Dichotomie zwischen dem Berater als Profiteur (Täter) und dem Beratenen als Leidtragenden (Opfer) dargestellt. Diese Rollenkonstruktion lässt sich ebenfalls regelmäßig in der Riester-Renten-Debatte verzeichnen.

Sobald nun eine Person mit dem Images des „skrupellosen Abzockers" (Brendel/ Fröhlingsdorf/ Ludwig 2014, S. 30) die Riester-Rente angeblich als „'Goldquelle'" (Hoyer/ Gerth 2009, S. 79) bezeichnet haben soll oder diskutiert wird, dass er durch seine Nähe zu Alt-Bundeskanzler Schröder und zu weiteren Regierungspolitikern an der Umsetzung der Renten-Reformen sowie der Einführung der Riester-Rente beteiligt gewesen sei (Fröhlingsdorf 2014, S. 36-37), dann kann dies aufgrund von Image-Transfer-Prozessen ebenfalls zu Imageschäden der Riester-Rente als Reform oder als Produkt privater Altersvorsorge führen. Auf die gleiche Art und Weise kann sich das Image Maschmeyers als „Drückerkönig" (Brendel/ Fröhlingsdorf/ Ludwig 2014, S. 30; Fröhlingsdorf 2014, S. 36-37; Fröhlingsdorf/ Grill/ Schwennicke 2011, S. 64), der seinen Reichtum auf Grundlage der Provisionen ahnungsloser Sparer gründet, durch einen Image-Transfer-Prozess auf die Versicherungsbranche im Allgemeinen auswirken, sodass Maschmeyer und die Assekuranz in einem Atemzug genannt und nicht voneinander unterschieden werden – wie beispielsweise in der folgenden Textsequenz:

> „Maschmeyer ist für einen Politiker ein schwieriger Freund. Die Finanzdienstleister sind nicht unbedingt eine feine Branche. Drückerkolonnen fischen nach Kunden, und nicht jeder bekommt das, was er wirklich braucht" (Fröhlingsdorf/ Kurbjuweit 2010, S. 34).

Hier führt die Problematisierung Maschmeyers Rolle zu einem Pauschalurteil über die gesamte Branche, die wiederum mit der gleichen Terminologie und denselben Analogien wie Maschmeyer ummantelt wird. Das gemäß Alltagslogiken nicht trennscharf zwischen Finanzbranche, Bankenbranche und Assekuranz unterschieden wird, wurde bereits zuvor erörtert, jedoch die ständige Thematisierung Maschmeyers als eine Person, die insbesondere durch den Verkauf von Versicherungspolicen reich geworden ist, rückt ihn sprachlich wie konnotativ nochmals näher an die Versicherungswirtschaft heran. Bei Maschmeyer handelt es sich also um eine Person des öffent-

lichen Lebens, die unmittelbar mit dem provisionsgeleiteten Vertrieb von Versicherungspolicen und Riester-Renten verbunden wird, weshalb bereits daraus in den
Köpfen der zeitgenössischen Beobachter eine assoziative oder eine kognitive Verknüpfung zur Assekuranz entstehen kann. Infolgedessen stellt Maschmeyer im Rahmen der Riester-Renten-Debatte den Bezugspunkt eines Branchen-Repräsentanten
dar, so wie Josef Ackermann die Rolle des Branchen-Repräsentanten im Zuge der
Finanzkrisen-Debatte 2008 ausfüllt. In dieser Funktion können sich Wissensbestände, Einstellungen und Meinungen über Maschmeyer auf das Image der Versicherer auswirken und so mittels des Image-Transfers ihre Wirkung auf die gesamte
Branche im Allgemeinen entfalten.

9.6 Zusammenfassung

Die Zuschreibungen und die Charakterisierungen der Finanzbranche und ihrer Berufsgruppe, also das „Wie" des Diskurses, lassen sich exemplarisch auf folgende Aussage verdichten, die den Diskurstenor und somit das Fundament der (massen-)medial
beeinflussten Image-Konstruktion komprimiert wiedergibt: Bei Versicherungsvertretern handelt es sich um „Drückerkolonnen" (Fröhlingsdorf/ Kurbjuweit 2010, S. 34;
Hajek 2014, S. 106; Krumrey 2012, S. 3; Nezik/ Schmergal/ Seith/ Tietz 2013, S. 65),
deren Versicherungshäuser (intentional) intransparente und komplizierte Produkte
wie insbesondere die Riester-Rente anbieten (Seith 2012, S. 82), um somit hohe Provisionen einzustreichen (Hoyer/ Gerth 2009, S. 76-82) und über Gebühren Sparrück-
lagen der (unwissenden) Bürger „abzuknapsen" (Oberhuber 2010, S. 35), sodass das
Versicherungsprodukt für den Sparer letztlich nicht lukrativ sei (Schwennicke 2011,
S. 26). Tatsächlich vertritt nicht jeder Diskursteilnehmer diese Position mit all ihren
darin enthaltenen Facetten und (negativen) Zuschreibungen, dennoch kann sich aufgrund verschiedener Aussagen dieses Versicherer-Image bei der ausschließlichen[268]
Lektüre des Pressediskurses in den Köpfen der Rezipienten bilden. So führt ein an-
fänglich negatives Image eines Akteurs beispielsweise dazu, dass negative Aspekte
und Zuschreibungen eindringlicher wahrgenommen werden können, weil sie die persönliche Anschauung bestätigen (ähnlich bei Rosenthal/ Fode 1963, S. 183-189),
während positive Aspekte sodann als schlichtweg unwahr oder als Ausnahme eingeordnet werden. Auf exakt dem gleichen kognitiven Prozess basieren Verschwörungstheorien und deshalb sind ihre Anhänger so schwer von ihnen abzubringen: Bei einer
(verschwörerischen) These herrscht in der Regel eine ausgeprägte Informationsselektion vor, die – wie die jederzeit notwendige Einstufung von Informationen als wahr

---

268   Es handelt sich in diesem Beispiel um eine theoretische Annahme, die einem Versuch unter Labor-
        bedingungen entspricht, da sich kein Zeitgenosse dem gegenwärtigen Kontext sowie den zahlrei-
        chen Werbemaßnahmen umfassend entziehen kann.

oder falsch bzw. als glaubwürdig oder unglaubwürdig – dazu führt, dass ein oftmals sich selbst bestätigender zyklischer Kreislauf entsteht, welcher oftmals nur mit großer Anstrengung durchbrochen werden kann (ähnlich bei ebd.; Kastens/ Lux, S. 385; Kautt 2008, S. 25-26). Infolgedessen bewerten der Assekuranz und dem Bankensektor gegenüber kritisch eingestellte Personen beispielsweise Carsten Maschmeyer und Josef Ackermann als Repräsentanten ihrer Branche, deren (negative) Eigenschaften sich in der gesamten Berufsgruppe verzeichnen lassen; während der Assekuranz und dem Bankensektor gegenüber weniger kritisch eingestellte Personen selbst bei negativer Bewertung beider Persönlichkeiten, diese eher nicht als charakteristische Repräsentanten der Branchen und der Berufsgruppe bewerten, sondern als Einzelpersonen, deren (negativen) Eigenschaften nicht als Branchen- und Berufsgruppencharakteristika eingestuft werden können.[269] Hierbei handelt es sich um einen positiven Image-Transfer-Prozess.

Die Inhaltsebene der Riester-Renten-Debatte formierenden Argumentationsmuster wurden zuvor einzeln herausgearbeitet, um nun ihre gegenseitige Verzahnung näher zu beleuchten; denn Images basieren in der Regel nicht auf einzelnen Aussagen, sondern auf einer vielfältigen Anzahl unterschiedlicher Deutungen, die ihrerseits miteinander verflochten sind. An dieser Stelle soll nochmals betont werden, dass es sich um eine prototypische, jedoch nicht um eine zwangsläufige Verknüpfung verschiedener Argumentationsmuster handelt, da diese von subjektiven Konstruktionsprozessen abhängen und nicht auf Grundlage von Presseartikeln abschließend eruiert werden können. Dennoch legt das Aufkommen der Argumentationsmuster sowie ihre Beziehungen und ihre inhaltlichen Bezüge untereinander eine mögliche, d.h. eine analytisch-prototypische, Verzahnung nahe, die nach der Darstellung eruierter Argumentationsmuster in Tabelle 2 erörtert wird.

Tabelle 2: Prototypische Argumentationsmuster (Topoi) der Riester-Renten-Debatte

Prototypische Argumentationsmuster/ Prototypische Narrative[270]	Bedeutung
Generationsgerechtigkeits- und Nachhaltigkeits-Narrativ	Die Kürzung der gesetzlichen Rentenversicherung ist dem sozialstaatlichen Ausgabenüberschuss geschuldet, der mittel- oder langfristig die Liquidität der öffentlichen Haushalte und somit den wirtschaftlichen Wohlstand nachfolgender Generationen bedroht.

---

269 An dieser Stelle handelt es sich ebenfalls um prototypische Denkstrukturen unter Laborbedingungen, die sich in der Realität nicht stets bewahrheiten müssen, sondern nur grobe Denkmuster und Tendenzen aufzeigen sollen. Diese Aussagen sind also nicht empirisch validiert, sondern basieren auf logischer Schlussfolgerung.

270 Für eine Unterscheidung zwischen Argumentationsmustern und Narrativen siehe die folgende Unterscheidung auf S. 197 sowie Kapitel 3.

Notwendigkeits-Narrativ	Um den eigenen Lebensstandard auch nur ansatzweise zu halten, ist private Altersvorsorge unumgänglich.
Sparsamkeits-Narrativ	Die (deutsche) Bevölkerung legt ihr Geld insbesondere in feste Spareinlagen an.
Enteignungs-Narrativ	Die Sparer sind die primären Leidtragenden der Niedrigzinspolitik.
Niedrigzins-Narrativ	Die anhaltende Niedrigzinsphase ist eine Bedrohung für zahlreiche Versicherungspolicen und für ausgewählte Geschäftsmodelle der Versicherer im Allgemeinen.
Intransparenz-Topos	Die Versicherungsprodukte sind aufgrund ihrer Intransparenz für den Kunden nur schlecht bis kaum vergleichbar.
Komplexitäts-Topos	Riester-Versicherungsprodukte im Allgemeinen sind zu komplex, um von Kunden und/oder sogar von Experten verstanden zu werden.
Topos der unlauteren Geschäftsmethoden	Versicherer verwenden die vorherrschende Intransparenz und/oder Komplexität (Informationsasymmetrie) während Beratungen intentional zu ihren Gunsten.
Finanzlobby-Topos	Die Finanzlobby verfügt über Einfluss auf politische Entscheidungen im Allgemeinen oder zumindest über einen begrenzten Einfluss auf die Renten-Reformen.
Sterbetafel-Topos	Die Sterbetafeln der Versicherer sind unrealistisch kalkuliert, sodass die meisten Versicherten dadurch benachteiligt sind.
Topos der unprofitablen Riester-Rente	Riester-Verträge rentieren sich für die (meisten) Bürger nicht.
Gebühren-Topos	Die Vertragsgebühren (Verwaltungs-, Bearbeitungs- und Provisionsgebühren) sind so hoch, dass sich der Vertragsabschluss kaum bis nicht mehr lohnt.
Subventions- und Provisionsgenerierungs-Topos	Riester-Verträge sind ein Instrument der Finanzbranche, um hohe Provisionen und hohe Gewinne zu erzielen.

Wie können also die herausgearbeiteten Argumentationsmuster zu einem prototypischen Gesamteindruck bzw. Image der Versicherer zusammengefasst werden, welches sich ebenfalls in Alltagsaussagen wiederfinden lässt? Diskurs-Narrative können die Konstruktion von subjektiven Realitäten maßgeblich beeinflussen, sodass ein Narrativ ebenfalls als Schlussfolgerung eines vorherigen Narratives fungieren kann, das wiederum den Rahmen der gesamten Debatte bilden kann – wie im folgendem Falle: Da die Kürzung der gesetzlichen Rentenversicherung dem sozialstaatlichen Ausgabenüberschuss geschuldet sei, der mittel- oder langfristig die Liquidität der öffentlichen Haushalte und somit den wirtschaftlichen Wohlstand nachfolgender Generationen bedrohe (Generationsgerechtigkeits- und Nachhaltigkeits-Narrativ), müssen sich Zeitgenossen mithilfe von privater Altersvorsorge teilweise an der Erhaltung ihres Lebensstand im Alter beteiligen (Notwendigkeits-Narrativ). Das Sparanlageverhalten der deutschen Bevölkerung in Tages- und Festgeldkonten (Sparsamkeits-Narrativ) führe dazu, dass primär die Sparer zu Leidtragenden der Niedrigzinspolitik der *Europäischen Zentralbank* werden (Enteignungs-Narrativ), wobei die Niedrigzinspolitik auf Dauer auch zur Bedrohung vieler Versicherer und ihrer Geschäftsmodelle wird (Niedrigzins-Narrativ).

Nicht nur Narrative bauen aufeinander auf, sondern ebenfalls Topoi weisen diverse inhaltliche Verflechtungen auf: Kunden können aufgrund der vorherrschenden Intransparenz (Intransparenz-Topos) und der enormen Komplexität (Komplexitäts-Topos) Versicherungsprodukte weder vollumfänglich verstehen noch adäquat vergleichen. Beide Aspekte seien von der Branche und den einzelnen Anbietern gewollt, damit sie dadurch gegenüber dem Kunden über ein Informationsvorteil verfügen (Topos der unlauteren Geschäftsmethoden), das intentional zu den eigenen Gunsten verwendet wird. Der Finanzlobby-Topos ist zwar nicht unmittelbar mit anderen Topoi verflochten, aber dennoch plausibilisiert er die Deutung, weshalb ein vermeintlich wenig lukratives Produkt wie die Riester-Rente (Topos der unprofitablen Riester-Rente) überhaupt politisch verabschiedet und bis in die Gegenwart mit staatlichen Zulagen gefördert wird – nämlich aufgrund des Einflusses der hauseigenen Lobby der Finanzbranche auf die Regierungspolitik. Die geringe Lukrativität von Riester-Produkten (Topos der unprofitablen Riester-Rente) basiere auf den unrealistisch hoch angelegten Sterbetafeln der Versicherer (Sterbetafel-Topos) und auf den hohen Vertragsgebühren (Gebühren-Topos), sodass es sich bei den Riester-Produkten primär um Instrumente der Branche handele, um hohe Provisionen und hohe Gewinne zu erzielen (Subventions- und Provisionsgenierungs-Topos). An dieser Stelle schließt sich der Kreis, da die Politik diese Geschäftsmodelle duldet bzw. durch staatliche Zulagen, die in den Kassen der Versicherer landen, aktiv fördert, was letztlich nur dadurch zu erklären sei, dass der Einfluss der Finanzlobby bis in die höchsten politischen Gremien und in die Parlamente reiche.

Der anhand der Argumentationsmuster erörterte Deutungs-Konstruktionsprozess wirft also kein positives Licht auf die Assekuranz, die sich demnach mit großem

Einfluss in die Politik einbringt und den ratsuchenden Sparern unlautere Geschäftsmethoden entgegnet. So prägt den gesamten Diskurs das Bild einer großen (Informations- und Macht-)Asymmetrie zwischen Bürgern bzw. Kunden und Versicherern, die das Image – gemäß der Image-Kommunikation der Versicherer – einer vertrauenswürdigen Branche durch gegenteilige Deutungsangebote beschädigen.

9.7 Topoi-Abgleich im Polit-Talk

Bisher handelt es sich bei den Argumentationsmustern um aus dem Diskurs herausgearbeitete abstrakte Kategorien. Ihr Aufkommen in realtypischen oder in politischen Diskussionen wurde noch nicht belegt. Daher wird im Folgenden die argumentative Inhaltsebene eines Polit-Talks zur Überprüfung der Argumentationsmuster anhand der zuvor entwickelten Topoi deduktiv analysiert.

Am 8. April 2016 erklärt Seehofer gegenüber Journalisten, dass die Riester-Rente gescheitert sei (Haerder 2016, S. 58-64; Steltzner 2016, S. 21). Daraufhin findet eine öffentliche Debatte über die Renten-Reformen im Allgemeinen und die Riester-Renten im Speziellen statt. In der Presse flammt zeitgleich die Problematisierung der Riester-Rente wieder auf[271], während im Fernsehen mehrere Polit-Talks in den darauffolgenden Wochen die Riester-Rente zu den Themen ihrer Sendungen erklären. Der Polit-Talk von Maybrit Illner „Länger schuften, mehr vorsorgen – und im Alter trotzdem arm?" vom 28. Mai 2016 wird in der Analyse gegenüber anderen Polit-Talks bevorzugt, da an ihm ein breites Spektrum an Diskursakteuren beteiligt ist, das sich ebenso in der öffentlichen Debatte wiederfindet. Zentrale Diskussionsteilnehmer sind der Chefvolkswirt der *Allianz-Gruppe* Michael Heise (Versicherer-Repräsentant), der Vorstandssprecher des *Bund der Versicherten* Axel Kleinlein (Verbraucherschützer), der *CDU*-Politiker Carsten Linnemann (Parteipolitiker einer Regierungspartei und Vorsitzender der Mittelstandsvereinigung der Union) und die Fraktionschefin *der Linken* Sahra Wagenknecht (parlamentarische Opposition).[272] In der Diskussion sind also ein Versicherer-Repräsentant, der übrigens als solcher regelmäßig adressiert wird, ein unabhängiger Berater bzw. Verbraucherschützer, der ebenfalls im Pressediskurs

---

271   Das scheinbar plötzliche Auftreten der Grundsatz-Debatte über die Riester-Rente wird auch im
      Pressediskurs problematisiert: „Wer einen Beleg für die politische Chaostheorie gesucht hat, darf
      sich bei Horst Seehofer für die Beweisführung bedanken. Eigentlich waren es nur ein paar dahingesprochene Flattersätze, die der CSU-Chef in München formuliert hatte. Die Riester-Rente? Gescheitert, weg damit. Gesetzliche Altersvorsorge? Viel zu niedrig. Aber in Berlin, mehr als 500
      Kilometer entfernt, lösten sie einen Sturm aus" (Haerder 2016, S. 59).

272   Neben diesen Diskursakteuren sind auch noch die Gebäudereinigungskraft Petra Vogel und der
      Bauingenieur Patrick Irlsperger beteiligt, wobei beide nur zu ihrer lebensweltlichen Situation, im
      Einzeldialog mit Illner, befragt werden und somit nicht direkt an der eigentlichen Diskussionsrunde
      teilnehmen (Illner 2016).

zahlreiche Male interviewt oder zitiert wird (Hock et al. 2016, S. 14-23; Hoyer/ Gerth 2009, S. 76-82; Nezik et al. 2013, S. 62-67; Oberhuber 2009, S. 37; Oberhuber 2011b, S. 41; Oberhuber 2011c, S. 51; Reimann/ Hoyer/ Wettach 2013, S. 84-92; Seith 2016b, S. 78-79), ein Parteipolitiker der regierenden *CDU*, der sich trotz kleinerer Vorbehalte für die Riester-Rente ausspricht, und eine Oppositionspolitikerin, die sogar einzelne Grundaussagen bzw. Narrative der Debatte infrage stellt, beteiligt (Illner 2016). Diese realitätskonstruierenden Grundaussagen werden auch gleich zu Beginn von Illner aufgegriffen, indem sie die Deutschen als ein „Sparervolk" bezeichnet (Sparsamkeits-Narrativ) und erklärt, dass solches Sparen im Anbetracht des anhaltenden Niedrigzins-Niveaus seinen Sinn zunehmend verliere. Die Konklusion erfolgt, dass letztlich die Sparer die Leidtragenden der gegenwärtigen Situation sind (Enteignungs-Narrativ) (Illner 2016, 0:00–0:30). Heise nimmt diesen Faden wenige Minuten später auf und ergänzt, dass „Sparen jetzt [in Anbetracht von Niedrigzins und mangelhafter gesetzlicher Rentenversicherung] wichtiger denn je" (Notwendigkeits-Narrativ) sei und „man muss eigentlich noch mehr zurücklegen, um später vorgesorgt zu haben" (Illner 2016, 7:40–8:20). Er verwendet also das Notwendigkeits-Narrativ, das sich auf eine geschwächte gesetzliche Rentenversicherung bezieht und daher die Notwendigkeit privater Altersvorsorge betont.

In dem Polit-Talk über Altersvorsorge und Riester-Rente wird die meiste Zeit über politische Entscheidungen gesprochen, wobei die Assekuranz, die Versicherungsvertreter und ihre Geschäftsmethoden regelmäßig nebenbei und mit eindeutigen Zuschreibungen adressiert werden. So konstatiert Wagenknecht mit dem aus dem Pressediskurs bekannten Terminus „Riester-*Sparer*", dass diese „faktisch die Goldesel der Versicherungsbranche [seien], deswegen will die Versicherungsbranche natürlich unbedingt diese Verträge [Riester-Rentenversicherungen] aufrecht erhalten" (Illner 2016, 10:52–10:59). Diese Aussage beinhaltet durch den Ausdruck „Goldesel der Versicherungsbranche" den Subventions- und Provisionsgenerierungs-Topos, da sie Riester-Produkte als Versicherer-Instrument zur Akkumulation von Profit versteht. In einem kurzen Informationsvideo zu den Hintergründen der Riester-Rente sagt der Sprecher der Reportage im indirekten Zitat der Verbraucherzentrale: "Dank dicker Provisionen [Subventions- und Provisionsgenerierungs-Topos] und teurer Vertriebskosten [Gebühren-Topos] sei Riester vor allem ein großes Geschenk für die Versicherungsbranche" (Illner 2016, 34:13–35:22). Dieser kommt somit der Bezeichnung von Wagenknecht als „Goldesel der Versicherungswirtschaft" inhaltlich sehr nahe. Der zentrale Unterschied besteht schließlich nur in der weniger plakativen Wortwahl des Reportagen-Sprechers.

Sowohl Kleinlein (Illner 2016, 5:33–5:58) als auch Wagenknecht (Illner 2016, 6:40–7:17) erklären, dass es sich bei Riester-Renten um generell unrentable Versicherungspolicen handele (Topos der unprofitablen Riester-Rente). Kleinlein fügt im weiteren Verlauf hinzu, dass dies mit den hauseigenen Sterbetafeln zusammenhänge (Sterbetafeln-Topos): „Da ist auch gar nicht der [Niedrig-]Zins daran schuld, sondern

da sind die Sterbetafeln daran schuld, die die Versicherungswirtschaft hier ansetzt"
(Illner 2016, 9:50-11:00).

In Bezug zur Produktverständlichkeit äußert Kleinlein und in direkter Anspra-
che zu Heise[273] in der Funktion eines Versicherer-Repräsentanten und in Anlehnung
an Allianz-Produkte: „Das versteht kein Mensch mehr, das verstehen auch Sie nicht,
das versteht niemand hier im Haus [Komplexitäts-Topos]" (Illner 2016, 37:07–38:21).
Zu einem späteren Zeitpunkt räumt Heise die Komplexität der Produkte teilweise
ein, während er aber – wie auch Versicherer im Pressediskurs – gleichzeitig auf gesetzliche Vorgaben verweist, die zu dieser Komplexität geführt haben sollen (Komplexitäts-Topos): „Sie [Riester-Produkte] sind relativ komplex, weil sie einem
staatlichen Modell nachgebaut sind, der Staat hat die Vorgaben gemacht" (Illner 2016,
42:13–43:10).

Linnemann bedient sich dem Topos der unlauteren Geschäftsmethoden, indem
er deren Verbreitungsgrad zwar als begrenzt darstellt, jedoch „unlautere Geschäftsmethoden" nicht grundsätzlich infrage stellt – stattdessen kritisiert er die Praktik einzelner Versicherungsvertreter: „Wir sollten jetzt hier nicht die gesamte
Versicherungswirtschaft in Verruf bringen, aber es gibt natürlich Schwarze Schafe
und da sagen viele Vermittler: 'Ich nehme jetzt die Provision mit und dann lasse ich
den Bürger, den Kunden alleine.' Und das darf in Zukunft nicht mehr sein" (Illner
2016, 53:35–54:04). Kleinlein hingegen beschränkt seine Kritik nicht auf einzelne
Versicherungsvertreter, sondern sieht ein systemisches Problem mangelhafter Produktqualität: „An der Stelle liegt der Schwarze Peter nicht bei denen, die die Verträge
verkaufen, sondern, der Schwarze Peter liegt bei denen, die die Verträge herstellen –
bei den Versicherern [Topos der unlauteren Geschäftsmethoden]. Jemand, der nur
Mist im Bauchladen hat, kann auch nur Mist verkaufen. [...] Wir haben keine Kontrolle [darüber], ob die Produkte qualitativ gut sind" (Illner 2016, 41:20–42:10). Die
Intransparenz der Produkte führe also dazu, dass diese für die Kunden nicht adäquat
vergleichbar oder deren Qualität nicht ausreichend eingeschätzt werden könne (Intransparenz-Topos).

Im Abgleich der aus dem Pressediskurs herausgearbeiteten Argumentationsmuster und ihren realtypischen Vorkommen in einem ausgewählten Polit-Talk ergibt
sich, dass die Aussagen über Versicherer verschiedenen Topoi zugeordnet werden
können. So werden bereits innerhalb einer 45 minütigen Sendung zehn von 13 Argumentationsmuster verwendet. Daher ist davon auszugehen, dass die erarbeiteten Argumentationsmuster die Rahmenbedingungen der Riester-Renten-Debatte und der
inhaltlichen Berichterstattung über die Versicherungsbranche komprimiert abbilden
und somit in Form von diskursiven Regelmäßigkeiten als Grenzen verstanden werden können, in denen der Diskurs verläuft.

---

273   Die direkte Adressierung ist daran erkennbar, dass Kleinlein im Zuge seiner Äußerungen nicht nur
        in die Richtung von Heise schaut und spricht, sondern auch speziell die Beschaffenheit von Allianz-
        Produkten ausführlich problematisiert.

10 Werbemaßnahmen

10.1 Werbung der Versicherer

Der Image-Aushandlungsprozess wird keineswegs einseitig durch den Pressediskurs formiert, stattdessen ist der Image-Aushandlungsprozess ebenfalls durch (Marketing-)Kommunikate der Versicherer geprägt, die in einem digitalisierten Zeitalter auch mühelos außerhalb der Presse Gehör finden. Eine wesentliche Werbegattung ist die der Werbespots, weil diese sich grundsätzlich an eine anonyme wie heterogene Rezipientengruppe richten, und daher bestrebt sind, einer breiten Personengruppe ihre (Marken-)Identität oder ihre (Marken-)Produkte zu präsentieren.[274] Tatsächlich unterliegt die strategische Planung von Werbespots oftmals der Adressierung einer spezifischen Zielgruppe, die jedoch bei Werbespots von Versicherern klassischerweise breit ausfällt, da sich Versicherer in der Regel an eine generationsübergreifende Zielgruppe richten. Bei Werbespots handelt es sich stets um die Selbstbeschreibung eines Akteurs (Image-Kommunikation), welcher auf diese Weise versucht, in den Köpfen der Rezipienten ein positives Image zu erzeugen. Speziell Werbespots stellen nicht nur wegen der ihnen inhärenten Selbstbeschreibung eine fruchtbare Analysequelle für den Image-Aushandlungsprozess dar, sondern auch aufgrund ihres auf wenige Minuten beschränkten Formats, innerhalb derer Diskursäußerungen im Kontext des (massen-)medialen Aushandlungsprozesses in verdichteter Form getroffen werden und durch strategisch ausgewählte Bilder untermauert werden sollen. Diese (marken-)strategischen Diskursäußerungen bzw. Werbespots können jedoch auch den Diskurs beeinflussen, indem beispielsweise Werbeslogans und (Werbe-)Inhalte öffentlich kommuniziert werden, die dann von Diskursakteuren in ihren Diskursäußerungen anerkennend oder diskreditierend eingearbeitet werden. Daher wurden zwei bekannte deutsche Versicherer ausgewählt, die auf öffentliche Debatten und das anhaltende Vertrauenstief nach der Finanzkrise 2008 mit ihren (Werbe-)Kommunikaten reagieren und zum Teil ihre eigenen (Marken-)Identitäten überarbeiten (Diehl 2016).[275] Die

---

274 Zahlreiche Werbespots sind nicht nur im Fernsehen, sondern auch auf den offiziellen Webseiten der Werbenden sowie auf Videoportalen zu finden.

275 So wurden die Werbespots der R+V und der ERGO beispielsweise gegenüber dem größten deutschen Versicherer Allianz bevorzugt, weil die Allianz ihre (Marken-)Identität nicht grundlegend

© Springer Fachmedien Wiesbaden GmbH, ein Teil von Springer Nature 2019
N. Diehl, *Das Image im Aushandlungsprozess*,
https://doi.org/10.1007/978-3-658-27234-0_10

Analyse jeweils zweier Werbespots der *ERGO* und der *R+V* stellen keine Video- oder Sequenzanalysen dar, sondern es werden Aspekte beleuchtet, die inhaltliche (Sprecher-)Positionen im Diskurs konstituieren. Die Methode der folgenden Analyse der Werbespots gleicht also in grundsätzlichen Aspekten der vorherigen Presseanalyse, indem eine kurze Erläuterung der zentralen Bilder und der Motive der Werbespots in die textliche Analyse der Transkripte führt.[276]

Im aller ersten *ERGO*-Werbespot „Versichern heißt verstehen"[277] von 2010 ist der Schauspieler Sebastian Ströbel in der Rolle eines stereotypen Versicherungskunden auf dem Rückweg in seine Wohnung zu sehen. Dies ist daran zu erkennen, dass er sich zunächst auf einer Brücke, dann in der Straßenbahn, später im Treppenhaus und zuletzt im Sessel seiner Wohnung befindet (ERGO 2010). Ströbel ist während seinem Rückweg und somit den gesamten Werbespot bis zu seiner Heimkehr in Bewegung, was einem Alltagslogiken entsprechenden Heimweg sowie einer diesbezüglichen Szenerie entspricht. Dadurch wird versucht, ein authentisches (Alltags-)Umfeld (werbe-)inszenatorisch abzubilden. Der Werbetext stellt einen Monolog des Schauspielers dar, der sich direkt an die Versicherer richtet und gleich zu Beginn mit einer rhetorischen Frage eröffnet wird: „Versicherungen. Was ist eigentlich schief gelaufen zwischen uns?" (ebd.). Mit dieser Frage wird unspezifiziert kommuniziert, dass eine Situation vorherrscht, in der etwas zwischen dem stereotypen Kunden und den Versicherern im Argen liegt. Das seit der Finanzkrise 2008 anhaltende Vertrauenstief der Versicherer und der Finanzbranche im Allgemeinen bildet hier den kontextuellen wie diskursiven Rahmen, in den diese Aussage eingeordnet werden kann. So beginnt der Werbespot bereits mit der Problematisierung des gesellschaftlichen Ist-Zustands und kann so bestehende Wissensbestände und Images evozieren oder ohnehin jederzeit abrufbare Versicherer-Images direkt adressieren, um deren Fundament im weiteren Verlauf zu problematisieren.

Ein im Diskurs regelmäßig geäußerter Vorwurf gegenüber den Versicherern – der der enormen Komplexität von Versicherungsprodukten – wird aufgegriffen, indem aus der Kundenperspektive heraus kritisiert wird:

„Ich weiß zum Beispiel, was ich nicht getan habe. Ich habe nicht Jura studiert und Ihr schickt mir Briefe, die höchstens mein Anwalt versteht. Ich finde mein Leben schon kompliziert genug und wenn Ihr es versichern wollt, wird daraus Weltraumforschung" (ERGO 2010).

überarbeitet hat, sondern vermehrt mit Nostalgie, Historie und ihrer Marktposition als größter deutscher Versicherer wirbt.

276   Die vollständigen Transkripte der Werbespots sind im Anhang zu finden.

277   Die Inhalte des Werbespots und die (Marken-)Identität als verständnisvoller Versicherer werden seit Anfang 2011 im Rahmen der Werbekampagne „ERGO-Klartext-Initiative" weiterentwickelt. Ihre Präsentation lässt sich aktuell unter folgendem Hyperlink finden: http://www.ergo.com/de/Unternehmen/Overview/Verstehen/Anspruch (Stand 20.05.2018).

Die Komplexität kann – wie auch zuvor im Rahmen der Presseanalyse erläutert – zur Verunsicherung seitens der Kunden führen, die nicht nur an dieser Stelle, sondern ebenfalls in folgender Äußerung des stereotypen Kunden im Werbespot Ausdruck findet: „Könnt Ihr nicht einfach mal aufhören, mich zu verunsichern, und anfangen, mich zu versichern" (ebd.). Das Wortspiel mit den Begrifflichkeiten „Verunsicherung" und „Versicherung" wird in einem Werbespot seitens der Versicherer verwendet, während es ebenfalls auch in beispielsweise Presseartikeln, die die Versicherungswirtschaft kritisieren, Anwendung findet (Fröhlingsdorf/ Ludwig/ Wiedmann 2015, S. 10-16). Es handelt sich also um einen direkten Bezug des Werbespots zur (massen-)medialen Riester-Renten-Debatte. So wird den Versicherern die Aufgabe zugesprochen Sicherheit und Orientierung durch Versicherungen zu bieten und nicht durch Komplexität sowie daraus entstehender Orientierungslosigkeit zu „verunsichern". Der Akt der Verunsicherung wird der Assekuranz im Allgemeinen im Zuge der Riester-Renten-Debatte regelmäßig vorgeworfen und stellt somit einen direkten Bezug zur öffentlichen Debatte dar.

Im Anschluss schließt der Werbespot mit zwei eingeblendeten Sätzen, die individualisierte Kundenbetreuung versprechen und somit zumindest implizit der Kritik der provisionsgeleiteten Massenabfertigung entgegenstehen: „Es gibt 82 Millionen Gründe für Deutschlands neue große Versicherung. Wir freuen uns auf Ihre" (ebd.). Der Werbespot greift also mehrere im Diskurs problematisierte Inhalte auf, sodass die *ERGO* versucht, sich den Problemen und den Bedenken der Kunden gegenüber als verständnisvoll zu inszenieren, was letztlich in dem Slogan der gesamten Werbekampagne „Versichern heißt Verstehen" gipfelt (ebd.).

Der zweite *ERGO*-Werbespot „Werde ein Mutbürger"[278] von 2014 erscheint im Rahmen der seit April 2014 laufenden Werbekampagne „Lebensziele mutig verwirklichen". Laut *ERGO* soll dies eine Erweiterung des Markenansatzes bzw. der Werbeinszenierung "Versichern heißt verstehen" sein. Im Mittelpunkt der Werbebemühungen stehen die individuellen Lebenswege der Menschen und der diesbezügliche Schutz durch *ERGO*-Versicherungen.[279] In dem Werbespot sind verschiedene Menschen unterschiedlichen Alters in verschiedenen alltagstypischen Szenarien[280] abgebildet, die teilweise als „mutige" oder „freiheitliche" Motive verstanden werden können (ERGO 2014). Beide Motive gehen unmittelbar miteinander einher und verfügen über schwimmende Grenzen zueinander, da Freiheit stets auch mit dem Mut

---

278   Der Begriff „Mutbürger" referiert auf die Bezeichnung „Wutbürger", welche regelmäßig für infolge politischer Veränderungen lautstark demonstrierende oder protestierende Personen verwendet wird. Die Begrifflichkeit „Wutbürger" wird 2010 zum Wort des Jahres gewählt (Dudenredaktion 2014).

279   Die Pressemitteilung zu der Kampagne vom 15. Mai 2014 gibt näheren Aufschluss über die Hintergründe und Ziele der Kampagne (ERGO 15.05.2014).

280   So sind beispielsweise ein Junge auf einem Skateboard, zwei Mädchen, die gemeinsam auf einem Fahrrad über eine Brücke fahren, sowie Personen bei einer Feierlichkeit zu sehen (ERGO 2014).

zur Freiheit gepaart ist – vorausgesetzt es wird der Logik des *ERGO*-Werbespots gefolgt. So ist beispielsweise eine Szene zu sehen, in der eine Person in einer Achterbahn gerade am höchsten Punkt angelangt, ihre Arme in die Höhe streckt und die Achterbahn kurz darauf nach unten rauscht (ebd.). Das Gefühl der Freiheit bedarf also zunächst dem Mut, sich in die Achterbahn zu setzen und im entscheidenden Moment die Hände in die Luft zu strecken – und dabei hilft *ERGO* gemäß ihrem Werbespot.

Der Werbesprecher im Werbespot nimmt die Funktion eines Repräsentanten oder eines Mitglieds von *ERGO* ein, was dadurch kommuniziert wird, dass er von *ERGO* als „Wir" spricht (ebd.). Aufgrund des Kontextes handelt es sich hierbei um eine exklusive Gruppenbezeichnung, die sich ausschließlich auf (Organisations-)Mitglieder von *ERGO* bezieht, was insbesondere durch die Abgrenzung des Adressaten als ein „Du" unmissverständlich Ausdruck findet. Das gruppenbezeichnende „Wir" wird gepaart mit Willensäußerungen und Überzeugungen verwendet, die das (Selbst-)Bild eines Versicherers beinhalten, der nicht nur aus ökonomischen Interessen, sondern aus persönlichen Überzeugungen handelt. Diese Prinzipien des nicht-profitgeleiteten Interesses gebe den Bürgern die Möglichkeit frei von der Angst vor Unfällen agieren zu können, da sie im Falle des Schadenfalls von dem Versicherer gestützt würden:

> Wir wollen, dass die Menschen im Leben nicht jeder Pfütze aus dem Weg gehen müssen. […] Wir glauben an Menschen, die Schritte tun, die bestimmen, wer sie heute sind – und wer sie eines Tages sein werden; wir glauben an Menschen, die nach vorne schauen; wir sagen: 'Geh den Weg, den Du für richtig hälst, aber geh ihn mit Selbstvertrauen und mit dem sicheren Gefühl, dass wir an Deiner Seite stehen'" (ERGO 2014).

Das am Ende des Werbespots erwähnte „Du" spricht den Adressaten direkt an, wodurch es ihn als Rezipienten adressiert und gleichzeitig auf das Vertraulichkeit-basierende Duzen proklamiert – „an Deiner Seite [zu] stehen" (ebd.). Dies zeichnet das Bild einer schützenden Gruppe. Zentrale inhaltliche Bestandteile dieses Werbespots sind also Mut, Freiheit, Schutz und Gemeinschaft – kurzum: das Bild des kundennahen und engagierten Versicherers *ERGO*. Im Gegensatz zum Werbespot von 2010 werden die Inhalte jedoch nicht in Bezug zu eher nachteiligen Diskursinhalten gebracht, sondern stellen Gegenangebote zur Bewertungen von Versicherungen und von einem Versicherer dar.

Die *R+V* betont in ihren (Werbe-)Kommunikaten ihre genossenschaftliche Verankerung sowie die daraus resultierende Gemeinschaft und die Geborgenheit untereinander. Allein in den zwei Werbespots „Geborgenheit hat 1000 Facetten" (R+V 2013a) und „R+V – Die gemeinschaftliche Idee" (R+V 2013b) fallen die Wortstämme der Begrifflichkeiten Genossenschaft zwölfmal, Gemeinschaft viermal und

Geborgenheit achtmal (R+V 2013a; R+V 2013b). Die verhältnismäßig zahlreiche Erwähnung von dem Wort „Genossenschaft" basiert darauf, dass es sich bei der *R+V* um einen genossenschaftlichen Versicherer handelt, sowie die achtmalige Nennung von Geborgenheit mit der übergeordneten Werbekampagne der *R+V* „Geborgenheit ist..." zusammenhängt. So wird betont, dass eigene Handlungen „seither der genossenschaftlichen Idee verpflichtet [sind]: 'Was einer allein nicht schafft, das schaffen viele.' Das ist das Fundament unseres Handelns" (R+V 2013b). Dementsprechend zieht sich das argumentative Motiv der „engagierten Gemeinschaft" (R+V 2013a) mit „regionale[n] Verankerungen" (R+V 2013b), die sich „mit Herzblut für unsere Kunden ein[setzt]" (R+V 2013a), durch die beiden Werbespots, während – wie auch in den Werbespots der *ERGO* – Individualität durch Textpassagen wie „Geborgenheit [bedeutet] für jeden etwas anderes" (R+V 2013a) angesprochen wird. Neben der Betonung genossenschaftlicher Charakteristika stellt sich die *R+V* als „Versicherer von nebenan" (R+V 2013b) dar, während die steigende lebensweltliche Komplexität durch die Globalisierung und das Bedürfnis nach Orientierung durch persönlichen Kontakt direkt adressiert wird:

> „Diese Werte [Geborgenheit und Schutz in der Gemeinschaft] sind in Zeiten der Globalisierung und zunehmender Komplexität wichtiger denn je, die Menschen suchen persönliche Nähe und Geborgenheit" (R+V 2013a).

Die selbigen Aspekte werden ebenso in dem Werbespot „R+V – Die gemeinschaftliche Idee" (R+V 2013b) thematisiert. Im Gegensatz zum ersten Werbespot werden hier Kritikpunkte gegenüber der Versicherungswirtschaft, aber auch gegenüber allen größeren Konzernen aus dem öffentlichen Diskurs aufgegriffen und werden dadurch in Bezug zur *R+V* zu entkräften versucht (ebd.). Es handelt sich also in der folgenden Textsequenz um einen direkten Bezug zu dem Diskurs und zu gesellschaftlich verbreiteten (negativen) Einstellungen über international tätige Konzerne, von denen sich die *R+V* explizit zu distanzieren versucht, indem sie das Selbstbild ihres gesellschaftlichen Mehrwerts näher ausführt:

> „Genossenschaften sind für alle ein Gewinn. Wir sind keine Aktiengesellschaft, für die der Profit alles ist, wir Genossenschaften sind nur unseren Mitgliedern verpflichtet und nur unsere Mitglieder bestimmen, wo es langgeht, jeder mit einer Stimme, ganz demokratisch. Neben der Forderung unserer Mitglieder sind wir auch Werten verpflichtet, nach denen wir handeln und wirtschaften. [...] Durch unsere regionale Verwurzelung sind wir zudem ganz nah dran, an dem Menschen. Denn auch wir Genossenschaften leben und arbeiten in der Region. Dort bilden wir junge Menschen aus, schaffen und erhalten Arbeitsplätze. Und zahlen Steuern – was man wahrlich nicht von allen

Firmen sagen kann. Wir sind in aller Bescheidenheit die ersten, die global denken und lokal handeln praktiziert haben – auch andersherum: lokal denken, global handeln. Eine echte globale Idee also, die genossenschaftliche Idee, kann man so sagen" (ebd.).

Die Abgrenzung zu regelmäßig in Negativschlagzeilen vorkommenden internationalen Konzernen, die beispielsweise keine Steuern zahlen und somit gemäß zeitgenössischer Gerechtigkeitssemantiken ihrer moralischen Verantwortung gegenüber der Gesellschaft nicht nachkommen, erfolgt also explizit.[281] An einer anderen Stelle wird die explizite Distanzierung von Banken[282], die während der Finanzkrise 2008 auf staatliche Hilfen angewiesen waren, konstatiert:

„Wir verzichten auf staatliche Hilfen; rennen keinen Börsentrends hinterher, sondern fragen uns immer wieder aufs Neue „was brauchen die Menschen?". Und deshalb hören wir ihnen ganz genau zu und sprechen mit ihnen auf Augenhöhe, als Partner" (ebd.).

Der hier erwähnte Dialog „auf Augenhöhe" kann vor dem Hintergrund der Vorwürfe von Intransparenz, Komplexität und von unlauteren Geschäftsmethoden gegenüber der Assekuranz im Umgang mit ihren Kunden als Bezugnahme verstanden werden, die in Abgrenzung zu anderen Akteuren größtmögliche Kundenorientierung verspricht.

Die jeweiligen Selbstdarstellungen der *ERGO* und der *R+V* unterscheiden sich also in einigen Punkten wie beispielsweise der Betonung ihrer regionalen Verwurzelung, obgleich sie sich auch in zentralen Aspekten wie z.B. der Thematisierung von Komplexität und von (dialogorientierter) Kundenorientierung gleichen. Die vier inhaltlich analysierten Werbespots der Versicherer stellen eigene Diskursfragmente dar, die als Bezugsgrößen im Image-Aushandlungsprozess auf die zeitgenössischen Images der einzelnen Versicherer oder der Assekuranz im Allgemeinen wirken. In einigen Werbespots werden Kritikpunkte und Vorbehalte gegenüber den Versicherern explizit angesprochen, um das eigene Verständnis für die Kundenperspektive zu kommunizieren, während in anderen Werbespots Gegenangebote zu den Charakte-

---

281   Laut dem Global Trust Report der GfK (2017) genießen „Große Unternehmen/ Internationale Konzerne" nur das Vertrauen von 30 Prozent der Bevölkerung, während sie somit die vorletzte Kategorie ausschließlich vor „politischen Parteien" bilden.

282   Dass sich diese Äußerungen des Werbespots auf die Finanzkrise 2008, „hochmütige" Banker und auf die Wall Street beziehen, lässt sich eindeutig daran erkennen, dass während dieser Textsequenz ein gezeichnetes Bild zu sehen ist: Auf dem Bild ist ein Mann im Anzug samt Aktentasche (Banker) dargestellt, der auf der Höhe der Wolken über den Wolkenkratzern der Wall Street schwebt, die zusätzlich mit der Beschriftung „Wall Street" gekennzeichnet ist (R+V 2013b).

ristika eigener (Marken-)Identität gezeichnet werden, um auf diese Weise den Mehrwert einer Organisation abseits gegenwärtiger diskursiver Argumentationsmuster zu
markieren. So oder so berücksichtigen Werber in jedem Fall in ihren strategischen
Werbeplanungen den Diskurs, da er mindestens den kontextuellen Rahmen der jeweiligen Alltagssemantiken sowie den Wissensstand der Werber beeinflusst, sodass
selbst wenn die Entscheidung gefällt wird, gesellschaftliche Kritikpunkte zu ignorieren, der Diskurs in die eigene Planung Eingang findet: Nur, weil Aspekte aus der
öffentlichen Debatte in den Werbespots nicht explizit erwähnt werden, bedeutet dies
also keineswegs, dass dieser Kontext die Entscheidung solch einer gearteten Werbes-
zenerie und der diesbezüglichen Werbeinhalte nicht beeinflusst hat. Der Diskurs und
der Diskurskontext stellen also die Bezugsgrößen dar, derer sich kein Zeitgenosse
und kein zeitgenössischer Akteur (z.b. Versicherer) entziehen kann, auch wenn er
sich entscheiden sollte, sie unberücksichtigt zu lassen – schließlich beinhaltet die Entscheidung der Nicht-Berücksichtigung die Auseinandersetzung mit dem Diskursstand.

Welches Image letztlich in den Köpfen der Rezipienten entsteht, kann nicht
umfassend analytisch erfasst werden, da diese von den subjektiven Konstruktionsprozessen jedes einzelnen Rezipienten abhängen (ähnlich bei Kautt 2008; Siegert
2001). Dennoch lässt die öffentliche Debatte Rückschlüsse auf gesellschaftliche
Image- und Einstellungstendenzen zu, während die Werbespots der Versicherer diesbezüglich nur über begrenzte Einflussmöglichkeiten verfügen. Dennoch können
Werbespots ab hoher Relevanz, Reichweite oder aufgrund der Entstehung öffentlichen Interesses Eingang in den Pressediskurs finden und so wiederum den Diskurs
beeinflussen.[283]

10.2 Werbung des Bankensektors

Die Wahrnehmung der Bankenbranche und der Versicherungswirtschaft als Konglomerat führt zu der Frage, wie Banken im Gegensatz zu den Versicherern Kritikpunkte
der öffentlichen Debatte nach der Finanzkrise 2008 aufgreifen, um ein positives
Image zu evozieren. Daher werden in einem kurzen Exkurs zwei Werbespots verschiedener Banken (*Commerzbank* und *Sparkasse*) analysiert.

---

[283] Die Bewertung der öffentlichen Debatte als vorrangig gegenüber den Werbespots muss nicht für
jede Person zutreffen, wird jedoch an dieser Stelle herangezogen, um eine prototypische Einordnung zu ermöglichen. Tatsächlich können die Images einzelner Personen von einzelnen Versicherern oder der ganzen Branche auch primär auf den (Werbe-)Kommunikaten der Versicherer
basieren, obgleich der gesamte Diskurs als zentrale Bezugsgröße gesamtgesellschaftlicher Aufmerksamkeit in der Regel die (Denk-)Richtung vorgibt (ähnlich in Bezug zu Diskurs Angermüller 2011,
S. 19; in Bezug zu Werbung Willems/ Kautt 2003, S. 13).

Einzelne Banken problematisieren ebenfalls die Geschäftsmethoden der Branche bis zur Finanzkrise 2008 sowie das seitdem anhaltende Vertrauenstief. Sie proklamieren einen Kurswechsel wie beispielsweise die *Commerzbank* (2013) oder konstatieren ihre Solidität während der Krise wie die *Sparkassen* (2015). So thematisiert der Werbespot der *Commerzbank* aus dem Jahr 2013, in dem die Hamburger Filialdirektorin Lena Kuske beim Joggen zu sehen ist, explizit die (organisations-)eigene Aufarbeitung der Finanzkrise bzw. genauer gesagt deren (werbe-)inszinatorische Selbstdarstellung, während der Werbespot der *Sparkassen* „Lohmann rennt" aus dem Jahr 2015 sich direkt auf die Werbung der *Commerzbank* bezieht und sie karikiert. Im Werbespot der *Commerzbank* ist eine Bankangestellte zu sehen, die während dem Joggen über das gegenwärtige Vertrauenstief der Branche mit folgenden Sätzen nachdenkt:

„Woran liegt es, dass man den Banken nicht mehr vertraut? Manche Banken sagen: 'Das liegt an den Krisen', andere: 'an den Börsen.' Wir haben etwas getan, was für uns bisher vielleicht nicht typisch war, wir haben die Gründe bei uns gesucht, und uns gefragt: 'Braucht Deutschland noch eine Bank, die einfach so weitermacht?' Oder brauchen wir eine Bank, die endlich Schluss macht mit neuen Spekulationen auf Grundnahrungsmittel, eine Bank, die erneuerbare Energien für die Zukunft finanziert, eine Bank, die auch kleinen und mittleren Unternehmen Kredite gibt. Eine Bank, die ihre Berater nicht belohnt, wenn sie möglichst viele Verträge verkaufen, sondern erst dann, wenn ihre Kunden zufrieden sind. Vor uns liegt ein langer Weg, aber auch der beginnt mit dem ersten Schritt. Commerzbank, die Bank an Ihrer Seite" (Commerzbank 2013).

Die hier erwähnte Spekulation auf Grundnahrungsmittel wird im deutschen Diskurs als besonders unmoralisch angesehen, da dies regelmäßig als reiner Ausdruck von skrupelloser Profitgier gedeutet wird, welcher auf dem Weg zur Vermögensvermehrung mit der Not oder sogar dem Tod fremder weitentfernter Personen verbunden sein kann (Schwab 2011). In dem Werbespot wird konstatiert, dass die Abkehr von solchen bisherigen Geschäftsmethoden der Branche notwendig ist, was ebenfalls mit einem stärkeren Fokus auf Nachhaltigkeit und auf Kundenorientierung einhergeht, die die kurzfristige Akkumulation schneller Provisionen verbietet (Commerzbank 2013). Dadurch werden zentrale Vergehen angesprochen, die der gesamten Branche angelastet werden, wodurch die *Commerzbank* (werbe-)inszenatorisch versucht, sich mit dieser expliziten Thematisierung der Problemstellung von den restlichen Banken abzugrenzen. Laut dem Werbespot gesteht sich die *Commerzbank* eigene Fehler ein und erklärt einen Kurswechsel vollziehen zu möchten, während andere Banken der Krise oder den Börsen die Schuld für das gegenwärtige Vertrauenstief der Branche geben und dementsprechend keinen Änderungsbedarf in ihrem eigenen Verhalten sehen.

Der Werbespot der *Sparkassen* (2015) verfügt als Parodie des zuvor analysierten *Commerzbank*-Werbespots über die gleiche Erzählstruktur und das gleiche Thema – das nach der Finanzkrise 2008 anhaltende Vertrauenstief der Branche. Selbst die verwendeten Bilder ähneln sich in Form der gewählten Motive der Gestalt, dass der Werbespot strukturell gleiche Motive, Umgebungen und Szenerien abbildet, jedoch leicht abgeänderte Bilder präsentiert. So ist keine Bankangestellte der *Commerzbank*, sondern der joggende „Experte für Kommerz und Bankfilialen" (Sparkasse 2015) Lohmann als (negatives) Stereotyp eines *Commerzbank*-Beraters die Hauptfigur des Werbespots. Der Werbespot beginnt ebenso mit den Gedanken des Protagonisten darüber, worin die Ursachen des Vertrauenstiefs bestehen:

„Woran liegt es, dass man den Banken nicht mehr vertraut. Manche Banken sagen, es liegt an den Krisen, andere, 'an den Börsen.' Zeit, dass jemand mal sagt, was wir wirklich denken: 'Schuld sind die Kunden! Woher wollen die den wissen, ob die uns vertrauen können? Die kennen uns doch gar nicht.' Plötzlich interessiert alle 'Was macht die Bank mit meinem Geld?' - Na, was wohl? Den höchsten Turm bauen. Dann kann man die Kunden besser sehen – von oben herab. Und wenn jemand, das nicht nah genug ist – dann mach doch selber 'ne Bank auf! Wir haben uns nicht gefragt, braucht Deutschland eine bessere Bank, sondern braucht eine Bank Kunden, die bei ihrem Geld mitreden wollen. Nee, ganz bestimmt nicht. Wir sind ja hier nicht bei der Sparkasse" (ebd.).

Anstatt den eigenen früheren Geschäftsmethoden lastet Lohmann die Schuld den Kunden und ihrer Urteilsfähigkeit an, sodass kommuniziert wird, dass seitens der *Commerzbank* gemäß dem *Sparkassen*-Werbespot weder eigene Fehler eingestanden werden noch nun ein diesbezüglicher Kurswechsel nach der Finanzkrise verfolgt wird. Dass die Kunden die Bankberater „doch gar nicht" kennen würden, kann dem Motiv der Intransparenz zugeteilt werden, das sowohl in der Debatte über den Bankensektor, aber auch über die Versicherer und ihre Produkte regelmäßig seitens Skeptikern ertönt (siehe hierfür Kapitel 9.3.2.5). Ferner bestünde das Kerninteresse der Bank darin, den „höchsten Turm [zu]bauen", woraufhin das *Commerzbank*-Gebäude im Werbespot eingeblendet wird und somit dem im Finanzkrisen-Diskurs regelmäßig geäußerten Vorwurf der Arroganz zugesprochen werden kann. Laut dem Werbespot wird der Versuch der Kunden, bei ihren Geldanlagen mitzubestimmen, verneint, was im Hintergrund von Negativschlagzeilen über Spekulationen mit Grundnahrungsmittel und äußerst riskant geschlossenen Fonds auf einen eher negativ aufgeladenen Kontext referiert (ebd.).

Die Parodie des *Commerzbank*-Werbespots der *Sparkassen* thematisiert exakt das Gegenteil dessen, was die *Commerzbank* mit ihrem Werbespot anvisiert: Sie stellt die *Commerzbank* und ihre Berater als die stereotypen gierigen und skrupellosen Zocker aus der öffentlichen Debatte über die Finanzbranche dar. Im Rahmen des Image-Aushandlungsprozesses bedeutet dies, dass hier die Finanzkrise 2008 und das infolgedessen erwachsene Vertrauenstief den unmittelbaren Bezugspunkt und den expliziten Kontext beider Werbespots ausmacht: Die *Commerzbank* versucht sich der Öffentlichkeit als eine veränderte Organisation zu präsentieren, während die *Sparkassen* dieses Image zu diskreditieren versucht; welches der beiden Diskursfragmente und der darin enthaltenen Zuschreibungen im Image-Aushandlungsprozess Deutungsmacht erlangen, kann nicht abschließend beantwortet werden, da die Antwort nicht im Quellenmaterial selbst, sondern durch subjektive Konstruktionsprozesse in den Köpfen der einzelnen Rezipienten zu verorten ist.[284] Summa summarum zeigt der Exkurs zweier Werbespots der Bankenbranche, dass sich ebenfalls im Bankensektor unmittelbar auf den Diskursstand bezogen wird, indem die innerhalb der öffentlichen Debatte geäußerten Vorbehalte angesprochen werden, um diese Kritikpunkte abzuschwächen sowie sich von der Konkurrenz durch die Betonung der eigenen Differenzierung von Branchencharakteristika abzugrenzen.

---

284   Werbemaßnahmen anderer Banken lassen sich speziell im Sammelband von Reinmuth, Kastens und Voßkamp (2016) finden. Eggli (2004) untersucht die Schweizer *UBS Bank* und ihre Markenstrategie.

11 ERGO-Image im Aushandlungsprozess

Im Untersuchungszeitrahmen der Riester-Renten-Debatte ereignet sich eine auf einen Versicherer (*ERGO*) fokussierte Diskussion, die in deren Diskursverlauf die (Marken-)Identität, das (Marken-)Image und die (Marken-)Reputation der *ERGO* regelmäßig direkt adressiert. Dies hängt damit zusammen, dass die Organisation erst ein halbes Jahr vor dem Skandal mit dem (Marken-)Name „*ERGO*" aufzutreten beginnt und im Zeitraum vor der Veröffentlichung des Skandals sowie während seiner anfänglichen Thematisierung noch mit enormen Werbemaßnahmen (Image-Kommunikation) versucht, dem neuen (Marken-)Namen und der neuen (Marken-)Identität (positive) Aufmerksamkeit bzw. ein vorteilhaftes Image zu bescheren. Der Skandal über die Begebenheiten während einer von der Vertriebsleitung für erfolgreiche Versicherungsvertreter des Strukturvertriebs „*Hamburg-Mannheimer International*" *(HMI)* geplanten Incentive-Reise im Jahr 2007 nach Budapest sowie die Abrechnung zu hoher Gebühren bei Riester-Renten[285] bringen dem Versicherer mit neuem (Marken-)Namen enorme öffentliche Aufmerksamkeit ein, jedoch ist diese eher negativer Natur. Die Hochphase des Diskurses verläuft vom Tag der Veröffentlichung des Skandals, dem 19. Mai, bis zum 31. Juli 2011 – fast exakt ein Jahr nach der Konzernumstrukturierung, die die Auflösung der (Marken-)Identitäten sowie die (Marken-)Namen *Victoria* und *Hamburg-Mannheimer* beinhaltet und zur Umbenennung in *ERGO* führt.[286] Die öffentliche Debatte über einen Versicherer stellt einen zentralen Schauplatz des Image-Aushandlungsprozesses dar, in dem zahlreiche Akteure neben dem Versicherer selbst zu Wort kommen, um ihre Sichtweise der Sachlage zu präsentieren; der Aushandlungsprozess des *ERGO*-Skandals und dessen kontextuelle Rahmung durch die Riester-Renten-Debatte stellen eine fruchtbare Grundlage dar, um die öffentliche Debatte zuzüglich der Äußerungen des Versicherers außerhalb des Pressediskurses (Pressemitteilungen) und gegebenenfalls zuzüglich vorhandener Werbespots zu analysieren. Auf diese Weise lässt sich der Image-Aushandlungspro-

---

285   Im Untersuchungszeitraum steht neben der *ERGO* ebenfalls die *Allianz* aufgrund von „dubiosen Methoden" (Bergermann 2012, S. 42) bei der Abrechnung von Versicherungspolicen und speziell der Riester-Rentenversicherungen unter heftiger Kritik.

286   Für die Entwicklung und den dezidierten Versuch der Etablierung der (Marken-)Identität siehe (Oletzky/ Staud/ Boltz 2015). Die Unternehmenskommunikation der *R+V* seit 2008 hat Diehl (2016) analysiert und die Markenstrategie der *Allianz-Gruppe* untersucht Maskus (2004).

© Springer Fachmedien Wiesbaden GmbH, ein Teil von Springer Nature 2019
N. Diehl, *Das Image im Aushandlungsprozess*,
https://doi.org/10.1007/978-3-658-27234-0_11

zess einer noch jungen (Marken-)Identität beleuchten. Das Ziel besteht darin, einerseits den Verlauf des Image-Aushandlungsprozesses zu erfassen, jedoch andererseits mögliche Image-Transfer-Prozesse aus der Riester-Renten-Debatte oder das Versicherer-Image im Allgemeinen beeinflussende Aspekte aus diesem Teil-Diskurs zu eruieren, da diese zyklisch auf das Versicherer-Image im Allgemeinen und auf weitere Image-Transfer-Prozesse in Form des (Diskurs-)Kontextes wirken.[287]

Anfang 2011 beginnt *ERGO* ihre „Klartext-Initiative", in deren Fokus die (Marken-)Identität eines *verständnisvollen* und *verständlichen* Versicherers steht. Die Werbeaktivitäten dieser Kampagne referieren auf den Werbeslogan „Versichern heißt Verstehen", der sowohl die verständnisvolle als auch die verständlichen Komponenten bzw. diese (Marken-)Werte verkörpern soll.[288] Auf diese Weise begegnet *ERGO* den im Zuge der Riester-Renten-Debatte lautstark ertönenden Vorwürfen der Intransparenz und der Komplexität gegenüber der gesamten Versicherungsbranche. Ausdruck findet dies in der wiederholten Heranführung des Intransparenz- und des Komplexitäts-Topos seitens der Öffentlichkeit, worauf die *ERGO* mittels Umbenennung sowie mittels einer neuen (Marken-)Identität und einem entsprechenden Werbeaufwand zu reagieren versucht. Bereits kurz nach dem Beginn der „Klartext-Initiative" erscheint erstmals am 19. Mai 2011 die Incentive-Reise des *HMI* aus dem Jahr 2007 in der Presse. Somit stellt dies die erste Negativschlagzeile über den Versicherer mit dem noch jungen (Marken-)Namen *ERGO* dar. In dem Skandal geht es inhaltlich darum, dass die von Führungspersönlichkeiten geplante Belohnungsreise 2007 für die erfolgreichsten Versicherungsvertreter des *HMI* in Budapester Therme führt, wo Prostituierte für sexuelle Dienstleistungen mit den Versicherungsvertretern von der *ERGO* bezahlt werden (Steiner/ Brück/ Hoelken 2015, S. 124).[289] Auf Grundlage dieses Sachstandes wird die *ERGO* beispielsweise von der *FAS* als „Skandalversicherer" (Oberhuber 2011b, S. 41) bezeichnet, während die von *ERGO* präferierte Bezeichnung als „Incentive-Reise" (Saal 2011) im Pressediskurs regelmäßig als „Vergnügungsfahrt" (o.V. 2012, S. 75), „Sexreise" (Oberhuber 2011b, S. 41), „Sex-Sause" (Nezik et al. 2013, S. 67; Seith 2011, S. 71), „Sexparty" (Oberhuber 2011a, S.

---

287   Das Datenmaterial wurde aufgrund des leicht veränderten Fokuses durch eine zusätzliche Datenerhebung ergänzt. Dies umfasst die erneute Suche in den Archiven der drei Wochenzeitungen im Untersuchungszeitraum vom 19. Mai bis zum 31. Juli nach dem Begriff „ERGO". Auf diese Weise wurden zwei Artikel *des Spiegels* dem Quellenkorpus hinzugefügt, die zuvor nicht erfasst waren, da weder „Riester" alleinstehend oder die „Riester-Rente" genannt wird. Die Artikel der *WiWo* und *FAS* waren im Quellenkorpus bereits enthalten.

288   Für die Analyse eines Werbespots der Kampagne siehe Kapitel 10.

289   „Am 19. Mai berichtete das 'Handelsblatt', rund hundert besonders erfolgreiche Vertreter der *ERGO*-Vertriebsorganisation *HMI* seien bei der Reise nach Budapest in eine Therme geladen worden. Prostituierte mit farbigen Armbändchen hätten dort in eigens vorbereiteten Himmelbetten zu Diensten gestanden – die besten Damen für die Top-Verkäufer; für jeden Akt hätten sie einen Stempel auf den Arm bekommen; außerdem habe es eine Live-Sex-Darbietung eines als Pascha verkleideten Mannes mit mehreren Damen gegeben" (Pauly/ Seith 2011, S. 61).

39), „Sexskandal" (Oberhuber 2011b, S. 41) oder „Lustreisen-Affäre" (Henrich/ Böhmer 2011, S. 58) betitelt wird. Erstere Bezeichnung der ERGO betont den ursprünglichen Gedanken dieser Belohnungsreise, während letztere Begrifflichkeiten die Aktivitäten dieser Reise skandalisierend in den Vordergrund und sie somit sprachlich in die Nähe von „Sex-Orgien" (Schmergal et al. 2011, S. 48) rücken.

Grundsätzlich setzt ein Skandal – wie auch jedes Ereignis – die zeitgenössische Deutung als Skandal voraus und unterscheidet sich somit von dem Versuch der Skandalisierung als ein Versuch, dessen Ausgang noch ungewiss erscheint. Ein Skandal stellt eine Form der Moralisierung dar, wobei der entscheidende Unterschied darin besteht, dass der Skandal auch regelmäßig bereits explizit als „Skandal" oder das Vorkommnis als „skandalös" bezeichnet wird. Dass die Charakterisierung eines Vorkommnisses als Skandal geteilt wird, ist daran zu erkennen, dass diese Beschreibung weder von anderen Diskursteilnehmern kritisiert noch fundamental hinterfragt wird. Die Bezeichnung eines Skandals als Skandal stellt also die notwendige Bedingung für dessen performative Konstruktion dar, die in der Debatte über die Incentive-Reise der ERGO eindeutig daran zu erkennen ist, dass der Sachverhalt regelmäßig explizit als Skandal bezeichnet wird (Oberhuber 2011b, S. 41; Oberhuber 2011a, S. 39; Nezik et al. 2013, S. 62-67; Reimann et al. 2011, S. 124-139; Schmergal et al. 2011, S. 48).[290] Die Skandalträchtigkeit solch eines Vorkommnisses kann von Rezipienten, die der Assekuranz z.b. aufgrund der Inhalte der Riester-Renten-Debatte ohnehin nicht positiv zugetan sind, als Beleg dafür gesehen werden, dass es sich bei dieser Branche um Akteure handelt, die die gesellschaftlichen Normen und Werte nicht teilen. Der Verstoß gegen einzelne Regeln kann bei Zeitgenossen zu der Schlussfolgerung einer allgemeinen Morallosigkeit innerhalb der Branche führen – immerhin planten Führungskräfte die Belohnungsreise für ihre Vertriebsmitarbeiter –, was das (Marken-)Image in puncto Integrität beeinflussen kann. Dies wiederum könnte die Einschätzung verschiedener Topoi aus der Riester-Renten-Debatte bekräftigen, wie den Vorwurf der strategischen Verwendung von Intransparenz, von beabsichtigter Komplexität sowie der Nutzung unlauterer Geschäftsmethoden im Allgemeinen seitens der Versicherungswirtschaft. Ob ein Zeitgenosse diese Schlüsse zieht, ist unklar und kann nicht determinierend bestimmt werden, jedoch ist eindeutig, dass die Kritikpunkte aus der Riester-Renten-Debatte problemlos mit dem Vorkommnis verknüpft werden können und sie sich wechselseitig negativ sowohl auf die Riester-Renten-Debatte, das Branchen-Image im Allgemeinen als auch auf das Image der ERGO auswirken können.

Im Rahmen der Skandal-Berichterstattung führt die empfundene Skandalträchtigkeit zu einer Absurditätsbewertung des Vorkommnisses, die von der Journalistin Oberhuber folgendermaßen eingeordnet wird:

290　Engels (2014) beschäftigt sich ausführlich mit Skandalen, wobei er seinen Untersuchungsschwerpunkt auf politische Skandale legt.

„Würde diese Geschichte in einem Marketinglehrbuch stehen, im Kapitel 'Imagepflege – welche Fehler Sie nie machen sollten', man würde sie für völlig überzogen halten. Sie ist aber wahr. Die Realität schreibt schließlich die skurrilsten Geschichten" (Oberhuber 2011b, S. 41).

Anfangs gesteht *ERGO* zwar, dass Prostituierte während ihrer „Sex-Reise" (Oberhuber 2011b, S. 41) anwesend waren, jedoch negiert sie, dass es zwischen ihnen und ihren Vertretern zu sexuellen Handlungen gekommen sei (ebd.). Diese Äußerungen werden jedoch kurz darauf zurückgenommen und die gesamte Reise einschließlich sexueller Handlungen von Torsten Oletzky, dem Vorstandschef der *ERGO*, als „unglaublich peinlich" (Seith 2011, S. 71) und als „'eine katastrophale Fehlentscheidung'" (Oberhuber 2011b, S. 41) der Verantwortlichen bezeichnet. Am 25. Mai 2011 wird dann die Entscheidung getroffen, die laufende Werbekampagne „Versichern heißt Verstehen" vorläufig zu stoppen (ebd.). Die Öffentlichkeit macht sich jedoch bereits zu diesem Zeitpunkt außerhalb des Pressediskurses über die *ERGO* lustig, was wiederum aufgrund des öffentlichen Interesses an dem „Sex-Skandal" (Saal 2011) in den Pressediskurs Eingang findet:

> „Und während die *ERGO* eilig ihren Werbespot stoppte, mit der sie bekannter werden wollte, kursiert längst eine Parodie davon im Internet. Dort heißt die *ERGO* jetzt Orgie. Hunderttausende sahen ihn schon" (ebd.).

Die sprachliche, konnotative und assoziative Annäherung des (Marken-)Images der *ERGO* und zu dem Begriff „Sex-Orgien" (Schmergal et al. 2011, S. 48) zuzüglicher Implikationen haben zu diesem Zeitpunkt also bereits im Image-Aushandlungsprozess an Fahrt aufgenommen und konnten auch durch einen Stopp der Werbekampagne nicht mehr beseitigt werden. Der Werbestopp der Kampagne hielt schließlich bis zum 4. Juli 2011 an.[291]

In den nächsten Wochen nach der Veröffentlichung des „Sex-Skandals" (Saal 2011) folgen weitere Negativschlagzeilen über die *ERGO*. Sie beinhalten, dass die *ERGO* ihren Kunden zu hohe Riester-Renten-Beiträge ihrer Versicherungen aus den Jahren 2005 und 2006 abbucht. Dies ist insofern bemerkenswert, da den Riester-Renten-Policen ohnehin innerhalb der gesamten Riester-Renten-Debatte unterstellt wird, über zu hohe Gebühren zu verfügen und für den Kunden nur eine sehr geringe bis keine Rentabilität vorzuweisen. Des Weiteren lastet dieser Vorwurf insbesondere deshalb schwer, weil einzelne Verantwortliche der *ERGO* darüber Bescheid gewusst haben sollen, die fortlaufende fälschliche Abbuchung jedoch nicht unterbunden haben

---

291   Eine ausführliche Chronik der Debatte über den *ERGO*-Skandal lässt sich bei *Handelsblatt Online* finden (Demircan/ Iwersen 2016).

(Oberhuber 2011a, S. 39). Abermals kann ein Zeitgenosse aufgrund dieser Begebenheiten den Eindruck gewinnen, dass die im Rahmen der Riester-Renten-Debatte bemängelte Intransparenz und Komplexität der Versicherungspolicen gegebenenfalls seitens der Versicherer gewollt ist, da die Verantwortlichen der *ERGO* – dieser Logik folgend – schließlich noch nicht einmal eingeschritten sind, nachdem ihnen die Abbuchung zu hoher Beiträge bekannt geworden war. Bei dem „Sex-Skandal" (Saal 2011) geht es also noch um die hauseigene Unternehmenskultur, die den einzelnen Kunden oder die Versicherungsprodukte kaum tangiert – während diese Enthüllung die wissentliche Benachteiligung der Kunden zu Gunsten des Versicherungskonzerns thematisiert. Dies findet ebenso im Pressediskurs Ausdruck:

> „Nun kann man sagen, die Kommunikationspraxis war ungeschickt und der Bordellbesuch von Versicherungsverkäufern verstoße lediglich gegen den guten Geschmack. Es sei ja niemand groß zu Schaden gekommen. [...] Zwei weitere Eklats betreffen die Kunden [jedoch] sehr wohl: Die *ERGO* hat bei Riesterverträgen höhere Kosten von den Kunden einkassiert, als auf ihren Formularen stand – über sechs Jahre" (Oberhuber 2011b, S. 41).

Die vorherigen Äußerungen lassen sich anhand dieser Textpassage illustrieren, obwohl kein aus der Riester-Rente-Debatte bekannter Topoi explizit thematisiert wird. So kann die Berichterstattung über die Abbuchung zu hoher Beiträge den in der Riester-Renten-Debatte regelmäßig geäußerten Eindruck erwecken oder bestärken, dass es sich (1.) bei Riester-Rentenversicherungen um solch intransparente Policen handelt, dass der Kunde selbst über einen längeren Zeitraum hinweg nicht merken würde, falls ihm zu hohe Gebühren abgebucht würden (Intransparenz-Topos); und dass (2.) Versicherer die Komplexität und die Intransparenz ihrer Produkte mit Absicht zum Nachteil ihrer Kunden verwenden (Topos der unlauteren Geschäftsmethoden). Die *ERGO* reagiert prompt, bestätigt die Beschuldigungen fälschlicher Abbuchungen, verspricht die Aufklärung des Vorfalls sowie die Entschädigung der Betroffenen. Gleichzeitig ist die *ERGO* im Zuge der Skandal-Berichterstattung stets darum bemüht, zu betonen, dass es sich dabei um einen Irrtum und keine Systematik bzw. keine unlauteren Geschäftsmethoden handele (ERGO 17.05.2011).[292] Letztlich versucht die *ERGO* damit nicht Geringes als die moralische Integrität eigener Handlungen zu betonen, indem auf einen Fehler verwiesen bzw. dieses Vorkommnis als Fehler dargestellt wird. Diese Reaktion ist charakteristisch für die gesamte Unternehmenskommunikation nach dem „Sex-Skandal", in dem die *ERGO* als Organisation oder die *ERGO*-Repräsentanten wie Torsten Oletzky versuchen, Fehler öffentlich einzugestehen, Aufklärung zu versprechen und Maßnahmen zur Prävention solcher

---

292   Die Quellennachweise der Pressemitteilungen zeigen nicht nur das Veröffentlichungsjahr, sondern das vollständige Datum, um in eine chronologische Reihenfolge verortet werden zu können.

Vorkommnisse öffentlichkeitswirksam zu etablieren.[293] Knapp drei Wochen nach Bekanntwerden des „Sex-Skandals" erklärt die *ERGO* in einer Pressemitteilung, ein Maßnahmenpaket umzusetzen, um der Entstehung solcher Skandale zukünftig vorzubeugen (ausführlich dazu ERGO 8. Juni 2011). Dieses Versprechen findet ebenfalls vereinzelt simultan wie retrospektiv Eingang in den Pressediskurs:

> Einige „Unternehmen [packen] den Stier selbst bei den Hörnern. So installierte der Düsseldorfer Versicherer *ERGO* als Folge der Skandale um Sex-Orgien und Riester-Renten eine Whistleblower-Hotline" (Schmergal et al. 2012, S. 74-76).

Kurz darauf und am Ende der Hochphase der öffentlichen Debatte über den Skandal präsentiert die *ERGO* am 3. August 2011 in einer Pressemitteilung erste Prüfungsergebnisse und Maßnahmen, die primär die Verschärfung der Unternehmens-Compliance, eine verstärkte Dokumentationspflicht bei Beratungen sowie die Etablierung einer Whistleblower-Hotline beinhalten (ausführlich dazu *ERGO* 3. August 2011). Auf diese Weise inszeniert sich die *ERGO* als ein (Diskurs-)Sprecher, der die vorherigen Werbe- und Diskursaussagen zu Transparenz und zur unternehmensinternen Aufarbeitung ernst meint, obgleich diese Einschätzung nicht von allen Diskursteilnehmern gleichermaßen geteilt wird. Es erfolgt also eine direkte Begegnung der im Zuge der Skandal-Berichterstattung sowie zuvor und danach im Rahmen der Riester-Renten-Debatte geäußerten Vorwürfe. Schließlich stellt die gesamte „Klartext-Initiative" der *ERGO* von Anfang an einen Versuch der Etablierung eines Images als verständnisvoller und verständlicher Versicherer dar, wovon moralische Integrität selbstverständlich einen zentralen Baustein bildet.

In der *ERGO*-Skandal-Berichterstattung wird großteils über die *ERGO* berichtet und es wird dennoch auf regelmäßiger Basis der Bezug zur gesamten Branche hergestellt. Anfangs kommen neben Verbaucherschützern und dem *Bund der Versicherten (BdV)* *ERGO*-Repräsentanten noch kaum zu Wort. Dies ändert sich aber spätestens mit einem Interview vom 23. Mai 2011, welches der Vorstandschef Torsten Oletzky dem *Spiegel* gibt (Seith 2011, S. 71). Während der Hochphase des *ERGO*-Skandals wird Oletzky sodann mehrfach zu Interviews verschiedener (Wochen-)Zeitungen geladen (Henrich/ Böhmer 2011, S. 58; Seith 2011, S. 71), was wiederum für

---

293　Am Ende der Pressemitteilung zu den Riester-Kunden fasst Oletzky eben genau diese Punkte noch einmal zusammen: „'Der gute Ruf der *ERGO* hat in den letzten Wochen gelitten. Wo Vorwürfe zu Recht erhoben werden, sprechen wir Klartext: Fehler offen zugeben und geeignete Maßnahmen ergreifen, damit sich solche Fehler nicht mehr wiederholen. Gleichzeitig werden wir alles daransetzen, falschen Behauptungen entgegenzutreten'" (ERGO 17.05.2011). Die gleichen Punkte (Transparenz, Aufarbeitung und Maßnahmen) verspricht ERGO im September 2012 im Rückblick auf den „Sex-Skandal" in einer Pressemitteilung (ERGO 29.09.2012).

Diskursbeobachter den Anschein erwecken könnte, er wäre der einzige *ERGO*-Repräsentant und Ansprechpartner in diesem Skandal. Andere Namen von *ERGO*-Mitarbeitern werden vergleichsweise selten erwähnt, und falls doch, so wird in der Regel ausschließlich über sie berichtet, ohne dass ihnen die Möglichkeit eines Interviews gegeben wird, um ihre Sichtweise ausführlicher zu präsentieren. Das Gleiche gilt übrigens für Versicherer-Repräsentanten, denen innerhalb der Riester-Renten-Debatte regelmäßig die Chance verwehrt bleibt, eine ausführliche Stellungnahme zu den jeweiligen Vorwürfen abzugeben.

Oletzky erreicht diese hohe wie auch grundsätzlich wohlgesonnene Aufmerksamkeit der (Massen-)Medien, indem er bei jeder Gelegenheit die drei zentralen Aspekte erwähnt, die die gesamte Krisenkommunikation der *ERGO* umkreisen: (1.) das Versprechen von Transparenz bei der Aufarbeitung der Vorkommnisse, (2.) eine umfassende Aufarbeitung der Vorwürfe sowie (3.) die Etablierung von Maßnahmen, damit sich solche Vorfälle zukünftig nicht wiederholen. Diese drei Aspekte werden von der Forschung als „vermittelnde Effekte" zur Evokation von Vertrauen als Reaktion auf Fehler, Krisen und Skandale beschrieben und können dementsprechend als effektives Mittel der Krisenkommunikation bezeichnet werden (Keller 2006; Reinmuth 2006).

Tatsächlich verdichtet sich die (massen-)mediale Aufmerksamkeit also auf Oletzky als den zentralen *ERGO*-Repräsentanten, auf eine grundsätzlich vergleichbare Art und Weise wie Ackermann als Repräsentant des Bankensektors im Rahmen der Finanzkrise (Diehl 2017, S. 51-52) und wie Maschmeyer als Repräsentant eines aggressiven Finanzdienstleisters im Rahmen der Riester-Rente dargestellt wird. Der Pressediskurs beschreibt Ackermann und Maschmeyer auf regelmäßiger Basis als negative Repräsentanten der Finanzbranche, deren eigene Vergehen wie Skrupellosigkeit, Egoismus oder Gier charakteristisch für die gesamte Branche seien (siehe hierfür Kapitel 9.5).[294] Oletzky hingegen wird regelmäßig als positives Beispiel seiner Branche dargestellt, das die erfreuliche Ausnahme einer „staubtrocken[en]" (Buhse/ Guldner 2015, S. 6) Berufsgruppe von Versicherungsvertretern bildet. Innerhalb der Riester-Renten-Debatte sind solche positiven Charakterisierungen einzelner oder zentraler Akteure nicht zu verzeichnen. Oletzky hingegen sei noch nicht einmal eine Person, die den gängigen Kleidungsstil der Branche einhalte, sondern es lieber „hemdsärmelig und heiter" mag:

> „Ein Mann wie er ist eigentlich ein Glücksfall für diese Branche. Er ist nämlich keiner von den vielen grauen Herren, die mit versteinertem Gesicht und gedecktem Anzug durch die Bürotürme von Versicherungsgesellschaften stapfen. Torsten Oletzky mag es lieber hemdsärmelig und heiter. [...] Aber mit

---

294 An dieser Stelle soll der Vollständigkeit halber angemerkt werden, dass die Berichterstattung über Ackermann und Maschmeyer nicht immer negativ ausfällt, sondern sich mit der Zeit aufgrund von öffentlicher Kritik verändert.

Glück und Spaß ist das bei den Versicherungen derzeit so eine Sache. Die Branche hat gerade nichts zu lachen" (Oberhuber 2011a, S. 39).

Trotz der grundsätzlich positiven Bewertung Oletzkys Persönlichkeit und seines Erscheinungsbildes erfolgt am Ende der Textsequenz eine Zustandsbeschreibung, die für ihn als Chef eines großen deutschen Versicherers und als ein Repräsentant der Assekuranz nicht gerade positiv ausfällt. Hier wird also auf der einen Seite eine „heitere" Person beschrieben, die auf der anderen Seite jedoch aufgrund der aktuellen (Branchen-)Situation „nichts zu lachen" hat. Die in dieser Textpassage herangezogene Dichotomie besteht also aus einer positiv zu bewertenden Einzelperson und einer kriselnden Branche im Allgemeinen. Dies zeigt, dass auch Oletzky stets in einem relationalen Verhältnis zu seinem Umfeld und in einem diesbezüglichen Kontext, welcher z.B. durch die Riester-Renten-Debatte geprägt ist, gesehen wird. Dies kann wiederum zu grundverschiedenen Einschätzungen seiner Person und der Branche führen. Die Bewertung seiner Person fiele möglicherweise weniger positiv aus, falls er nicht im Vorstand eines Versicherers, sondern beispielsweise an einem universitären Lehrstuhl tätig wäre, weil aufgrund des Kontextes und der Verortung einer Person unterschiedliche Erwartungen an sie gerichtet werden. Nichtsdestoweniger fällt die Bewertung seiner Person innerhalb der öffentlichen Debatte keineswegs durchweg homogen aus: Die Äußerungen von Oletzky werden von einigen Diskursteilnehmern grundsätzlich auf ihre Wirkmächtigkeit hinterfragt und aus dieser Perspektive heraus als nicht besonders glaubwürdig eingestuft, sodass der selbsternannte „Aufklärer" Oletzky auf manche „eher wie ein Gejagter" (Pauly/ Seith 2011, S. 62) wirkt:

„Oletzky will jetzt den Aufklärer geben, wirkt aber eher wie ein Gejagter. Denn die Unternehmensspitze scheint oft schlicht nicht zu wissen, was ihre Vertreter manchmal so treiben. Vielleicht wollte sie es bisher auch nicht so genau wissen, denn die Vertriebserfolge der aggressiven HMI waren zu wichtig" (ebd., S. 62).

Hier wird unterstellt, dass die Unternehmensführung womöglich überhaupt nicht über die von Oletzky versprochenen aufklärerischen Möglichkeiten verfügt, die die Kontrolle aller Versicherungsvertreter umfasst, um solche Skandale für die Zukunft auszuschließen. Daran anknüpfend folgt die vorsichtig formulierte These, dass es aufgrund der hohen Verkaufszahlen auch gar nicht im Interesse der Führung sei, die Geschäftsmethoden erfolgreicher Versicherungsvertreter allzu kritisch zu kontrollieren. Auf diese Weise werden die Glaubwürdigkeit Oletzkys Aussagen und seine Rolle als „Aufklärer" grundsätzlich infrage gestellt und vorsichtig die These des bewussten Wegschauens der Führungsetage aufgestellt, die dem Vorwurf bzw. dem Topos der (wissentlichen) unlauteren Geschäftsmethoden aus der Analyse der Riester-Renten-Debatte inhaltlich nahekommt.

Wie in der folgenden Textsequenz zu verzeichnen ist, werden in Artikeln, in denen Oletzky selbst zu Wort kommt oder in solchen, die ihn als positives Beispiel der Branche darstellen, die Anstrengungen der *ERGO* im Bereich der „Klartext-Initiative" als seine persönlichen Ambitionen und die Umsetzung auf ihn persönlich zurückgeführt:

> „Er [Torsten Oletzky] will das Versichererdeutsch abschaffen. Keine unlesbaren Vertragsklauseln mehr. Keine Abkürzungen, die Versicherungsverkäufer selbst auf Nachfrage hin nicht richtig aussprechen können. Kompakte Formulare, für deren Verständnis man weder einen Doktortitel in Versicherungsmathematik noch ein juristisches Staatsexamen braucht. [...] Und er nennt Fehler, die in seinem Haus passiert sind, auch mal 'absolut idiotisch'. Von daher hätte das mit dem Aufbau der neuen Marke mit ihm gut klappen können. Aber dann holte ihn die Vergangenheit ein" (Oberhuber 2011a, S. 39).

Oletzky wird in dieser Textpassage als die zentrale lenkende Persönlichkeit dargestellt, die sich für Verständlichkeit im Bereich der Versicherungen einsetzt. So wird im Text nicht die *ERGO* als Akteur benannt, sondern es werden Torsten Oletzky die Handlungen zugesprochen. Infolgedessen schließt diese Passage sogar mit dem Lob, dass der „Aufbau der neuen Marke mit ihm [hätte] gut klappen können". Diese Textpassage ist jedoch nicht die einzige Stelle, in der Oletzky von Diskursteilnehmern Lob ausgesprochen bekommt, sondern die im Diskurs dominierende grundsätzlich wohlgesonnene Bewertung Oletzkys gepaart mit der von ihm – laut Diskursäußerungen – federführend betriebene Aufarbeitung der Vorwürfe führt zu regelmäßigen Lobbekundungen:

> „Müssen andere Branchengrößen betteln und barmen, dass sich die Presse überhaupt mit ihren Geschäften befasst, gelang Oletzky das Bravourstück, *ERGO* mit dem Ruch von Sex und Crime zu ummanteln – und zwar nachhaltig!" (Schmergal et al. 2012, S. 74-76).

Oletzky nimmt im Image-Aushandlungsprozess also nicht nur durch die vom Vorstand beschlossene Marketingstrategie eine diskursprägende Rolle ein, sondern auch durch seine regelmäßigen öffentlichen Äußerungen, die gepaart mit seiner als positiv bewerteten Persönlichkeit dem stereotypen negativen Image der Versicherungsbranche, das sowohl im Rahmen der Skandal-Berichterstattung als auch im Zuge der Riester-Renten-Debatte thematisiert wird, als entgegenstehend wahrgenommen und beschrieben werden.[295]

---

295   Gegenüber den Vorwürfen der wissentlich zu hohen Abrechnungen von Gebühren bei Riester-Renten schafft Oletzky sich ebenfalls Gehör im Diskurs. Dies führt dazu, dass seine Sichtweise sogar vereinzelt von Journalisten geteilt wird: „Wenn er [Oletzky] die Riester-Geschichte klipp und

Am 29. Juni 2011 wendet sich die *ERGO* mit einer in mehreren überregionalen Tageszeitungen geschalteten „Entschuldigungs-Anzeige" an die Öffentlichkeit (Hilker 2017, S. 97). Die zentralen Aussagen der Anzeige gleichen den Standpunkten, die Oletzky bereits zuvor in Diskursäußerungen vertreten hat und beinhalten das Versprechen transparenter wie umfassender Aufarbeitung des Skandals, den Ausgleich von Kundennachteilen sowie die Ergreifung von Maßnahmen, damit sich solche Vorfälle zukünftig nicht wiederholen. Diese Aspekte sind bereits in der Titelzeile der „Entschuldigungs-Anzeige" enthalten, in der sich einerseits entschuldigt und andererseits Maßnahmen versprochen werden (Saal 2011):

> „Wenn Menschen Fehler machen, entschuldigen sie sich. Wenn Unternehmen Fehler machen, unternehmen sie etwas dagegen. Darum tun wir beides" (Saal 2011).

Ferner wird wie auch bei Oletzkys Diskursäußerungen im Rahmen der „Entschuldigungs-Anzeige" ein Bezug zur aktuellen Werbekampagne „Versichern heißt Verstehen" aufgebaut, indem das Ziel, Versicherungsprodukte allgemeinverständlicher zu formulieren, proklamiert wird (Saal 2011). In darauffolgenden Diskursfragmenten wird sich vereinzelt auf die „Entschuldigungs-Anzeige" der *ERGO* bezogen, wobei die Bewertung heterogen ausfällt und daher hier keine Tendenz der Berichterstattung abgegeben werden kann (Oberhuber 2011a, S. 39). Oletzkys begrenzter Einfluss auf die Geschäftsmethoden der einzelnen Versicherungsvertreter und seine Beschreibungen ausgewählter Vorkommnisse – wie die Abbuchungen zu hoher Gebühren bei Riester-Renten als „Irrtum" – werden in der folgenden Textsequenz thematisiert, während seine Absichten eines verständnisvollen und verständlichen Versicherers als nur dann erfolgreich bezeichnet werden, wenn diese Mentalität auch bei den einzelnen Versicherungsvertretern und nicht nur in der Führungsetage ankommt. Konkret bedeutet dies, dass ein Veränderungswille auf Führungsebene zwar zu begrüßen ist, jedoch dennoch auch Änderungsbedarf insbesondere auf Sachbearbeitungsebene existiert, was wiederum einen nicht positiven Ist-Zustand der Assekuranz zeichnet. In der gleichen Textpassage wird aufgrund der zahlreichen Missgeschicke der *ERGO* erklärt, dass es Beobachtern schwerfalle, alle Vorkommnisse „in der Rubrik Pannenstatistik abzulegen":

---

klar erzählt – inklusive der mehrwöchigen Fahndung nach den besagten Formularen, Schriftgrößen im Kleingedruckten und Kopieraktionen, bei denen irgendwann die falschen Vorder- an die falschen Rückseiten gelangten – dann ist das wie eine Geschichte aus Pleiten, Pech und Pannen. Es klingt zumindest nicht mehr nach dem 'vorsätzlich fortgesetzten Betrug', den Juristen unterstellten. Vielleicht war die Riester-Geschichte wirklich das, was Oletzky eine Verkettung dümmster Umstände und idiotischer Zufälle nennt" (Oberhuber 2011a, S. 39).

„Nun kann ein Vorstand nicht bei jeder Vertriebsschulung sein und nicht jedem Vermittler über die Schulter schauen. Aber das alles in der Rubrik Pannenstatistik abzulegen fällt schwer. Es zeigt ja, dass in den unteren Ebenen der Versicherungskonzerne eines herrscht: eigene Gesetze. Da zählen Parolen und Provisionen mehr als gute Sitten und Wertekodizes. Da kann der Vorstand noch so viel Klartext reden und Entschuldigungsanzeigen an die Kunden schalten. Wenn sich einer wie Oletzky hemdsärmelig auf Vertriebsveranstaltungen stellt, wo seine Mitarbeiter ihm mal die Meinung sagen können, oder seine Eltern befragt, was sie zum Skandal meinen, ist das menschlich gesehen ein Glücksfall. Für die gesamte Branche. Doch ihr Image rettet die erst, wenn auch die Vermittler beim Verkauf Klartext reden - mit den Kunden" (Oberhuber 2011a, S. 39).

Hier wird nicht nur Oletzkys eigene Rolle thematisiert, sondern auch seine Wirkmächtigkeit, während die unlauteren Geschäftsmethoden der Versicherer zumindest auf unterer Ebene den Verdacht der Systematik nahelegen und nicht alle als „Pannen" gelten können (Topos der unlauteren Geschäftsmethoden). Ferner bezieht sich diese Textpassage unmittelbar auf die „Klartext-Initiative" und Werbekampagne „Versichern heißt Verstehen" der *ERGO*, sodass die Werbemaßnahmen auch nicht parodiert, sondern als Kriterium eines glaubwürdigen Versicherers in den Pressediskurs Eingang finden.

Die *FAS* formuliert in einem Satz die zentralen Vorwürfe und komprimiert so den Diskursgegenstand des *ERGO*-Skandals: „Die Ergo-Versicherung macht mit Sexreisen Schlagzeilen und zockt Kunden ab" (Oberhuber 2011b, S. 41). Das Bemerkenswerte innerhalb dieser Textpassage und zahlreicher weiterer Diskursfragmente ist aber nicht die inhaltliche Aussage dieser Textsequenz, sondern der kontextuelle Rahmen der unmittelbar an diesen Satz anschließenden Ausführung: „Das Schlimmste ist: Andere arbeiten genauso" (ebd.). Hier wie in zahlreichen Diskursfragmenten der gesamten *ERGO*-Skandal-Berichterstattung werden zunächst die Vorkommnisse oder die Geschäftsmethoden der *ERGO* problematisiert, um diese dann als charakteristisch für die gesamte Assekuranz oder für die Berufsgruppe der Versicherungsvertreter darzustellen – wie in den folgenden zwei Textpassagen:

„Es soll auch gemeinsame Bordellbesuche bei anderen Gelegenheiten gegeben haben. Nun munkeln viele, dass solche Ausschreitungen im Versicherungsvertrieb gang und gäbe sind. [...] Das alles [der Skandal um Ergo] nährt den Verdacht: Die schlechte Beratung hat System, nicht nur bei der Ergo - in der gesamten Branche" (Oberhuber 2011a, S. 39).

„Seit Wochen jagt in seinem [Torsten Oletzky] Hause ein Skandal den nächsten. Was da ans Licht kommt, ist nicht nur das Problem von Deutschlands drittgrößtem Versicherer [*ERGO*], sondern es wirft die Frage auf, wie rüde die Sitten der Verkäufer in der gesamten Branche eigentlich sind" (Oberhuber 2011, S. 41).

Die inhaltliche Struktur solcher Textsequenzen besagt, dass die aktuell problematisierten Vorfälle bei der *ERGO* keineswegs Einzelfälle, sondern eher als Regel innerhalb der Branche oder der Berufsgruppe zu sehen sind. So existieren gegenseitige Wechselwirkungen zwischen dem vom „Sex-Skandal" überschatteten *ERGO*-Image und dem eher negativen Versicherer-Image im Allgemeinen. Diese äußern sich am eindringlichsten darin, dass negative Charakterisierungen als branchentypisch eingestuft werden und dies explizit proklamiert wird – ohne diesem Verdacht erhärtende Argumente heranzuziehen oder vergleichbare Vorfälle anderer Versicherer aufzuführen. Die Schlussfolgerung, dass es sich um branchentypische Vorkommnisse handelt, stellen also eine im Diskurs regelmäßig schlichtweg ungesättigte und nicht weiter ausgeführte Konklusionen dar. Auf diese Weise führt das negative Branchen-Image zu einer Spirale, die die Wahrnehmung der regelmäßig auftauchenden Vorfälle der *ERGO* evoziert, während negative Vorfälle der *ERGO* auf die gesamte Assekuranz bezogen werden und infolgedessen selbstverständlich Wechselwirkungen zur Riester-Renten-Debatte aufweisen können: Oder um es in den Worten der Journalistin Oberhuber auszudrücken, die implizit eine Verknüpfung zwischen dem *ERGO*- und dem Versicherer-Image herstellt, indem sie von der Thematisierung des *ERGO*-Skandals ausgehend auf die gesamte Versicherungswirtschaft schlussfolgert:

> „Ein paar Werbespots und Marketingbücher werden da wohl nicht reichen, um das Image dieser Branche wieder richtig aufzupolieren" (Oberhuber 2011b, S. 41).

Die Vorwürfe, zu hohe Gebühren bei den Riester-Rentenversicherungen abgebucht zu haben, führen im Diskurs ebenfalls vereinzelt zu einer Pauschalkritik an Riester-Renten-Versicherungsprodukten, die mit der *ERGO* nicht mehr und nicht weniger als mit anderen Versicherern zu tun haben, sodass auch die Riester-Renten-Debatte auf die *ERGO*-Skandal-Berichterstattung und umgekehrt wirkt. So folgt beispielsweise in der nachstehenden Textpassage nach der Problematisierung der Geschäftsmethoden der *ERGO* die Bewertung der Riester-Rente im Allgemeinen, die sowohl den *Gebühren-Topos* als auch den *Komplexitäts-Topos* aus der Analyse der Riester-Renten-Debatte aufgreift:

> „Ohnehin schlagen die Unternehmen bei den Riesterrenten so üppig zu, dass die Kosten höher sind als die Zulagen vom Staat, monieren Verbraucherschützer schon länger. Und es wird auch für Fachleute immer kniffliger, zu erkennen, in welchem Tarif welche Kosten stecken" (Oberhuber 2011b, S. 41).

Die Struktur der Berichterstattung lässt sich folgendermaßen prototypisch komprimieren, die wie auch im Quellenkorpus die drei zentralen („skandalösen") Kritikpunkte gegenüber der *ERGO* transportieren: Zunächst erfolgt die Thematisierung
des „Sex-Skandals" von 2007 (Vorwurf der Sittenlosigkeit und der Exzesse), dann
werden die zu Lasten der Kunden zu hoch abgebuchten Riester-Renten-Gebühren
problematisiert (Vorwurf unlauterer Geschäftsmethoden), um abschließend oder bereits zwischenzeitlich einen Bezug zwischen den Vorkommnissen der *ERGO* und der
gesamten Versicherungsbranche aufzubauen (Image-Transfer). Verkaufsstrategien
aus der Vergangenheit zu Lasten der Versicherten sowie zu Gunsten der Provisionen
der Versicherer werden vereinzelt ergänzend thematisiert.[296] Inhaltlich gleiche Vorwürfe werden der gesamten Versicherungsbranche in Form des Topos der unlauteren
Geschäftsmethoden im Zuge der Riester-Renten-Debatte gemacht (siehe hierfür Kapitel 9.3.2.7). Innerhalb der Berichterstattung fallen die ehemaligen (Marken-)Namen
HMI und *Victoria* nur selten, während der neue (Marken-)Name *ERGO* immer wieder
aufgegriffen wird, obwohl die Skandale vor der Umbenennung stattfinden. Aus diesem Grund betitelt der *Spiegel* einen seiner Artikel mit der Überschrift „Das Erbe des
Herrn Kaiser" (Pauly/ Seith 2011, S. 58-62) und baut somit bereits in der Titelzeile
eine Verknüpfung mit den Geschäftsmethoden und Anreizsystemen der ehemaligen
Hamburg-Mannheimer mit samt ihrer Werbefigur, dem Versicherungsvertreter Herrn
Kaiser, auf. Es werden also nicht nur die Imageschäden der ERGO durch den Skandal im Allgemeinen thematisiert (Oberhuber 2011b, S. 41; Oberhuber 2011a, S. 39;
Pauly/ Seith 2011, S. 58-62), sondern es wird auch problematisiert, dass die Wurzeln
des Skandals in der Vergangenheit liegen, aber auf die Gegenwart wirken.[297]

Die „Klartext-Initiative" der *ERGO* gepaart mit dem Skandal und einem transparenten Fehlergeständnis tragen ihren Teil dazu bei, dass die *ERGO* vergleichsweise
seicht kritisiert wird, während der Vorstandschef der *ERGO*, Torsten Oletzky, sogar
regelmäßig als positiver Branchenausreißer beschrieben wird. Nichtsdestoweniger hat
der *ERGO*-Skandal zu Imageschäden geführt (Steiner/ Brück/ Hoelken 2005, S.
125), die jedoch ohne diese Sprecherpositionen und die beidseitige Dialogorientie-
rung wie auch ohne die Fehlergeständnisse der *ERGO* hätten wesentlich nachteilhaf-
ter ausfallen können – zumindest legt der gegenwärtige Forschungsstand zur
vertrauensvollen Kommunikation im Abgleich mit den Äußerungen der *ERGO* diese
Einschätzung nahe (Keller 2006; Reinmuth 2006). Zweifelsfrei steht fest, dass eine

---

296   „Und als wäre das alles nicht schon genug, kommen nun noch windige Verkaufsstrategien von
ERGO hinzu: In gleich zwei Töchtern sollen Vermittler tausende Kunden überredet haben, bei-
tragsfrei gestellte Lebensversicherungen zu kündigen - um sie in neue Lebens-Unfallversicherun-
gen hineinzureden, bei denen sich die Kunden deutlich schlechter stellten" (Oberhuber 2011b, S.
41).

297   So wird auch das eher negative Image der Versicherer *Hamburg-Mannheimer* und der *Victoria* im
Diskurs thematisiert, von dem sich *ERGO* mit ihrer Umstrukturierung lösen will (Oberhuber
2011b, S. 41) – z.B. „Die *HMI* ist ein für seine aggressiven Methoden bekannter Strukturvertrieb"
(Pauly/ Seith 2011, S. 59).

Wechselwirkung zwischen den Inhalten der Riester-Renten-Debatte und der Skandal-Berichterstattung besteht, die sich ebenso wie Branchen-Image und Versicherer-Image gegenseitig beeinflussen.

Die Überführung des *ERGO*-Skandals in die Bestandteile des Image-Aushandlungsprozesses gibt im Folgenden einen spezifischeren Einblick darüber, welche Diskursäußerungen sich in gegenseitiger Abhängigkeit oder in Beziehung mit welchen anderen Bestandteilen befinden: Im Sommer 2010 erfolgt die Gründung der *ERGO* als Folge einer Umstrukturierung der Lebensversicherer *Hamburg-Mannheimer* und *Victoria*. Die erste öffentlichkeitswirksame Inszenierung dieser neuen (Marken-)Identität besteht also darin, sich durch den Werbespot „Versichern heißt Verstehen" und die „Klartext-Initiative" im Allgemeinen als verständnisvoll und als verständlicher Versicherer zu inszenieren. Kurz darauf folgt die öffentliche Debatte des *ERGO*-Skandals, auf den der Versicherer und der zentrale *ERGO*-Repräsentant Oletzky mit dem Versprechen der transparenten Aufarbeitung des Skandals, der Entschädigung benachteiligter Kunden sowie der Ergreifung präventiver Maßnahmen reagieren. Auf die Charakteristika der Sprecher und deren Äußerungen reagieren wiederum die Medien, mit beispielsweise der Charakterisierung Oletzkys als ein positives Brachen-Beispiel. Dies äußert sich beispielsweise in dem ihm retrospektiv für seine Krisenkommunikation zugesprochenen Lob. Es erfolgt also ein beidseitiger Dialog, indem die *ERGO* auf die Vorwürfe der öffentlichen Debatte eingeht, Besserung verspricht und die Umsetzung von diesbezüglichen präventiven Maßnahmen durch Pressemitteilungen sowie einer „Entschuldigungs-Anzeige" noch während der Hochphase des Diskurses kommuniziert.[298] Abschließend kann der Image-Aushandlungsprozess der *ERGO*-Skandal-Berichterstattung also folgendermaßen abgebildet werden:

---

298 Im Nachgang zum Skandal gibt es Entlassungen im Bereich der Verantwortlichen, Bedauern seitens der *ERGO* sowie das Versprechen der transparenten Aufarbeitung des Skandals und der Umsetzung der Verschärfung der eigenen Compliance zuzüglich der Etablierung einer Whistleblower-Hotline (ERGO 03.08.2011).

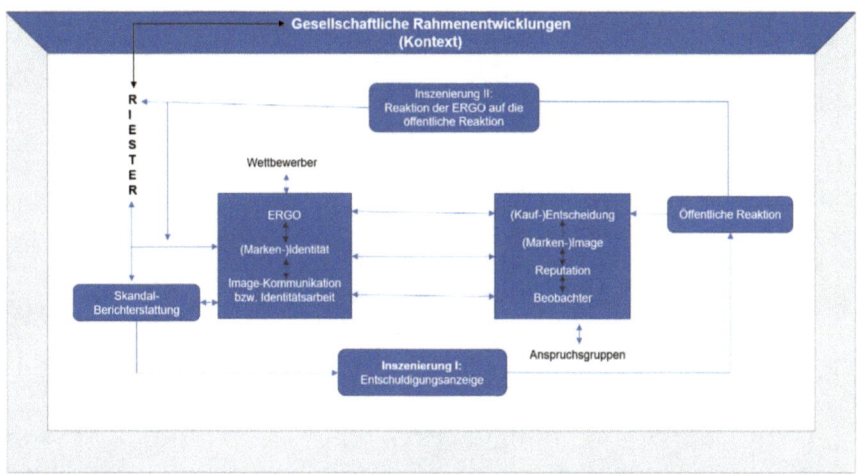

Abbildung 5: Der Image-Aushandlungsprozess: ERGO-Image

Quelle: Eigene Darstellung in Anlehnung an Siegert und Brecheis (2001, S. 120).

12 Fazit

Das Image steigt innerhalb der letzten Jahrzehnte zu einem Strukturmerkmal zeitgenössischer Lebenswelten auf, das dabei hilft, die zunehmende Komplexität der Gegenwartsgesellschaft subjektiv zu reduzieren. Auf diese Weise werden mehr (Handlungs-)Entscheidungen denn je abseits religiöser, ideologischer oder ethischer Leitbilder imagebasiert getroffen. Gleichwohl handelt es sich beim Image keineswegs um ein neuartiges Phänomen, sondern um ein Merkmal, das aufgrund zahlreicher gesamtgesellschaftlicher Rahmenbindungen im Zuge der Gegenwartsgesellschaft einen enormen Bedeutungszuwachs erfährt. Das Image konstruiert und konstituiert sich mitunter aus Wechselwirkungen zwischen dem Diskurs, den Charakteristika der Akteure, ihrer Image-Kommunikationen, ihrer Reputationen sowie ihren externen Zuschreibungen von Glaub- und Vertrauenswürdigkeit. Die Verflechtung der aufgeführten Begriffe und der damit zusammenhängenden Konzepte wurde im Laufe dieser Arbeit erstmals systematisch untersucht, um die daraus resultierenden Erkenntnis anschließend für die Ausarbeitung eines Image-Aushandlungsprozess-Modells zu nutzen sowie die Funktionsweisen des Image-Aushandlungsprozesses in Bezug zur Versicherungswirtschaft im Allgemeinen und zu ihrer Image-Konstruktion zu analysieren.

In Diskursen gilt grundsätzlich, dass nicht jede Äußerung eines beliebigen Sprechers die gleichen Möglichkeiten besitzt, Eingang in die öffentliche – primär (massen-)mediale Debatte – zu finden. So existieren personen- und einfluss- bzw. kontextbezogene Restriktionen, infolge derer beispielsweise einer Bundeskanzlerin oder einem Leitmedium aufgrund der jeweiligen gesellschaftlichen Stellung schneller Gehör geschenkt wird als dem einzelnen Durchschnittsbürger. Trotz dieser Machtasymmetrien kann jeder Akteur ein Teil der öffentlichen Debatte werden, indem er beispielsweise durch Diskussionen in seinem unmittelbaren Umfeld meinungsbildend wirkt oder dessen (Internet-)Kommentare Teil eines „Shitstorms" werden können, die zu einer weiterführenden politischen Debatte führen. Tatsächlich ist unbestritten, dass die (Massen-)Medien das zentrale meinungsbildende Forum konstituieren, in dem über Vorkommnisse berichtet wird und neue (Diskussions-)Themen angestoßen werden. Die (Massen-)Medien fungieren dabei jedoch nicht als Spiegel, der Vorkommnisse objektiviert repräsentiert; vielmehr bilden die vorselektierte Ereigniskette, die verwendeten Erzählstrukturen sowie die sprachliche Ausgestaltung der Berichterstattung Deutungsangebote und legen so spezifische argumentative Schlüsse nahe.

Auf diese Weise beschreiben (Massen-)Medien Vorkommnisse nicht innerhalb eines objektiven Kontextes, sondern sind selbst an der Konstruktion des diskursiven Kontextes in Form eines Aushandlungsprozesses beteiligt. Nichtsdestoweniger wird Sinn stets subjektiv konstruiert und ist nicht objektiv messbar, weshalb der Image-Aushandlungsprozess der Versicherer-Images auch nicht allumfassend sein kann, sondern stattdessen die öffentliche Aushandlung als zentralen gesamtgesellschaftlichen Bezugspunkt nachzeichnet, während die subjektive Konstruktion weiterhin in den Köpfen der (Diskurs-)Beobachter zu verorten ist. Die Beschreibung gesellschaftlicher Interaktion als „Aushandlungsprozess" basiert darauf, dass die Reaktion auf jedwede Äußerung auf kleinster Ebene in Anerkennung oder Nicht-Anerkennung kodiert werden kann. Letztlich ist jeder Tauschakt ein Aushandlungsprozess und somit ist insbesondere die Ökonomie durch (ökonomische) Aushandlungsprozesse geprägt, die strukturell identischen Logiken wie gesamtgesellschaftliche Diskurse oder öffentliche Debatten folgen.

So wie Diskursteilnehmer durch Äußerungen, die in den Diskurs Eingang finden, sichtbar werden, so entsteht ebenfalls eine Organisation erst durch Sichtbarkeit im Diskurs – nur dass diese Sichtbarkeit unterschiedlich geartet sein kann: Die Sichtbarkeit kann durch die Eintragung in das Handelsregister oder durch die Bekanntmachung der eigenen wirtschaftlichen Tätigkeit entstehen – in beiden Beispielen tritt ein neuer Teilnehmer dem diskursiven Aushandlungsprozess des Marktes bei, der sich in Zahlung und Nicht-Zahlung kodiert und der im Rahmen der Zahlungsbereitschaft zumindest monetäre Akzeptanz gegenüber einer Organisation ausdrückt (Siegert 2007, S. 112). Die primären Bezugspunkte sind jedoch ebenfalls die (Massen-)Medien, da sie Aufmerksamkeit bündeln und bereit sind, diese in Form von Werbezeit zu verkaufen. Erst die Beschreibung der jeweils eigenen Tätigkeit, der angebotenen Produkte oder der (Marken-)Identität konstruiert also diskursiv Organisationen, während die Inhalte ihrer Kommunikate sowie deren Bewertung im Image-Aushandlungsprozess zur Disposition stehen.

Im Gegensatz zu den abstrakten Sammelbegriffen „Gesellschaft" sowie „Diskurs" als analytische Kategorien stehen die Menschen mit den Organisationen im direkten Austausch zueinander (Schimank 2001, S. 282). So werden beispielsweise (Organisations-)Namen regelmäßig im Alltag genannt und die Organisationen können in Briefen adressiert werden, obwohl es sich dabei jeweils um den Zusammenschluss ihrer Mitglieder handelt, die zudem mit der Zeit variieren können, während die (Organisations-)Namen über längere Zeiträume hinweg in der Regel unverändert bleiben.

Die Organisation reproduziert sich im Gegensatz zum Menschen nicht biologisch (Geser 1990, S. 402-403; Humphreys 2002, S. 422), sondern durch Kommunikation – hört eine Organisation auf zu kommunizieren, indem sie beispielsweise insolvent ist, so hört sie auch auf, als Marktakteur zu existieren. Die Organisation stellt auch nicht die unveränderte Gesamtheit ihrer Mitglieder dar, sondern ist das

Produkt interner Aushandlungsprozesse (Geser 1990, S. 402), das samt ihrer Macht- und ihrer Informationsasymmetrien verhandelt wird. Dies hängt damit zusammen, dass die Entscheidungen, die Handlungen und die Kommunikate einer Organisation nicht auf den Willen einzelner Personen zurückzuführen sind oder den Ausdruck des unverfälschten Willens aller Mitglieder darstellen, sondern aus Aushandlungsprozessen hervorgehen. Ferner agiert eine wirtschaftlich tätige Organisation aus keinem Vakuum heraus, sondern ist von ihrer Umwelt in Form von Zahlung und Nicht-Zahlung sowie von diskursiven Kontexten abhängig. So wird, spätestens dann wenn die angebotenen Produkte nicht mehr gekauft werden, zunächst öffentlicher sodann monetärer Druck auf ein Unternehmen ausgeübt (Schmid/ Lyczek 2008, S. 68). Mitarbeiter verfügen beispielsweise jederzeit über die Möglichkeit, ihre Jobs zu kündigen und somit die Nicht-Anerkennung des Status quo der Organisationsstrukturen, ihrer Tätigkeiten, ihrer Stellungen oder ihrer Bezahlungen zum Ausdruck zu bringen. Aushandlungsprozesse haben also tausende Gesichter, wobei feststeht, dass jedwede Interaktion individueller oder institutioneller Akteure mit Aushandlungsprozessen einhergeht und diese nicht einseitig – z.b. durch gezielte Image-Kommunikation – gesteuert werden können.

Neben den Medien stellt die Werbung einen zentralen gesellschaftlichen Referenzpunkt dar, der beispielsweise Gesellschaftsbilder, Vorstellung von Geschlechterverhältnissen und Vorstellungen eines „erfüllten Lebens" (Schulze 2005) transportiert. Werbung ist jedoch keineswegs eine spiegelbildliche Abbildung gesellschaftlicher Verhältnisse, sondern beruft sich auf diese, um sie strategisch verzerrt zur Evokation positiver Images zu benutzen. Das Ziel besteht also darin, eine (Kauf-)Entscheidung über den Umweg eines positiven Images zu Gunsten des Werbetreibenden zu provozieren. Dies geschieht jedoch wiederum nicht einseitig, sondern findet in Form eines Aushandlungsprozesses statt, der damit beginnt, wie der Rezipient das (Werbe-)Kommunikat bewertet und ob dies zur Entwicklung oder Bestärkung eines positiven Images im Kopf des Rezipienten führt. Werbemaßnahmen beeinflussen jedoch auch den Diskurskontext zu einem nicht unerheblichen Maße, da sie als professionalisierte Form der Aufmerksamkeitsgenerierung ihre Anstrengungen darauf richten, nicht ignoriert zu werden, sondern sich in dem Gedächtnis der Rezipienten zu verankern (Willems 2002, S. 23). Infolgedessen trägt die Werbung ebenfalls einen Teil zur Entwicklung des (Diskurs-)Kontextes bei, der dann die Grundlage der anschließenden Image-Kommunikation darstellt.

Trotz Omnipräsenz des Markenbegriffs im Alltag und in der Wissenschaft mangelt es bei der Begriffsverwendung regelmäßig an analytischer Trennschärfe zu anderen Terminologien und Konzepten wie „Stereotypen" oder „Images". „Marke" bezeichnet letztlich das, was konzeptuell bereits in die Soziologie als „Image" eingeführt wurde, während die Bezeichnung einer Organisation als „Marke" diverse definitorische Schwächen aufweist (siehe hierfür Kapitel 4). Aus diesem Grund wird der

Markenbegriff in verschiedene Bestandteile zerteilt, die seine Verwendung ermöglichen: (Marken-)Werte sind die Eigenschaften, die eine Organisation von sich selbst
zu besitzen behauptet. Die Gesamtheit der (Marken-)Werte und ihre werbeinszinato-
rische Präsentation bilden die (Marken-)Identität, das Selbstbild. Das (Marken-)Image
beschreibt die Gesamtheit von Eindrücken über ein Bezugsobjekt, das so als ein kom-
plexitätsreduzierendes und orientierungsgebendes Phänomen fungiert, ohne welches
die Kaufentscheidung zwischen beispielsweise zehn verschiedenen qualitativ vergleichbaren Erdbeer-Joghurt-Sorten sehr viel schwerer fallen würde und dementsprechend mehr Zeit in einer von Zeitarmut geprägten Gegenwart beanspruchen würde.
Die (Marken-)Reputation bildet die abstrakte Gesamtheit subjektiver Images der
Zeitgenossen auf einer Aggregatebene, die über die gesellschaftliche Bewertung eines
Bezugsobjekts Auskunft gibt (Einwiller 2008, S. 51). Um als „Marke" gelten zu können, benötigt das Bezugsobjekt stets Bekanntheit sowie ein positives Image, während
die Terminologie „Image" ebenso die Analyse und Beschreibung negativer Images
ermöglicht und keine Bekanntheit der eigentlichen (Marken-)Werte oder der (Mar-
ken-)Identität voraussetzt. Die wissenschaftliche Analyse von (Marken-)Identität
führt zu folgenden drei Fragen: (1.) die Frage danach, wie oder wer man selbst als
Akteur ist; (2.) die Frage danach, was man möchte, dass die anderen über einen denken sowie (3.) die abschließende Frage danach, was der Akteur denkt, was andere
über ihn denken. Diese drei Fragen (Brown et al. 2006, S. 100) münden in die Konstruktion von (Marken-)Identität, während eine ergänzende rein empirische vierte
Frage sich auf die Analyse des (Marken-)Images bezieht: „Was denken die Anspruchsgruppen tatsächlich über den Akteur?" (siehe hierfür Kapitel 4.5). Die Kontextualisierung dieser Ergebnisse der (Marken-)Identitätskonstruktion sowie die
Zusammenführung mit der zuvor beschriebenen Diskurstheorie führen zur Entwicklung eines Schaubildes des Image-Aushandlungsprozesses. Das Schaubild berücksichtigt, dass Image-Aushandlungsprozesse primär in öffentlichen Debatten, in
Organisationsäußerungen und deren Situierung im jeweiligen temporären (Dis-
kurs-)Kontext stattfinden. Die Grundlage dieses Modells stellt der unbestrittene
Grundgedanke dar, dass die werbestrategische Inszenierung eines Akteurs beispielsweise durch Werbespots nicht den Anfangspunkt einer Debatte bildet, sondern stets
aufgrund des zyklischen Charakters des Image-Aushandlungsprozesses bereits eine
Reaktion auf den temporären (Diskurs-)Kontext darstellt (siehe hierfür Kapitel 4.5).
    Die Erosion von streng religiösen Gesellschaftsbildern in der Moderne, die
Loslösung von kollektiv geteilter ideologischer Orientierungen sowie die Heterog-
nisierung von Normen und Werten durch die stattfindende Individualisierung ermöglichen dem Zeitgenossen mehr Entscheidungsfreiheit bei der individuellen
Lebensgestaltung als je zuvor. Diese „Freiheit" geht jedoch gleichzeitig mit der Ent-
scheidungspflicht bzw. dem Entscheidungszwang einher, sodass die Verantwortung
für die eigene Lebensführung auf die Verantwortung des Individuums referiert (Luh-

mann 1997, S. 889). Die Zukunft wird in der Gegenwart primär als Produkt gegenwärtiger Handlungen oder Unterlassungen verstanden, sodass die reflexive Thematisierung der Gegenwart auf Grundlage einer möglichen Zukunft beurteilt wird. Das Nachdenken über die Gegenwart aus der Perspektive einer möglichen Zukunft kann in einer komplexer werdenden Welt ohne kollektiv-geteilte religiöse, ideologische oder ethische Leitlinien zur Orientierungslosigkeit führen: Aus früherer Entscheidungssicherheit entsteht sodann Entscheidungsunsicherheit (Böhle/ Weihrich 2009, S. 9) bei gesteigerter Alltagskomplexität, die mehr denn je eines orientierungsgebenden wie komplexitätsreduzierenden Phänomens wie dem Image bedarf.

Diese Gegenwartsdeutung geht regelmäßig mit der Schlussfolgerung einher, dass jeder für seine Zukunft selbst verantwortlich ist. Dementsprechend ist nicht die göttliche Einwirkung oder die Gesellschaft Adressat für den Wunsch eines „erfüllten Lebens" (Schulze 2005, S. 35), sondern jeder einzelne. Der Konsum ist nur das Vehikel, um der eigenverantwortlichen Vorstellungen eines „erfüllten Lebens" (ebd., S. 35) gerecht zu werden, weshalb Erlebnisse und imagebasierter Konsum gegenüber materiellen Gebrauchswerten zum zentralen Lebensführungs-Kriterium avancieren. Dementsprechend werden in den Werbungen für Produkte gegenwärtig eher Erlebnisse abgebildet oder Erlebnisfaktoren betont, während die Produkteigenschaften in den Hintergrund gedrängt werden (Koppetsch 2004, S. 139). Die Werbung verspricht auf diese Weise Glück durch Konsum (Reichert 1998, S. 279) oder im Falle von Versicherungen Sicherheit bei zukünftiger Ungewissheit und über diesem Umweg ein „erfülltes Leben" durch Risikominimierung sowie durch Schadensausgleich im Schadenfall. Die Erlebnisorientierung der Zeitgenossen wirkt sich ebenfalls auf die Image-Kommunikation der Versicherer aus, wie durch die Analyse der Werbespots gezeigt werden konnte. So sind z.B. in einem der Werbespots Menschen in einer als erlebnisreich-inszenierten Situation zu sehen. Jedes Erlebnis kann jedoch auch zu einem Unfall führen, worauf in dem Werbespot hingewiesen wird. Die Lösung für diese zukünftige Ungewissheit stellt gemäß solcher Image-Kommunikate der Abschluss einer Versicherung beim entsprechenden Versicherer dar. Somit besteht eine Wechselwirkung zwischen Konsum und Image sowie zwischen dem zeitgenössischen Bedürfnis nach Erlebnissen und der (Image-)Kommunikation des eigenen (Marken-)Images durch erlebnisreiche Bilder. Der Konsum derjenigen Produkte mit einem überaus positiven Image bzw. die Inszenierung dieses Konsums findet ebenfalls Eingang in den Alltag und kennzeichnet mehr denn je den Zeitgeist, der den Aufstieg des Images zu einem Strukturmerkmal in der Gegenwartsgesellschaft auszeichnet. Schließlich wird beispielsweise die offizielle Facebook-Seite der *Allianz* von mehr als einer halben Millionen Menschen abonniert und ist somit auf ihrer eigenen Profilseite als solche für andere zu sehen. Auf diese Weise wird der „Konsum" von Versicherungen bzw. die Versicherung bei ausgewählten Versicherern ebenfalls kommuniziert.

Die zunehmende Globalisierung, die Digitalisierung und die dadurch sukzessiv komplexer werdenden Organisationsgebilde führen dazu, dass neben Image ebenfalls beispielsweise Vertrauen – als ein Bestandteil von Image – zu einer zentralen Ressource der Gegenwartsgesellschaft avanciert (Beck 2015). Diese Entwicklung entfaltet ihre Wirkung insbesondere auf die Assekuranz sowie die gesamte Finanzbranche, da ihr Kerngeschäft seit jeher Vertrauen darstellt. Schließlich würde keine Person eine Versicherung abschließen, wenn sie davon ausgehen würde, dass der Versicherer im Schadenfall ohnehin nicht zahlen würde. Der Bedeutungszuwachs von Vertrauen in der Gegenwart hängt im Allgemeinen damit zusammen, dass Interaktionsnetze und Handlungsabläufe für Laien schwieriger zu verstehen sind und die steigende (Handlungs-)Komplexität und die daraus resultierende Unsicherheit mit einem höheren Bedarf an Vertrauen und die darin enthaltene Erwartungssicherheit einhergehen. Der enorme Stellenwert von Vertrauen für wirtschaftlich tätige Akteure lässt sich anhand eines einfachen Beispiels darstellen: Bei einer Kaufentscheidung eines Finanzprodukts – wie übrigens auch von alltäglichen Konsumgütern – muss sich der Kunde zwischen mehreren Optionen entscheiden und erweist einem der Produkte gegenüber den konkurrierenden Kaufoptionen einen Vertrauensvorsprung oder einen Vertrauensvorschuss. Ferner führt die Produktvielfalt und die Sättigung der meisten Märkte in Industrienationen dazu, dass sich die Produkte verschiedener Organisationen nicht grundlegend voneinander unterscheiden. Folglich wird Vertrauen zur ausschlaggebenden Ressource moderner Tauschprozesse, da sie als Bestandteil von Image – wie auch das Image selbst – Orientierung bei Entscheidungen bietet. Vertrauen bzw. die Zuschreibung von Vertrauenswürdigkeit ist jedoch nicht direkt evozierbar, weshalb das Image in der „zweiten Moderne" (Beck 2007) einen enormen Stellenwert einnimmt und so – wie gleichfalls Vertrauen – die Funktion der Reduktion von Komplexität erfüllt (Luhmann 2014). Erst das Image ermöglicht Anschlusshandlungen, da es Kommunikation und Handlungen von Organisationen mit einem Kontext und einer Deutung ausstattet, wodurch sich nicht dezidiert mit jedem einzelnen Akteur und jeder Kommunikation auseinandergesetzt werden muss, sondern ein abrufbarer Gesamteindruck (Image) entsteht. Dieser vorläufig immaterielle Wert nimmt jedoch alsbald materielle Züge an, da eine wechselseitige Beeinflussung zwischen den Erwartungen und den Normen der Gesellschaft an eine Organisation besteht (Luhmann 1997). Diese können bei entsprechendem Intensitätsgrad zur Entscheidung für den Kauf eines (Marken-)Produkts, für ein konkurrierendes Produkt oder für den Boykott einer Organisation, bis hin zur Bildung sozialer Bewegungen führen, die in höchster Instanz in politische Regularien von Marktaktivitäten münden können. So kann die Unzufriedenheit der Öffentlichkeit mit beispielsweise privaten Versicherungsleistungen dazu führen, dass entweder der Staat regulativ eingreift oder seine bisherige Agenda überdenkt und neue bzw. altbewährte Sozialleistungen ausbaut.

Die Massenproduktion führt zur grundsätzlichen Befriedigung der Grundbedürfnisse in Industrienationen, wodurch gepaart mit einem internationalen Wettbewerb durch Globalisierung nicht länger der Gebrauchswert (Bedürfnisse) einer Ware im Zentrum der Kaufentscheidung steht, sondern stattdessen die Lust (Wünsche) auf das Produkt zum zentralen Absatzkriterium avanciert. Das Werben um den Abschluss einer Versicherung durch konkrete Leistungsversprechen tritt in den Hintergrund, während die Inszenierung bzw. die (Image-)Kommunikation der eigenen (Marken-)Identität zunehmend in den Vordergrund rückt. Ohnehin führt der Produktwettbewerb bei gleichzeitiger Sättigung der Märkte zur Anpassung von Produktqualität, sodass die Unterscheidung zwischen konkurrierenden Produkten von einem Laien nicht auf Grundlage der Produktbeschaffenheit (Wischermann 1995, S. 17), sondern viel eher auf Grundlage des (Marken-)Images getroffen wird. Das Angebot an verfügbaren Versicherungs-Anbietern steigt nicht ansatzweise im gleichen Maße wie die Nachfrage nach Versicherungsprodukten, während sich die Produktqualität in dem gesättigten Versicherungsmarkt angleicht, da ansonsten ein Anbieter schnell Gefahr laufen könnte, von der Konkurrenz aus dem Markt verdrängt zu werden. Die Wirkung von Finanzmarktlogiken auf die Unternehmen sowie der Profitmaximierungs- und Renditedruck führen dazu, dass der Wettbewerb noch einmal an Härte gewinnt, sodass die Bedeutung von (positiven) Images auch in der Konkurrenz um die höchstmöglichen Absatzzahlen in der Gegenwart kaum überschätzt werden kann. Ferner führt die ständige Proklamation der Kernthese des Neoliberalismus – die Selbstregulierungskräfte des Marktes und der energisch geforderte Rückzug des Staates aus der Nationalökonomie – zu veränderten selbstregulativen Erwartungen an wirtschaftlich tätige Organisationen. Dies lässt sich empirisch anhand einer seit den 90er-Jahren eindeutig erhöhten (massen-)medialen Skandalisierung und Moralisierung normverletzender unternehmerischer Tätigkeiten zeigen (Eisenegger/ Imhof 2009, S. 259). Diese gesteigerten Ansprüche, die intensivierte Beobachtung sowie die Selbstthematisierung führen teilweise auch bei Organisationen zu erhöhter Selbstbeobachtung bzw. zur verstärkten Beobachtung Zweiten Grades (Luhmann 1997), die die „Markenpositionierung" bzw. die Evokation eines positiven Images (Image-Kommunikation) auf die Tagesagende der Akteure setzen: Aus einem Produktwettbewerb entsteht in der Gegenwart ein primärer Kommunikationswettbewerb der Marktteilnehmer (Etter/ Hoffmann 2011, S. 109-111; Schwarz 2016, S. 530), deren Ziel das bestmögliche Image darstellt. Das Mittel einer Organisation, den Versuch zu unternehmen, den gesellschaftlichen Aushandlungsprozess von Vertrauenszusprechung und positiver Image-Konstruktion zu eigenen Gunsten zu beeinflussen, basiert schließlich auf (strategischer) Image-Kommunikation. So haben die Versicherer noch vor der Jahrtausendwende in einem ausschließlich nationalen Markt vergleichsweise wenig Werbung geschaltet und ihre eigene Image-Kommunikation weniger strategisch ausgerichtet als dies nun in der Gegenwart der Fall ist.

Die Digitalisierung sowie die damit einhergehende Möglichkeit der internationalen Vernetzung in Sekundenschnelle, die einfache Direkt-Kommunikation mit Organisationen oder die ständige Abrufbarkeit zahlreicher Informationsquellen über wirtschaftlich tätige Akteure potenziert die Alltagskomplexität um ein weiteres Mal. Die Fülle an Informationsangeboten auf der einen Seite geht jedoch nicht mit einer gesteigerten kognitiven Informationsverarbeitung der Rezipienten auf der anderen Seite einher (Bruhn 2008, S. 515). Infolgedessen existiert aktuell ein mehr denn je von Reizen überfluteter Zeitgenosse, der sich in Anbetracht der Möglichkeit, dass sich jeder Akteur per Mausklick zu einem Thema öffentlich äußern kann, fragen muss: „Wem bzw. welchen Informationen kann ich überhaupt noch vertrauen?" Die Antwort auf diese zeitgenössische Grundsatzfrage bildet abermals das Image, das die Zusprechung von Vertrauenswürdigkeit und Glaubwürdigkeit beinhaltet und somit eine Grundlage für die notwendige Informationsselektion bietet.

Die gesteigerte räumliche sowie soziale Mobilität wie auch die Verbreitung von sozialen Netzwerken beeinflussen auch unmittelbar die Alltagslogiken der Zeitgenossen. Die individuelle Inszenierung erlebt eine Professionalisierung, indem bereits der Nutzer eines sozialen Netzwerks mit der Anlegung und Herrichtung eines entsprechenden Profils Werbelogiken in einem teil-öffentlichen Raum verwendet. Schließlich geht es bei Profilseiten darum, einen möglichst positiven Eindruck bzw. ein positives Image bei den Rezipienten zu evozieren, wobei im Gegensatz zu Inszenierungen im Alltag nun die eigene Präsentation (Identität) umfassend kontrolliert werden kann, indem einem das Profil auf die gleiche Art und Weise angezeigt wird, wie andere es zu sehen bekommen. Soziale Netzwerke zeichnen sich also auch durch das Interesse eines positiven Images sowie durch den Wettbewerb um Aufmerksamkeit aus, da schließlich einem Netzwerk beigetreten wird, um für andere Akteure auffindbar zu sein. Es entsteht also sowohl im wirtschaftlichen wie auch im privaten Bereich ein verstärkter Wettbewerb um die neue Ware „Aufmerksamkeit", was zur Verbreitung und Professionalisierung von Werbelogiken führt, deren Ziel stets die Evokation eines positiven Images beinhaltet. Im Umkehrschluss bedeutet dies jedoch auch, dass der Bedeutungszuwachs des Images sich nicht nur in gewerblichen Bereichen, sondern ebenso in privaten Bereichen abspielt.

Die Kernkompetenz der Versicherungswirtschaft und die Gründe ihrer gesamtgesellschaftlichen Verbreitung lassen sich auf das Empfinden von Unsicherheit zurückführen, auf welche beispielsweise der Abschluss einer Versicherung eine Reaktion darstellt. So entwickeln sich beispielsweise die ersten gesetzlichen Versicherungen in Deutschland als Antwort auf die soziale Frage, die zum Bestandteil sozialmarktwirtschaftlicher Gerechtigkeitssemantiken geworden ist. Eine grundlegende Voraussetzung dafür ist jedoch, dass der Assekuranz die Kompetenz wie auch insbesondere das Vertrauen in die Problemlösung zugesprochen werden. Diese beiden Zuschreibungen haben jedoch insbesondere während der Finanzkrisen-Debatte sowie aufgrund der anschließenden Staatsschulden-Debatte, aber auch in der Riester-

Renten-Debatte gelitten, was sich nicht zuletzt ebenfalls in dem seit 2008 anhaltenden Vertrauenstief der gesamten Finanzbranche äußert.

Der staatliche Teil-Rückzug durch die Riester-Reformen und die Teil-Privatisierung der gesetzlichen Rentenversicherung bilden das Fundament, auf dem regelmäßig die Rolle sowie die Charakteristika der Versicherungswirtschaft im Allgemeinen sowie spezifischer Versicherer problematisiert werden. Im Zuge solcher Diskurse lässt sich verzeichnen, dass die Zuschreibungen und Charakterisierungen der Assekuranz nicht nur auf dem Wissen über diese Branche basieren, sondern sich auch zahlreiche Zuschreibungen aus der Finanzbranche im Allgemeinen – aber speziell negative Attributierungen des Bankensektors und der Börse – wiederfinden lassen. Die Versicherungswirtschaft verfügt also über kein losgelöstes Image oder über eine isolierte Reputation, sondern konstituiert sich mitunter durch kontextuelles Wissen, das insbesondere mit dem Bankensektor verflochten ist. Infolgedessen lässt sich dieser Prozess als Image-Transfer beschreiben, da Wissensbestände über eine andere Entität oder einen anderen Sachverhalt kognitiv oder argumentativ in die Nähe anderer Bezugsobjekte gerückt werden und somit ein Austausch von Zuschreibungen und Wissensbeständen stattfindet. So führen Einstellungen gegenüber der Versicherungswirtschaft dazu, dass einzelne Versicherer, die dem Beobachter bisher noch nicht bekannt sind, beispielsweise allein aufgrund ihrer Branchenzugehörig ebenso negativ bzw. positiv wie die Branche im Allgemeinen beurteilt werden. Auf die gleiche Art und Weise wirken sich Einstellungen gegenüber der Finanzbranche im Allgemeinen oder dem Bankensektor auf Vorstellungsbilder (Images) der Assekuranz aus und umgekehrt. Es müssen also keine spezifischen Informationen über ein Bezugsobjekt vorliegen, um ein konkretes Image zu bilden, sondern es reicht bereits die kategoriale Zugehörigkeit oder die kognitive wie assoziative Verknüpfung aus, um ein erstes Image konstruieren zu können.

Schon seit dem 18. Jahrhundert wird vermehrt von der Finanzbranche und den Börsen berichtet. In dieser Berichterstattung werden beide Entitäten regelmäßig sprachlich in die Nähe von Glücksspiel gerückt und es werden insbesondere den Börsianern sowie den Bankern primär die Eigenschaften des Egoismus, der Gier und der Skrupellosigkeit vorgeworfen. Diese Zuschreibungen ertönen ebenfalls im Zuge der Finanzkrise 2008 und gipfeln in einer einseitigen Schuldzuschreibung (Diehl 2017, S. 87-89). Im Zuge der Riester-Renten-Debatte werden der Versicherungswirtschaft diese Kritikpunkte zwar nicht in der gleichen Intensität vorgeworfen, doch die Aspekte der Skrupellosigkeit und der Gier lassen sich auch in diesem Diskurs regelmäßig verzeichnen – während die Zuschreibung des Egoismus eher implizit erfolgt, indem den Versicherern beispielsweise vorgeworfen wird, zum Nachteil ihrer Kunden und zu Gunsten ihrer eigenen Provisionen zu handeln. Ferner bildet die Finanzkrise 2008 samt der damit zusammenhängenden zusätzlichen Belastung der öffentlichen Haushalte aufgrund der Bankenrettung den kontextuellen Rahmen für die unmittelbar anschließende Staatsschuldenkrise, die ebenfalls Wechselwirkungen zur Riester-Renten-

Debatte aufweist. Wie auch in der Finanzkrisen-Debatte 2008 bildet die Verletzung moralischer Grundwerte und zeitgenössischer Gerechtigkeitssemantiken den zentralen Kritikpunkt gegenüber der Assekuranz: In der Debatte wird auf der einen Seite das Bild von offensiven wie aggressiven Versicherern gezeichnet, die ihre Vertreter auf „ahnungslose[…] Kunden loslassen" (Bergermann 2014, S. 81), um ihnen Produkte aufzudrücken, die im Interesse der Versicherungskonzerne sind. Aufgrund dieser Tätigkeit werden die Versicherungsvertreter auch als „Drückerkolonnen" (Fröhlingsdorf/ Kurbjuweit 2010, S. 34; Hajek 2014, S. 106; Krumrey 2012, S. 3; Nezik/ Schmergal/ Seith/ Tietz 2013, S. 65) bezeichnet, während diesem Antagonisten die diskursive Figur des Sparers gegenübergestellt wird, der sein Geld durch Arbeit erwirtschaftet, über einen längeren Zeitraum sparsam zusammengehalten hat und nun Vorsorge tätigen möchte, jedoch von Versicherern und ihren Vertreten zu seinem Nachteil beraten wird. Die Macht- und Informationsasymmetrie des einzelnen Durchschnittsbürgers gegenüber einer professionell organisierten Branche wird ebenfalls regelmäßig betont, indem den Versicherungsprodukten systematisch gewollte Komplexität und Intransparenz vorgeworfen wird. Diese seien nur unlautere Geschäftsmethoden, um den Sparer um sein Erspartes zu erleichtern. Die Berichterstattung und die Verbraucherschützer sind sich großteils darin einig, dass es sich bei der Riester-Rentenversicherung um ein nicht in jedem Fall lukratives Versicherungsprodukt handele, das sogar in vielen Fällen sehr nachteilig für den Versicherten sein kann. So wird beispielsweise die unternehmenseigene Kalkulation der Lebenslänge (Sterbetafeln) bemängelt, die sich oftmals negativ auf die monatliche Rente im Ruhestand auswirkt. Darüber hinaus verzehren hohe Gebühren und Provisionskosten einen hohen Anteil der Einzahlungen, sodass an einigen Stellen in der Debatte der „Sparstrumpf" (Hoyer 2011, S. 156) gegenüber der Riester-Rente als Sparplan bevorzugt wird. Die grundsätzliche Frage danach, wieso die Riester-Rente trotz ihrer vermeintlich geringen Profitabilität überhaupt eingeführt bzw. weiterhin beibehalten wird, wird damit beantwortet, dass die Versicherungswirtschaft über eine der „schlagkräftigsten Lobbys der Republik" (Hock et al. 2016, S. 19) verfügt, deren Einfluss bis in alle Parteien und sogar bis in das Bildungssystem reiche (ebd.). Die alleinigen Gewinner der Teil-Privatisierung der gesetzlichen Rentenversicherung stellen demnach also die Versicherer selbst dar, die ihren Markt dadurch erweitern und eine staatlich subventionierte Methode etablieren konnten, Provisionen in Milliardenhöhe zu erwirtschaften. Ein weiterer wie bedeutsamer Gewinn für die Assekuranz durch die Teil-Privatisierung besteht darin, dass nun Politiker selbst aktiv für den Abschluss einer privaten Rentenversicherung werben, indem sie die Schwächen der gesetzlichen Rentenversicherung wiederholt betonen. Laut der öffentlichen Debatte handele es sich bei der Assekuranz im Allgemeinen also um „Vermögensvernichter" (Hock et al. 2016, S. 15), während dennoch Handlungsbedarf der privaten Rentenvorsorge bestünde, da der vorherrschende Niedrigzins langsam aber stetig am Ersparten zerre

(Böll et al. 2013, S. 68) und dies gepaart mit der Kürzung der gesetzlichen Rentenversicherung ansonsten unmittelbar zu Altersarmut führen könnte (Nezik et al. 2013, S. 63). Infolgedessen konstruiert der Diskurs ein unvorteilhaftes Bild der Versicherungswirtschaft im Allgemeinen und reichert dies mit regelmäßigen Einzelbeispielen zu spezifischen Versicherern an, sodass daraus beim Rezipienten folgender Eindruck entstehen kann: Der Abschluss einer privaten Rentenversicherung lohnt sich aufgrund der hohen Gebühren und der unlauteren Geschäftsmethoden der Versicherer nicht, jedoch bedarf es einer Handlung, da ansonsten im Ruhestand Altersarmut drohe. Die (Entscheidungs-)Komplexität steigt also, ohne dass ein Ausweg definiert wird – zurückbleiben kann das Gefühl der Übervorteilung seitens der Versicherer, die die Politik mittels ihrer Lobby lenken und dem Kunden keine adäquaten Produkte anbieten oder diese nach Abschluss einer Versicherung im Schadenfall „zermürben" oder „hinhalten" bis diese kein Interesse oder keine Kraft für die rechtliche Auseinandersetzung bezüglich ihres Anspruchs auf Schadensausgleich haben (Fröhlingsdorf/ Ludwig/ Wiedmann-Schmidt 2015, S.12). Die gesellschaftliche Erwartung gegenüber Versicherern, Unsicherheit durch Versicherungspolicen zu reduzieren, wird somit – gemäß Diskurs – nicht erfüllt. Mitunter aus diesem Grund findet diese Thematik seit den Riester-Reformen Eingang in seitdem immer wieder aufflammende öffentliche Debatten über die Altersvorsorge im Allgemeinen und die diesbezügliche Rolle der gesetzlichen Rentenversicherung. Die soziale Frage der Alterssicherung ist also laut gegenwärtigem Diskursstand keineswegs abschließend geklärt und evoziert teilweise mehr Unsicherheit als Orientierung und als Sicherheit in puncto Lebensplanung vieler Zeitgenossen.

So wie im Zuge der Finanzkrise 2008 regelmäßig über Josef Ackermann berichtet wird, der in dieser Debatte die Rolle des prototypischen Bankers einnimmt und zur Projektionsfläche seiner Berufsgruppe wird, so wird im Zuge der Riester-Renten-Debatte über Carsten Maschmeyer berichtet, der als Prototyp des skrupellosen Versicherungsvertreters charakterisiert wird. Infolgedessen findet ebenso ein Image-Transfer zwischen der Person Carsten Maschmeyer und der Versicherungsbranche im Allgemeinen statt, indem Maschmeyer als Repräsentant einer ansonsten nur selten mit Gesicht und Namen adressierbaren Berufs- und Personengruppe behandelt wird.

Die zur öffentlichen Debatte komplementäre Werbespot-Analyse zweier Versicherer, der *R+V* und der *ERGO*, belegt, dass die Versicherer in ihren (Werbe-) Kommunikaten tatsächlich auf den Diskursstand eingehen oder diesen zumindest bedenken, indem sie diskursive Wissensbestände entweder direkt adressieren, um diese abzuschwächen, oder sich an die Erlebnisorientierung der Zeitgenossen richtende Gegenbilder der eigenen (Marken-)Identität zu zeichnen versuchen, sodass ein positives Image trotz Negativschlagzeilen über die Branche oder über einzelne Versicherer evoziert werden kann. Die (Werbe-)Kommunikate, die sich auf den Diskurs beziehen, versprechen Kundenorientierung bzw. Verständnis für die Vorbehalte der

Kunden gegenüber der Branche, eine geringe Komplexität und eine hohe (Produkt-)Transparenz – während solche Werbung, die den Diskursstand nicht direkt adressiert, sondern ein werbeinszinatorisches Gegenbild entwirft, primär den Schutz durch Versicherungen sowie die daraus entstehende Sicherheit für die Kunden betont.

Die Analyse des *ERGO*-Skandals exemplifiziert den Image-Aushandlungsprozess anhand eines Fallbeispiels, indem verschiedene Quellentypen (Pressediskurs, Werbespots und Pressemitteilungen) auf die gleiche Frage nach dem Image der *ERGO* untersucht werden. Im Rahmen dieser Berichterstattung zeigt sich, dass zentrale Aspekte der Riester-Renten-Debatte wie allgemeine Vorwürfe gegenüber der Assekuranz auf die *ERGO* angewendet werden und somit ein Image-Transfer von einer allgemeinen (Branche) zu einer spezifischen Kategorie (Versicherer) stattfindet.

Die Ergebnisse dieser Arbeit können dafür genutzt werden, um einer bisher unterrepräsentierten Beschäftigung mit dem Versicherungssektor Aufschwung zu verleihen. So lassen sich beispielsweise mithilfe des vorgestellten und theoretisch konzeptualisierten Image-Aushandlungsprozesses Debatten über die Rolle der Versicherer in der Gesellschaft oder über spezifische Versicherer ausführlich untersuchen. Die Beschränkung des Quellenkorpus auf einen Skandal wie dem „*ERGO*-Sex-Skandal" könnte durch die Einstellungserhebung von (Marken-)Images und (Marken-)Reputation ergänzt werden, um den Image-Aushandlungsprozess nicht nur auf einer theoretischen Ebene nachzuzeichnen, sondern seine realen Auswirkungen auch direkt nachverfolgen zu können.

Inwiefern sich der Aufmerksamkeitswettbewerb bzw. der Kommunikationswettbewerb, die Verbreitung und die Professionalisierung von Werbelogiken sowie das seitens führender Wissenschaftler ertönende Postulat der integrierten bzw. gleichgerichteten Unternehmenskommunikation auf Image-Kommunikation im Internet auswirken, bleibt durch die vorliegende Arbeit unbeantwortet. Dies ist dem (massen-)medialen Fokus geschuldet, welcher mit der Verortung von Versicherungsprodukten im Allgemeinen (soziale Absicherung) und insbesondere mit der Verortung der Riester-Rente (Umstellung der Altersvorsorge) in einen gesamtgesellschaftlichen Kontext zu begründen ist. Nichtsdestoweniger können nachfolgende Arbeiten insbesondere im Zuge der Untersuchung von Image-Aushandlungsprozessen anderer Branchen – auf die Ergebnisse der vorliegenden Dissertation aufbauend – im Abgleich von Online- und Offline-Image-Kommunikation danach fragen, ob es sich dabei um den Versuch der Evokation verschiedener Zielgruppen-spezifischer (Marken-)Images handelt oder ob Image-Kommunikation online wie offline einen Versuch darstellt, ein gleichgerichtetes (Marken-)Image in den Köpfen der Rezipienten entstehen zu lassen.

Von den Ergebnissen dieser Arbeit ausgehend könnte die Inszenierung der Organisationen im Image-Aushandlungsprozess stärker beleuchtet werden, indem die Frage untersucht wird, über welche Informationsgrundlage die Marketingabteilungen verfügen oder welche Informationen die beauftragten Werbeagenturen im Zuge ihrer Konstruktionsphase einer jeweiligen Marketingmaßnahme bzw. Image-Kommunikation heranziehen. Dadurch könnte die Frage danach vertiefend beantwortet werden, ob und inwiefern sich der Diskurs sowie welche Aspekte des Diskurses (z.b. öffentliche Debatte) auf das Endprodukt – die Werbung – direkten Einfluss nehmen. Die Wechselwirkungen zwischen (massen-)medialer Debatte bzw. (Diskurs-)Kontext und Werbung könnten dadurch untersucht werden. Daran anknüpfend könnte sich ein weiteres Forschungsvorhaben zur Aufgabe machen, herauszufinden, wie Werbung von den Auftraggebern (z.b. Managern), den Auftragnehmern (z.b. Werbeagenturen) und von Rezipienten wahrgenommen und bewertet wird. Das Ziel solcher Vorhaben bestünde stets darin, die Beschaffenheit des Image-Aushandlungsprozess-Modells durch die Erforschung des Entstehungshintergrundes einzelner Diskursäußerungen zu ergänzen.

Ferner ermöglicht das vorgestellte Modell des Image-Aushandlungsprozesses unter Berücksichtigung von Image-Transfer-Prozessen die Analyse von öffentlichen Debatten ebenso über andere wirtschaftliche oder nicht-wirtschaftliche Akteure, so-dass die Konstruktion von Images ganzheitlich und unter Einbezug verschiedenster Diskursäußerungen analysiert werden könnte. Der Image-Transfer-Prozess weitet dabei den Blick für wiederkehrende inhaltliche Diskursstrukturen, die auf kognitive Verknüpfungen oder Beziehungen verweisen, deren historische Verwurzelung und Verflechtung oftmals noch nicht umfassend nachgewiesen ist.

Der Aufstieg des Images zu einem zeitgenössischen Strukturelement sensibilisiert also für Beobachtungen, die Parallelen zwischen subjektiven Konstruktionsprozessen und zeitgenössischen Lebenswelten aufzeigen. Die umfassende Erforschung beispielsweise der Veränderbarkeit, der Zeitabhängigkeit und dem Einfluss spezifischer Diskursäußerungen auf verschiedenste Image-Konstruktionen in beispielsweise wirtschaftlichen oder politischen Teilbereichen steht noch aus – während ihre Grundlage, die Entwicklung des Image-Aushandlungsprozesses (Diskurs) in Verknüpfung zum Aufstieg des Images (Kontext) und ihre Fallanwendung (Praxis) mit dieser Arbeit vorgelegt wird.

Quellen- und Literaturverzeichnis

Quellenkorpus

Commerzbank: Joggerin Lena Kuske, Werbespot 2013.
Der Spiegel 1 (2009) – Der Spiegel 52 (2016).
ERGO: Pressemitteilungen vom 19. Mai 2011 – 31. Juli 2011.
ERGO: Werde ein Mutbürger, Werbespot 2014.
ERGO: Versichern heißt verstehen, Werbespot 2010.
Frankfurter Allgemeine Sonntagszeitung 1 (2009) – Frankfurter Allgemeine Sonntagszeitung 51 (2016).
Fröhlingsdorf, Michael/ Ludwig, Udo/ Wiedmann-Schmidt, Wolf: Verunsichert, in: Der Spiegel 30 (2015), S. 10-16.
GdV: Versicherer erstatten Schäden zügig und stehen für einen fairen Interessenausgleich, Pressemitteilung vom 18.07.2015.
Maybrit Illner: Länger schuften, mehr vorsorgen – und im Alter trotzdem arm?, Fernsehsendung vom 28. April 2017.
R+V: Geborgenheit hat 1000 Facetten, Werbespot 2013a.
R+V: R+V weist Vorwürfe des "Spiegel" zurück. Schäden werden schnell und unkompliziert reguliert, Pressemitteilung vom 21.07.2015.
R+V: R+V. Die gemeinschaftliche Idee, Werbespot 2013b.
Sparkasse: Lohmann rennt, Werbespot 2015.
WirtschaftsWoche 1 (2009) – WirtschaftsWoche 53 (2016).

Einzelnachweise

Amann, Melanie: Bahn frei für Generation Rollator, in: FAS 48 (2009), S. 31.
Amann, Melanie/ von Petersdorff, Winand: Keiner hat die Banker lieb, in: FAS 43 (2011), S. 36-37.
Bergermann, Melanie: Noch schnell unters Dach gerettet, in: WiWo 34 (2014), S. 80-81.

© Springer Fachmedien Wiesbaden GmbH, ein Teil von Springer Nature 2019
N. Diehl, *Das Image im Aushandlungsprozess*,
https://doi.org/10.1007/978-3-658-27234-0

Bergermann, Melanie: Gutes Altes gegen schlechtes Neues, in: WiWo 28 (2012), S. 42-47.

Böll, Sven/ Brauns, Sebastian/ Dettmer, Markus/ Sauga, Michael/ Seith, Anne: In der Vorsorgefalle, in: Der Spiegel 37 (2012), S. 80-85.

Böll, Sven/ Hesse, Martin/ Reiermann, Christian/ Sauga, Michael/ Seith, Anne: An der Null-Marke, in: Der Spiegel 47 (2013), S. 68.

Bollmann, Ralph/ Scherff, Dyrk: Die Vorsorge-Lüge, in: FAS 50 (2012), S. 49.

Bollmann, Ralph: Lust auf mehr Rente, FAS 29 (2016), S. 10.

Brendel, Matthias/ Fröhlingsdorf, Michael/ Ludwig, Udo: In der Glamour-Pause, in: Der Spiegel 33 (2014), S. 30-32.

Bucher, Eugen: Finanzberatung nach Maß, in: FAS 23 (2009), S. 4.

Buhse, Malte/ Guldner, Jan: Alles außer gewöhnlich, in: WiWo 3 (2015), S. 6-9.

Dettmer, Markus/ Seith, Anne: Still ruht der Vertrag, in: Der Spiegel 38 (2012), S. 96-97.

ERGO: ERGO ergänzt Compliance-Regeln und stärkt die Compliance-Funktion im Unternehmen, Pressemitteilung vom 8. Juni 2011.

ERGO: ERGO stellt Prüfungsergebnisse und Maßnahmen vor, Pressemitteilung vom 3. August 2011.

ERGO: ERGO untersucht Vorwürfe im Bereich der betrieblichen Altersversorgung, Pressemitteilung vom 5. August 2011.

ERGO: 14.000 Riester-Kunden von ERGO erhalten zusätzliche Leistungen. ERGO beauftragt externen Prüfer, Pressemitteilung vom 17. Juni 2011.

ERGO: Transparenz zu Wettbewerbsreisen und Incentives, Kurzmeldung vom 29.09.2012.

ERGO: Neue ERGO Kampagne. Lebensziele mutig verwirklichen, Pressemitteilung vom 15.05.2014.

Encke, Julia: Mach mal Pause, in: FAS 11 (2012), S. 27.

Fröhlingsdorf, Michael: Feine Gesellschaft, in: Der Spiegel 47 (2014), S. 36-37.

Fröhlingsdorf, Michael/ Grill, Markus/ Schwennicke, Christoph: Mitten im größten Geldklumpen, in: Der Spiegel 10 (2011), S. 62-68.

Fröhlingsdorf, Michael/ Kurbjuweit, Dirk: Staatsfreund Nummer eins, in: Der Spiegel 31 (2010), S. 34.

Fehr, Mark: Kampf um die Sparer, in: WiWo 23 (2011), S. 46-51.

Gatschke, Lars: Wider die Verschleierung, in: FAS 47 (2012), S. 2.

Gerth, Martin: Cash und weg, in: WiWo 40 (2013), S. 96-97.

Haerder, Max: Rente. Kassensturz, in: WiWo 23 (2016), S. 58-64.

Hajek, Stefan: Wasser zum Kochen, in: WiWo 45 (2014), S. 106.

Henrich, Anke/ Böhmer, Reinhold: "Wir haben einen Nerv getroffen", in: WiWo 27 (2011), S. 58.

Herden, Ingrid: In der Mangel, in: WiWO 34 (2009), 36-41.

Hock, Alexej/ Neubacher, Alexander/ Sauga, Michael/ Seith, Anne: Das Unvermögen, in: Der Spiegel 8 (2016), S. 14-23.

Hesse, Martin: Glücksritter auf Speed, in: Der Spiegel 21 (2015), S. 68.

Hoyer, Niklas/ Schwerdtfeger, Heike/ Gerth, Martin: Gut gefüttert, zu wenig Fett angesetzt, in: WiWo 18 (2013), S. 158-167.

Hoyer, Niklas/ Gerth, Martin: Teurer Trugschluss. Die Riester-Lüge, in: WiWo 31 (2009), S. 76-82.

Hoyer, Niklas: Die beste Rente bauen Sie selbst, in: WiWo 51 (2014), S. 92-99.

Hoyer, Niklas/ Hergert, Stefani: Kräftig draufpacken. Was bleibt Ihnen nach der Finanzkrise?, in: WiWo 20 (2009), S. 110-117.

Hoyer, Niklas: Milliarden-Mär, in: WiWo 48 (2011), S. 156.

Hoyer, Niklas/ Schönwitz, Daniel/ Riedl, Anton/ Schwerdtfeger, Heike/ Schürmann, Christof/ Hajek, Stefan/ Gerth, Martin: Vorwärts, alles vergessen, in: WiWo: 29 (2009), S. 76-81.

Hoyer, Niklas: Stattliche Rente oder staatliche Ente?, in: WiWo 42 (2011), S. 102-111.

Hoyer, Niklas: „Türöffner für den Vertrieb", in: WiWO 43 (2011), S. 152.

Hoyer, Niklas: Zu Tode gefördert, in: WiWo 12 (2012), S. 104-112.

Klemm, Thomas: Banken im Bermuda-Dreickeck, in: FAS 22 (2016), S. 35.

Kremer, Dennis: Die neue Rentenlücke, in: FAS 24 (2013), S. 29.

Krumrey, Henning: Stromern für die Rente, in: WiWo 43 (2012), S. 3.

Meck, Georg: Die Hannover-Connection, in: FAS 46 (2014), S. 27.

Morgenstern, Klaus: Gefährliches Abwarten, in: FAS 47 (2012), S. 1.

Nezik, Ann-Kathrin/ Schmergal, Cornelia/ Seith, Anne/ Tietz, Janko: Aus der Traum!, in: Der Spiegel 19 (2013), S. 62-67.

o.V.: Middelhoffs Erben 2012, in: WiWo 52 (2012), S. 74-76.

o.V.: Langsam nach oben statt abseits stehen, in: WiWo 18 (2016), S. 74-76.

o.V.: Geld, in: WiWo 22 (2012), S. 20-21.

o.V.: Genuss mit Reue, in: Der Spiegel 35 (2010), S. 15.

Oberhuber, Nadine: Der Ergo-Chef redet Klartext, in: FAS 26 (2011a), S. 39.

Oberhuber, Nadine: Der Skandalversicherer, in: FAS 25 (2011b), S. 41.

Oberhuber, Nadine: Der Riester-Rebell, in: FAS 50 (2011c), S. 51.

Oberhuber, Nadine: Die Mogelei der Versicherer, in: FAS 36 (2013), S. 29.

Oberhuber, Nadine: Immer noch beraten und verkauft, in: FAS 24 (2009), S. 37.

Oberhuber, Nadine: Lebensversicherung oder Fonds – was ist billiger?, in: FAS 30 (2010), S. 35.

Oberhuber, Nadine: Riestern lohnt sich nur selten, in: FAS 48 (2009), S. 45.

Oberhuber, Nadine: Riester-Sparer hergeschaut!, in: FAS 46 (2015), S. 46.

Oberhuber: Was bringt der Pflege-Bahr, in: FAS 23 (2012), S. 43.

Oberhuber, Nadine: Wie lange müssen wir leben?, in: FAS 28 (2009), S. 37.

Pauly, Christoph/ Seith, Anne: Das Erbe des Herrn Kaiser, in: Der Spiegel 29 (2011), S. 58-62.

Rehage, Ruben/ Schmergal, Cornelia: Das 600-Milliarden-Ding, in: Der Spiegel 32 (2016), S. 16-21.

Reimann, Annina/ Fehr, Mark/ Hoyer, Niklas/ Doll, Frank/ Riedl, Anton/ Schwerdtfeger, Heike/ Welp, Cornelius/ Schürmann, Christof/ Hajek, Stefan/ Gerth, Martin: Gleichung mit zwei Unbekannten, in: WiWo 52 (2011), S. 124-139.

Reimann, Annina/ Hoyer, Niklas: Garantierte Verluste, in: WiWo 9 (2015), S. 87.

Reimer, Hauke: Eigentor, in: WiWo 45 (2013), S. 108.

Reimann, Annina/ Hoyer, Niklas/ Wettach, Silke: Den Untergang erst mal abgesagt, in: WiWo 40 (2013), S. 84-92.

Rietzler, Katja: Pro und Contra Riester-Rente. Gesetzliche Rente stärken, in: FAS 47 (2012), S. 2.

Rock, Hard: Auch düstere Zeiten haben ihre Sieger – fünf Beispiele, in: FAS 4 (2009), S. 36.

Scherff, Dyrk: Ist die Riester-Rente gescheitert?, in: FAS 16 (2016), S. 39.

Scherff, Dyrk: Länger leben gibt es nicht umsonst, in: FAS 43 (2012), S. 54.

Scherff, Dyrk: Riesterfonds gegen Riesterversicherung, in: FAS 37 (2011), S. 55.

Scherff, Dyrk: So entkommen Sparer der Enteignung, in: FAS 21 (2012), S. 41.

Scherff, Dyrk: Wenn der Riester-Sparer in Rente geht, in: FAS 31 (2011), S. 37.

Schmergal, Cornelia/ Henrich, Anke/ Seiwert, Martin/ Tödtmann, Claudia/ Hohensee, Matthias: Wenn der Chef sich taub stellt, in: WiWo 31 (2011), S. 48.

Schmergal, Cornelia: Popcorn für alle, in: Der Spiegel 13 (2016), S. 34-35.

Seith, Anne: "Det kann janz schnell gehen", in: Der Spiegel 14 (2016a), S. 88-89.

Seith, Anne: Unethischer Riester, in: Der Spiegel 48 (2016b), S. 78-79.

Seith, Anne: Mitarbeitermotivation. "Unglaublich peinlich", in: Der Spiegel 21 (2011), S. 71.

Seith, Anne: Schnitzeljagd für Anleger, in: Der Spiegel 23 (2012), S. 82-84.

Siedenbiedel, Christian: Bankensteuer trifft die Sparer, in: FAS 8 (2013), S. 33.

Sievers, Anne-Christin: Rente, aber richtig!, in: FAS 44 (2012), S. 47.

Steltzner, Holger: Alt gegen Jung, in: FAS 17 (2016), S. 21.

Sogorski, Lara: Der demographische Druck auf das Rentensystem wächst, in: FAS 47 (2014), S. 2.

Schönwitz, Daniel: Bank ohne Banker, in: WiWo 26 (2014), S. 84-87.

Schwennicke, Christoph: Comeback des Superstars, in: Der Spiegel 2 (2011), S. 26-27.

Schwerdtfeger, Heike: Der Garantiezins ist reine Folklore, in: WiWo 19 (2016), S. 48.

Tichy, Roland: Berlin gezähmt, in: WiWo 38 (2012), S. 5.

Tichy, Roland: Überall ist Occupy, in: WiWo 47 (2011), S. 3-5.

Wiesner, Maria: So legt Deutschland an, in: FAS 41 (2013), S. 4.

Zerfaß, Florian/ Fehr, Mark/ Hoyer, Niklas/ Böhmer, Reinhold/ Fischer, Malte/ Salz, Jürgen/ Hennersdorf, Angela/ Losse, Bert/ Gerth, Martin: Neue Ära, in: WiWo 23 (2014), S. 34-40.

Zerfaß, Florian/ Krumrey, Henning/ Reimann, Annina/ Fehr, Mark/ Hoyer, Niklas/ Doll, Frank/ Riedl, Anton/ Schwerdtfeger, Heike/ Fischer, Malte/ Welp, Cornelius/ Hajek, Stefan/ Reimer, Hauke: Frontalangriff auf Ihr Geld, in: WiWo 50 (2013), S. 32-41.

Literatur

Aaker, David A.: Building Strong Brands, New York 1996.

Aaker, Jennifer L.: Dimensions of Brand Personality, in: Journal of Marketing Research 34 (1997), S. 347–356.

Abraham, Martin/ Büschges, Günter: Einführung in die Organisationssoziologie, 4. Aufl., Wiesbaden 2009.

Achleitner, Ann-Kristin/ Bassen, Alexander/ Fieseler, Christian, Finanzkommunikation: Die Grundlagen der Investor Relations, in: Meckel, Miriam/ Schmid, Beat F. (Hrsg.): Unternehmenskommunikation. Kommunikationsmanagement aus Sicht der Unternehmensführung, Wiesbaden 2008, S. 263–288.

Ackermann, Carsten: Markenpolitik als Erfolgsfaktor. Eine semiotische Analyse zur wachsenden Bedeutung der Marke im Kontext sich wandelnder Rahmenbedingungen, Frankfurt am Main 2004.

Admati, Anat R./ Hellwig, Martin: Des Bankers neue Kleider. Was bei Banken wirklich schief läuft und was sich ändern muss, 2. Aufl., München 2014.

Ahlers, Grit Mareike: Organisation der Integrierten Kommunikation. Entwicklung eines prozessorientierten Organisationsansatzes, Wiesbaden 2006.

Ahrens, Jörn/ Hieber, Lutz/ Kautt, York (Hrsg.), Kampf um Images. Visuelle Kommunikation in gesellschaftlichen Konfliktlagen, Wiesbaden 2015a.

Ahrens, Jörn/ Hieber, Lutz/ Kautt, York (Hrsg.): Zur Theorie des Image. Visuelle Kommunikation in gesellschaftlichen Konfliktlagen, Wiesbaden 2015b.

Ahrne, G./ Brunsson, N.: Organization outside Organizations, in: Organization Science 18 (2011), S. 83–104.

Albert, Stuart/ Whetten, David A.: Organizational Identity, in: Research in Organizational Behavior 7 (1985), S. 263-295.

Alter, Verena/ Wilde, Svenja: Glaubwürdigkeit als Leitgröße des Kommunikationsmanagements. Ansatzpunkte für die Kommunikationsarbeit in Krisenzeiten, in: Huck-Sandhu, Simone (Hrsg.): Unternehmenskommunikation in Zeiten der Wirtschaftskrise, Stuttgart 2009, S. 39–66.

Angermüller, Johannes: Sozialwissenschaftliche Diskursanalyse in Deutschland: zwischen Rekonstruktion und Dekonstruktion, in: Keller, Rainer/ Hirseland, Andreas/ Schneider, Werner/ Viehöver, Willy (Hrsg.): Handbuch sozialwissenschaftliche Diskursanalyse, Wiesbaden 2011, S. 23-48.

Angermüller, Johannes: Ein interdisziplinäres Handbuch. Umrisse eines interdisziplinären und internationalen Feldes, in: Keller, Rainer/ Hirseland, Andreas/ Schneider, Werner/ Viehöver, Willy (Hrsg.): Handbuch sozialwissenschaftliche Diskursanalyse, Wiesbaden 2011, S. 16–36.

Anweiler, Ralph: Virtual Reality. Kommunikations- und Werbemedium von morgen?, in: Jäckel, Michael (Hrsg.): Die umworbene Gesellschaft: Analysen zur Entwicklung der Werbekommunikation, Opladen 1998, S. 231–244.

Apelt, Maja/ Senge, Konstanze (Hrsg.): Organisation und Unsicherheit, Wiesbaden 2015

Arvidsson, Adam: Brands. Meaning and Value in Postmodern Media Culture, London 2006.

Assmann, Jan: Das kulturelle Gedächtnis. Schrift, Erinnerung und politische Identität in frühen Hochkulturen, München 1992.

Baecker, Dirk: Kapital als strukturelle Kopplung, in: Soziale Systeme 7 (2001), S. 313–327.

Baecker, Dirk/ Luhmann, Niklas: Einführung in die Systemtheorie, Heidelberg 2009.

Bardmann, Theodor M./ Franzpötter, Reiner: Unternehmenskultur. Ein postmodernes Organisationskonzept?, in: Soziale Welt 4 (1990), S. 424–440.

Barnett, Michael L./ Hoffmann, Andrew J.: Beyond Corporate Reputation. Managing Reputational Interdepedence, in: Corporate Reputation Review 11 (2008), S. 1–9.

Bau, Axel: Werbewandel – Wertewandel. Zum Verhältnis von Zeitgeist und Werbung, Frankfurt am Main 1995.

Baudrillard, Jean: Die Konsumgesellschaft, Wiesbaden 2015.

Baumann, Zygmunt: Leben als Konsum, Hamburg 2009.

Beck, Ulrich: Was ist Globalisierung? Irrtümer des Globalismus – Antworten auf Globalisierung, Frankfurt am Main 2007.

Beck, Ulrich: Risikogesellschaft. Auf dem Weg in eine andere Moderne, 22. Aufl., Frankfurt am Main 2015.

Beck, Ulrich/ Beck-Gernsheim, Elisabeth (Hrsg.): Riskante Freiheiten, 8. Aufl., Frankfurt am Main 2012.

Beckert, Jens: Die Finanzkrise ist auch eine Vertrauenskrise, in: Max-Planck-Institut für Gesellschaftsforschung, Köln 2009, S. 35–40.

Beckert, Jens: Wer zähmt den Kapitalismus?, in: Beckert, Jens; Ebbinghaus, Bernhard; Hassel, Anke; Manow, Philip (Hrsg.): Transformationen des Kapitalismus. Festschrift für Wolfgang Streeck zum sechzigsten Geburtstag, Frankfurt am Main 2006, S. 425–442.

Beckmann, Klaus: Rentenversicherung, implizite Staatsschuld und nachhaltige Fiskalpolitik, in: Andrej Stuchlik (Hrsg.): Rentenreform in Mittel- und Osteuropa. Impulse und Politikleitbilder für die Europäische Union, Wiesbaden 2010, S. 43–70.

Behrends, Jan C./ Árpád von, Klimó/ Poutrus, Patrice G.: Antiamerikanismus und die europäische Moderne. Zur Einleitung, in: Behrends, Jan C.; Árpád von, Klimó; Poutrus, Patrice G. (Hrsg.): Antiamerikanismus im 20. Jahrhundert. Studien zu Ost- und Westeuropa, Bonn 2005.

Bentele, Günter: Images und Medien-Images, in: Faulstich, Werner (Hrsg.): Image, Imageanalyse, Imagegestaltung. 2. Lüneburger Kolloquium zur Medienwissenschaft, Bardowick 1992, S. 152-176.

Bentele, Günter: Der Faktor Glaubwürdigkeit. Forschungsergebnisse und Fragen für die Sozialisationsperspektive, in: Publizistik 33 (1988), S. 406-426.

Bentele, Günter/ Bohse, Reinhard/ Hitschfeld, Uwe/ Krebber, Felix: Akzeptanz in der Medien- und Protestgesellschaft, in: Bentele, Günter/ Bohse, Reinhard/ Hitschfeld, Uwe/ Krebber, Felix (Hrsg.): Akzeptanz in der Medien- und Protestgesellschaft. Zur Debatte um Legitimation, öffentliches Vertrauen, Transparenz und Partizipation, Wiesbaden 2015, S. 1–24.

Bentele, Günter/ Nothhaft, Howard: Vertrauen und Glaubwürdigkeit als Grundlage von Corporate Social Responsibility. Die (massen-)mediale Konstruktion von Verantwortung und Verantwortlichkeit, in: Raupp, Juliana (Hrsg.): Handbuch CSR. Kommunikationswissenschaftliche Grundlagen, disziplinäre Zugänge und methodische Herausforderungen, Wiesbaden 2011, S. 45–70.

Bentele, Günter/ Seidenglanz, René: Das Image der Image-(Re-)Konstrukteure. Ergebnisse einer repräsentativen Studie zum Image der Public Relations in der deutschen Bevölkerung und einer Journalistenbefragung, in: Wienand, Edith/ Westerbarkey, Joachim/ Scholl, Armin (Hrsg.): Kommunikation über Kommunikation. Theorien, Methoden und Praxis, Wiesbaden 2005, S. 200–222.

Bentele, Günter/ Seidenglanz, René: Trust and Credibility. Prerequisites for Communication Management, in: Zerfaß, Ansgar/ van Ruler, Betteke/ Sriramesh, Krishnamurthy (Hrsg.): Public Relations Research. European and International Perspectives and Innovations, Wiesbaden 2008, S. 49–62.

Berger, Johannes: Kapitalismusanalyse und Kapitalismuskritik, in: Maurer, Andrea (Hrsg.): Handbuch der Wirtschaftssoziologie, Wiesbaden 2008, S. 363–381.

Berger, Peter L./ Luckmann, Thomas: The Social Construction of Reality. A Treatise in the Sociology of Knowledge, London 1976.

Berghoff, Hartmut: Vertrauen als ökonomische Schlüsselvariable. Zur Theorie des Vertrauens und der Geschichte seiner privatwirtschaftlichen Produktion, in: Ellerbrock, Karl-Peter/ Wischermann, Clemens (Hrsg.): Die Wirtschaftsgeschichte vor der Herausforderung durch die new institutional economics, Dortmund 2004.

Berghoff, Hartmut: Die Zähmung des entfesselten Prometheus? Die Generierung von Vertrauenskapital und die Konstruktion des Marktes im Industrialisierungs- und Globalisierungsprozess, in: Iriye, Akira/ Osterhammel, Jürgen/ Gehrke, Hans-Joachim/ Kafadar, Cemal/ Reinhard, Wolfgang/ Conrad, Sebastian/ Rosenberg, Emily S./ Maier, Charles S. (Hrsg.): Geschichte der Welt, München 2012, S. 143–168.

Bergmann, Jörg/ Luckmann, Thomas: Moral und Kommunikation, in: Bergmann, Jörg/ Luckmann, Thomas (Hrsg.): Kommunikative Konstruktion von Moral. Strutkur und Dynamik der Formen moralischer Kommunikation, Wiesbaden 1999, S. 13–36.

Besio, Cristina: Organisation und Gesellschaft: Beiträge der Organisationssoziologie zum Verständnis ihrer Wechselwirkung, in: Apelt, Maja/ Wilkesmann, Uwe (Hrsg.): Zur Zukunft der Organisationssoziologie, Wiesbaden 2015, S. 157–172.

Beyer, Jürgen/ Wolf, Markus: Finanzialisierung in der Finanzmarkt-Kommunikation deutscher Großbanken, in: Heires, Marcel/ Nölke, Andreas (Hrsg.): Politische Ökonomie der Finanzialisierung, Wiesbaden 2014, S. 131–146.

Billen, Gerd/ Gatschke, Lars: Riester-Renten müssen verbraucherfreundlicher sein, in: Vierteljahreshefte zur Wirtschaftsforschung 81 (2012), S. 237–243.

Blackston, Max: Beyond brand Personality. Building Brand Relationships, in: Aaker, David A./ Biel, Alexander L. (Hrsg.): Brand Equity & Advertising. Adventising's Role in Building Strong Brands, Hillsdale 1993, S. 113–124.

Blank, Florian: Die Riester-Rente. Überblick zum Stand der Forschung und sozialpolitische Bewertung nach zehn Jahren, in: Sozialer Fortschritt 6 (2011), S. 109–115.

Bloss, Michael/ Ernst, Dietmar/ Häcker, Joachim/ Eil, Nadine: Von der Subprime-Krise zur Finanzkrise. Immobilienblase: Ursachen, Auswirkungen, Handlungsempfehlungen, München 2009.

BMAS: Statistik zur privaten Altersvorsorge, in: www.bmas.de, 2017. Online abrufbar unter: http://www.bmas.de/DE/Themen/Rente/Zusatzliche-Altersvorsorge/statistik-zusaetzliche-altersvorsorge.html – Stand 06.07.2017.

Bögenhold, Dieter/ Fachinger, Uwe, Konsum im Kontext: Sozial- und wirtschaftshistorische Perspektiven, in: Jäckel, Michael (Hrsg.): Ambivalenz des Konsums und der werblichen Kommunikation, Wiesbaden 2007, S. 19–40.

Böhle, Fritz/ Weihrich, Margit: Ungewissheit, Uneindeutigkeit, Unsicherheit. Braucht die Theorie reflexiver Modernisierung eine neue Handlungstheorie?, in: Böhle, Fritz/ Weihrich, Margit (Hrsg.): Handeln unter Unsicherheit, Wiesbaden 2009, S. 9–21.

Bohlender, Matthias: Soziale (Un)Sicherheit. Zur Genealogie eines Dispositivs moderner Gesellschaften, in: Münkler, Herfried/ Bohlender, Matthias/ Meurer, Sabine (Hrsg.): Sicherheit und Risiko, Bielefeld 2015, S. 101–124.

Bohn, Cornelia/ Willems, Herbert: Sinngeneratoren, in: Bohn, Cornelia/ Hahn, Alois (Hrsg.): Sinngeneratoren. Fremd- und Selbstthematisierung in soziologisch-historischer Perspektive, Konstanz 2001, S. 9–14.

Boltanski, Luc/ Chiapello, Ève: Der neue Geist des Kapitalismus, Konstanz 2003.

Boltes-Streeck, Klaus/ Femers, Susanne: Finanztango. Wirtschaftliche Beziehungen und ihr Management in der Wirtschaftskommunikation, Wiesbaden 2012.

Bonfadelli, Heinz: Was ist öffentliche Kommunikation? Grundbegriffe und Modelle, in: Bonfadelli, Heinz/ Jarren, Otfried/ Siegert, Gabriele (Hrsg.): Einführung in die Publizistikwissenschaft, Bern 2005, S. 111–142.

Bönker, Frank: Der Siegeszug des Mehrsäulenparadigmas in der bundesdeutschen Rentenpolitik. Eine Analyse auf Grundlage der "Ideenliteratur", in: ZSR 51 (2005), S. 337–362.

Borchers, Nils S.: Werbekommunikation. Entwurf einer kommunikationswissenschaftlichen Theorie der Werbung, Wiesbaden 2014.

Boorstin, Daniel J.: The Image. A Guide to Pseudo-Events in America, 8. Auflage, New York 1980.

Borscheid, Peter: Mit Sicherheit leben. Die Geschichte der deutschen Lebensversicherungswirtschaft und der Provinzial-Lebensversicherungsanstalt von Westfalen, Münster 1989.

Borscheid, Peter: 100 Jahre Allianz. 1890-1990, München 1990.

Borscheid, Peter: Mit Sicherheit leben. Die Geschichte der deutschen Lebensversicherungswirtschaft und der Provinzial-Lebensversicherungsanstalt von Westfalen, Münster 1993.

Borscheid, Peter: Sparsamkeit und Sicherheit. Werbung für Banken, Sparkassen und Versicherungen, in: Borscheid, Peter/ Wischermann, Clemens (Hrsg.): Bilderwelt des Alltags. Werbung in der Konsumgesellschaft des 19. und 20. Jahrhunderts, Stuttgart 1995, S. 294–349.

Bösch, Frank: Ereignisse, Performanz und Medien in historischer Perspektive, in: Bösch, Frank/ Schmidt, Patrick (Hrsg.): Medialisierte Ereignisse. Performanz, Inszenierung und Medien seit dem 18. Jahrhundert, Frankfurt am Main 2010, S. 7–30.

Brandt, Jürgen: Die Marke – das Versprechen der Wirtschaft an den Kunden, in: Janich, Nina (Hrsg.): Marke und Gesellschaft. Markenkommunikation im Spannungsfeld von Werbung und Public Relations, Wiesbaden 2009, S. 201-206.

Braun, Reiner/ Pfeiffer, Ulrich: Riesterrente. Wer nutzt sie und warum? Typisierung der Sparer und Auswirkungen auf die Vermögensbildung, Köln 2011.

Brachfeld, Oliver: Image, in: Ritter, Joachim (Hrsg.): Historisches Wörterbuch der Philosophie, Basel.

Breitschopf, Nicola Maria: Radikale Transformation in der Assekuranz. Vertrauen schaffen durch Führungskommunikation, in: Reinmuth, Marcus/ Kastens, Inga Ellen/ Voßkamp, Patrick (Hrsg.): Kommunikation für Banken und Versicherer. Krisen bewältigen, Vertrauen schaffen, Stuttgart 2016, S. 51–70.

Brettschneider, Antonio: Jenseits von Leistung und Bedarf: Zur Systematisierung sozialpolitischer Gerechtigkeitsdiskurse, in: ZSR 53 (2007), S. 365–389.

Brettschneider, Antonio: Paradigmenwechsel als Deutungskampf. Diskursstrategien im Umbau der deutschen Alterssicherung, in: Sozialer Fortschritt 9-10 (2009), S. 189–199.

Brickson, Shelley L.: Organizational Identity Orientation. Forging a Link betweed Organizational Identity and Organizations' Relations with Stakeholders, in: Administrative Science Quarterly 50 (2005), S. 576–609.

Brown, Tom J./ Dacin, Peter A./ Pratt, Michael G./ Whetten, David A.: Identity, Intended Image, Construed Image, and Reputation. An Interdisciplinary Frameword and Suggested Terminology, in: Academy of Marketing Science Journal 34 (2006), S. 99-106.

Brown, Andrew D.: Organization Studies and Identity: Towards a Research Agenda, in: Human Relations 54 (2001), S. 113–121.

Bruhn, Manfred (Hrsg.): Handbuch Markenführung: Kompendium zum erfolgreichen Markenmanagement. Strategien – Instrumente – Erfahrungen, 2. Aufl., Wiesbaden 2004.

Bruhn, Manfred: Begriffsabgrenzung und Erscheinungsformen von Marken, in: Bruhn, Manfred (Hrsg.): Die Marke. Symbolkraft eines Zeichensystems, Bern 2001, S. 13–53.

Bruhn, Manfred: Integrierte Unternehmenskommunikation, in: Meckel, Miriam/ Schmid, Beat F. (Hrsg.): Unternehmenskommunikation. Kommunikationsmanagement aus Sicht der Unternehmensführung, Wiesbaden 2008, S. 513–556.

Bruhn, Manfred: Integrierte Unternehmens- und Markenkommunikation. Strategische Planung und operative Umsetzung, 4.Aufl., Stuttgart 2006.

Brunner, Otto/ Conze, Werner/ Koselleck, Reinhart (Hrsg.): Geschichtliche Grundbegriffe. Historisches Lexikon zur politisch-sozialen Sprache in Deutschland, Stuttgart 1984.

Burkhardt, Steffen: Medienskandale. Zur moralischen Sprengkraft öffentlicher Diskurse, Köln 2006.

Buß, Eugen: Die Marke als soziales Symbol. Überlegungen zu einem neuen Markenverständnis, in: Public Relations Forum für Wissenschaft und Praxis 2 (1998), S. 96–100.

Busse, Dietrich: Das Eigene und das Fremde. Annotationen zu Funktion und Wirkung einer diskurssemantischen Grundfigur, in: Jung, Matthias/ Wengeler, Martin/ Böke, Karin (Hrsg.): Die Sprache des Migrationsdiskurses. Das Reden über „Ausländer" in Medien, Politik und Alltag, Opladen 1997, S. 17–35.

Butler, Judith: Körper von Gewicht. Die diskursiven Grenzen des Geschlechts, Berlin 1995.

Castells, Manuel: Der Aufstieg der Netzgesellschaft, Opladen 2001.

Christen, Christian: Politische Ökonomie der Alterssicherung. Kritik der Reformdebatte um Generationsgerechtigkeit, Demographie und kapitalgedeckte Finanzierung, Marburg 2013.

Coleman, James S.: Power and the Structure of Society, New York 1974.

Cornelissen, Joep P./ Haslam, Alexander S./ Balmer, John M. T.: Social Identity, Organizational Identity and Corporate Identity. Towards an Integrated Understanding of Processes, Patternings and Products, in: British Journal of Management 18 (2007), S. 1–16.

De Goede, Marieke: Virtue, Fortune, and Faith. A Genealogy of Finance, Minneapolis 2005.

De Goede, Marieke: Finanzen, Spiel, Spekulation, in: Langenohl, Andreas/ Wetzel, Dietmar J. (Hrsg.): Finanzmarktpublika. Moralität, Krisen und Teilhabe in der ökonomischen Moderne, Wiesbaden 2014, S. 31–52.

Deephouse, David L./ Suchman, Mark: Legitimacy in Organizational Institutionalism, in: Greenwood, Royston/ Oliver, Christine/ Suddaby, Roy/ Sahlin-Andersson, Kerstin (Hrsg.): The SAGE Handbook of Organizational Institutionalism, Los Angeles 2008, S. 49–77.

Degele, Nina: Neue Kompetenzen im Internet. Kommunikation abwehren, Information vermeiden, in: Lehmann, Kai/ Schetsche, Michael (Hrsg.): Die Google-Gesellschaft. Vom digitalen Wandel des Wissens, Bielefeld 2007, S. 63–74.

Deichsel, Alexander: Marke als Gestaltsystem, in: Brandmeyer, Klaus/ Deichsel, Alexander (Hrsg.): Jahrbuch Markentechnik 1997/98, Frankfurt am Main 1998, S. 221–246.

Deichsel, Alexander: Markensoziologie, 2. Aufl., Frankfurt am Main 2006.

Deutschmann, Christoph: Finanzmärkte und Mittelschichten. Der kollektive Buddenbrooks-Effekt, in: Leviathan Sonderheft 21 (2001), S. 501-517.

Diaz-Bone, Rainer/ Krell, Gertraude: Einleitung. Diskursforschung und Ökonomie, in: Diaz-Bone, Rainer/ Krell, Gertraude (Hrsg.): Diskurs und Ökonomie. Diskursanalytische Perspektiven auf Märkte und Organisationen, Wiesbaden 2009, S. 1–38.

Demircan, Ozan/ Iwersen, Sönke: Chronik des Ergo-Skandals, in: Handelsblatt Online, 17.05.2016. Online abrufbar unter: http://www.wiwo.de/versicherer-chronik-des-ergo-skandals/13606674.html – Stand 07.06.2017.

Diehl, Nazim: Banken-Image unter Beschuss. Die Moralisierung der Finanzkrisen-
    Debatte 2008, 2017 Marburg.
Diehl, Nazim: Werben um Vertrauen. Die Unternehmenskommunikation der R+V
    Versicherung seit 2008, in: Reinmuth, Marcus/ Kastens, Inga Ellen/ Voß-
    kamp, Patrick (Hrsg.): Kommunikation für Banken und Versicherer. Krisen
    bewältigen, Vertrauen schaffen, 2016 Stuttgart, S. 87-105.
Doering-Manteuffel, Anselm/ Raphael, Lutz: Nach dem Boom. Perspektiven auf
    die Zeitgeschichte seit 1970, Göttingen 2008.
Domizlaff, Hans: Die Gewinnung des öffentlichen Vertrauens. Ein Lehrbuch der
    Markentechnik, Hamburg 2005.
Dommermuth, Thomas: Die Riester-Versorgung ist grundlegend. Sie sollte kon-
    struktiv kritisiert, aber nicht zerredet werden, in: Vierteljahreshefte zur Wirt-
    schaftsforschung 81 (2012), S. 91–102.
Dudenredaktion: Duden. Die deutsche Rechtschreibung, Berlin 2014.
Durkheim, Emile: Erziehung, Moral und Gesellschaft. Frankfurt am Main 1984
    [1902/1903].
Eberlein, Franziska/ Ülkümen, Roxane: Eine Branche unter Druck. Argumentati-
    onsstrukturen von Krisen-PR am Beispiel der Banken, in: Huck-Sandhu, Si-
    mone (Hrsg.): Unternehmenskommunikation in Zeiten der Wirtschaftskrise,
    Stuttgart 2009, S. 191–220.
Ebert, Helmut: Vertrauen in der Unternehmenskommunikation, in: Hundt, Markus
    (Hrsg.): Handbuch Sprache in der Wirtschaft, Berlin 2015, S. 482–507.
Eggli, Bernhard: Markenführung im Bankensektor, in: Bruhn, Manfred (Hrsg.):
    Handbuch Markenführung: Kompendium zum erfolgreichen Markenmanage-
    ment. Strategien – Instrumente – Erfahrungen, Wiesbaden 2004, S. 2183–
    2208.
Ehler, Jürgen/ Haak, Carrol: Riester-Sparen. Eine Frage des Vertrauens?, in: Deut-
    sche Renteversicherung 4 (2011), S. 269–290.
Einwiller, Sabine: Reputation und Image. Grundlagen, Einflussmöglichkeiten, Ma-
    nagement, in: Zerfaß, Ansgar/ Piwinger, Manfred (Hrsg.): Handbuch Unter-
    nehmenskommunikation. Strategie – Management – Wertschöpfung,
    Wiesbaden 2014, S. 371-391.
Eisenegger, Mark: Reputation in der Mediengesellschaft. Konstitution, Issues-Moni-
    toring, Issues-Management,, Wiesbaden 2005.
Eisenegger, Mark: Trust and Reputation in the Age of Globalisation, in: Klewes, Jo-
    achim / Wreschniok, Robert (Hrsg.): Reputation Capital. Building and Main-
    taining Trust in the 21st Century, Heidelberg 2009, S. 11–22.
Eisenegger, Mark: Von der sozialen zur volkswirtschaftlichen Verantwortung. Wie
    die Finanzmarktkrise die Reputationsdynamik verändert, in: Das Magazin für
    Wirtschaftspolitik 7 (2011), S. 59–62.

Eisenegger, Mark/ Schranz, Mario: CSR. Moralisierung des Reputationsmanagements, in: Raupp, Juliana (Hrsg.): Handbuch CSR. Kommunikationswissenschaftliche Grundlagen, disziplinäre Zugänge und methodische Herausforderungen, Wiesbaden 2011, S. 71–96.

Eisenegger, Mark/ Imhof, Kurt: Funktionale, soziale und expressive Reputation: Grundzüge einer Reputationstheorie, in: Röttger, Ulrike (Hrsg.): Theorien der Public Relations. Grundlagen und Perspektiven der PR-Forschung, Wiesbaden 2009, S. 243–264.

Emmerling, Tanja: Unternehmensprofile auf Websites. Heterogene Sender und Botschaften, in: Boenigk, Michael/ Krieger, David/ Belliger, Andrea (Hrsg.): Innovative Wirtschaftskommunikation. Interdisziplinare Problemlosungen für die Wirtschaft, Wiesbaden 2008, S. 228–242.

Ernst & Young: Vertrauen in die Bankenbranche sinkt gemäss EY-Studie weiter. Bankkunden vermissen Angebote für ihre individuellen Bedürfnisse, Pressemitteilung vom 17.10.2016. Online abrufbar unter: https://webforms.ey.com/Publication/vwLUAssets/ey-medienmitteilung-ey-global-consumer-banking-survey-2016/$FILE/ey-medienmitteilung-ey-global-consumer-banking-survey-2016.pdf – Stand 22.07.2017.

Esch, Franz-Rudolf/Langner, Tobias/Rempel, Jan Eric: Ansätze zur Erfassung und Entwicklung der Markenidentität, in: Esch, Franz-Rudolf: Moderne Markenführung. Grundlagen, Innovative Ansätze, Praktische Umsetzungen, Wiesbaden 2005, S. 103–131.

Esch, Franz-Rudolf: Strategie und Technik der Markenführung, 8. Aufl., München 2014.

Esch, Franz-Rudolf: Wirksame Markenkommunikation bei steigender Informationsüberlastung der Konsumenten, in: Köhler, Richard (Hrsg.): Erfolgsfaktor Marke. Neue Strategien des Markenmanagements, München 2001, S. 71–81.

Esch, Franz-Rudolf: Wirkung integrierter Kommunikation. Ein verhaltenswissenschaftlicher Ansatz für die Werbung, 4.Aufl., Wiesbaden 2006.

Etter, Michael/ Hoffmann, Christian Pieter: Corporate Social Responsibility. Ethische Verantwortung oder Image-Pflege?, in: Steinmann, Cary (Hrsg.): Evolution der Informationsgesellschaft. Markenkommunikation im Spannungsfeld der neuen Medien, Wiesbaden 2011, S. 97–114.

Ewald, Francois: Die Versicherungs-Gesellschaft, in: Kritische Justiz 22 (1989), S. 385–393.

Ewald, Francois: Der Vorsorgestaat, Frankfurt am Main 1993 [1986].

Ewald, Francois: Der Vorsorgestaat, Frankfurt am Main 1993 [1986].

Faulstich, Werner: Einleitung: "Image" als Problemfeld – systematische Bedeutungsdimensionen, historische Entwicklung, in: Faulstich, Werner (Hrsg.): Image, Imageanalyse, Imagegestaltung. 2. Lüneburger Kolloquium zur Medienwissenschaft, Bardowick 1992, S. 7–12.

Featherstone, Mike: Postmodernismus und Konsumkultur. Die Globalisierung der Komplexität, in: Robertson, Caroline/ Winter, Carsten (Hrsg.): Kulturwandel und Globalisierung, Baden-Baden 2000, S. 77–106.

Fechtenhauer, Detlef: Was ist Gerechtigkeit und wie kommt sie zustande? Die psychologische Perspektive, in: Roman Herzog Institut (Hrsg.): Was ist Gerechtigkeit – und wie lässt sie sich verwirklichen? Antworten eines interdisziplinären Diskurses, München 2009, S. 23–27.

Fiedler, Martin: Vertrauen ist gut, Kontrolle ist teuer, in: Geschichte und Gesellschaft 27 (2001), S. 576–592.

Fiedler, Anke/ Meyen, Michael: Blick über die Mauer. Medien in der DDR, in: www.bpb.de, 2011. Online abrufbar unter: http://www.bpb.de/izpb/7560/blick-ueber-die-mauer-medien-in-der-ddr – Stand 06.07.2017.

Foucault, Michel: Archäologie des Wissens, 8. Aufl., Frankfurt am Main 1997.

Foucault, Michel: Die Ordnung des Diskurses, Frankfurt am Main 2007.

Franck, Georg: Jenseits von Geld und Information. Zur Ökonomie der Aufmerksamkeit, in: Zerfaß, Ansgar/ Piwinger, Manfred (Hrsg.): Handbuch Unternehmenskommunikation. Strategie – Management – Wertschöpfung, Wiesbaden 2014, S. 193-202.

Gans, Timo/ Voith, Lena: Strategien zur Sicherung von Image und Reputation in der Wirtschaftskrise, in: Huck-Sandhu, Simone (Hrsg.): Unternehmenskommunikation in Zeiten der Wirtschaftskrise, Stuttgart 2009, S. 67–90.

Geideck, Susan/ Liebert, Wolf-Andreas: Sinnformeln. Eine soziologisch-linguistische Skizze, in: Geideck, Susan/ Liebert, Wolf-Andreas (Hrsg.): Sinnformeln. Linguistische und soziologische Analysen von Leitbildern, Metaphern und anderen kollektiven Orientierungsmustern, Berlin 2003, S. 3–14.

Geser, Hans: Organisationen als soziale Akteure, in: Zeitschrift für Soziologie 6 (1990), S. 401–417.

Gfk Verein: Global Trust Report 2017.

Giacovelli, Sebastian/ Langenohl, Andreas/ Westermeier, Carola: Die Finanz- und Staatsschuldenkrise in der Eurozone: Schulden, Experten und Modelle, in: Gießener Universitätsblätter 49 (2016), S. 101-108.

Giesen, Bernhard: Voraussetzung und Konstruktion. Überlegungen zum Begriff der kollektiven Identität, in: Bohn, Cornelia; Hahn, Alois: Sinngeneratoren. Fremd- und Selbstthematisierung in soziologisch-historischer Perspektive, Konstanz 2001, S. 91–110.

Giddens, Anthony: Konsequenzen der Moderne. Frankfurt am Main 1995.

Gioia, Dennis A./ Schultz, Majken/ Corley, Kevin G.: Organizational Identity, Image, and Adaptive Instability, in: Academy of Management Review 25 (2000), S. 63–81.

Glaser, Barney G./ Strauss, Anselm L.: The Discovery of Grounded Theory. Strategies for Qualitative Research, New York 1971.

Von Glasersfeld, Ernst: Einführung in den Radikalen Konstruktivismus, in: Watzlawick, Paul (Hrsg.): Die erfundene Wirklichkeit, München 1981, S. 16–38.

Goffman, Erving: Interaktion: Spaß am Spiel. Rollendistanz, München 1973.

Goffman, Erving: Stigma. Notes on the Management of Spoiled Identity, 26. Aufl., Frankfurt am Main 1975.

Goffman, Erving: Rahmen-Analyse. Ein Versuch über die Organisation von Alltagserfahrungen, Frankfurt am Main 1977.

Goffman, Erving: Geschlecht und Werbung, Frankfurt am Main 1981.

Goffman, Erving: Interaktionsrituale. Über Verhalten in direkter Kommunikation, Frankfurt am Main 1986.

Goffman, Erving: Wir alle spielen Theater. Die Selbstdarstellung im Alltag, 12. Aufl., München 2013.

Grugel, Christian: Verbraucherpolitische Initiativen zur Riester-Rente, in: Vierteljahreshefte zur Wirtschaftsforschung 81 (2012), S. 231–235.

Grünberg, Partrica: Glaubwürdigkeit, Vertrauen und Akzeptanz, in: Bentele, Günter/ Bohse, Reinhard/ Hitschfeld, Uwe/ Krebber, Felix (Hrsg.): Akzeptanz in der Medien- und Protestgesellschaft. Zur Debatte um Legitimation, öffentliches Vertrauen, Transparenz und Partizipation, Wiesbaden 2015, S. 25–40.

Hall, Peter A./ Gingerich, Daniel W.: Varieties of Capitalism and Institutional Complementarities in the Macroeconomy. An Empirical Analysis, in: Max-Planck-Institut für Gesellschaftsforschung Discussion Paper 4 (2005), S. 3–43.

Hagen, Kornelia/ Schäfer, Dorothea/ Hagen, Kornelia: Dokumentation der Diskussionsbeiträge auf dem Workshop des DIW Berlin zum Thema "Riester-Rente – Grundlegende Reform dringend geboten!?", in: Vierteljahreshefte zur Wirtschaftsforschung 81 (2012), S. 1–32.

Hagen, Kornelia: Streitfall Bewertung des Riester-Sparens, in: Vierteljahreshefte zur Wirtschaftsforschung 81 (2012), S. 133–163.

Hahn, Michael (Hrsg.): Nichts gegen Amerika. Linker Antiamerikanismus und seine lange Geschichte, Hamburg 2003.

Hahn, Alois: Soziologische Aspekte der Knappheit, in: Heinemann, Heinemann (Hrsg.): Soziologie des wirtschaftlichen Handelns, Opladen 1987, S. 119–132.

Hahn, Alois: Verständigung als Strategie, in: Haller, Max/ Hoffmann-Nowotny, Hans-Joachim/ Zapf, Wolfgang (Hrsg.): Kultur und Gesellschaft, Frankfurt am Main 1989, S. 346–359.

Hahn, Alois: Konstruktion des Selbst, der Welt und der Geschichte. Aufsätze zur Kultursoziologie, Frankfurt am Main 2000.

Hahn, Hans Henning: 12 Thesen zur historischen Stereotypenforschung, in: Hahn, Hans Henning/ Mannová, Elena (Hrsg.): Nationale Wahrnehmungen und ihre Stereotypisierung. Beiträge zur historischen Stereotypenforschung, Frankfurt am Main 2007, S. 15–24.

Hahn, Sonja: Finanzmarktkrisen im Spiegel des deutschsprachigen Pressediskurses, Gießen 2011.

Hammel, Laura-Luise: Antisemitische und antiamerikanische Verschwörungstheorien. Eine Diskursnalayse im Umfeld der "Mahnwachen für den Frieden" im Frühjahr 2014, unv. Magisterarbeit 2015.

Hartmann, Martin/Offe, Claus (Hrsg.): Vertrauen. Die Grundlagen des sozialen Zusammenhalts, Frankfurt am Main 2001.

Häusler, Jürgen: Marken im öffentlichen Diskurs, in: Zerfaß, Ansgar/ Piwinger, Manfred (Hrsg.): Handbuch Unternehmenskommunikation. Strategie – Management – Wertschöpfung, Wiesbaden 2014, S. 393-410.

Heidbrink, Ludger: Der Verantwortungsbegriff der Wirtschaftsethik, in: Aßländer, Michael Stephan (Hrsg.): Handbuch Wirtschaftsethik, Stuttgart 2010, S. 188–197.

Heires, Marcel/ Nölke, Andreas: Die Politische Ökonomie der Finanzialisierung. Einleitung, in: Heires, Marcel/ Nölke, Andreas (Hrsg.): Politische Ökonomie der Finanzialisierung, Wiesbaden 2014, S. 19–29.

Heitmeyer, Wilhelm: Krisen. Gesellschaftliche Auswirkungen, individuelle Verarbeitungen und Folgen für die Gruppenbezogene Menschenfeindlichkeit, in: Heitmeyer, Wilhelm (Hrsg.): Deutsche Zustände, Berlin 2010, S. 13–46.

Hellmann, Kai-Uwe: Soziologie der Marke, Frankfurt am Main 2003.

Hellmann, Kai-Uwe: Zur Historie und Soziologie des Markenwesens, in: Jäckel, Michael (Hrsg.): Ambivalenz des Konsums und der werblichen Kommunikation, Wiesbaden 2007, S. 53–71.

Hellmann, Kai-Uwe: Konsumsoziologie, in: Kneer, Georg (Hrsg.): Handbuch Spezielle Soziologien, Wiesbaden 2008, S. 179–195.

Hellmann, Kai-Uwe: Prosumismus im Zeitalter der Internet-Ökonomie, in: SWS-Rundschau 49 (2009), S. 67–73.

Hellmann, Kai-Uwe: Fetisch des Konsums, Wiesbaden 2010.

Hellmann, Kai-Uwe, Der Konsum der Gesellschaft, Wiesbaden 2013.

Hellmann, Kai-Uwe/ Pichler, Rüdiger (Hrsg.): Ausweitung der Markenzone. Interdisziplinäre Zugänge zur Erforschung des Markenwesens, Wiesbaden 2005.

Hellmann, Kai-Uwe/ Schrage, Dominik (Hrsg.): Konsum der Werbung. Zur Produktion und Rezeption von Sinn in der kommerziellen Kultur, Wiesbaden 2004.

Hellmann, Kai-Uwe/ Schrage, Dominik (Hrsg.): Das Management der Kunden. Studien zur Soziologie des Shopping, Wiesbaden 2005.

Hempel, Dirk: Spieler, Spekulanten, Bankrotteure, Bürgerlichkeut und Ökonomie, in: Hempel, Dirk (Hrsg.): "Denn wovon lebt der Mensch?" Literatur und Wirtschaft, Frankfurt am Main 2009, S. 97–115.

Herbst, Dieter: Der Mensch als Marke, in: Hellmann, Kai-Uwe/ Pichler, Rüdiger (Hrsg.): Ausweitung der Markenzone. Interdisziplinäre Zugänge zur Erforschung des Markenwesens, Wiesbaden 2005, S. 99–118.

Hessinger, Philipp/ Wagner, Gabriele: Max Webers Protestantismus-These und der „neue Geist des Kapitalismus". Eine deutsch-französische Gegenperspektive, in: Wagner, Gabriele/ Hessinger, Philipp (Hrsg.): Ein neuer Geist des Kapitalismus? Paradoxien und Ambivalenzen der Netzwerkökonomie, Wiesbaden 2008, S. 9-38.

Hillmann, Karl-Heinz: Zur Wertewandelforschung. Einführung, Übersicht und Ausblick, in: Oesterdiekhoff, Georg W./ Jegelka, Norbert (Hrsg.): Werte und Wertwandel in westlichen Gesellschaften. Resultate und Perspektiven der Sozialwissenschaften, Opladen 2001, S. 15–40.

Hilker, Claudia: Social-Media-Marketing am Beispiel der Versicherungsbranche, Norderstedt 2017.

Hondrich, Karl Otto: Skandalmärkte und Skandalkulturen, in: Haller, Max/ Hoffmann-Nowotny, Hans-Joachim/ Zapf, Wolfgang (Hrsg.): Kultur und Gesellschaft, Frankfurt am Main 1989, S. 575–586.

Honegger, Claudia/ Neckel, Sighard/ Magnin, Chantal: Berichte aus der Bankenwelt, in: Jelinek, Elfriede/ Honegger, Claudia (Hrsg.): Strukturierte Verantwortungslosigkeit. Berichte aus der Bankenwelt, Berlin 2010, S. 15–32.

Hsu, Greta/ Hannan, Michael T.: Identities, Genres, and Organizational Forms, in: Organization Science 16 (2005), S. 474–490.

Hubig, Christoph: Vertrauen und Glaubwürdigkeit als konstituierende Elemente der Unternehmenskommunikation, in: Zerfaß, Ansgar/ Piwinger, Manfred (Hrsg.): Handbuch Unternehmenskommunikation. Strategie – Management – Wertschöpfung, Wiesbaden 2014, S. 351–370.

Hüllemann, Niko M. O.: Vertrauen ist gut. Marke ist besser: Eine Einführung in die Systemtheorie der Marke, Heidelberg 2007.

Humphreys, Michael/ Brown, Andrew D.: Narratives of Organizational Identity and Identification. A Case Study of Hegemony and Resistance, in: Organization Science 23 (2002), S. 421–447.

Illing, Falk: Deutschland in der Finanzkrise. Chronologie der deutschen Wirtschaftspolitik 2007-2012, Wiesbaden 2013.

Imhof, Kurt: Medienskandale als Indikatoren sozialen Wandels. Skandalisierungen in den Printmedien im 20. Jahrhundert, in: Hahn, Kornelia (Hrsg.): Öffentlichkeit und Offenbarung. Eine interdisziplinäre Mediendiskussion, Konstanz 2002, S. 73–98.

Imhof, Kurt: Mediengesellschaft und Medialisierung, in: Medien und Kommunikationswissenschaft 2 (2006), S. 191–215.

Imhof, Kurt: Die Krise der Öffentlichkeit. Kommunikation und Medien als Faktoren des sozialen Wandels, Frankfurt am Main 2011.

Jäckel, Michael: Warum Erlebnisgesellschaft? Erlebnisvermittlung als Werbeziel, in: Jäckel, Michael (Hrsg.): Die umworbene Gesellschaft. Analysen zur Entwicklung der Werbekommunikation, Opladen 1998, S. 245–272.

Jacob, Wolfgang/ Schubert, Frank: Bankenmarkt im Umbruch. Markenbildung als Voraussetzung für zukünftigen Erfolg, in: Consart Management Consultants (Hrsg.): Strategisches Marken-Management für Banken. Branding – der Erfolgsfaktor im Retailgeschäft, Frankfurt am Main 2001, S. 13–26.

Jaecker, Tobias: Hass, Neid, Wahn. Antiamerikanismus in den deutschen Medien, Frankfurt am Main 2013.

Janich, Nina (Hrsg.): Marke und Gesellschaft. Markenkommunikation im Spannungsfeld von Werbung und Public Relations, Wiesbaden 2009.

Janich, Nina (Hrsg.): Handbuch Werbekommunikation, Tübingen 2012.

Johannsen, Marion J.: Unternehmen als Dienstleister der Gesellschaft, in: Gramlich, Dieter/ Träger, Manfred (Hrsg.): Herausforderungen einer zukunftsorientierten Unternehmenspolitik: Ökonomie, Umwelt, Technik und Gesellschaft als Determinanten, Wiesbaden 2007, S. 123–130.

John, Karsten: Vertrauen in Institutionen, Banken und Versicherungen, in: www.gfk-verein.org, 2011. Online verfügbar unter: http://www.gfk-verein.org/veranstaltungen/gfk-tagung/gfk-tagung-2011/vortrag-2 – Stand 16.11.2015.

Kapferer, Jean-Noel: Die Marke. Kapital des Unternehmens, Landsberg 1992.

Kapferer, J.-N.: Strategic brand management. New Approaches to Creating and Evaluating Brand Equity, New York 1994.

Kappes, Christoph: Eigenheiten der Internet-Kommunikation, in: Medien + Erziehung 3 (2011), S. 14–18.

Kassner, Karsten: Soziale Deutungsmuster. Über die aktuellen Ansätze zur Erforschung kollektiver Sinnzusammenhänge, in: Geideck, Susan/ Liebert, Wolf-Andreas (Hrsg.): Sinnformeln. Linguistische und soziologische Analysen von Leitbildern, Metaphern und anderen kollektiven Orientierungsmustern, Berlin 2003, S. 37–58.

Kastens, Inga Ellen: Linguistische Markenführung. Die Sprache der Marken, in: Janich, Nina (Hrsg.): Marke und Gesellschaft. Markenkommunikation m Spannungsfeld von Werbung und Public Relations, Wiesbaden 2009, S. 111-122.

Kastens, Inga Ellen: Markenkommunikation zwischen Planung und Aushandlung, in: Kastens Inga Ellen/ Busch, Albert (Hrsg.): Handbuch Wirtschaftskommunikation. Interdisziplinäre Zugänge zur Unternehmenskommunikation, Tübingen 2016, S. 239-257.

Kastens, Inga Ellen/ Lux, Peter G. C.: Das Aushandlungs-Paradigma der Marke. Den Bedeutungsreichtum der Marke nutzen, Wiesbaden 2014.

Kautt, York: Image. Zur Genealogie eines Kommunikationscodes der Massenmedien, Bielefeld 2008.

Kautt, York: Image-Kommunikation. Zur Entstehung eines modernen Typus der Schematisierung sozialer Objekte, in: Rehberg, Karl-Siegbert (Hrsg.): Die Natur der Gesellschaft. Verhandlungen des 33. Kongresses der Deutschen Gesellschaft für Soziologie in Kassel 2006, Frankfurt am Main 2008, S. 4331–4344.

Kautt, York: Werbekommunikation aus soziologischer Sicht, in: Janich, Nina (Hrsg.): Handbuch Werbekommunikation, Tübingen 2012, S. 411–422.

Kautt, York/ Willems, Herbert: Zur Beschreibung einer massenmedialen (Re-)Konstruktion von Alltagswissen, in: Rehberg, Karl-Siegbert (Hrsg.): Soziale Ungleichheit – Kulturelle Unterschiede. Verhandlungen des 32. Kongresses der Deutschen Gesellschaft für Soziologie in Müchen 2004, Frankfurt am Main 2006, S. 3154-3165.

Kautt, York/ Willems, Herbert: Ambivalenzen werblicher Kommunikation. Formen und Funktionen, in: Jäckel, Michael (Hrsg.): Ambivalenz des Konsums und der werblichen Kommunikation, Wiesbaden 2007, S. 125–140.

Kädtler, Jürgen: Finanzmarktöffentlichkeit und Finanzmarktrationalität. Zu den Bestandsbedingungen einer Form bedingter Rationalität in der Krise, in: Langenohl, Andreas/ Wetzel, Dietmar J. (Hrsg.): Finanzmarktpublika. Moralität, Krisen und Teilhabe in der ökonomischen Moderne, Wiesbaden 2014, S. 173-195.

Kellermann, Paul: Soziologie des Geldes. Grundlegende und zeithistorische Einsichten, Wiesbaden 2014.

Kelle, Udo/ Kluge, Susann: Vom Einzelfall zum Typus. Fallvergleich und Fallkontrastierung in der qualitativen Sozialforschung, Wiesbaden 2010.

Keller, Rudi: Unternehmenskommunikation und Vertrauen. Online abrufbar: http://www.germanistik.hhu.de/fileadmin/redaktion/Fakultaeten/Philosophische_Fakultaet/Germanistik/Germanistische_Sprachwissenschaft/Dateien/Keller/Unternehmenskommunikation_und_Vertrauen.pdf.

Keller, Rudi: Die Sprache der Geschäftsberichte. Was das Kommunikationsverhalten eines Unternehmens über dessen Geist aussagt, in: Moss, Christoph (Hrsg.): Die Sprache der Wirtschaft, Wiesbaden 2009, S. 19-44.

Keller, Reiner: Wissenssoziologische Diskursanalyse und Systemtheorie, in: John, René/ Henkel, Anna/ Rückert-John, Jana (Hrsg.): Die Methodologien des Systems. Wie kommt man zum Fall und wie dahinter?, Wiesbaden 2010, S. 241–272.

Kersting, Wolfgang: Gerechtigkeit. Autonomiegewinne der Leute im Wohlfahrtsstaat, in: Lessenich, Stephan (Hrsg.): Wohlfahrtsstaatliche Grundbegriffe. Historische und aktuelle Diskurse, Frankfurt am Main 2003, S. 137–156.

Kessler, Oliver: Die Krise als System? Die diskursive Konstruktion von „Risiko" und „Unsicherheit", in: Maeße, Jens (Hrsg.): Ökonomie, Diskurs, Regierung, Wiesbaden 2013, S. 57-76.

Kessler, Oliver/ Wilhelm, Benjamin: Finanzialisierung und die Performativität des Schattenbanksystems, in: Heires, Marcel/ Nölke, Andreas (Hrsg.): Politische Ökonomie der Finanzialisierung, Wiesbaden 2014, S. 97–115.

Kette, Sven: Bankenregulierung als Cognitive Governance. Eine Studie zur gesellschaftlichen Verarbeitung von Komplexität und Nichtwissen, Wiesbaden 2008.

Keupp, Heiner: Ambivalenzen postmoderner Identität, in: Beck, Ulrich/ Beck-Gernsheim, Elisabeth (Hrsg.): Riskante Freiheiten, Frankfurt am Main 2012, S. 336–350.

Kienpointner, Manfred: Alltagslogik. Strukturen und Funktion von Argumentationsmustern, Stuttgart 1992.

Kieser, Alfred/ Walgenbach, Peter: Organisation, 6. Aufl., Stuttgart 2010.

King, Brayden D./ Whetten, David A.: Rethinking the Relationship between Reputation and Legitimacy. A Social Actor Conceptualization, in: Corporate Reputation Review 11 (2008), S. 192–207.

Kirchner, Karin: Integrierte Unternehmenskommunikation. Theoretische und empirische Bestandsaufnahme und eine Analyse amerikanischer Großunternehmen, Wiesbaden 2001.

Kirchner, Stefan: Wer sind wir als Organisation? (Marken-)Identität zwischen Neo-Institutionalismus und Pfadabhängigkeit, Frankfurt am Main 2012.

Kirchner, Stefan: (Marken-)Identität und Unsicherheit, in: Apelt, Maja/ Senge, Konstanze (Hrsg.): Organisation und Unsicherheit, Wiesbaden 2015, S. 69-86.

Klages, Helmut: Wertedynamik. Über die Wandelbarkeit des Selbstverständlichen, Zürich 1988.

Kleining, Gerhard: Über soziale Images, in: Kölner Zeitschrift für Soziologie und Sozialpsychologie 5 (1961), S. 145–170.

Kleinlein, Axel: Verschärfung der Ineffizienz der Riesterrente-Angebote 2012 und in den Folgejahren, in: Vierteljahreshefte zur Wirtschaftsforschung 81 (2012), S. 103–114.

Knade, Sophia: Finanzmärkte und der deutsche Kapitalismus, in: Online-Journal für Wirtschafts-, Arbeits- und Organisationssoziologie 1 (2011), S. 204–213.

Knappertsbusch, Felix: Antiamerikanismus in Deutschland. Über die Funktion von Amerikabildern in nationalistischer und ethnozentrischer Rhetorik, Bielefeld 2016.

Knappertsbusch, Felix/ Kelle, Udo: "Mutterland des nomadisierenden Finanzkapitals". Zum Verhältnis von Antiamerikanismus und Antisemitismus vor dem Hintergrund der Finanzkrise, in: Heitmeyer, Wilhelm (Hrsg.): Deutsche Zustände, Berlin 2010, S. 144–163.

Knauber, Rainer: Wirtschaft und Gesellschaft. Auswege aus der Vertrauenskrise, in: Bentele, Günter/ Bohse, Reinhard/ Hitschfeld, Uwe/ Krebber, Felix (Hrsg.): Akzeptanz in der Medien- und Protestgesellschaft. Zur Debatte um Legitimation, öffentliches Vertrauen, Transparenz und Partizipation, Wiesbaden 2015, S. 187–198.

Kneer, Georg: Organisation und Gesellschaft. Zum ungeklärten Verhältnis von Organisations- und Funktionssystemen in Luhmanns Theorie sozialer Systeme, in: Zeitschrift für Soziologie 30 (2001a), S. 407–428.

Kneer, Georg: Überflußgesellschaft, in: Kneer, Georg/ Nassehi, Armin/ Schroer, Markus (Hrsg.): Klassische Gesellschaftsbegriffe der Soziologie, Wiesbaden 2001b, S. 422–444.

Knoblauch, Hubert: Pragmatische Ästhetik. Inszenierung, Performance und die Kunstfertigkeit alltäglichen kommunikativen Handelns, in: Willems, Herbert/ Jurga, Martin (Hrsg.): Inszenierungsgesellschaft. Ein einführendes Handbuch, Opladen 1998, S. 305-324.

Knoche, Manfred/ Siegert, Gabriele (Hrsg.): Strukturwandel der Medienwirtschaft im Zeitalter digitaler Kommunikation, München 1999.

Köcher, Renate (Hrsg.): Allensbacher Jahrbuch der Demoskopie. 2003 – 2009, Berlin 2010.

Kocka, Jürgen: Geschichte des Kapitalismus, Bonn 2015.

Köppe, Stephan: Wohlfahrtsmärkte. Die Privatisierung von Bildung und Rente in Deutschland, Schweden und den USA, Frankfurt am Main 2015.

Koppetsch, Cornelia: Die Werbebranche im Wandel. Zur Neujustierung von Ökonomie und Kultur im neuen Kapitalismus, in: Hellmann, Kai-Uwe/ Schrage, Dominik (Hrsg.): Konsum der Werbung: Zur Produktion und Rezeption von Sinn in der kommerziellen Kultur, Wiesbaden 2004, S. 147–161.

Koselleck, Reinhart: Begriffsgeschichten. Studien zur Semantik und Pragmatik der politischen und sozialen Sprache, Frankfurt am Main 2010.

Kovács, Lázló: Marke im Kopf. Ein kognitionslinguistischer Blick auf Markenbilder, in: Kastens, Inga Ellen/ Busch, Albert (Hrsg.): Handbuch Wirtschaftskommunikation. Interdisziplinäre Zugänge zur Unternehmenskommunikation, Tübingen 2016, S. 258-293.

Krasni, Jan: Schuld und Krise. Bonuszahlungen und Verantwortung in Mediendarstellungen der Finanzkrise, Wiesbaden 2017.

Kroeber-Riel, Werner/ Meyer-Hentschel, Gundolf: Werbung. Steuerung des Konsumentenverhaltens, Würzburg 1982.

Kroeber-Riel, Werner/ Gröppel-Klein, Andrea: Konsumentenverhalten, 10. Aufl., München 2013.

Kroeber-Riel, Werner: Informationsüberlastung durch Massenmedien und Werbung in Deutschland, in: Die Betriebswirtschaft, 47 (1986), S. 257–264.

Kruse, Lenelis: Drehbücher für Verhaltensschauplätze oder: Scripts für Settings, in: Kaminski, Gerhard (Hrsg.): Ordnung und Variabilität im Alltagsgeschehen, Göttingen 1986, S. 135–153.

Kuck, Kristin/ Römer, David: Metaphern und Argumentationsmuster im Mediendiskurs zur "Finanzkrise", in: Peltzer, Anja (Hrsg.): Krise, Cash & Kommunikation. Die Finanzkrise in den Medien, Konstanz, München 2012, S. 71–93.

Kühl, Stefan: Gesellschaft der Organisationen, organisierte Gesellschaft, Organisationsgesellschaft. Zu den Grenzen einer an Organisationen ansetzenden Zeitdiagnose, in: Apelt, Maja/ Wilkesmann, Uwe (Hrsg.): Zur Zukunft der Organisationssoziologie, Wiesbaden 2015, S. 73–93.

Kuhn, Oliver E.: Über die Interpretation der Finanzkrise in Internetforen, in: Peltzer, Anja (Hrsg.): Krise, Cash & Kommunikation. Die Finanzkrise in den Medien, Konstanz, München 2012, S. 159–177.

Kuhn, Oliver E.: Alltagswissen in der Krise. Über die Zurechnung der Verantwortung für die Finanzkrise, Wiesbaden 2014.

Kummert, Irina: Strategien der Moral am Kapitalmarkt. Namhafte Finanzmarktakteure geben Einblick in ihr Ethikverständnis, Wiesbaden 2013.

Lahno, Bernd: Der Begriff des Vertrauens, Paderborn 2002.

Langley, Paul: Liquidity Lost. The Governance of the Global Financial Crisis, Oxford 2015.

Lamla, Jörn: Wirtschaftssoziologie, in: Kneer, Georg (Hrsg.): Handbuch Spezielle Soziologien, Wiesbaden 2008, S. 663-684.

Landwehr, Achim: Diskurs und Wandel. Wege der Historischen Diskursforschung, in: Landwehr, Achim (Hrsg.): Diskursiver Wandel, Wiesbaden 2010, S.11–29.

Langenohl, Andreas: Finanzmarkt und Temporalität. Imaginäre Zeit und die kulturelle Repräsentation der Gesellschaft, Stuttgart 2007.

Langenohl, Andreas: Finanzmarktöffentlichkeiten. Die funktionale Beziehung zwischen Finanzmarkt und öffentlichem Diskurs, in: Diaz-Bone, Rainer/ Krell, Gertraude (Hrsg.): Diskurs und Ökonomie. Diskursanalytische Perspektiven auf Märkte und Organisationen, Wiesbaden 2009, S. 285–308.

Langenohl, Andreas: Die Ausweitung der Subprime-Krise. Finanzmärkte als Deutungsökonomien, in: Kessler, Oliver (Hrsg.): Die Internationale Politische Ökonomie der Weltfinanzkrise, Wiesbaden 2011, S. 75–98.

Langenohl, Andreas/ Schmidt-Beck, Kerstin: Die diskursive Entgrenzung und Eindämmung von Finanzmarktkrisen. Die jüngste US-Immobilienkrise und daran anschließende „Systemdiskussionen" in Deutschland, in: www.mpifg.de, 2008. Online abrufbar unter: http://wirtsoz-dgs.mpifg.de/dokumente/langenohl_schmidt-beck.pdf – Stand 15.07.2017.

Langenohl, Andreas/ Wetzel, Dietmar J.: Finanzmarktpublika. Eine Agenda zur Erforschung der Verknüpfungen von Finanzmärkten und Öffentlichkeit, in:

Langenohl, Andreas/ Wetzel, Dietmar J. (Hrsg.): Finanzmarktpublika. Moralität, Krisen und Teilhabe in der ökonomischen Moderne, Wiesbaden 2014, S. 9–28.

Langley, Paul: Liquidity Lost. The Governance of the Global Financial Crisis, Oxford 2015.

Leinert, Johannes: Transparenz von Riester-Produkten. Theoretische Fundierung und Befunde einer Anbieterbefragung, in: Vierteljahreshefte zur Wirtschaftsforschung 81 (2012), S. 55–69.

Leisering, Lutz: Paradigmen sozialer Gerechtigkeit. Normative Diskurse im Umbau des Sozialstaats, in: Liebig, Stefan/ Lengfeld, Holger/ Mau, Steffen (Hrsg.): Verteilungsprobleme und Gerechtigkeit in modernen Gesellschaften, Frankfurt am Main 2004, S. 29–68.

Leusmann, Klaus: Kulturwandel bei den Banken. Wege zu Ethik und Verantwortung im Kreditgewerbe, Wiesbaden 2013.

Liebig, Stefan/ Lengfeld, Holger/ Mau, Steffen: Verteilungsprobleme und Gerechtigkeit in modernen Gesellschaften, Frankfurt am Main, S. 297–328.

Liebig, Stefan: Theoretische Grundlagen und methodische Zugänge einer erklärenden Soziologie der Moral, in: Duisburger Beiträge zur soziologischen Forschung 6 (2007).

Lindenlaub, Dieter/ Burhop, Carsten/ Scholtyseck, Joachim (Hrsg.): Schlüsselereignisse der deutschen Bankengeschichte, Stuttgart 2013.

Link, Jürgen: "Ein 11. September der Finanzmärkte". Die Kollektivsymbolik der Krise zwischen Apokalypse, Normalisierung und Grenzen der Sagbarkeit, in: kultuRRevolution 55 (2009), S. 10–15.

Linke, Anne: Akzeptanzdebatten in veränderten Medienlandschaften, in: Bentele, Günter/ Bohse, Reinhard/ Hitschfeld, Uwe/ Krebber, Felix (Hrsg.): Akzeptanz in der Medien- und Protestgesellschaft. Zur Debatte um Legitimation, öffentliches Vertrauen, Transparenz und Partizipation, Wiesbaden 2015, S. 99–112.

Lippmann, Walter: Public Opinion, New York 1922.

Luger, Kurt: Freizeitmuster und Lebensstil. Medien als Kompositeure, Segmenteure und Kolporteure, in: Publizistik 37 (1992), S. 427–443.

Luhmann, Niklas: Soziologie des Risikos, Berlin 1991.

Luhmann, Niklas: Vertrautheit, Zuversicht, Vertrauen. Probleme und Alternativen, in: Hartmann, Martin/Offe, Claus (Hrsg.): Vertrauen: Die Grundlagen des sozialen Zusammenhalts, Frankfurt am Main 2001, S. 143–160.

Luhmann, Niklas: Soziologische Aufklärung, 3. Aufl., Wiesbaden 2005.

Luhmann, Niklas: Die Realität der Massenmedien, 4. Aufl., Wiesbaden 2009.

Luhmann, Niklas: Vertrauen. Ein Mechanismus der Reduktion sozialer Komplexität, Stuttgart 1973 [1968].

Luhmann, Niklas: Die Gesellschaft der Gesellschaft, Frankfurt am Main 1997.

Luhmann, Niklas: Die Wirtschaft der Gesellschaft, Frankfurt am Main 1988.

Luttermann, Karin Theresia/ Rothhaar, Sandra Victoria: Vertrauensbildende Kommunikation durch Zusatznutzen. Ein textlinguistischer Zugang am Beispiel der Marken Deutsche Bank und HansMerkus Versicherungsgruppe, in: Reinmuth, Marcus/ Kastens, Inga Ellen/ Voßkamp, Patrick (Hrsg.): Kommunikation für Banken und Versicherer. Krisen bewältigen, Vertrauen schaffen, Stuttgart 2016, S. 17–35.

Lütz, Susanne: Finanzmärkte, in: Maurer, Andrea (Hrsg.): Handbuch der Wirtschaftssoziologie, Wiesbaden 2008, S. 341–360.

Mahlbacher, Monika/ Schön, Alina: Kommunikation in der Krise – Krise der Kommunikation? Eine Analyse der Wirtschaftskrise unter Gesichtspunkten der Krisenkommunikation, in: Huck-Sandhu, Simone (Hrsg.): Unternehmenskommunikation in Zeiten der Wirtschaftskrise, Stuttgart 2009, S. 7–38.

Mahler, Armin: Die Welt des Josef A., in: Der Spiegel 44 (2008), S. 58-61.

Makropoulos, Michael: Möglichkeitsbändigungen. Disziplin und Versicherung als Konzepte zur Steuerung von Kontingenzen, in: Soziale Welt 41 (1990), S. 407–423.

Marschallek, Christian: Die "schlichte Notwendigkeit" privater Altersvorsorge. Zur Wissenssoziologie der deutschen Rentenpolitik, in: Zeitschrift für Soziologie 33 (2004), S. 285–302.

Maskus, Michael: Markenführung im Versicherungsmarkt, in: Bruhn, Manfred (Hrsg.): Handbuch Markenführung. Kompendium zum erfolgreichen Markenmanagement: Strategien – Instrumente – Erfahrungen, Wiesbaden 2004, S. 2209–2227.

Mast, Claudia: Renaissance des Vertrauens durch Glaubwürdigkeit. Ausgewählte Ergebnisse zu den Kommunikationserwartungen der Bürger, in: Reinmuth, Marcus/ Kastens, Inga Ellen/ Voßkamp, Patrick (Hrsg.): Kommunikation für Banken und Versicherer: Krisen bewältigen, Vertrauen schaffen, Stuttgart 2016, S. 3–15.

Maurer, Andrea: Institutionalismus und Wirtschaftssoziologie, in: Maurer, Andrea (Hrsg.): Handbuch der Wirtschaftssoziologie, Wiesbaden 2008, S. 62–84.

Mayer, Anneliese/ Mayer, Ralf Ulrich: Imagetransfer, 1987 Hamburg.

Meckel, Miriam/ Will, Markus: Media Relations als Teil der Netzwerkkommunikation, in: Meckel, Miriam/ Schmid, Beat F. (Hrsg.): Unternehmenskommunikation. Kommunikationsmanagement aus Sicht der Unternehmensführung, Wiesbaden 2008a, S. 292–322.

Meckel, Miriam: Unternehmenskommunikation 2.0, in: Meckel, Miriam/ Schmid, Beat F. (Hrsg.): Unternehmenskommunikation: Kommunikationsmanagement aus Sicht der Unternehmensführung, Wiesbaden 2008b, S. 471–492.

Meffert, Heribert/ Burmann, Christoph: Wandel in der Markenführung vom instrumentellen zum identitätsorientierten Markenverständnis, in: Meffert, Heribert/ Burmann, Christoph/ Koers, Martin (Hrsg.): Markenmanagement. Grundfragen der identitätsorientierten Markenführung, Wiesbaden 2002, S. 19–36.

Mertens, Daniel/ Meyer-Eppler, Richard: Pensionsfonds-Kapitalismus und privatisierter Keynesianismus. Zur Finanzialisierung privater Haushalte, in: Heires, Marcel/ Nölke, Andreas (Hrsg.): Politische Ökonomie der Finanzialisierung, Wiesbaden 2014, S. 259–274.

Meyer, Jan-Bernd: Über die Veränderung der Medienwelt, in: Leinemann, Ralf (Hrsg.): IT-Berater und soziale Medien: Wer beeinflusst Technologiekunden?, Heidelberg 2011, S. 43–56.

Milton, Friedman: The Social Responsibility of Business Is to Increase Its Profits, in: The New York Times Magazine, 13. September 1970.

Misztal, Barbara A.: Trust in Modern Societies. Cambridge 1996.

Moss, Christoph/ Schweins, Roland: Internet und Wirtschaftssprache. Wie Suchmaschinen die Kommunikation verändern, in: Moss, Christoph (Hrsg.): Die Sprache der Wirtschaft, Wiesbaden 2009, S. 161-178.

Münkler, Herfried: Strategien der Sicherung: Welten der Sicherheit und Kulturen des Risikos. Theoretische Perspektiven, in: Münkler, Herfried/ Bohlender, Matthias/ Meurer, Sabine (Hrsg.): Sicherheit und Risiko, Bielefeld 2015, S. 11–34.

Münnich, Sascha: Von Heuschrecken und Bienen. Profit als Legitimationsproblem, in: Leviathan Sonderband 27 (2012), S. 283–301.

Nazarkiewicz, Kirsten: Praxis der Leitbildentwicklung. Eine ethnologische Perspektive auf die Versprachlichung von Werten einer Organisation, in: Geideck, Susan/ Liebert, Wolf-Andreas (Hrsg.): Sinnformeln. Linguistische und soziologische Analysen von Leitbildern, Metaphern und anderen kollektiven Orientierungsmustern, Berlin 2003, S. 177–198.

Niehr, Thomas: "Wenn die Merkel, den Ackermann an die Leine nehmen soll ist das genauso, als wenn ein Hund sein Herrchen anleint." Die Finanzkrise - und was das Volk darüber denkt und schreibt, in: OBST 81 (2012), S. 135–154.

Nolte, Kerstin: Lebensstil und Markenbild. Eine konsumsoziologische Perspektive, Göttingen 2005.

Nünning, Ansgar: Wie aus einem historischen Geschehen ein Medienereignis wird. Kategorien für ein erzähltheoretisches Beschreibungsmodell, in: Maag, Georg/ Pyta, Wolfram/ Windisch, Martin (Hrsg.): Der Krimkrieg als erster europäischer Medienkrieg, Berlin 2010, S. 188–208.

Oestereich, Sophie/ Zug, Anna-Lisa: Die CEO-Kommunikation und ihre Bedeutung für die Glaubwürdigkeit eines Unternehmens. Der Fall Deutsche Bank, in: Huck-Sandhu, Simone (Hrsg.): Unternehmenskommunikation in Zeiten der Wirtschaftskrise, Stuttgart 2009, S. 91–118.

Oevermann, Ulrich: Die objektive Hermeneutik als unverzichtbare methodologische Grundlage für die Analyse von Subjektivität. Zugleich eine Kritik an der Tiefenhermeneutik, in: Jung, Thomas/ Müller-Doohm, Stefan (Hrsg.): Wirklichkeit im Deutungsprozeß. Verstehen und Methoden in der Kultur der Sozialwissenschaften, Frankfurt am Main 1993, S. 106–189.

Oletzky, Torsten/ Staud, Natalie/ Boltz, Jonas: Die Versicherungswirtschaft auf dem Weg zu wirklicher Kundenorientierung, in: Zimmermann, Gabriele (Hrsg.): Change Management in Versicherungsunternehmen. Die Zukunft der Assekuranz erfolgreich gestalten, Wiesbaden 2015, S. 257-272.

Ontrup, Rüdiger/ Schicha, Christina: Die Transformation des Theatralischen. Eine Einführung, in: Schicha, Christina/ Ontrup, Rüdiger (Hrsg.): Medieninszenierungen im Wandel. Interdisziplinäre Zugänge, Münster 1999, S. 7–18.

Oppenhäuser, Holger: Mit Darwin ins Kasino oder mit Verkehrskontrollen gegen Heuschrecken? Kollektivsymbolik in der Globalisierungsdebatte, in: kultuR-Revolution 52 (2007), S. 38–50.

Osterhammel, Jürgen/ Petersson, Niels P.: Geschichte der Globalisierung. Dimensionen, Prozesse, Epochen, München 2003.

Pahl, Hanno: Die Wirtschaftswissenschaften in der Krise. Vom massenmedialen Diskurs zu einer Wissenssoziologie der Wirtschaftswissenschaften, in: Swiss Journal of Sociology 37 (2011), S. 259–281.

Pauly, Christoph/ Balzli, Beat: Jeder muss vor seiner Tür kehren, in: Der Spiegel 43 (2008), S. 38-41.

Peltzer, Anja: Filmische Spekulationen. Zur Inszenierung der Finanzkrise im Kino, in: Wengeler, Martin/ Ziem, Alexander (Hrsg.): Sprachliche Konstruktionen von Krisen. Interdisziplinäre Perspektiven auf ein fortwährend aktuelles Phänomen, Bremen 2013, S.111–126.

Peltzer, Anja/ Lämmle, Kathrin/ Wagenknecht, Andreas: Die Finanzkrise in den Medien, eine Einleitung, in: Peltzer, Anja (Hrsg.): Krise, Cash & Kommunikation. Die Finanzkrise in den Medien, Konstanz 2012, S. 9–20.

Von Petersdorff, Winand: Der Staat verliert alle Hemmungen, in: FAS 43 (2008), S. 35.

Piwinger, Manfred: Das Reputationsrisiko. Herausforderungen und Bedeutung für die Unternehmensführung, in: Zerfaß, Ansgar/ Piwinger, Manfred (Hrsg.): Handbuch Unternehmenskommunikation: Strategie – Management – Wertschöpfung, Wiesbaden 2014, S. 307-327.

Piwinger, Manfred/ Bazil, Vazrik: Impression Management. Identitätskonzepte und Selbstdarstellung in der Wirtschaft, in: Zerfaß, Ansgar/ Piwinger, Manfred (Hrsg.): Handbuch Unternehmenskommunikation. Strategie – Management – Wertschöpfung, Wiesbaden 2014, S. 471-490.

Plumpe, Werner: Das Ende des deutschen Kapitalismus, in: WestEnd 2 (2005), S. 3–26.

Plumpe, Werner: Wirtschaftskrisen. Geschichte und Gegenwart, München 2010.

Preda, Alex: The Investor as a Cultural Figure of Global Capitalism, in: Knorr-Cetina, Karin/ Preda, Alex (Hrsg.): The sociology of financial markets, Oxford, New York 2005, S. 141–162.

Preisendörfer, Peter: Organisation und Individuum. Das Spannungsverhältnis zwischen individuellen und korporativen Akteuren in der asymmetrischen Gesellschaft, in: Apelt, Maja/ Wilkesmann, Uwe (Hrsg.): Zur Zukunft der Organisationssoziologie, Wiesbaden 2015, S. 143–156.

Preisendörfer, Peter: Organisationssoziologie. Grundlagen, Theorien und Problemstellungen, 4. Aufl., Wiesbaden 2016.

Priddat, Birger P.: Strukturierter Individualismus. Institutionen als ökonomische Theorie, Marburg 2005.

Priddat, Birger P.: Güter und Werte sind Interpretationen. Sprache und Ökonomie, in: Kabalak, Alihan/ Priddat, Birger P./ Smirnova, Elena (Hrsg.): Ökonomie, Sprache, Kommunikation, Wiesbaden 2008, S. 21–52.

Putnam, Robert: Making Democracy Work. Civic Traditions in Modern Italy, Princeton 1993.

Rosenthal, Robert/ Fode, Kermit L.: The Effect of Experimenter Bias on the Performance of the Albino Rat, in: Behavioral Science 8 (1963), S. 183-189.

Raupp, Juliana: Die Legitimation von Unternehmen in öffentlichen Diskursen, in: Raupp, Juliana (Hrsg.): Handbuch CSR. Kommunikationswissenschaftliche Grundlagen, disziplinäre Zugänge und methodische Herausforderungen, Wiesbaden 2011, S. 97–114.

Ravasi, Davide/ Schultz, Majken: Responding to Organizational Identity Threats. Exploring the Role of Organizational Culture, in: Academy of Management Journal 49 (2006), S. 433–458.

Reese-Schäfer, Walter: Wirtschaft als Gemeinschaft: die kommunitaristische Wirtschaftsethik, in: Maurer, Andrea (Hrsg.): Handbuch der Wirtschaftssoziologie, Wiesbaden 2008, S. 152–160.

Reichardt, Sven: Soziales Kapital im Zeitalter materieller Interessen. Konzeptionelle Überlegungen zum Vertrauen in der Zivil- und Marktgesellschaft des langen 19. Jahrhunderts (1780-1914), Berlin 2003.

Reichertz, Jo: Werbung als moralische Unternehmung, in: Jäckel, Michael (Hrsg.): Die umworbene Gesellschaft: Analysen zur Entwicklung der Werbekommunikation, Opladen 1998, S. 273–299.

Reichertz, Jo: Vertrauen in der internet-gestützten Unternehmenskommunikation, in: Thimm, Caja (Hrsg.): Unternehmenskommunikation offline/online. Wandelprozesse interner und externer Kommunikation durch neue Medien, Frankfurt am Main 2002, S. 11–35.

Reichertz, Jo: Die Macht der Worte und der Medien, Wiesbaden 2010.

Reinhardt, Jan D.: Identität, Kommunikation und Massenmedien, Würzburg 2006.

Reinhardt, Jan D./ Gradinger, Felix: Behinderung in der Werbung. Zwischen Un-
sichtbarkeit und Provokation, in: Jäckel, Michael (Hrsg.): Ambivalenz des
Konsums und der werblichen Kommunikation, Wiesbaden 2007, S. 91–107.

Reinmuth, Marcus: Vertrauen schaffen durch glaubwürdige Unternehmenskommunikation. Von Geschäftsberichten und den Möglichkeiten und Grenzen einer
angemessenen Sprache, Düsseldorf 2006. Online abrufbar unter:
https://docserv.uni-duesseldorf.de/servlets/DerivateServlet/Derivate-
3547/1547.pdf – Stand 22.07.2017.

Reinmuth, Marcus: Vertrauen und Wirtschaftssprache. Glaubwürdigkeit als Schlüs-
sel für erfolgreiche Unternehmenskommunikation, in: Moss, Christoph
(Hrsg.): Die Sprache der Wirtschaft, Wiesbaden 2009, S. 127-146.

Reinmuth, Marcus/ Kastens, Inga Ellen/ Voßkamp, Patrick (Hrsg.): Kommunikation für Banken und Versicherer. Krisen bewältigen, Vertrauen schaffen,
Stuttgart 2016.

Rödder, Andreas: Wertewandel in historischer Perspektive. Ein Forschungskonzept,
in: Dietz, Bernhard/ Neumaier, Christopher/ Rödder, Andreas (Hrsg.): Gab
es den Wertewandel? Neue Forschungen zum gesellschaftlichkulturellen Wandel seit den 1960er Jahren, München 2014, S. 17–40.

Rödder, Andreas: 21.0. Eine kurze Geschichte der Gegenwart, München 2015.

Roman Herzog Institut (Hrsg.): Was ist Gerechtigkeit – und wie lässt sie sich verwirklichen? Antworten eines interdisziplinären Diskurses, München 2009.

Rometsch, Markus: Organisations- und Netzwerkidentität. Systemische Perspektiven, Wiesbaden 2008.

Ronneberger-Sibold, Silke/ Wahl, Sabine: Werbung, in: Hundt, Markus (Hrsg.):
Handbuch Sprache in der Wirtschaft, Berlin 2015, S. 343–378.

Rüb, Friedbert W.: Risiko. Versicherung als riskantes Geschäft, in: Lessenich, Stephan (Hrsg.): Wohlfahrtsstaatliche Grundbegriffe. Historische und aktuelle
Diskurse, Frankfurt am Main 2003, S. 303–330.

Rudolph, Bernd: Die Finanzkrise 2007-09. Schlüsselereignis für die zukünftige Entwicklung des Finanzsystems, in: Lindenlaub, Dieter/ Burhop, Carsten/ Scholtyseck, Joachim (Hrsg.): Schlüsselereignisse der deutschen Bankengeschichte,
Stuttgart 2013, S. 459–497.

Rürup, Bert: Die Riester-Reformen. Genese, Wunsch und Wirklichkeit, in: Vierteljahreshefte zur Wirtschaftsforschung 81 (2012), S. 35–42.

Ruser, Alexander: Der Markt als Mitte(l). Reformprozesse und Diskurse der Alterssicherung in Deutschland und Großbritannien, Wiesbaden 2011.

Saal, Marco: Sex-Skandal. Ergo sagt auf Anzeigen Sorry – und erntet Kritik, in:
www.horizont.de, 29.06.2011.

Samland, Bernd M.: Die Sprache der Werbung. Ein schmaler Grat zwischen Genialität und Blödsinn, in: Moss, Christoph (Hrsg.): Die Sprache der Wirtschaft, Wiesbaden 2009, S. 57-73.

Sassen, Saskia: The Global City. New York, London, Tokyo, 2. Aufl., Princeton 2001.

Sassen, Saskia: The Embeddedness of Electronic Markets. The Case of Global Capital Markets, in: Knorr-Cetina, Karin/ Preda, Alex (Hrsg.): The Sociology of Financial Markets, Oxford 2005, S. 17–37.

Schaff, Adam: Sprache und Stereotyp, in: Simon, Gerd/ Straßner, Erich (Hrsg.): Sprechen – Denken – Praxis. Zur Diskussion neuer Antworten auf eine alte Frage in Praxis, Wissenschaft und Philosophie, Weinheim 1979, S. 157–173.

Schierl, Thomas: Der Werbeprozess aus organisationsorientierter Perspektive, in: Willems, Herbert (Hrsg.): Die Gesellschaft der Werbung: Kontexte und Texte. Produktionen und Rezeptionen. Entwicklungen und Perspektiven, Wiesbaden 2002, S. 429–443.

Schimank, Uwe: Organisationsgesellschaft, in: Kneer, Georg/ Nassehi, Armin/ Schroer, Markus (Hrsg.): Klassische Gesellschaftsbegriffe der Soziologie, Wiesbaden 2001, S. 278–307.

Schmid, Beat F./ Lyczek, Boris: Die Rolle der Kommunikation in der Wertschöpfung der Unternehmen, in: Meckel, Miriam/ Schmid, Beat F. (Hrsg.): Unternehmenskommunikation: Kommunikationsmanagement aus Sicht der Unternehmensführung, Wiesbaden 2008, S. 3–150.

Schnierer, Thomas: Soziologie der Werbung. Ein überblick zum Forschungsstand einschließlich zentraler Aspekte der Werbepsychologie, Wiesbaden 1999.

Schoeneborn, Dennis/ Wehmeier, Stefan: Kommunikative Konstitution von Organisationen, in: Zerfaß, Ansgar/ Piwinger, Manfred (Hrsg.): Handbuch Unternehmenskommunikation. Strategie – Management – Wertschöpfung, Wiesbaden 2014, S. 411-430.

Schoenheit, Ingo: Politischer Konsum. Ein Beitrag zum faustischen Konsumentenverhalten, in: Jäckel, Michael (Hrsg.): Ambivalenz des Konsums und der werblichen Kommunikation, Wiesbaden 2007, S. 211–234.

Schranz, Mario/ Eisenegger, Mark: The Media Construction of the Financial Crisis in a Comparative Perspective. An Analysis of Newspapers in the UK, the USA and Switzerland between 2007 and 2009, in: Swiss Journal of Sociology 37 (2011), S. 241–258.

Schwab, Tobias: Satte Gewinne, großer Hunger, in: www.fr.de (08.10.2011). Online abrufbar unter: http://www.fr.de/wirtschaft/studie-zu-nahrungsmittel-spekulationen-satte-gewinne-grosser-hunger-a-901760 – Stand 15.07.2017.

Schranz, Mario/ Eisenegger, Mark: Finanzmärkte in der Medienöffentlichkeit, in: Langenohl, Andreas/ Wetzel, Dietmar J. (Hrsg.): Finanzmarktpublika. Moralität, Krisen und Teilhabe in der ökonomischen Moderne, Wiesbaden 2014, S. 227–244.

Schranz, Mario/ Vonwil, Matthias: Offentlichkeit und politische Entscheidungsfindung-Problemlösungsmechanismen im Spannungsfeldöffentlicher Moralisierung, politischer Gesetzgebungund wirtschaftlicher Selbststeuerung. Eine vergleichende Analyse zum Einfluss der OffentlichenKommunikation auf den politischen Entscheidungsfindungsprozessin den USA und der Schweiz am Beispiel derManagerlohndebatte, in: Imhof, Kurt; Blum, Roger/ Bonfadelli, Heinz;/ Jarren, Otfried (Hrsg.): Demokratie in der Mediengesellschaft, Wiesbaden 2006, S. 25-40.

Schultz, Friederike: Moralische und moralisierte Kommunikation im Wandel. Zur Entstehung von Corporate Social Responsibility, in: Raupp, Juliana (Hrsg.): Handbuch CSR. Kommunikationswissenschaftliche Grundlagen, disziplinäre Zugänge und methodische Herausfordcrungen, Wiesbaden 2011, S. 19–42.

Schulz, Judith: Zwischen Fakt und Fiktion. Die Finanzkrise als literarisches Motiv in Martha McPhees Dear Money, in: Peltzer, Anja (Hrsg.): Krise, Cash & Kommunikation. Die Finanzkrise in den Medien, Konstanz 2012, S. 209–225.

Schulze, Gerhard: Die Erlebnisgesellschaft. Kultursoziologie der Gegenwart, 2. Aufl., Frankfurt am Main 2005.

Schulze, Gerhard: Krisen. Das Alarmdilemma, Frankfurt am Main 2011.

Schwalbach, Joachim/ Klink, Daniel: Der Ehrbare Kaufmann als individuelle Verantwortungskategorie der CSR-Forschung, in: Schneider, Andreas/ Schmidpeter, René (Hrsg.): Corporate Social Responsibility. Verantwortungsvolle Unternehmensführung in Theorie und Praxis, Berlin 2012, S. 219–240.

Schwark, Peter: Die Riester-Kritik: Fachlich fundiert oder politisch motiviert?, in: Vierteljahreshefte zur Wirtschaftsforschung 81 (2012), S. 71–90.

Schwarz, Gerhard: Ethisch orientierte Unternehmenskommunikation. Ein hollistischer Ansatz, in: Kastens, Inga Ellen/ Busch, Albert (Hrsg.): Handbuch Wirtschaftskommunikation. Interdisziplinäre Zugänge zur Unternehmenskommunikation, Tübingen 2016, S. 481–535.

Schweer, Martin K. W./ Thies, Babara: Vertrauen durch Glaubwürdigkeit. Möglichkeiten der (Wieder-)Gewinnung von Vertrauen aus psychologischer Perspektive, in: Dernbach, Beatrice/ Meyer, Michael (Hrsg.): Vertrauen und Glaubwürdigkeit. Interdisziplinäre Perspektiven, Wiesbaden 2005, S. 47–63.

Seidl, David: Organisational Identity and Self-Transofrmation. An Autopoietic Perspective, Aldershot 2005.

Selkälä, Satu: Zum Verhältnis von Unternehmensimage und Jahresbericht, in: Janich, Nina (Hrsg.): Unternehmenskultur und Unternehmensidentität. Wirklichkeit und Konstruktion, Wiesbaden 2005, S. 219-228.

Senge, Konstanze: Das Neue am Neo-Institutionalismus. Der Neo-Institutonalis-
mus im Kontext der Organisationswissenschaft, Wiesbaden 2011.

Siegert, Gabriele: Medien, Marken, Management. Relevanz, Spezifika und Implikationen einer medienökonomischen Profilierungsstrategie, München 2001.

Siegert, Gabriele: Werbung und Konsum. Marken als zweiseitiger, zweidimensiona-
ler Kommunikationsprozess, in: Jäckel, Michael (Hrsg.): Ambivalenz des
Konsums und der werblichen Kommunikation, Wiesbaden 2007, S. 109–124.

Siegert, Gabriele/ Brecheis, Dieter: Werbung in der Medien- und Informationsgesellschaft. Eine kommunikationswissenschaftliche Einführung, 3. Aufl., Wiesbaden 2017.

Siems, Florian U./ Brandstätter, Manfred/ Gölzner, Herbert (Hrsg.): Anspruchs-
gruppenorientierte Kommunikation. Neue Ansätze zu Kunden-, Mitarbeiter-
und Unternehmenskommunikation, Wiesbaden 2008.

Simmel, Georg: Einleitung in die Moralwissenschaft. Eine Kritik der ethischen
Grundbegriffe, 4. Aufl., Stuttgart 1964 [1892].

Simmel, Georg: Einleitung in die Moralwissenschaft. Eine Kritik der ethischen
Grundbegriffe, Stuttgart 1964 [1893].

Simmel, Georg: Philosophie des Geldes, Berlin 1977 [1958].

Smith, Adam: Der Wohlstand der Nationen, 1974 München.

Sommer, Jörg/ Wehlau, Diana: Spendable Finanzbranche – Privatisierte Alterssicherung?, in: WSI Mitteilungen 6 (2012), S. 419–426.

Spehr, Michael: Maschinensturm. Protest und Widerstand gegen technische Neuerungen am Anfang der Industrialisierung, Münster 2000.

Stäheli, Urs: Spektakuläre Spekulation. Das Populäre der Ökonomie, Frankfurt am
Main 2007.

Stange, Astrid/ Reich, Nils: Die Zukunft der deutschen Assekuranz. Chancenreich
und doch ungewiss, in: Zimmermann, Gabriele (Hrsg.): Change Management
in Versicherungsunternehmen. Die Zukunft der Assekuranz erfolgreich gestalten, Wiesbaden 2015, S. 3–10.

Steiner, Klemens/ Brück, Dagmar/ Hoelken, Andrea: ERGO. Eine Versicherung
verändert sich, in: Zimmermann, Gabriele (Hrsg.): Change Management in
Versicherungsunternehmen. Die Zukunft der Assekuranz erfolgreich gestalten, Wiesbaden 2015, S. 109–127.

Strötgen, Stefan: Umsetzung des Markenkerns der Volks- und Raiffeisenbanken.
Gummistiefel im Haifischbecken, in: Reinmuth, Marcus/ Kastens, Ellen Kas-
tens/ Voßkamp, Patrick (Hrsg.): Kommunikation für Banken und Versicherer. Krisen bewältigen, Vertrauen schaffen, Stuttgart 2016, S. 305–318.

von Stryk, Karin Nehlsen: Kalkül und Hazard in der spätmittelalterlichen Seever-
sicherungspraxis, in: Rechtshistorisches Journal 8 (1998), S. 195–208.

Suchanek, Andreas: Gewinnstreben und Moral, in: Kaatsch, Hans-Jürgen/ Rosenau, Hartmut (Hrsg.): Wirtschaftsethik. Gesammelte Vorträge zur Ringvorlesung Wirtschaftsethik I/II, Berlin 2006, S. 17–30.

Suchanek, Andreas: Das Verhältnis von Markt und Moral, in: Aßländer, Michael Stephan (Hrsg.): Handbuch Wirtschaftsethik, Stuttgart 2010, S. 198–208.

Suchman, Mark C.: Managing Legitimacy. Strategic and Institutional Approaches, in: Academy of Management Review 20 (1995), S. 571-610.

Tacke, Veronika: Soziologie der Organisation, Bielefeld 2008.

Tacke, Veronika: Perspektiven der Organisationssoziologie. Ein Essay über Risiken und Nebenwirkungen des Erfolgs, in: Apelt, Maja/ Wilkesmann, Uwe (Hrsg.): Zur Zukunft der Organisationssoziologie, Wiesbaden 2015.

Taleb, Nassim Nicholas: Der Schwarze-Schwan. Die Macht höchst unwahrscheinlicher Ereignisse, München 2008.

Theis-Berglmair, Anna Maria: Meinungsbildung in der Mediengesellschaft. Akteure und Prozesse öffentlicher Kommunikation im Zeitalter des Social Web, in: Zerfaß, Ansgar/ Piwinger, Manfred (Hrsg.): Handbuch Unternehmenskommunikation. Strategie – Management – Wertschöpfung, Wiesbaden 2014, S. 145-162.

Thome, Helmut: Wandel gesellschaftlicher Wertvorstellungen aus Sicht der empirischen Sozialforschung, in: Dietz, Bernhard/ Neumaier, Christopher/ Rödder, Andreas (Hrsg.): Gab es den Wertewandel? Neue Forschungen zum gesellschaftlichkulturellen Wandel seit den 1960er Jahren, München 2014, S. 41–67.

Upshaw, Lynn B.: Building Brand Identity. A Strategy for Success in a Hostile Marketplace, New York 1995.

Urban, Monika: Von Ratten, Schmeißfliegen und Heuschrecken. Judenfeindliche Tiersymbolisierungen und die postfaschistischen Grenzen des Sagbaren, Konstanz 2014.

Vollbrecht, Ralf: Marken – Mythen – Images. Über die Ko-Evolution von Werbung und Verbrauchern und die Figur des Re-Entrys in der Werbung, in: Willems, Herbert (Hrsg.): Die Gesellschaft der Werbung: Kontexte und Texte. Produktionen und Rezeptionen. Entwicklungen und Perspektiven, Wiesbaden 2002, S. 771-783.

Volkmann, Ute: Die journalistische Konstruktion gerechter Ungleichheiten, in: Liebig, Stefan Liebig/ Lengfeld, Holger/ Mau, Steffen (Hrsg.): Verteilungsprobleme und Gerechtigkeit in modernen Gesellschaften, Frankfurt am Main 2014, S. 297-329.

Waldermann, Anselm: Wird schon gutgehen!, in: www.spiegel.de, 2009. Online abrufbar unter: http://www.spiegel.de/wirtschaft/fehlprognosen-zur-finanzkrise-wird-schon-gutgehen-a-617763.html - Stand 06.07.2017.

Wagner, Gabriele: Vom Verstummen der Sozialkritik, in: Wagner, Gabriele/ Hessinger, Philipp (Hrsg.): Ein neuer Geist des Kapitalismus? Paradoxien und Ambivalenzen der Netzwerkökonomie, Wiesbaden 2008, S. 311-338.

Walgenbach, Peter/ Meyer, Renate: Neoinstitutionalistische Organisationstheorie, Stuttgart 2008.

Warnke, Ingo: Texte in Texten. Poststrukturalistischer Diskursbegriff und Textlinguistik, in: Adamzik, Kirsten (Hrsg.): Texte, Diskurse, Interaktionsrollen. Analysen zur Kommunikation im öffentlichen Raum, Tübingen 2002, S. 1–17.

Watzlawick, Paul (Hrsg.): Die erfundene Wirklichkeit, München 1981.

Wehlau, Diana: Lobbyismus und Rentenreform. Der Einfluss der Finanzdienstleistungsbranche auf die Teil-Privatisierung der Alterssicherung, Wiesbaden 2009.

Weichert, Stephan Alexander: Die Krise als Medienereignis. Über den 11. September im deutschen Fernsehen, Köln 2006.

Wengeler, Martin: Argumentationstopos als sprachwissenschaftlicher Gegenstand. Für eine Erweiterung linguistischer Methoden bei der Analyse öffentlicher Diskurse, in: Geideck, Susan/ Liebert, Wolf-Andreas (Hrsg.): Sinnformeln. Linguistische und soziologische Analysen von Leitbildern, Metaphern und anderen kollektiven Orientierungsmustern, Berlin 2003, S. 59-82.

Wengeler, Martin: Topos und Diskurs. Begründung einer argumentationsanalytischen Methode und ihre Anwendung auf den Migrationsdiskurs (1960-1985), Tübingen 2003.

Wengeler, Martin: "Gastarbeiter sind auch Menschen". Argumentationsanalyse als diskursgeschichtliche Methode, in: Germanistische Linguistik 180-181 (2005), S. 224–246.

Wengeler, Martin: Historische Diskurssemantik. Das Beispiel Wirtschaftskrisen, in: Roth, Kersten Sven/ Spiegel, Carmen (Hrsg.): Angewandte Diskurslinguistik. Felder, Probleme, Perspektiven, Berlin 2012, S. 43–60.

Wengeler, Martin: „Unsere Zukunft und die unserer Kinder steht auf dem Spiel." Zur Analyse bundesdeutscher Wirtschaftskrisen-Diskursezwischen deskriptivem Anspruch und diskurskritischerWirklichkeit, in: Meinhof, Ulrike Hanna/ Reisigl, Martin/ Warnke, Ingo H. (Hrsg.): Diskurslinguistik im Spannungsfeld von Deskription und Kritik, Berlin 2013, S. 37–63.

Wengeler, Martin/ Ziem, Alexander (Hrsg.): Sprachliche Konstruktionen von Krisen. Interdisziplinäre Perspektiven auf ein fortwährend aktuelles Phänomen, Bremen 2013.

Westermeier, Carola/ Broecker, Hanna: Securitization and Hegemony, in: Langenohl, Andreas/ Kreide, Regina (Hrsg.): The Power Dynamics of Securization. From the Early Modern Period until the Present, Baden-Baden 2018, S. 79-118.

Whetten, David A./ Mackey, Alison: A Social Actor Conception of Organizational Identity an Its Implications for the Study of Organizational Reputation, in: Business & Society 41 (2002), S. 393–414.

Wiesenthal, Helmut: Rationalität und Unsicherheit in der Zweiten Moderne, in: Böhle, Fritz/ Weihrich, Margit (Hrsg.): Handeln unter Unsicherheit, Wiesbaden 2009, S. 25–48.

Wilke, Jürgen: Leitmedien und Zielgruppenorgane, in: Wilke, Jürgen (Hrsg.): Mediengeschichte der Bundesrepublik Deutschland, Köln 1999, S. 302–329.

Wilke, Felix: Abschied von der Lebensstandardsicherung. Altersvorsorgeplanung im Spannungsfeld zwischen Unsicherheit und langfristiger Zielsetzung, in: Sozialer Fortschritt 3 (2014), S. 58–65.

Willems, Herbert: Inszenierungsgesellschaft? Zum Theater als Modell, zur Theatralität von Praxis, in: Willems, Herbert/ Jurga, Martin (Hrsg.): Inszenierungsgesellschaft. Ein einführendes Handbuch, Opladen 1998, S. 23–80.

Willems, Herbert: Werbung als Medieninszenierung. Genrespezifische Kontextbedingungen und dramaturgische Strategien, in: Soziale Welt 50 (1999), S. 115–132.

Willems, Herbert: Vom Handlungstyp zur Weltkultur. Ein Blick auf Formen und Entwicklungen der Werbung, in: Willems, Herbert (Hrsg.): Die Gesellschaft der Werbung: Kontexte und Texte. Produktionen und Rezeptionen. Entwicklungen und Perspektiven, Wiesbaden 2002, S. 55–99.

Willems, Herbert: Die Werbe-Weltgesellschaft. Zur Evolution eines sozialen Sinn- und Handlungstyps, in: Hettlage, Robert (Hrsg.): Verleugnen, Vertuschen, Verdrehen. Leben in der Lügengesellschaft, Konstanz 2003, S. 121–144.

Willems, Herbert/ Hahn, Alois (Hrsg.): Identität und Moderne, Frankfurt am Main 1999.

Willems, Herbert/ Hahn, Alois: Zivilisation, Modernität, Theatralität. Identitäten und Identitätsdarstellungen, in: Willems, Herbert/ Jurga, Martin (Hrsg.): Inszenierungsgesellschaft. Ein einführendes Handbuch, Opladen 1998, S. 193-213.

Willems, Herbert/ Hahn, Alois: Einleitung. Modernisierung, soziale Differenzierung und Identitätsbildung, in: Willems, Herbert/ Hahn, Alois (Hrsg.): Identität und Moderne, Frankfurt am Main 1999, S. 9–29.

Willems, Herbert/ Jurga, Martin (Hrsg.): Inszenierungsgesellschaft. Ein einführendes Handbuch, Opladen 1998.

Willems, Herbert/ Kautt, York: Theatralität der Werbung. Theorie und Analyse massenmedialer Wirklichkeit. Zur kulturellen Konstruktion von Identitäten, Berlin 2003.

Willert, Michaela: Policy Transfer in Westeuropa? Soziale Inklusion und Privatisierungsprozesse im deutschen Rentensystem, in: Stuchlik, Andrej (Hrsg.): Rentenreform in Mittel- und Osteuropa. Impulse und Politikleitbilder für die Europäische Union, Wiesbaden 2010, S. 145–162.

Willert, Michaela: Regulierte Wohlfahrtsmärkte. Private Altersvorsorge in Deutschland und Großbritannien, Frankfurt am Main 2013.

Wimmer, Andreas: Kultur als Prozess. Zur Dynamik des Aushandelns von Bedeutungen, Wiesbaden 2005.

Windolf, Paul: Was ist Finanzmarkt-Kapitalismus, in: Sonderheft der Kölner Zeitschrift für Soziologie und Sozialpsychologie 45 (2005), S. 20-57.

Winter, Carsten: Kulturwandel und Gloablisierung. Eine Einführung in die Diskussion, in: Robertson, Caroline/ Winter, Carsten (Hrsg.): Kulturwandel und Globalisierung, Baden-Baden 2000, S. 13–73.

Wischermann, Clemens: Grenzenlose Werbung? Die gesellschaftliche Akzeptanz der Werbewelt im 20. Jahrhundert, in: Borscheid, Peter/ Wischermann, Clemens (Hrsg.): Bilderwelt des Alltags. Werbung in der Konsumgesellschaft des 19. und 20. Jahrhunderts, Stuttgart 1995, S. 372–410.

Wiß, Tobias: Der Wandel der Alterssicherung in Deutschland. Die Rolle der Sozialpartner, Wiesbaden 2011.

Young, Brigitte: Ordoliberalismus - Neoliberalismus - Laissez-faire-Liberalismus, in: Wullweber, Joscha/ Graf, Antonia/ Behrens, Maria (Hrsg.): Theorien der Internationalen Politischen Ökonomie, Wiesbaden 2014, S. 33-48.

Zapf, Wolfgang: Staat, Sicherheit und Individualisierung, in: Beck, Ulrich/ Beck-Gernsheim, Elisabeth (Hrsg.): Riskante Freiheiten, Frankfurt am Main 2012, S. 296–304.

Ziem, Alexander: Begriffe, Topoi, Wissensrahmen. Perspektiven einer semantischen Analyse gesellschaftlichen Wissens, in: Germanistische Linguistik 180-181 (2005), S. 315–348.

Ziem, Alexander: Frames und sprachliches Wissen. Kognitive Aspekte der semantischen Kompetenz, Berlin 2008a.

Ziem, Alexander: "Heuschrecken" in Wort und Bild. Zur Karriere einer Metapher, in: Muttersprache 118 (2008b), S. 108–120.

Ziem, Alexander: Diskurse, konzeptuelle Metaphern, Visiotype. Formen der Sprach- und Bildkritik am Beispiel der Kapitalismus-Debatte, in: Aptum 5 (2009), S. 18–37.

Zimmermann, Gabriele/ Richter, Sarah-Louise: Gründe für die Veränderungsaversion deutscher Versicherungsunternehmen, in: Zimmermann, Gabriele (Hrsg.): Change Management in Versicherungsunternehmen. Die Zukunft der Assekuranz erfolgreich gestalten, Wiesbaden 2015, S. 11-35.

Zink, Veronika/ Ismer, Sven/ Scheve, Christian von: Zwischen Hoffen und Bangen. Die emotionale Konnotation des Sprechens über die Finanzkrise

2008/2009, in: Peltzer, Anja (Hrsg.): Krise, Cash & Kommunikation. Die Finanzkrise in den Medien, Konstanz 2012, S. 23–48.

Zschiesche, Arnd: Markensoziologie kompakt, Wiesbaden 2015.

Zurstiege, Guido: Die Gesellschaft der Werbung. Was wir beobachten, wenn wir die Werbung beobachten, wie sie die Gesellschaft beobachtet, in: Willems, Herbert (Hrsg.): Die Gesellschaft der Werbung: Kontexte und Texte. Produktionen und Rezeptionen. Entwicklungen und Perspektiven, Wiesbaden 2002, S. 121-138.

Anhang

Transkription: ERGO (2010): Versichern heißt verstehen, 2010 (Werbespot).

„Versicherungen. Was ist eigentlich schief gelaufen zwischen uns? Habe ich irgendwas getan, dass Ihr so komisch seid? So fremd? Ich weiß zum Beispiel, was ich nicht getan habe. Ich habe nicht Jura studiert und Ihr schickt mir Briefe, die höchstens mein Anwalt versteht. Ich finde mein Leben schon kompliziert genug und wenn Ihr es versichern wollt, wird daraus Weltraumforschung: Ihr hebt ab Richtung Mars und ich bleibe hier unten stehen und verstehe nichts. Sollten wir nicht mal anfangen, uns auf Augenhöhe zu treffen. Ich bin bereit und wenn Ihr es seid, bin ich dabei. Und wenn Ihr mich besuchen kommt, bringt mir eins-zwei offene Worte mit und lasst keine offenen Fragen da. Könnt Ihr nicht einfach mal aufhören, mich zu verunsichern, und anfangen, mich zu versichern."

Transkription: ERGO (2014): Werde ein Mutbürger, 2014 (Werbespot).

„Wir glauben an die Mutbürger. Wir wollen, dass die Menschen im Leben nicht jeder Pfütze aus dem Weg gehen müssen. Wir mögen Leute, die sich was trauen. Die auf der Straße so laut lachen, dass man sich fragt: ‚Wer war das wohl gerade?‘ Wir glauben an Menschen, die einen Weg sehen, wo für andere nur Verbotsschilder stehen; an Menschen, die sich nicht leicht entmutigen lassen; wir glauben an die Helden, die keiner kennt; wir glauben an Menschen, die so stark sind, dass sie im Notfall Hilfe auch annehmen; an Männer, die nicht nur beim Fußball weinen und die Frauen, die sie trösten; an Menschen, die Ihren Kindern ein gutes Vorbild sind und sich auch mal trauen, ein schlechtes zu sein. Wir glauben an Menschen, die Schritte tun, die bestimmen, wer sie heute sind – und wer sie eines Tages sein werden; wir glauben an Menschen, die nach vorne schauen. Wir sagen: ‚Geh den Weg, den Du für richtig hälst, aber geh ihn mit Selbstvertrauen und mit dem sicheren Gefühl, dass wir an Deiner Seite stehen.‘ ERGO: Versichern heißt verstehen."

© Springer Fachmedien Wiesbaden GmbH, ein Teil von Springer Nature 2019
N. Diehl, *Das Image im Aushandlungsprozess*,
https://doi.org/10.1007/978-3-658-27234-0

Transkription: R+V: Geborgenheit hat 1000 Facetten, 2013a (Werbespot).

„Seit 1922 sind wir der Versicherer der genossenschaftlichen Finanzgruppe und seither der genossenschaftlichen Idee verpflichtet: ‚Was einer alleine nicht schafft, das
schaffen viele.' Das ist das Fundament unseres Handelns. In der engagierten Gemeinschaft der Finanzgruppe arbeiten wir alle zusammen, für unsere Mitglieder und Kunden. Auch bei uns, der R+V Versicherung, steht die Verantwortung gegenüber
unseren Kunden im Mittelpunkt. Das bedeutet: Wir handeln mit Weitblick und halten, was wir versprechen. Wir setzen uns mit Herzblut für unsere Kunden ein, bieten
Sicherheit durch wirtschaftlich solides Handeln und schaffen Geborgenheit und
Schutz in der Gemeinschaft. Diese Werte sind in Zeiten der Globalisierung und zu-
nehmender Komplexität wichtiger denn je. Die Menschen suchen persönliche Nähe
und Geborgenheit, deshalb stellen wir zwei unserer Werte in den Mittelpunkt unserer
Kommunikation: Gemeinschaftlich und mit Herzblut engagiert. Und bieten den
Menschen durch die regionalen Verankerungen unserer Mitarbeiter und Vertriebs-
partner diese persönliche Nähe und Geborgenheit – das ist unser Plus: Geborgenheit
durch unsere engagierte Gemeinschaft. Für unsere Kunden bedeutet das, Geborgenheit ist das gute Gefühl bei der R+V versichert zu sein; das gute Gefühl besetzen wir
und zeigen die 1000 Facetten der Geborgenheit. Als Versicherer von nebenan wissen
wir nämlich, dass Geborgenheit für jeden etwas anderes bedeutet. Geborgenheit hat
1000 Facetten und jetzt auch ein Zeichen. R+V: Die Versicherung mit dem Plus."

Transkription: R+V: R+V. Die gemeinschaftliche Idee, 2013b (Werbespot).

„Was einer allein nicht schafft, das Schaffen viele. Das ist der Kern unserer genossenschaftlichen Idee. Ganz einfach und ganz logisch. Und deswegen sind allein in
Deutschland 20 Millionen Mitglied einer Genossenschaft. Bei den Genossenschaftsbanken sind es mittlerweile rund 17 Millionen, in Europa sind es 140 Millionen und
weltweit sind sogar 800 Millionen von der genossenschaftlichen Idee überzeugt. Kein
Wunder, Genossenschaften sind für alle ein Gewinn. Wir sind keine Aktiengesellschaft, für die der Profit alles ist. Wir Genossenschaften sind nur unseren Mitgliedern
verpflichtet und nur unsere Mitglieder bestimmen, wo es langgeht – jeder mit einer
Stimme, ganz demokratisch. Neben der Forderung unserer Mitglieder sind wir auch
Werten verpflichtet, nach denen wir handeln und wirtschaften. Hilfe zur Selbsthilfe
zum Beispiel, denn wir möchten, dass unsere Mitglieder möglichst rasch ohne fremde
Hilfe Erfolg haben. Außerdem sind wir subsidiär. Sub-si-di-was? Subsidiär. Bei uns
erledigt jede der über 1100 eigenständigen Genossenschaftsbanken selbständig, was
sie selbständig erledigen kann; wo es für unsere Mitglieder und Kunden Vorteile
bringt, kooperieren wir. Dazu haben wir für spezielle Aufgaben Partnerunternehmen

gegründet. Die Partner in der genossenschaftlichen Finanzgruppe Volksbanken-Raiffeisenbanken finden die besten Angebote und Leistungen für unsere Mitglieder und Kunden. Durch unsere regionale Verwurzelung sind wir zudem ganz nah dran, an dem Menschen. Denn auch wir Genossenschaften leben und arbeiten in der Region. Dort bilden wir junge Menschen aus, schaffen und erhalten Arbeitsplätze. Und zahlen Steuern – was man wahrlich nicht von allen Firmen sagen kann. Wir sind in aller Bescheidenheit die ersten, die global denken und lokal handeln praktiziert haben – auch andersherum: lokal denken, global handeln. Eine echte globale Idee also, die genossenschaftliche Idee – kann man so sagen. Und wo kommt sie her, die Idee? Zurück zu den Wurzeln: Willkommen bei den Volksbanken und Raiffeisenbanken. Herr Schulze-Delitzsch, Herr Raiffeisen, Ihre Idee ist nur ein bisschen gewachsen. Wir sind immer noch so dickköpfig wie Sie damals; wir verzichten auf staatliche Hilfen; rennen keinen Börsentrends hinterher, sondern fragen uns immer wieder aufs Neue: ‚Was brauchen die Menschen?' Und deshalb hören wir ihnen ganz genau zu und sprechen mit ihnen auf Augenhöhe, als Partner. So finden wir gemeinsam die optimale Lösung in allen Regionen. Für unsere Kunden und vor allem für unsere Mitglieder, für sie und uns alle gilt weiterhin – lassen Sie uns raten: ‚Was einer alleine nicht schafft, das Schaffen viele.'"

Transkription: Commerzbank: Werbespot, 2013 (Werbespot).

„Woran liegt es, dass man den Banken nicht mehr vertraut? Manche Banken sagen: ‚Das liegt an den Krisen', andere: ‚an den Börsen.' Wir haben etwas getan, was für uns bisher vielleicht nicht typisch war, wir haben die Gründe bei uns gesucht und uns gefragt: ‚Braucht Deutschland noch eine Bank, die einfach so weitermacht?' Oder brauchen wir eine Bank, die endlich Schluss macht mit neuen Spekulationen auf Grundnahrungsmittel, eine Bank, die erneuerbare Energien für die Zukunft finanziert; eine Bank, die auch kleinen und mittleren Unternehmen Kredite gibt; eine Bank, die ihre Berater nicht belohnt, wenn sie möglichst viele Verträge verkaufen, sondern erst dann, wenn ihre Kunden zufrieden sind. Vor uns liegt ein langer Weg, aber auch der beginnt mit dem ersten Schritt. Commerzbank: die Bank an Ihrer Seite."

Transkription: Sparkasse: Lohmann rennt, 2015 (Werbespot).

„Woran liegt es, dass man den Banken nicht mehr vertraut. Manche Banken sagen: ‚Es liegt an den Krisen', andere: ‚an den Börsen.' Zeit, dass jemand mal sagt, was wir wirklich denken: ‚Schuld sind die Kunden! Woher wollen die den wissen, ob die uns vertrauen können? Die kennen uns doch gar nicht. Plötzlich interessiert alle ‚Was macht die Bank mit meinem Geld?' – Na, was wohl? Den höchsten Turm bauen!

Dann kann man die Kunden besser sehen – von oben herab. Und wenn jemandem das nicht nah genug ist – dann mach doch selber eine Bank auf! Wir haben uns nicht gefragt, braucht Deutschland eine bessere Bank, sondern braucht eine Bank Kunden, die bei ihrem Geld mitreden wollen: Näh, ganz bestimmt nicht."